대한민국, 무엇이 위기인가

이 시대의 국가적 상황에 대한 정치철학적 성찰

대한민국, 무엇이 위기인가

이 시대의 국가적 상황에 대한 정치철학적 성찰

양승태 지음

철학과현실사

이 거대한 번영 속에서 우리의 정신은 어찌 이토록 어둠에 싸여 있는가!
(O quantum caliginis mentibus nostris obicit magna felicitas!)

— 세네카(Seneca), 『삶의 짧음에 대하여(*De brevitate Vitae*)』

천하질서의 보존에는 비천한 필부들에게도 책임이 있다.
(保天下者 匹夫之賤 與有責焉耳矣)

— 고염무(顧炎武), 『나날의 깨달음(日知錄)』

책머리에

  이 책의 초고를 완성한 시점에서 터진 '조국(曺國) 사태'가 수정작업을 거듭하면서 이 '책머리에'를 쓰고 있는 10월 초 현재에도 계속되고 있다. 그 사태의 성격이나 진전 방향을 보건대 이 책이 출간될 즈음에는 나라 전체가 어떠한 상황에 처해 있을지 가늠하기조차 어렵다. '조국 사태'는 이 책의 주제인 국가정체성 및 국가의 위기, 즉 보수와 진보라는 정파 사이의 극렬한 대립과 분명히 연관된다. 그런데 학자라고 하는 사람에게 현재진행형의 사안은 물론 일반적으로 기정사실로 인정된 사안에 대해서도 그 배경과 관련된 정보가 충분히 드러나고 그 인과관계 등이 명확하게 밝혀지지 않는 한 그 실체를 재단하는 성격의 언설은 자제함이 직업적 의무이다. 어떠한 사건도 발생한 지 대체로 30년은 지나야 역사학의 연구 대상이 되는 이유도 그 점에 있다. 그런데 이 '조국 사태'의 한 축인 문재인 대통령을 포함한 집권층의 언행에는 공직자에게는 절대적 금제에 해당하는 모순이나 일관성 결여가 너무 심각하여 국가통치의 책임자나 공인으로서의 자격에 의문을 제기할 정도에 이른 듯하다. 그러한 언행들 가운데 특히 국가의 통치체계 자체를 문란하게 만드는 것 하나는 바로 국가의 실존에 대한 위협에 해당하므로, 이 '책머리에'는 그것에 대한 언급으로 시작할 필요가 있을 것 같다. 조국이란 인물을 법무장관에 임명하면서 발표한 대통령의 대국민담화 가운데 "의혹이 있다는 사실만으로 장관 임명을 보류하면 나쁜 선례가 될 것이다"라는 언명이 그것이다.

법치국가에서 모든 통치행위는 물론 법적 절차에 따라 이루어져야 하며, 법적 근거가 없이 한 개인의 인권이 제한되거나 욕망이나 가치 추구의 자유에 제약이 가해져서는 안 된다. 그런데 사인에 대한 의혹과 공인에 대한 의혹은 철저히 구분되어야 한다. 형사소송법 차원을 넘어 헌법에 규정된(헌법 27조 4항) 무죄추정의 원칙을 통해 강조되듯이, 사인의 범법행위는 법적으로 그 실체가 판명될 때까지 의혹만으로 단죄되어서는 안 된다. 그러나 공직자란 국가통치에 직접 관여하는 인간이고, 그의 행위 하나하나가 국민의 삶과 정신세계에 영향을 미칠 뿐만 아니라 국가의 안위는 물론 국법질서의 존재와 직접 연관된다. 따라서 공직자의 경우도 범법행위의 의혹만으로 법적으로 처단되어서는 안 되지만, 의혹이 있을 경우에는 그것이 완벽히 해소되기 전까지는 공직에의 임명을 보류하거나 공직에서 사퇴를 시킴이 대통령의 인사권 행사에 요구되는 절대적인 당위이다. 더구나 법을 집행하는 직과 관련된 인사는 더욱 그러하며, 범죄 의혹이 전 국민적 관심사가 되어 있는 인물일 경우에는 인사권 행사의 법도 차원은 물론 정치적 법도나 책략 차원에서라도 공직 임명을 보류함이 타당하다. 현재의 '조국 사태'는 대통령이 그와 정반대의 행동을 선택함으로써 보수와 진보 정파 사이의 대립과 갈등을 더욱 극렬하게 만들면서 국가정체성 위기의 최후 단계인 내란 사태를 염려할 정도에 이르고 있다. 장차 이 사태의 배후에 있을 수 있는 정치적 기도나 음모 또는 범죄행위나 개인적 동기들이 밝혀지겠지만, 그러한 사태에 이르게 된 가장 깊은 근원은 결국 국가정체성의 위기 문제로 돌아간다. 이 책은 지은이 나름대로 그 거대한 주제에 오랫동안 천착해온 결과의 일부이다.

이 책은 2010년 출간된 지은이의 저서 『대한민국이란 무엇인가: 국

가정체성 문제에 대한 정치철학적 성찰』(이화여자대학교 출판부)의 제
2편에 해당한다. 그 책의 '책머리에'에서 밝힌 바 있지만, 지은이가 본
디 구상한 제2편은 『국가정체성 문제의 대한민국 정신사』이다. 그것은
인조반정 및 병자호란이 초래한 조선조 통치체제의 위기에서 시작하여
구한말과 일제의 식민통치를 지나 미군정과 건국의 상황을 거쳐 현재
에 이르는 정치사의 흐름 및 그 근저에 있는 정신사와 사상사의 흐름에
대한 서술 및 설명을 통해 현재 국가정체성 위기의 역사적 근원을 밝히
려는 작업이다. 좀 더 구체적으로 그러한 작업은 조선조의 통치 이데올
로기인 주자학이 교조적이 되는 과정에 대한 서술과 더불어 그러한 과
정에서 발생하는 정치적 및 정신적 저항 또는 그것에 대한 작용과 반작
용의 연쇄를 문명사, 정치사, 사회경제사, 정신사, 사상사 등을 망라한
총체적이고 동태적인 역사적 변화의 맥락에서 서술하고 설명하려는 저
술 계획이었다.

  그러한 저술 계획은 한국 근현대사를 망국−식민통치−독립운동−
독재−산업화−민주화의 과정으로 도식화하는 역사관을 비판적으로
극복하려는 시도이기도 하다. 간단히 말하여 그러한 역사관이란 반(反)
역사적이기 때문이다. 그것은 본질적으로 한국사를 그 내부의 시각에서
만 접근할 뿐 그 내적인 요소인 정신사 및 사상사의 흐름이나 외적인
요소이자 그것에 결정적인 영향을 준 문명사나 세계사의 흐름을 도외
시하고, 이에 따라 근현대사 사실의 상당 부분을 의도적으로 탈루시키
면서 그 흐름을 분식하고 왜곡하기 때문이다. 가칭 『조선에서 대한민국
으로: 국체변혁의 근현대 한국정신사와 보수-진보의 변증법』의 제목으
로 수행되는 그러한 저술 작업은 현재 관련 문헌들을 수집하고 독해하
는 과정에 있다. 따라서 이 책은 지은이가 3부작으로 구상하는 '대한민
국이란 무엇인가' 연구 기획의 1편과 2편 사이의 중간 단계에 해당하
며, 오페라에 비유하자면 1막과 2막 사이의 간주곡 격이다. 왜 그와 같
은 '간주곡' 성격의 저술이 나타나게·되었는지 해명이 필요할 것이다.

잘 알다시피 현재의 문제인 정권은 현직 대통령의 탄핵이라는 대한민국 헌정 사상 초유의 사태를 주도하여 집권에 성공하였다. 역사적으로 중요한 사건들이 대개 그러하듯이, 그 사태의 발전에도 우연과 필연이 기묘하게 결합한 아이러니가 있다. 그 바탕에는 당시 대통령의 빈곤한 정신세계와 ─ 지은이가 이 책의 4장에서 "정신적 나상(裸像)"으로 표현한 ─ 더불어 '아스팔트 투쟁'에는 유달리 유능한 현 집권세력의 권력욕이 있지만, 그러한 요인들이 탄핵이나 정권교체와 같은 국가적인 사태로 반드시 이어질 필연성은 없었다. 마치 바둑에서 대마가 죽으려면 죽을 곳만 찾아가서 두는 듯이, 엉뚱한 데서 발생한 사건이 다른 엉뚱한 사건으로 이어지고 사태가 점차 증폭되다가 급기야는 한 정권이 무너지는 상황으로까지 발전했던 것이다. 그 사태 전개의 각 단계에는 그것에 참여한 인간들 나름대로의 계산속과 책략, 아집과 탐욕과 우매함이 있다.

그 사태의 발단은 잘 알려져 있듯이 과거 다른 정권에서라면 문젯거리도 되지 않을 어느 재단(財團)의 존재였다. 그것이 당시 대통령의 특이한 아집과 행정당국자의 어설픈 조치로 사회적 파장을 일으키더니, 그 파장이 묘하게도 당시 학내의 지속적인 소요사태로 사회적 관심사로 부각된 이화여자대학교의 입시부정 문제로 비화되는 의외의 사태가 벌어졌다. 그 대학의 소요사태 또한 보통의 경우라면 대학의 행정당국이나 학생들 모두가 쌍수를 들어 환영할 교육부의 재정지원이라는 사실 또한 아이러니를 느끼게 하지만, 어쨌든 그것은 마치 불붙기 시작한 집에 휘발유를 뿌린 듯 그 재단사태의 사회적 관심의 폭과 깊이를 갑자기 증폭시켰다. 그 사태의 당사자들 가운데 하나인 최 모 여인이 대통령의 막후 최측근으로서는 교양과 품격이 너무나 떨어진 인물이라는 사실은 그 여인의 여식이 입시부정에 연루되었다는 의혹과 결합하여 국민들을 당혹감과 허탈감과 분노에 빠지게 하였다. 국민들이 감정적으로 격양된 상황에서 발생한 소위 '태블릿 PC 사건'은 ─ 아직 그 '사건'

의 실체가 무엇인지 정치사회적 논란의 대상이지만 — 이른바 '촛불시위' 및 그것에 맞대응한 '태극기집회'라는 거대한 대중적 소요를 일으키면서 한 정권이 몰락하고 새로운 정권이 등장하게 되는 국가적 사태로 진전된 것이다.

그 국가적 사태로 새로 등장한 문재인 정권이 야기한 여러 국가적 난제들이 이 책이 이 세상에 나오게 된 직접적인 계기이다. '조국 사태'는 그 압권이다. 이 책의 제목 '대한민국, 무엇이 위기인가'는 탄핵정국의 시작에서부터 문재인 정부의 집권 3년차에 이르는 현재까지 지속되는 국가적 상황의 본질을 집약하는 문구이다. 그것은 '촛불시위'가 진행 중이던 2016년 가을 계간지『철학과 현실』편집진의 요청으로 지은이가 기고하게 된 글의 제목이기도 하며, 그 글은 이 책 제II부 4장의 원문이기도 하다. '들어가는 말'과 '맺는말'을 제외하고 본문을 구성하는 9개의 장들 또한 지은이가『대한민국이란 무엇인가』를 출간한 이후 국가정체성 위기의 여러 측면에 대하여 논구한 글들로서, 여러 학술지에 게재된 원문을 이 책 전체의 논지가 일관되도록 첨삭하는 등 새롭게 수정하고 보완한 결과이다. 주제 및 성격에 따라 그 글들은 국가적 위기의 주요 양상, 위기의 근원, 위기 극복의 방안이라는 세 범주로 분류되어 각각 이 책의 I부, II부, III부를 구성한다. 아울러 부록 I, II에 원문 그대로 수록된 글들 또한 직간접적으로 국가정체성 및 국가적 위기 문제의 여러 측면들과 관련되어 있는데, 지난 약 10년 동안 지은이가 각각 다른 계기로 강연하고 토론한 원고들과 일간지 등에 기고한 칼럼들의 모음이다.

그러한 글들을 발표하고 강연을 하게 된 목적은 물론 국가정체성 위기의 양상과 근원을 설명하기 위한 것이지만, 그것이 현실과 무관한 형이상학적 문제가 아니라 대한민국의 정치현실을 그 근원에서부터 철저히 이해하기 위해 필수적으로 연구되어야 한다는 점을 강조하기 위한 의도도 있었다. '들어가는 말'에서 별도로 언급하겠지만, 국가의 위기란 본질적으로 국가정체성의 위기이다. 현재의 국가적 위기란 사실 1987년 민주화 이후 서서히 인지되고 확산되기 시작하다가 특히 노무현 정부가 들어선 이후 본격적으로 국가적 논제로 부각된 국가정체성의 위기, 다시 말하여 소위 보수와 진보 정파 사이의 대립과 갈등이 점차 심화되고 국력을 분열시키다가 급기야는 현재와 같이 내란 사태나 국가의 쇠락을 걱정하는 상태에 대한 개념적 규정인 것이다. 인류역사에서 출현한 어떠한 국가도 외부의 침략으로만 망하는 경우는 없다. 침략으로 망하기 전에 타 국가의 침략 가능성 등 국가 외부의 상황에 제대로 대비하지 못하게 만드는 국가정체성의 혼란이 있으며, 그러한 혼란이 지배층 전반의 분열, 공인정신의 쇠퇴, 이념적 경직성, 지성적 빈곤, 정파적 갈등의 격화, 통치자의 무능 등의 복합적 양상으로 나타났을 뿐인 것이다. 현재 대한민국 위기의 양상 및 근원이 무엇이고 그 극복방안은 무엇이 될 수 있는지에 대한 대체적인 기술과 설명은 이 책 전체를 통해 제시될 것이고, 그 위기의 역사적 및 정신사적 배경에 대한 자세한 서술은 위에서 언급된 바와 같이 『조선에서 대한민국으로』라는 저술 작업을 통해 이루어질 것이다.

현재의 대한민국은 정파들 사이의 대립과 갈등이 국민들 전체로 확산된 상태에 있다. 일상적으로 말하듯 나라가 두 쪽이 난 상태이다. 국가가 나아가야 할 근본적인 방향에 대한 국민적 합의는 오래전에 사라졌고, 새로운 국민적 합의를 형성하기 위한 소통과 토론마저 부재한 상태에 있다. 그러한 와중에서 상대방의 입장은 무조건 거부하고 공격하면서 상호 공존마저 거부하려는 태도가 공공연히 표명되고 있다. 그러한 상황은 시간이 갈수록 더욱 악화되어가고 있으며, 정치인들에게 논변은 사라지고, 지식인이라고 불리는 사람들마저 진지한 토론이나 합리적인 논박의 언어가 아니라 일방적인 편 가름의 언어를 '가볍고 신나게' 공중(公衆)에게 그리고 공중(空中)에 뿌려대고 있다. 공론 영역에서 공적이고 진지한 논의와 토론은 사라지고, 그 빈자리를 야비한 비아냥거림의 촌평과 어이없는 강변과 SNS에서의 경박한 '재잘거림 (twitter)'과 거리에서의 저급한 구호 및 아우성이 채우고 있다. 그러한 상황에서는 국가정체성의 위기나 국가의 위기가 무엇인지 제대로 논의 조차 될 수 없음은 물론 그 존재 자체가 사회적으로 환기될 수도 없다. 정치사회적 쟁점에 자유로운 소통과 이성적 논변이 사라질 때 국가생 활 전반은 반지성과 비합리가 지배하게 되며, 그러한 혼란 속에서 국가 정책은 표류하고 진정으로 새롭고 의미 있는 변화나 변혁을 추구하려 는 시도 자체가 멈추면서 국가는 쇠락의 길로 들어설 수밖에 없는 것이 다.

어쨌든 이 책이 언뜻 형이상학적이고 추상적인 개념에 대한 비현실 적인 논란으로 생각될 수 있는 국가정체성 문제가 실제로는 국가의 현 실을 그 근원에서 파악하고, 구체적이면서 총체적으로 이해하기 위해 필수적으로 제기되어야 한다는 점만 보여줄 수 있어도 그 출간 목적의 상당 부분은 성취된 셈이다. 특히 "국가정체성 문제에 대한 철저한 이 해는 국가정체성 문제 자체의 역사성을 해명하는 데 있다"는 지은이의 논제가 좀 더 명확하게 이해될 수 있다면 '간주곡'으로서 이 책의 역할 도 충분히 수행된 것으로 믿는다. 아울러 대한민국이라는 국가체제를 통해 공동체적 삶을 살아가는 일반 국민들에게 이 책이 현재 범세계적 으로 대부분의 국가들이 현재 겪고 있는 국가정체성의 위기 현상을 이 해하는 데 조금이라도 도움을 주면서 정치현실 자체에 대한 시각을 넓 히고 깊이 하는 데 기여한다면 지은이로서의 보람은 배가 될 것이다. 물론 그 작업의 학문적 가치에 대한 판단과 더불어 그것이 목표로 한 조그만 기여가 실제로 어느 정도로 성취되었는지에 대한 평가는 독자 들의 몫이며, 그 '간주곡'이나마 제대로 '연주'되었는지 여부 또한 독자 들의 냉정한 비평의 대상이다. 그러한 비평이 지은이가 구상하고 있는 이 책 다음의 저술 작업이 조금이라도 더 완성된 모습으로 나올 수 있 게 만드는 자극제가 되기를 기대한다.

　우연히도 대통령 탄핵사태의 중심에 있게 되었던 이화여대는 지은이가 일생 동안 몸담았다가 그 사태가 발생하기 1년 전인 2015년 2월에 정년으로 퇴임한 직장이었다. 이 책에서도 표명되었지만, 지은이는 박근혜 대통령의 탄핵에 찬성한 사람이고 이화여대 재직 시에는 여러 방식으로 학교운영에 대해 비판과 조언과 충고를 한 사람이었다. 하지만 민주와 인권의 시대라면서 전직 대통령이나 과거 정부의 최고위 인사들은 물론 과거 동료였던 교수들의 인신구속이 형사 잡범의 경우와 같이 쉽게 이루어지는 사태에 접하면서 개인적으로 '정치적 행위가 어찌 이런 수준인가' 하는 당혹감을 느끼게 되었고, 이념적 성향이나 통치능력 이전에 현 집권층 인사들의 인간성에 대해서 또다시 살펴보는 계기도 갖게 되었다. 현재 한국 정치인들의 언어행태 및 행동양식의 저변에 있는 인간성의 문제는 이 책의 '들어가는 말'과 '맺는말'에서 별도로 논급하겠지만, 대한민국이 현재와 같이 여러 가지로 번잡스럽고 볼품사납게 진행되고 있는 국가적 위기 및 인간성의 위기를 극복하고 새롭고 힘차게 비상(飛翔)하기를 기원할 뿐이다. 이 책의 제사로 인용된 세네카의 한탄은 어찌 보면 그가 전혀 알 수 없었던 로마제국의 새로운 발흥기인 오현제시대의 도래에 대한 역설적인 회구인지도 모른다.

　이 시대 대한민국이 겪고 있는 온갖 헛되고 뒤틀리고 아름답지 못한 상황이 새로운 국가적 발흥을 위한 산고이기를 회구하면서.

서기 2020년(단기 4353년) 1월
지은이 씀

차 례

책머리에 · 6

들어가는 말: 국가정체성의 위기와 국가의 위기, 논변의 실종과 인간성의
위기 · 17

제 I 부 위기의 양상

제 1 장 국가정체성의 위기와 국가기원 논쟁 · 45
제 2 장 국가정체성의 위기와 정당정치의 위기 · 68
제 3 장 국가정체성의 위기, 대중영합주의, 민주주의의 위기 · 99

제 II 부 위기의 근원

제 4 장 국가생활 전반을 지배하는 정치적 아마추어리즘과 반(反)지성
주의적 피로감 · 141
제 5 장 보수를 지배하는 범속한 출세주의와 이념적 무력감 · 163
제 6 장 진보를 지배하는 허구와 위선의 역사의식 · 188

제 III 부 위기의 극복을 향하여

제 7 장 공인정신의 함양과 새로운 교양시민계층의 형성 · 221
제 8 장 한국 정치학의 재정립 · 262
제 9 장 국가이성의 재형성 · 303

맺는말: 새로운 시대, 새로운 정치인의 출현을 대망(待望)하며 · 335

참고문헌 · 353

부록 I. 강연문과 토론문 · 371

부록 II. 칼럼 · 419

찾아보기 · 471

들어가는 말

국가정체성의 위기와 국가의 위기, 논변의 실종과 인간성의 위기

아, 누가 그 고통을 치유하겠는가?
향유마저 독이 되게 하고
충만한 사랑 속에서
인간에 대한 증오심만을
마셔버리는 그 사람의 고통을!
경멸당하더니 이제는 스스로가 남을 경멸하고,
자신의 좋은 것에도
만족하지 못하는 탐욕에 빠져
스스로를 소모시키고 있나니.[1]

— 괴테, 「겨울의 하르츠여행(Harzreise im Winter)」

한국사회에서 1989년의 민주화와 더불어 서서히 심화되기 시작한 보수와 진보 혹은 좌우의 대립이라는 정파적 갈등과 대립이 국가 영역 전반적으로 확대되면서 대외관계에까지 영향을 미치고 있다.[2] 정치권은

---

1) 지은이의 번역으로, 원문은 다음과 같다. "Ach, wer heilet die Schmerzen des, / dem Balsam zu Gift ward? / Der sich Menschenhaß / aus der Fülle der Liebe trank! / Erst verachtet, nun ein Verächter, / zehrt er heimlich auf seinen eigenen Wert / In ungenügender Selbstsucht."

2) 이 책에서는 정파적 대립을 지칭하는 용어로 좌파와 우파라는 표현 대신에 보수와 진보라는 표현을 일관되게 사용할 것이다. 그 이유에 대해서는 지은

사회적 갈등을 완화하고 조정하고 해결하는 본연의 역할을 수행하는 것이 아니라 온갖 상스러운 언행과 그악스러운 행태들을 통해 그것을 오히려 증폭시켜왔으며, 그러한 형국은 급기야 현직 대통령의 탄핵이라는 헌정사상 초유의 사태마저 일으켰다. 그러한 국가적 사태로 새로 등장한 문재인 정권이 추진한 여러 정책들로 인해 사회적 소란과 국민적 갈등은 더욱 심화되고 있다. 전직 대통령과 사법부의 전직 수장이 부패와 사법농단의 이름으로 일반 형사범처럼 속전속결로 구속되고, 국체개

이가 다른 글에서(양승태 2007, 254-260) 설명한 바 있으므로, 그 해당 대목을 인용하면 다음과 같다. "최근 들어 진보란 어휘가 갖는 긍정적인 호소력 ― 특히 젊은 층에게 ― 때문에 일부 학자들이 진보 대신에 좌파라는 용어를 사용할 것을 주장하는 것으로 알려져 있다. 기본적으로 오래전 18세기에 헤르더(Herder) 등의 언어 연구를 통해 주장된 것이고 현대에는 바르트(Roland Barthes)를 통해 새롭게 제기된 바 있지만(Barthes 1967; 프랑스어 초판은 1953년 출간), 특정한 세계관이나 정서적 공감 또는 가치판단의 요소를 철저히 배제한 채 사물을 순수하게 객관적이고 중립적으로 묘사하는 어휘란 존재하지 않는다. 따라서 진보나 보수라는 용어의 일상적인 의미가 그 지칭 대상이 되는 인간들 집단의 실체를 왜곡시킬 위험이 있는 것도 어느 정도 사실이기 때문에 그들 학자들의 주장에 타당성이 전혀 없는 것은 아니다. 그러나 우파나 좌파란 말 자체는 일반인들의 불명확한 관념이 투영된 범속한 어휘가 학문적인 용어처럼 사용되는 경우에 해당하여 사회과학적인 분석 용어로서는 적절하지 않을뿐더러, 보수나 진보란 말 자체의 의미를 분석할 경우 그것들이 가치 차원의 긍정이나 비하를 필연적으로 내포하지는 않는다는 사실 또한 중요하다. 보수나 진보의 구분은 궁극적으로는 무엇을 지키고 무엇을 변화시킬 것이냐의 문제로 ― 특정 어휘의 표면적인 의미에 맹목적으로 집착하는 어리석은 인간이 아닌 한 ― 귀착되며, 지킬 필요가 없는 것을 지키겠다는 보수주의자도 존재할 수 없고, 변화시킬 필요가 없는 대상을 변화시키겠다는 진보주의자도 존재할 수 없는 것이다." 결국 보수와 진보의 정책이나 행태에 대한 분석이나 평가에는 그들이 '진정으로 지켜야 될 것을 지키려는' 보수인지, '진정으로 변화시켜야 될 것을 변화시키려는' 진보인지 검토하는 것이 핵심이며, 그러한 검토를 통해 '진정한 보수-사이비 보수'와 '진정한 진보-사이비 진보'를 가려내고 비판함이 학문적으로 타당하고 효율적인 것이다. 따라서 이 글에서는 한국 정치의 정파를 대별하는 용어로 좌파와 우파라는 용어 대신에 보수와 진보라는 용어를 그대로 사용하기로 한다.

혁에 해당하는 개헌이 일반 법령을 개정하듯 시도되며, 탈원전과 소위 소득주도성장 등의 경제정책의 일방적인 추진 등이 그러한 소란과 갈등의 기폭제로 작동하고 있고, 친북한이나 친중국의 외교노선과 같이 국가목적과 직접 관련되고 국가의 생존에 결정적인 영향을 끼칠 외교 안보 전략의 대전환까지도 그 당위성을 천명하는 '독트린'의 공표는 물론 치밀한 검토나 국민적 합의의 과정조차 생략된 채 마치 미래를 위한 당연한 국가전략인 것처럼 일방적으로 혹은 음험하게 추진되고 있다. 최근에는 일본의 경제보복에 대한 대응의 과정에서 '동학의 죽창가', '친일파 척결', '토착 왜구', '이순신의 열두 척' 같은 정치적 구호를 통해 반대 정파를 반민족적 행위자 집단으로 몰아가려는 어이없고 안쓰러운 정략마저 등장하고 있다. 세계화란 이름으로 국제적 분업체계가 보편화되고 한국과 일본은 수교한 지 50년 가까이 되어 두 국가 사이의 상호 의존성이나 사회 각 분야의 상호 교류가 구조적이 된 역사적 상황에서, '진보적'이라는 한국의 정파들은 역사의 시계를 70여 년 전의 해방 직후나 100여 년 전의 구한말을 넘어 임진왜란의 시기로 되돌리려 하는 것 같다. 정파갈등은 이제 거리의 패거리싸움과 같이 되어버리고, 그러한 와중에서 '조국(曹國) 사태'도 벌어지고 있다.

정치적 파당의 존재나 사회적 갈등은 인류역사에서 어느 국가 어느 사회에서나 상존하며, 보수와 진보 혹은 좌우의 대립 또한 국가를 운영하고 정치적 행위가 존재하는 곳에서는 보편적으로 나타나는 현상이다. 정치란 일상적인 사안들을 기존의 법이나 관행에 따라 처리하는 행정이 아니며, 국가생활에서 끊임없이 발생하는 새로운 변화들을 찾아내고 그 의미를 해석하면서 정책적으로 대처하거나 새로운 입법 또는 새로운 제도의 도입을 통해 국가생활의 새로운 미래를 추구하는 소업이다. 따라서 그러한 해석 및 대처 방식과 관련하여 국가 구성원들 사이에 경제적 이해관계나 사회적 신분의 차이에 따른 갈등이나 지적 수준 혹은 사고방식이나 가치관의 차이에 따른 갈등 또한 당연히 있을 수 있으며,

그 실제적인 의도나 목적을 떠나 진정으로 가치 있는 것을 지킨다고 하는 보수와 더 이상 지킬 가치가 없는 것을 수정 또는 폐기하고자 한다는 진보 사이의 차이와 갈등 또한 필연적으로 나타날 수밖에 없다.

문제는 그러한 차이와 갈등이 국가 내에서의 공존과 공영을 추구하기 위한 방법이나 국가생활을 통해 추구할 근본적인 목적과 관련된 합리적인 논쟁의 형태가 아니라 감정적인 대중선동이나 원색적인 물리력 다툼의 형태로 진행되고 있다는 점에 있다. 다시 말하여 지키고자 하는 것이 무엇이고 왜 지켜야 하며, 수정하고 폐기하고자 하는 것이 무엇이고 왜 그러한지 국가적 차원에서의 체계적인 논변의 제시 및 그에 따른 치열한 논쟁 자체가 없는 상태에서 정파적 대립과 갈등이 지속되고 있는 것이다. 정치사회적 갈등과 분란에 대한 궁극적 중재자가 되어야 할 학자들이나 교육자들은 그러한 사태를 방관하거나 스스로를 보수-진보나 좌-우로 규정하면서 그것에 적극적으로 개입하여 서로 대립하고 있으며, 경우에 따라서는 그것을 세속 권력에 편승하는 기회로 이용하거나 '교육권력'을 향한 집단적 투쟁에 몰두하는 양상마저 벌어지고 있다. 그악스러운 수준에 이른 정파들 사이의 갈등과 이에 편승한 범속한 '학문정치'와 '교육정치'가 마치 민주주의의 당연한 파생물인 양 사회적 일상으로 뿌리 내리고 있는 것이다. 그러한 상황에서 국가정체성의 위기를 넘어 국가의 위기가 새롭게 국가적 논제로 부각됨은 당연하다.

국가정체성의 위기 문제는 비록 일부 지식인 사회나 언론계 등 상당히 제한된 영역에서 단편적인 문제제기의 수준으로 논의되어왔지만, 한국의 정치현실에서는 특히 노무현 정권의 등장 이후 지속적으로 국가적 논제로 제기되어왔음이 사실이다. 그런데 한국의 학계는 아직도 국가정체성 문제에 관심 자체가 없거나, 그것은 정치현실의 이해에 절실히 요구되는 개념은 아니라는 듯한 태도가 지배하고 있다.3) 그러한 태

---

3) 이 점은 서양의 학계에서도 소수의 학자들을 제외하고는 비슷한 상황에 있다. 그나마 그 연구들의 대부분은 국가정체성의 위기를 겪고 있는 개별 국가

도는 한편으로 한국의 정치학계나 사회과학계가 과학주의나 실증주의의 이름으로 현실문제에 대한 개입이나 가치판단을 배제한다면서 지엽적이고 사소한 연구주제에 집착하는 경향과 일치하는 면도 있다. 하지만 다른 한편으로 그것은 같은 학계 내에서도 상당 부분은 학문적 중립성이나 객관성을 저해할 정도로 현실정치나 구체적인 사회적 이슈에 지나칠 정도로 민감하게 반응해왔다는 사실을 고려할 때 기이한 측면도 있다. 그 특이한 현상은 사실 한국 정치학이나 사회과학의 학문적 실체나 위상이 무엇인가의 방대한 주제와 연관되지만, 그 자체가 국가 정체성 및 국가적 위기의 실체가 무엇인지의 문제와 연관되므로 이 '들어가는 말'에서 간단하게라도 논급하고 지나갈 필요가 있다.

국가정체성 문제는 일상적인 정치현상 또는 사회현상은 분명히 아니다. 지은이가『대한민국이란 무엇인가』라는 책 제I부에서 나름대로 자세히 설명하려 노력하였지만, 정체성(identity)이란 개념 자체가 서양 철학사 전반 및 심리학 이론 전반과 연관될 정도로 심원하고 복잡하며, 국가정체성은 국가의 본질이 무엇인가의 문제와도 필연적으로 연관된 정치철학적이고 형이상학적인 문제이기도 하다. 그것은 분명히 특정한 경험적 현상이나 감각적 사상(事象)과 쉽게 연상되어 파악할 수 있는 성격의 개념이 아니라는 것이다. 그런데 특정한 문제가 경험적 또는 감각적으로 쉽게 파악되지 않는다고 해서 그 존재성을 부인하는 수준의 사고는 단순히 형이하학적 사고가 아니라 반(反)학문적 사고이다. 정체성 문제를 떠나서는 개인이나 단체 또는 국가의 존재성 자체가 운위될 수 없기 때문이다. 왜 그러한지는 바로 정체성 개념 자체를 철저히 검토할 때 이해될 수 있지만, 이 '들어가는 말'에서는 그것이 현재 대한민국의 국가적 쟁점만이 아니라 미국을 비롯하여 전 세계 국가들이 현재

─────────

들의 위기 양상에 대한 경험적 기술이나 일반화의 수준에 머물고 있으면서 그 본질에 대한 정치철학적 성찰이나 정치사상사적 해명 차원의 연구는 수행하지 못하고 있는 실정이다.

공통적으로— 그 성격이나 구체적 양상, 심각성의 정도, 역사적 배경의 차이를 떠나— 당면하고 있는 문제이자 인류의 정치사 및 정치사상사 보편의 문제라는 점을 간단하게나마 설명하고 지나갈 필요가 있다.

그러한 설명의 편의상 여기서 국가정체성에 대한 간단한 정의로서 이 책의 II부 6장의 처음 부분에 제시된 문장을 인용할 필요가 있다. 국가정체성이란,

> "간단히 '국가의 존재이유 또는 국가생활의 근본 목표이자 동시에 그것에 대한 국민적 이해나 자의식'으로 정의될 수 있지만, 그러한 정의는 여러 가지 복잡한 문제의 출발일 뿐이다. 그것에는 필연적으로 국가의 본질이나 이상이 무엇인가라는 정치철학의 고전적이고 영속적인 질문이 포함되며, 그러한 질문에 대한 국민들의 이해 내용과 수준은 무엇이고, 그러한 국민들의 의식세계는 어떻게 형성되고 변화하며, 국가정체성의 위기를 지칭하는 그것의 심각한 분열은 어떻게 발생하는지 등 한 국가의 학문 및 교양의 수준과 정신사 전반에 걸친 방대한 문제들이 함축되어 있다. 과도한 일반화의 위험은 있지만, 정치학 연구의 본령은 바로 국가정체성의 위기에 대한 해명이라고 말할 수 있으며, 인류 지성사에서 정치학이라는 학문의 등장 자체가 국가정체성 위기의 산물이라면, 새로운 정치학 혹은 새로운 정치사상의 등장 또한 국가정체성 위기의 산물인 것이다."

인류역사에서 정치학의 출현, 다른 말로 정치적 문제가 체계적인 사고의 대상으로 등장하게 된 것은 인간들이 자신의 삶이 단순히 생물학적 섭생 활동과 생식 행위를 통해 존재하고 세대로 이어지면서 존속하는 군집 동물의 삶이 아니라 생산 활동의 분업화와 더불어 그것을 관리하는 지배-피지배의 관계 속에서 이루어지는 공동체적 삶의 형태를 통해 존재하고 존속한다는 사실에 대해 이성적으로 자각한 결과이다. 여기서 이성적 자각이란 그러한 공동체적 삶의 형태나 질서를 종교나 신

화적 차원에서 이해하고 정당화하는 하는 것이 아니라 바로 이성 활동을 통해 탐구하고 설명하는 행위의 시작을 의미한다. 그러한 자각이 종교, 교육, 사회생활, 경제활동, 문화예술 등 삶의 구조 전체에 대한 총관 속에서 지적으로 체계화된 형태로 나타난 결과가 정치학의 등장인 것이다. 고대 정치철학은 그것의 원형이다. 그런데 인류 지성사에서 혁명적으로 새로운 발견이나 이론의 출현이 그러하듯이, 고대 정치철학의 출현은 단순히 인간의 지적 활동에 새로운 분야가 첨가됨을 의미하는 것은 아니다. 그것은 자신이 몸담고 사는 공동체적 질서에 대해 신화나 종교의 차원에서 제시된 정당화 담론이나 전통적인 관행 혹은 법 등의 지배력 및 사회적 영향력은 약화되고 쇠퇴했지만 그것을 대체할 만한 새로운 것이 출현하지 못하는 상황, 즉 정치적이고 사회적이며 정신적인 위기의 산물인 것이다. 그리고 그러한 사실이 바로 정치학의 본령을 구성한다는 점이 중요하다. 정치학의 본령은 국가정체성 위기의 실체를 파악하고 새로운 정체성을 확립하려는 지성적인 탐구에 있다고도 말할 수 있기 때문이다.

근대 이전에서 왕정이나 귀족정의 경우에는 그 운영과 관련된 방책이나 책략을 제시하는 차원의 연구, 근대 국가의 경우에는 행정부나 국회나 사법부나 정당의 운영 또는 선거제도의 관리등과 관련된 사실 등에 대한 구명 차원의 연구나 정책 제시 차원의 연구 등은 본질적으로 기존 국가체제의 운영이나 관리 혹은 국가체제 내적인 목표를 효율적으로 수행하기 위한 방법이나 수단을 찾기 위한 행정학적 차원의 연구이지 정치학에 본질적이고 핵심적인 연구는 아니다. 개별 국가의 역사적 상황과 그 국가가 속한 문명권의 성격 등과 같은 정신사적 상황 또는 그 지식인 계층의 성찰적 사유능력의 완숙도에 따라 그 사변 내용의 성격과 수준은 달라지지만, 동서양 정치학의 역사 혹은 정치사상사란 실로 위대한 지식인들이 스스로 체험한 국가정체성 위기의 근원에 대한 통찰 및 그 극복 방안에 대한 창조적 사유의 궤적인 것이다. 그러한 궤적의 시작이 동양에서는 유가(儒家) 등 제자백가의 출현이라면, 서양에서는 고대 그리스의 소피스트 운동 및 그것에 대한 비판적 극복의 차원에서 등장한 소크라테스-플라톤 철학의 등장인 것이다. 그런데 비록 단순화의 위험은 있지만 국가정체성의 위기 문제와 관련하여 두 정치철학적 전통 사이에는 뚜렷한 차이가 있다.

중국이나 조선의 경우 19세기 서구의 충격이 있기까지는 유학이 왕정체제의 지속을 뒷받침하는 지배 이데올로기의 역할을 충실히 수행하는 가운데 오랜 기간 '심각한' 수준의 국가정체성의 위기는 겪지 않았다고 볼 수 있다.4) 이에 비해 서구의 정치사는 19세기까지 현실정치에서 왕정 혹은 제정이 계속되면서도 그 특유의 정신사적 전통과 사회경제사적 변화에 따라 여러 국가들에서 여러 형태와 성격의 국가정체성 위기가 단속적으로 발생하고 그 극복의 노력이 새로운 국가정체성 확립의 시도로 이어지는 시간적 궤적이라고 말할 수 있다.지식인들 사이에서 오랫동안 정치체제의 이상으로 받아들여진 로마 공화정이나 그리스 민주정체의 존재, 로마 가톨릭교회라는 세속적이면서 동시에 국가의 존재를 초월하는 조직의 존재, 근대에 이르러는 종교개혁, 자본주의, 자유민주주의, 사회주의, 제국주의, 민족주의, 대중민주주의 등의 등장과 발전 등이 그러한 전통과 변화를 대표한다. 그러한 시간적 궤적은 당연히 정치사상사의 흐름에도 반영되어 있다. 플라톤의 정치철학이 아테네

---

4) 여기서 방점은 '심각한'이란 한정어에 찍혀야 한다. 중국에서 한유(韓愈)에서 주희(朱熹)에 이르는 성리학적 사유의 발전과정이나 명조와 청조 변환기에 일어난 유학 내부의 논쟁은 국가정체성의 위기와 어느 정도 관련되어 있으며, 고려 후기에서 조선 건국의 과정은 그 나름의 역사적 및 사상사적 의미를 갖는 국가정체성의 위기 및 그 극복의 역사로 볼 수 있다. 병자호란 이후의 조선은 위선적이고 허구적인 도덕주의 및 문명론을 내세워 국가정체성의 위기를 극복한 경우이나, 바로 그 때문에 진정한 개혁을 못하고 부패와 쇠망의 길로 나아간 경우에 해당한다. 이에 대한 자세한 논의는 이 책의 후속편에서 이루어질 것이나, 이 책 6장에서도 간단하게나마 논급될 것이다.

민주정체 및 그리스 도시국가체제의 위기 상황에 대한 철학적 성찰의 결과라면, 아우구스티누스의 기독교 신학이란 로마 제국 질서의 위기 및 초기 기독교 사회의 분열에 따른 정신적 위기 상황에 대한 대응이고, 아퀴나스로 대변되는 중세 정치사상의 완성은 이슬람의 도전에 따라 위기에 처한 가톨릭교회라는 기독교적 보편질서를 바로 '불구대천'인 이슬람의 '선진화된 학문'을 응용하여 극복한 경우로 볼 수 있으며, 마키아벨리에서 스피노자, 홉스, 루소, 로크, 헤겔, J. S. 밀, 베버 등으로 대표되는 근대 정치사상사는 이탈리아 판 전국시대에서 제1차 세계대전의 시기까지 전개된 근대 정치사 및 사회경제사의 변화에 수반된 국가정체성의 위기 상황에서 그들 지식인들이 각자 나름대로 그러한 위기를 극복하려는 시도로 해석될 수 있는 것이다. 마르크스의 국가소멸 이론이나 여러 사상가들이 여러 다른 배경에서 제기한 무정부주의는 그러한 시도가 국가 자체의 부정논리로 발전한 역설적인 경우이다. 서양 근대 정치사상사가 동양의 그것에 비해 내용이 다양하고 풍부하면서 심원하게 된 이유들 가운데 하나도 끊임없이 지속된 국가정체성 위기의 산물이라는 아이러니일 수 있다.

현실정치에서 위대한 정치사상이 제대로 이해되고 구현되는 경우란 역사적으로 지극히 드물다. 조선의 세종 시대는 세계 정치사에서 그러한 이상에 가장 근접한 경우일 수도 있다. 어쨌든 내란이나 그에 버금가는 극도의 정치적 혼란 상태라는 국가적 위기를 극복하고 새로운 도약을 이룩한 국가와 그렇지 못하여 쇠망에 이른 국가 사이에는 정치인들의 사유능력 면에서 분명히 차이가 있다. 통치권자를 비롯한 현실정치인들이 새로운 국가정체성을 확립하기 위해 새로운 통치이념을 도입하거나, 혹은 적어도 새로운 사고의 전환에 대한 필요성을 얼마나 진지하고 절박하게 느끼는가에 따라 국가의 운명에 큰 차이가 나타난다는 것이다. 새로운 도약의 경우에는 무엇보다 현실적으로 실현 가능한 이념의 제시를 통해 새로운 국가정체성을 확립하면서 국가적 위기의 극복을 주도한 탁월한 정치인이 있으며, 쇠망의 경우란 그 반대의 경우인 것이다. 선덕여왕 시대의 신라, 청교도 혁명 후의 영국, 메이지유신의 일본이 전자의 경우라면, 30인의 참주정체 등장을 전후하여 내란 사태를 겪은 이후 전개된 고대 아테네의 정치나 19세기 서세동점기 중국의 청조나 조선은 후자의 전형적인 예이다.

대한민국을 포함하여 이 시대의 많은 국가들이 겪고 있는 국가정체성의 위기도 그 역사적 및 사회구조적 배경이나 구체적인 성격 혹은 강도에서 차이가 있을 뿐 본질적으로는 동일하다. 대체로 민주주의 국가에서는 대중영합주의의 등장과 관련된 보수-진보 정파 사이의 대립으로 나타나고, 왕정체제의 국가나 일당독재체제 국가의 경우에는 전 세계가 일일 생활권이 되고 동시적인 소통이 가능해진 문명사적 상황에서 단일한 종교체제나 정치이념과 결합된 전제적인 지배체제나 권력구조에 대한 도전이나 변화의 요구와 관련되어 국가정체성의 위기가 대두되는 것이다. 대한민국이 겪고 있는 위기의 양상 및 근원에 대해서는 이 책의 본문을 통해서 설명될 것이며, 그것의 실체를 세계 문명사 및 동북아 역사의 총체적인 흐름과 한국 근현대의 역사 및 정신사의 변화 발전의 맥락에서 설명하려는 시도가 '책머리에'에서 언급된 바와 같이 이 책의 후속편인 『조선에서 대한민국으로』이다.

결국 현재 대한민국이 겪고 있는 국가정체성의 위기는 대한민국이라는 국가가 새로운 도약으로 나아가느냐 아니면 쇠망으로 이르느냐의 갈림길에 있음을 의미한다. 물론 현재의 대한민국이 국가정체성의 위기 상황에 있다는 사실 자체를 미리부터 단정할 필요는 없다. 그 위기의 운운이 단순히 특정한 정치사회적 양상들의 의미를 과도하게 해석한 결과인지 혹은 특정한 정치적 목적의 수사(修辭)나 사회적 선동의 언어인지 여부가 먼저 학문적으로 철저히 규명되어야 하는 것이다. 이 책의 목적 가운데 하나가 바로 그 위기의 여러 측면과 근원에 대해 다각도로 기술하는 데 있는데, 그러한 시도 이전에 이 '들어가는 말'에서는 앞의

'책머리에'에서 논급된 현재 한국 정치의 특이한 행태에 대해서 좀 더 자세히 설명하고 지나갈 필요가 있다. 한국 정치에서 논변이 사라진 현상이 그것이다. 그러한 현상은 곧 정치적 행위라는 이름의 반(反)정치적 행위가 일상적이 되고, 정치에서 최소한의 합리성과 윤리가 사라지고 비이성과 광기가 지배함을 의미하며, 무엇보다 국가적 위기의 존재 여부에 대해 합리적으로 논의하는 가능성마저 배제하게 됨이 심각한 것이다. 실제로 그것이 한국 정치에서 대통령의 탄핵부터 '조국 사태'와 같은 현재의 정치 상황으로 이어지는 사태의 근저를 이루며, 그 자체가 국가정체성 위기의 근본적인 측면이고, 국가적 위기를 위기로 인식하지 못하게 하며, 그것의 극복을 어렵게 만드는 근본적인 요인이기도 하다. 왜 그러한지 설명할 필요가 있다.

* * *

현실정치에서는 법적으로 엄격하게 규정되지 않는 한 권력투쟁의 경쟁자나 정치적 반대자를 제압 혹은 억압하기 위하여 사용되는 어휘나 수사에 제한은 없다. 경우에 따라서는 치명적인 어구 하나가 정치적 경쟁의 승패를 좌우할 수도 있으므로, 정치적 수사 능력은 정치적 성공의 필수적인 요소이며, 그 수사의 현란함이나 대중에 대한 자극성이나 호소력의 강렬함은 그 성공 여부를 결정하는 주요 요인들임이 분명하다. 다만 그것들은 정치적 성공의 필요조건이기는 해도 충분조건은 아니다. 현란하고 자극적인 어구는 일시적인 정치적 상황의 타개나 분위기의 반전에 기여할 수는 있지만, 그것에 나름대로의 진실성과 더불어 정치적 상황의 실체에 대한 이해가 수반되지 않을 경우 반대 정파의 반격으로 오히려 스스로의 정치적 몰락을 촉진할 수도 있는 것이다. 다시 말하여 한 개인이나 정파의 정치적 성공에는 세속적인 정치적 수사 능력과 더불어 스스로 표명한 정치적 입장에 나름대로의 진실성(sincerity)

과 진정성(authenticity)이 있어야 한다는 것이다.

진실성이 외적으로 표명된 공언이나 입장과 실제적인 감정의 일치를 의미한다면, 진정성이란 그 일치성이 더욱 지속적이고 강력해진 경우를 지칭한다.5) 그러한 지속력과 강력함은 스스로 표명한 공언이나 입장이 기존의 가치관이나 이념을 기계적으로 수용하거나 타인의 사고에 일방적으로 의존하여 형성된 것이 아니라 자신만의 사고나 삶에 대한 자신만의 진지한 고민을 통해 형성될 경우에 가능할 것이다. 그러할 경우에만 자신의 관점과 태도를 타인의 의사나 시선에 좌우되지 않으면서 순수하게 유지할 수 있는 정신적 능력이 수반될 것이기 때문이다.6) 다만 그와 같이 형성된 진실성 및 진정성이 현실정치에서 주변의 인물들은 물론 대중들에 대한 호소력을 통해 지속적인 영향력을 가지려면 구호나 선전 문구의 창안 수준의 정치적 수사 능력을 넘어 글이나 연설을 통해 정치적 논변을 전개하는 능력이 필수적이다. 그러한 논변에 어느 정도나 보편적인 가치나 이념 혹은 세계관이 함축되어 있고, 정치현실의 실체를 얼마나 깊이 탐색하고 있으며, 그 내용이 얼마나 체계적으로 제시되어 있느냐 등에 따라 그것의 정치적 가치와 더불어 역사적 위상도 결정된다. 그것은 현실정치에서 획기적인 국면 전환의 계기를 만드는 논설에서부터, 한 시대를 풍미하는 이데올로기, 인류의 지성사에 영원히 기록되는 위대한 정치사상의 형태로 나타날 수 있는 것이다.

논변 능력을 출중하게 발휘한 정치인으로는 고대에 대표적으로 페리

---

5) 여기서 간략히 정리된 진실성과 진정성 두 개념의 정의는 영문학자 트릴링 (Lionel Trilling)의 것으로, 지은이는 이 책의 전편에 해당하는『대한민국이란 무엇인가』라는 책의 결론 부분에서(양승태 2010, 436-438) 두 개념이 국가정체성 개념에 대해 갖는 의미에 대해 논의한 바 있다.

6) 별도의 방대한 논의를 요구하기 때문에 이 책에서 자세하게 설명할 수는 없지만, 플라톤의 '진지성(spoudē)' 개념이나 하이데거의 '본래성(Eigentlich-keit)' 개념은 일반 대중들은 물론 범용한 지식인이나 예술가나 종교인에게도 결여되어 있는 그러한 정신적 자질에 대한 철학적 해명과 관련되어 있다.

클레스와 카이사르가 있고, 20세기에는 처칠과 모택동과 카스트로 등을 들 수 있다. 그들의 논변은 위대한 정치사상은 아닐지라도 각자 나름으로의 진정성이 있으면서 스스로 직면한 정치현실에 대한 냉철한 진단과 실천적 처방을 담고 있었다. 역설적이지만 모택동이 국공 내전에서 승리한 주요 요인은 '권력은 총구에서 나온다는' 그의 언사와는 달리 '그의 입에서', 다시 말해서 그러한 문구를 창출할 수 있는 출중한 — 특히 상대적으로 장개석의 그것과 대비되는 — 논변 능력에서 나온 것이다. 시각을 한국의 현대 정치사로 돌리면서 조선시대의 정치와 현대의 한국 정치를 비교하면 특이한 양상이 발견되는데, 그것은 정치사회적 구조나 이념적 배경의 차이를 떠나 현재 국가정체성 위기이자 민주화시대라는 현재 벌어지고 있는 민주주의 위기의 가장 깊은 근원이 무엇인지도 밝혀준다.

이 책의 후속편에서 자세히 논구할 주제지만, 세계 정치사의 차원에서도 특이한 사례로 간주될 수 있는 유교 국가이자 유학자 지식인 및 유학자 관료 집단의 국가인 조선 정치의 특징들 가운데 하나는 모든 정치적 행위가 궁정에서의 토론이나 논박 또는 상소 등과 같이 예의와 격식을 갖춘 논변을 통해 이루어졌다는 사실에 있다. 당쟁이 격화하면서 그러한 논변 또한 권력 장악이나 정적 제거를 위한 음모적 성격이 더욱 강해지고, 특히 인조반정 이후에는 통치 이데올로기인 성리학이 점차 교조적이 되면서 정치적 논변의 내용에 가해지는 구조적인 제약 또한 점차 심화된 것은 사실이다.7) 하지만 반정(反正)이나 정변과 같은 특수

7) 유명한 예송논쟁(禮訟論爭)의 경우 그 논제를 학문적으로 심화하여 탐구할 경우 왕권과 신권 각각의 본질이나 두 사이 관계의 본질 문제를 새롭게 해명하거나 국가와 사가(私家) 혹은 더 나아가 국가와 개인의 관계 문제에 대한 탐구까지 나아갈 수 있는 가능성이 있었다. 다시 말해서 성리학 체계의 획기적 재편이나 새로운 정치사상의 탄생으로 이어질 수도 있는 잠재성이 있었다는 것이다. 그렇게 되지 못한 것은 조선 성리학자들 자신의 학문적 역량의 한계일 수도 있지만, 근본적으로는 인조반정 이후 더욱 교조적이 된 성

한 상황을 제외하면 모든 정치적 혹은 정략적 행위의 수단은 어쨌든 논변이었지 암살이나 테러 등과 같은 폭력적 수단은 아니었으며, 저급한 욕설이나 상대방을 원색적으로 비방하는 언어의 사용은 양반의 법도와 예의와 품격에 어긋나 지배층이라는 신분 자체에서의 탈락을 의미하기 때문에 권력경쟁의 수단에서 원천적으로 배제되었던 것이다. 다시 말하여 그 정치적 목적의 정당성이나 그 의도의 진정성 또는 그 내용의 사실적 타당성이나 보편성의 문제를 떠나, 격식을 갖춘 논변은 정치적 행위의 요체였으며 상대방을 압도하는 논변 능력은 권력경쟁에서의 승리를 담보하는 필수불가결의 정치적 자산이었다.

단순화의 위험은 있지만, 특히 성리학의 토착화가 이루어지고 사림정치가 확립되어 직능 차원에서 학자와 정치인 사이에 실제적인 구분이 없어진 선조 이후의 조선 정치사는 그 자체가 정치적 논변의 역사라고 할 수 있다. 더 나아가 조선시대의 정치사상사란 관료층 및 사림의 내부나 전자와 후자 사이에 발생한 논변들이 전파되고 확산되는 과정을 통해 이념적으로 체계화되고 비판되고 수정되고 변용되는 과정의 역사라고도 말할 수 있다. 성리학 체계 내에서의 이기논쟁, 예송논쟁, 실학논쟁, 호락논쟁이나 조선 양명학의 발전 등은 그 대표적인 예들이며, 19세기 후반 서세동점의 시기에 전개된 위정척사, 동도서기, 개화이념 등의 전개 또한 그러한 논변 역사의 연속성 차원에서 이해될 수 있다. 아울러 구한말과 일본 식민통치 시대에서 유길준, 박은식, 이승만, 신채호, 조소앙 등이 보여준 출중한 논변 능력 또한 그러한 정치사 및 정치사상사의 맥락에서 이해될 수 있다. 해방 정국에서는 유교적 교양과 서구 학문에 대한 소양을 겸비한 이승만의 논변이 대한민국의 건국을 주도한 것은 잘 알려진 사실이며, 비록 육체적으로나 지적으로나 점차 노쇠해졌지만 그가 집권 후에도 정치적 상황에 따라 그러한 논변

리학 체제라는 구조적인 요인에서 찾을 수 있을 것이다.

능력을 적절히 발휘한 것도 사실이다.

건국 이후의 정치사에서 대통령을 역임한 인물들에 국한해서 논의하자면, 이승만 이후 나름대로 출중한 논변 능력을 보여준 인물로는 박정희와 김대중을 들 수 있다. 전자의 경우 집권 이전에 자신의 이름으로 출간된 글이 없어 『국가와 혁명과 나』와 같은 저술이나 많은 연설문들에 그 자신만의 사고가 어느 정도 반영되었는지 정확하게 판별할 수는 없다. 하지만 자신의 이름으로 출간된 저술들이나 연설들의 최종적인 점검자는 그 자신일 수밖에 없을뿐더러, 그 저술들의 내용 또한 그 특유의 국가주의 논지로 일관되어 있으면서 평소의 그의 언행이나 특유의 강기 어린 성정과 조화를 이루고 있음도 분명하다. 나름대로의 대중적 설득력 및 호소력으로 미래의 국가 건설을 위한 국민들의 헌신과 희생을 강조하는 그의 논변들은 일제의 정치문화 및 식민지 교육을 통해 형성된 국가주의를 반영함과 아울러 조선조 논변정치의 연속성도 보여준다고 할 수 있다. 비록 그러한 연속성의 정도는 상대적으로 약화되어 있지만, 박정희의 국가주의와 대비되는 대중민주주의를 대변하고 대중에 대한 선동성이 강한 글들을 저술한 김대중도 자신의 정치적 견해를 체계적으로 표현할 수 있는 논변 능력을 갖춘 정치인임은 부정할 수 없다.

앞으로 한국 현대 정치사나 정치 지도력 연구의 차원에서 더 많은 구체적인 사실이 밝혀지고 더 많은 새로운 자료들이 공개되면서 별도의 방대한 논의가 이루어져야 될 주제이지만, 결국 한국 현대 정치사에서 이승만과 박정희와 김대중 이후 제대로의 정치적 논변 능력을 갖춘 대통령은 출현하지 않았다고 볼 수 있다. 그것은 보수-진보라는 통치 방향의 차이를 떠나 국가통치와 관련하여 자신만의 경륜이나 식견을 갖춘 정치인이 사라졌음을 의미한다. 전두환과 노태우는 박정희 시대의 국가정책을 유지 혹은 답습하거나 외연적으로 확장 또는 부분적인 수정을 하는 수준의 통치행위를 하는 데 그친 인물들이라면, 김영삼은 개혁의 이름으로 이미 국민적 합의가 이루어진 정책을 실행에 옮기는 수준의 통치행위를 수행하는 데 그쳤다고 볼 수 있다. 이들에 비해 노무현은 자기만의 언변을 전개할 수 있는 능력 면에서는 상대적으로 우월하다고 말할 수 있으나 체계적인 논변 능력을 갖추었다고 보기는 어려우며, 진보 정파의 고정된 교설이나 민주주의나 인권에 대한 교과서적 관념을 그 나름대로 소화하여 설파하는 수준에 그쳤다고 볼 수 있다.8)

그럼에도 위의 인물들 대부분은 스스로의 정치적 경륜이나 식견이 부족하다는 사실을 솔직하고 대범하게 받아들일 수 있는 인간적 성향이 있거나, 국가통치의 구체적인 시행에는 설익은 지식이나 어설픈 판단력이 아니라 각 영역에서 최고의 전문가가 요구된다는 수준의 인식은 있었다는 점은 인정될 수 있다. 그들은 각자 나름대로 ─ 그 '나름대로'가 특히 김영삼 정권의 등장 이후 점차 소위 '캠프 인사'나 '코드 인사'의 이름으로 전문성이나 능력보다는 정파적 요소나 지연, 학연에 따른 '패거리'의 요소가 우선시되는 방향으로 나타났지만 ─ 각 분야에서 유능하다고 평판이 있는 인재를 등용할 줄도 알고, 그들을 믿고 소관 분야의 정책결정을 일임할 줄도 알며, 그들의 의견을 들어 기존의 관념을 수정하면서 새로운 정책결정을 내릴 줄 아는 인물들이었다. 그러한 점에서 그들은 국가통치자로서 최소한의 자질은 갖춘 인물들로 간주될 수 있다. 문제는 그들 이후의 대통령들이다. 노무현 이후에는 경륜 또는 식견의 차원을 떠나 국가를 책임지는 최고위 공직자로서 사고하고 판단하고 행동한다는 것이 무엇인가에 대한 관념 자체가 과연 있는지조차 의심하게 만드는 인물들이 계속 대통령으로 등장하여왔으며, 그러

8) 민주화시대 이후 한국 정치의 그러한 측면에 대해서는 지은이 나름으로 좀 더 자세히 논구한 바 있다. 이에 관해서는 양승태(2007) 참조. 물론 이들이 대통령으로 재직하면서 관료집단이나 학계, 언론계, 기업계 등 시민사회의 요구나 건의에 따라 북방정책, 금융실명제, 새로운 한일관계의 정립, 한미 FTA 등과 같은 새로운 정책 등이 시행된 것은 사실이다. 다만 그러한 정책들이란 각자 고유의 경륜이나 식견의 실현으로는 볼 수 없다는 것이다.

한 사실이 모든 구조적이고 역사적인 원인에 더하여 국가정체성 및 국가의 위기를 계속 악화시켜왔던 것이다.

노무현 이후 등장한 대통령 개개인의 인간적 자질이나 정신적 성향에 관한 것도 앞으로 인간성에 대한 연구나 정치심리학 연구의 차원에서 별도로 자세히 연구할 대상일 것이다. 다만 여기서는 일반론의 차원에서 사인(私人)으로서는 나름대로 좋고 바람직할 수 있지만 한 국가에서 공인의 표상이 되어야 하는 대통령으로서는 결여되어 있거나 바람직하지 못한 인간적 자질이나 성향에 대해 논급하고 지나가기로 한다.

무엇보다 본질적으로 상업적인 인간이 국가통치자가 되어서는 안 된다. 그러한 인물은 바로 상업적 이해관계를 검토하거나 세속적 이익을 정당화하는 수준의 사고 능력은 탁월하지만, 상업적 이해관계의 차원을 넘어 인간 보편의 문제나 국정 전체 차원 및 장기적인 국가전략 차원의 논제에 대해 체계적으로 사고하고 판단하는 능력은 결여되어 있다. 그러한 인간은 스스로 그러한 능력이 결여되어 있다는 사실 자체를 인식하지 못하거나, 경우에 따라서는 그러한 사실을 현실성이나 실용성의 이름으로 오히려 자랑스럽게 여길 수 있다. 또한 그러한 인물은 일반적으로 공직자에게 필수적인 공인정신도 부족하여, 보수란 이름으로 국민들을 자본주의적 경제생활에 필연적으로 수반되는 과도한 물질주의나 향락주의의 위험에 빠지도록 방관하거나 또는 경제정책의 일환으로 촉진할 수도 있다. 통치자가 그러한 정신적 성향을 가질 경우 국정 전반을 한 차원 높게 개혁하고 발전시킬 수는 없음은 물론이고, 교육이나 문화와 같이 상업성을 넘어 인간 보편적 가치의 차원에서 추구할 분야, 또는 외교·안보와 같이 국가의 존재성이나 역사성 차원에서 접근해야 할 분야에서는 국가정책이 표류할 수밖에 없게 만든다. 그러한 정신적 성향이 보수 세력 전반을 지배할 때 "보수 세력은 존재하되 보수주의는 존재하지 않는다"는 한국 보수의 이념적 빈곤으로 나타나게 되는 것이다.

그런데 보수나 진보라는 정파적 차이를 떠나 기본적으로 상업적 인간이 아니고 나름대로 표명한 원칙이나 이념은 있으나 그러한 원칙이나 이념 자체의 구체적 의미를 스스로 이해하고 다른 사람들에게 설명할 수 있는 지적 능력이 결여되어 있는 인간도 국가통치자로 등장할 수 있다. 그러한 인간은 맹목적인 고집은 있되 자신의 생각을 스스로의 논변을 통해 표현할 수 있는 능력도 없고, 자유로운 소통이나 대화를 통해 다른 사람의 생각을 수용 혹은 소화하면서 스스로의 생각을 발전시킬 수 있는 능력도 없다. 그러한 인물이 대통령이 될 경우 국가생활은 또 다른 파행을 겪게 될 수밖에 없다. 그러한 인물은 보수적 입장이든 진보적 입장이든 국가적인 논제에 관해서 교과서적인 지식이나 상투적인 견해를 넘어 스스로의 사고를 통해 형성한 자신만의 식견이나 독자적인 판단력을 갖고 있지 못하다. 이에 따라 국무회의는 물론 비서관회의에서조차 국무위원들이나 자신의 측근 참모들과 활기찬 토의를 하지 못하며, 더듬거리거나 거칠더라도 자신만의 언어로 당당하게 국정지침을 제시하지 못하고, 외교 무대에서도 참모가 미리 작성해준 글에 일방적으로 의존하는 언설을 표명하는 수준을 넘어 상대방과 자유롭게 대화를 하지 못한다.

　　설사 일상적인 삶에서 예의 바르고 착한 행동은 잘해도 자신만의 사유세계를 갖지 못하고 자신만의 언어로 사고하지 못하는 인간이 통치자가 될 경우 국가는 더욱 심각한 상황에 빠질 수 있다. 그러한 인간은 사회적으로 '착하고 번듯한 사람'이라는 평가를 받는 데 대해 심리적으로 강박 상태에 빠져 있는 경우가 많으며, 스스로 책임지지 못하는 '착하고 번듯한' 말은 쉽게 늘어놓을 수 있어도 스스로 이해하고 책임질 수 있는 언어로 자신의 견해나 정책을 국민들에게 설명하지 못하며, 이에 따라 모순되거나 일관되지 못한 언어행태를 자주 보여줄 수 있다. 경우에 따라서 그러한 인간은 외양의 친근한 모습과는 달리 사회 각 분야 인사들과 자유롭게 소통하고 토론하는 행위 자체를 실제로는 두려위할 수 있으며, 그 때문에 그들과 현실과는 겉도는 부드럽고 예의 바른 언어의 헛된 향연은 펼칠 수 있어도 타인과의 진정한 소통 — 야스퍼스(Karl Jaspers)가 말하는 "실존적인 소통(existentielle Kommuni-kation)" — 은 거부하거나 저어할 수도 있다. 그러한 인간은 겉으로 모든 인간들에 가장 온화하고 온정적인 박애주의자나 모든 대중을 사랑하는 민주주의자로 자임하는 것 같지만, 자신과 함께 지내기 편한 사람에게만 대화의 상대자가 한정되어 있기 때문에 패거리 정치를 조장하여 정당정치를 퇴락시킨다. 이에 따라 정치판은 오직 어느 패거리에 속하느냐에 따라 무조건 적과 동지로 갈라지고, 상대방은 권력의 획득이나 유지의 장애물로서 제거의 대상이 되는 상태로 쉽게 변질될 수 있다.

현재 한국 정치에서는 실제로 그러한 패거리 정치가 벌어지고 있으며, 이에 따라 "자유로운 소통과 진지한 토론을 통해 보편적인 진실과 가치를 추구한다는 민주주의 본래의 이상마저 위협받고 있다."(이 책 6장에서 인용) 보수와 진보라는 정파적 차이를 넘어 거대하고 중요한 국가적 논제들이나 정책적 쟁점들에 대해 정치적 논변 자체가 실질적으로 사라진 지 상당 시간이 지났으며, 정당들 사이에는 정파적 야합이나 거래가 있을 뿐 정치적 소통행위가 실질적으로 사라지진 것도 상당 시간이 지났고, 편집증 수준의 아집과 종교적 광기 수준의 편협이 정치판을 지배한 지도 상당 시간이 지났다. 자신이나 상대방의 정책이 왜 타당하고 결함이 있는지 구체적으로 지적하고 비판하는 정치적 논변은 사라진 채 자기편 정책의 일방적인 몰아치기와 상대방 정책에 대한 일방적인 반대가 정치행위의 당연한 일상처럼 되어가고 있다. 그와 같은 그악스러운 패거리 다툼이 일상이 되어버린 상황에서 정치언어가 갈수록 과격해지고 저급해질 수밖에 없음은 당연하며, 언어가 과격하고 저급해질수록 진실성이 사라지고 현실성에서 멀어지게 됨은 인간사회의 보편적 현상이다. 과격하고 저급한 언어를 사용하는 인간에게서 상대방의 인격에 대한 존중이나 예의나 염치는 물론 다른 인간과의 진정한 소통을 기대할 수 없다. '죽창가'나 '토착 왜구' 등의 정치언어는 그러한 경우의 전형이며, 이 '들어가는 말'의 제사로 사용된 괴테의 문구는 그러한 언어행태가 지배하는 인간형의 축약이다.

그 모든 현상은 이 시대에 성정이 뒤틀리고 그악스러운 인간들이 유달리 많이 태어났기 때문은 결코 아닐 것이다. '맺는말'에서 다시 언급하겠지만, 인간 유전자에 돌연변이가 일어나지 않는 한 어느 시대나 '좋은 사람'과 '나쁜 사람', '똑똑한 사람'과 '모자란 사람'의 비율은 비슷하게 태어나기 마련이다. 현재 한국 정치에 드러나고 있는 인간성의 퇴락 현상은 한국 근현대사의 오랜 역사적 및 정신사적 과정의 결과일 뿐이다. 다만 정치에서 논변이 사라질 경우 정치판에 '성정이 뒤틀리고 그악스러운 인간들이' 많이 등장할 가능성은 커진다. 오래전 플라톤은 "인간을 사랑하지 못하는 사람들(misanthropoi, misanthropists)"이 "논변을 싫어하는 사람(misologoi, misologists)"이 될 위험에 대해서 경고한 바 있지만(『파이돈(*Phaidon*)』, 89d),[9] 정치에서 논변이 사라졌다는 것은 정치에서 성찰적이거나 비판적인 사유는 물론 사고하고 판단하는 행위 자체를 저어하는 태도가 지배함을 의미한다. 대중적으로도 널리 회자되는 아렌트(Hannah Arendt)의 조금은 과장된 표현방식을 원용하자면(Arendt 1977), 그러한 정치판이란 평범함(banality)의 외양으로 악을 일상적인 행위처럼 편하게 자행하는 원천인 무사고성(thoughtless-ness)의 위험에 노출되기 마련인 것이다. 민주화시대가 30여 년이 지나면서 한국 정치는 점차 민주주의의 이름으로 대중적 무사고성의 평범함이 정치를 지배하는 경향이 강해지고 있으며, 이에 따라 많은 정치인들이 오직 권력이나 공직 획득의 목적으로 그러한 대중에 영합하려는

---

9) 『파이돈』의 이 문구 이외에도 『국가』 등 플라톤의 전 저작이 따지고 검토하고 탐구하는 행위 전체를 지칭하는 논변(logos)이 인간적 실존의 근원이라는 명제에 대한 해명이라고도 해석될 수 있다.

노력에만 골몰하는 양상도 벌어지면서 민주주의는 대중영합주의를 넘어 대중에 아첨하고 복종하는 민주주의라는 이름의 반(反)민주주의나 사이비 민주주의 혹은 대중독재로 나아가는 경향마저 보이고 있다. 부르크하르트(Jacob Burckhardt)가 19세기 후반 유럽이 겪고 있는 정치사회적 위기의 근본적인 원인으로 유럽 내적인 야만성(barbarism)을 지적했듯이, 우리 밖의 요인들이 아니라 바로 우리 안의 야만성이 우리가 현재 겪고 있는 위기의 근본적인 원인일 수 있다.

한국 정치에서 왜 그러한 상황이 나타나게 되었는지 그 정치사적, 문명사적, 정신사적 근원에 대한 탐구는 이 책 후속편에서 수행될 과제이다. 그런데 그러한 탐구 이전에 현재 한국 정치가 직면한 위기의 타개는 좀 더 간단할 수도 있다. 그것은 정치인들이 그들의 정치라는 직업적 행위에서 최소한의 진지성과 진정성을 회복하는 것이다. 그 회복은 정치라는 소업 자체의 본원적인 어려움을 자각하는 데서 출발하여야 한다. 인간의 소업들 가운데 정치가 가장 어렵다는 점은 동서양이라는 공간의 차이나 고대에서 현대에 이르는 시간의 차이를 막론하고 그 표현하는 언어만 다를 뿐 위대한 철학자들이 공통적으로 표명하는 바이다. 그러한 표명은 근본적으로 인간에게 자기 자신이 누구이고 이 세계가 무엇인지 제대로 아는 것이 일생 동안의 노력으로도 도달하기 힘들다는 사실에 대한 깨달음에 기인한다. 이 책 '맺는말'의 제사로 인용된 『중용(中庸)』의 문구는 그러한 깨달음과 관련된 수많은 고전적 문구들 가운데 하나일 뿐이다.

한국 정치를 포함하여 인간사회에서 그러한 깨달음에 도달한 인물이 정치인으로 등장하기는 어렵다. 그러나 한국 정치가 현재와 같은 안타까운 상황을 넘어 새로운 도약을 이루기 위해서는 적어도 국가통치가 지난한 과업이라는 점 정도는 겸허하게 받아들일 줄 아는 인물 정도는 등장해야 한다. 그러한 인물만이 국가통치에 임하면서 전문가들의 의견을 경청할 줄 알게 되고 국민 각계각층과 진정으로 소통하면서 최선의 혹은 최적의 국가정책을 입안하고 추진할 수 있기 때문이다. 그러한 인물의 등장에 조금이라도 기여하기를 바라는 마음은 이 책을 저술한 주요 동기들 가운데 하나이기도 하다. 이제 대한민국은 그러한 인물을 통해 70여 년에 걸친 국가건설 과정이라는 비상(非常)의 시대를 넘어 새로운 도약의 시대로 나아가야 하기 때문이다.

의학 용어로서 위기란 인간의 생체가 정상으로 회복되느냐 아니면 죽음으로 이르느냐는 전환점이 되는 상황을 의미한다. 현재 대한민국이 겪고 있는 국가정체성의 위기 및 국가의 위기는 쇠망이 아니라 새로운 국가발전의 도약을 위한 역사적 전환점이 될 것이라는 희망은 이 책 저술의 근본적인 전제이다. 그러한 희망이 없다면 왜 이러한 책을 쓰겠는가. 국가 전체를 뒤흔들고 있는 '조국 사태'는 그러한 희망의 근거를 찾을 수 있는 깊은 아이러니이다. 그 번잡한 범법 혐의의 실체나 그것과 연관된 복잡한 정치적 배경이나 인과관계가 무엇인지를 떠나, '조국 사태'는 한 공직자에 대한 임명 취소나 해임 혹은 형사소추 등 의례적인 인사권 행사나 사법처리로 그칠 수 있는 사안이었다. 그 '간단한' 사안을 대통령과 집권층이 국가적 소요 사태로 '거대하게' 전환시킨 것이다. 그것은 박근혜 대통령을 탄핵으로 이끈 최 여인 사태— 이 사태에 대해서는 이 책 4장에서 논급될 것이다— 와는 또 다른 형태의 국가적이고 역사적인 소극(笑劇)이다. 그 거대한 소극이 국가적 위기를 국민들이 깊이 자각하게 만들고 새로운 대한민국을 갈망하게 만든 결정적인 계기를 제공하고 있는 것이다.

한 언론인이 "한국 정치인만 비상이 비상인 줄 모른 채 떠내려가고 있음이 바로 비상사태"라고 표현한 것처럼,[10] 대한민국은 오래전부터 위기 상황에 있어왔는데도 위기인 줄 모르는 것이 대한민국의 가장 근본적인 위기였다. 어쨌든 "대한민국은 침몰하는 배가 아니라 표류 상태

---

10) 『조선일보』 2016년 10월 15일자, '조선칼럼'.

에서 침몰할 위험에 처해 있지만 그러한 상황에서 벗어나 새로운 번영의 항해를 할 수 있다는 믿음이"(양승태 2016, 86) 이 책의 바탕에 있다. 그러한 믿음은 위기라는 양상을 제대로 서술하고 설명할 수 있을 때 합리적인 근거를 갖게 될 것이다. 다음 제I부는 그러한 서술과 설명의 시도이다.

제 I 부

위기의 양상

나 삶의 한가운데에서
어두운 숲에 있음을 알았으니
올바른 길에서 벗어나 있었다.

— 단테, 『신곡』 '지옥편' I.1-3

"위기의 양상"이란 제하에 제 I 부에 수록된 글들은 말 그대로 현재 벌어지고 있는 위기의 양상들에 관한 서술과 설명인데, 국가생활의 기초와 관련된 세 가지 사안과 관련되어 있다. 국가관의 위기, 정당정치의 위기, 민주주의의 위기가 그것들인데, 각각 "국가정체성의 위기와 국가기원 논쟁", "국가정체성의 위기와 정당정치의 위기", "국가정체성의 위기, 대중영합주의, 민주주의의 위기"라는 제목으로 표현되어 있다. 국가기원 논쟁에 함축된 국가정체성의 위기 문제는 한국 진보의 역사의식에 대해 논의한 이 책 6장과 국가이성을 논의한 9장을 함께 참고할 수 있다.

대한민국이라는 국가의 존재 자체에 대한 분열적인 시각은 국가기원 논쟁 및 건국일 논쟁과* 결합된 정통성 논쟁에 집약되어 있다. 대한민국이라는 국가가 등장한 지 70여 년이 지났는데도 아직도 건국의 시점 및 그 정통성에 대한 논란이 벌어지고 있는 기묘한 사태가 벌어지고 있는 것이다. 표면적으로 국가기원 및 건국일 논쟁은 건국의 기점이 언제인가라는 한국 현대사 연구의 전문적인 주제들 가운데 하나이지만, 대한민국이라는 국가가 부여하는 혜택은 누리면서 그 건국의 정통성은 부정하고 싶은 기묘한 심사(心事)이자 동시에 역리(逆理)와도 결합하여 국가적 위기 양상의 하나가 되어 있다. 그것은 근본적으로 한 국가를 지배하는 역사의식의 문제이자 국가이성의 문제로서, 국가의 목표 혹은 존재이유와 관련되어 있다. 따라서 역사의식에서 국민적 합의가 존재하지 않은 국가에서 정파들 사이의 대립이 단순히 정책적 갈등이 아니라 국가가 지향해야 할 근본적인 목표와 관련된 극한적인 대립으로 나아가게 됨은 필연이며, 정파들 사이에 그와 같은 대립이 존재할 때 정당정치가 파행으로 치닫게 됨 또한 당연하다. 그리고 다수 국민의 지지가 권력 획득의 원천인 자유민주주의 체제에서 그 국민이 국가목표에 분열 상태에 있을 때 국가정책이 원칙과 일관성을 잃고 방황하게 되는 것 또한 필연이며, 그러한 상황에서 권력의 장악이 현실적인 목표가 될 수밖에 없는 정당들이 방황

* 이에 관해서는 이 책의 부록 I. 4에 수록된 토론문 참조.

하는 다수의 대중에게 아부하고 부화뇌동하는 정치를 추구하게 되는 것도 필연이다. 다시 말해서 민주주의는 쉽게 대중영합주의로 변질될 수 있으며, 더 나아가 대중독재의 가능성도 나타날 수 있는 것이다. 이 제 I 부를 구성하는 세 글은 그와 같은 총체적인 연관관계에 대한 해명이다.

제1장
국가정체성의 위기와 국가기원 논쟁

　검인정 역사 교과서와 관련된 한국 역사학계 내의 대립은 안타까움의 대상을 넘어 기독교 신학의 역사에서 '신학적 물어뜯기(rabies theo-logorum)'라는 어구를 연상시킨다. 삼위일체설이라는 기독교 신학의 근본적인 교리에 대한 해석상의 논쟁이 비신학적인 패거리싸움으로 변질된 것을 빗댄 표현이다. 국사학계는 바로 대한민국이라는 국가의 근원적인 문제인 국가정체성 및 정당성을 둘러싸고 학문적 차원을 벗어난 수준의 심각한 갈등과 대립이 벌어지고 있는 것이다.1) 물론 하나의 견해나 이론이 일방적으로 지배하는 조용한 집단은 사이비 종교단체나 전체주의 정당은 될 수 있어도 건전한 사회조직이 못 되며, 학자들의

---

　* 원문은 「국사와 문명사, 역사의식과 국가이성, 그리고 대한민국의 기원 문제」, 『현대사광장』 2권(2013), 52-73쪽.

　1) 그것은 일단 학문적으로 비판하거나 논박하는 수준을 넘어 상대 '진영' 학자들에 대한 인신공격 성격의 언사가 거침없이 공적으로 표출되는 '패싸움' 비슷한 상황이 전개되고 있다는 점에서 그러하다. 그러한 상황에 관해서는 『조선일보』 2013년 7월 28일자 "전교조의 종북 역사교육에 맞서 '200년 전쟁' 벌여야 산다"에 대표적으로 나타나 있다.

모임은 더구나 될 수 없다. 특히 견해의 대립이 진지한 경청과 냉정하고 침착한 대화나 토론의 형식이 아니라 대중매체를 통한 비방전 또는 길거리 구호 외침의 형식이 등장하고 있다는 사실이 더욱 안타깝다. 대립의 실체가 학문적 견해나 이론의 차이에 있는 것이 아니라 사회적 세력 사이의 이권 다툼이 아닌지조차 의심이 들게 하기 때문이다. 국사학계 일부의 그러한 양상은 역사학 자체의 본질과 더불어 논란의 중심에 있는 한국 근현대사의 실체에 대해서 좀 더 깊이 근원적으로 성찰할 필요성을 제기한다.

역사 연구란 단순히 지나간 과거의 사건들에 대한 객관적인 기술만은 아니다. 그것에는 역사학자의 지적인 관심사나 호기심 또는 경우에 따라서는 사적인 이해관계나 정치적 입장이 반영될 수밖에 없다. 이제는 고전적인 진술같이 되어버린 카(E. H. Carr)의 "역사란 현재와 과거의 대화"라거나 "역사학자 또한 그가 속한 사회의 산물"이라는 통찰 등은 그러한 점의 확인이다. 역사라는 대화를 주도할 사명이 있는 역사학자는 결코 과거 사실들에 대한 단순한 기록자나 촬영기사가 아니며, 바로 대화의 대상이 되는 사실들을 선택하는 행위에서부터 자신의 지적 관심이나 정치적 견해 등 주관적 관점이 개입될 수밖에 없는 것이다. 이 점은 카 이전에도 대표적으로 부르크하르트(Jacob Burckhardt)의 '정신적 연속성(spiritual continuity)'의 개념을 통해서 오래전에 설명된 것이고(특히 Burckhardt 1979 참조), 가다머(H. G. Gadamer)로 대표되는 현대의 철학적 해석학의 '전통(Tradition)' 개념을 통해 체계적으로 구명된 바 있다. 최근 서양 역사학계에서 대두되고 있는 '기억으로서의 역사' 개념 및 현실을 '기억의 지배를 위한 역사학자들이나 현실정치가들의 대립'으로 파악하는 견해 또한 그러한 역사 이념에 대한 보충인 것이다.2) 그러한 주관적 정신세계나 관점이 바로 역사의식일 것이다.

2) 대표적으로 Assman(2006) 참조. 필자 개인적으로는 이 '최신' 이론에 근본적으로 새로운 것은 없다고 판단한다. 그것은 전통적인 역사의식 개념에 포

물론 역사학자의 역사의식뿐만 아니라 한 개인의 역사의식의 내용과 수준 또한 지극히 다양할 수 있다. 그것은 자신의 통속적 이익을 특정 역사적 사실을 기초로 옹호하는 수준의 관념에서부터, 현실정치의 근원에 대한 나름대로의 깊은 탐색이나 진지한 성찰을 토대로 역사의 흐름을 체계적으로 파악한 역사관, 나아가 역사에서 인간성의 근원이나 사회적 삶 또는 국가생활의 본질을 통찰하고 철학체계로 구축한 위대한 역사철학이나 정치철학의 형태 등으로 나타날 수 있다. 어쨌든 여기서 중요한 점은 이것이다. 내용상의 질적 차이를 떠나 역사학자의 역사의식은 바로 국가생활의 목표나 실현방법과 관련된 정치철학적 사유를 떠나서는 제대로 형성될 수 없다는 것이다. 그리고 그 점이 현재 국사학계의 갈등과 대립을 대한민국의 기원 문제 차원에서 접근하려는 '대한민국역사박물관'의 기획과 조화를 이룬다. 대한민국의 기원 문제는 단순히 1948년 8월 15일에 이루어진 정부수립의 선포 및 이에 조응하여 이루어진 국제법상의 승인이라는 형식적인 과정이 전부가 될 수 없다. 그러한 과정 자체가 바로 그 이전 역사의 산물이고, 그 이전의 역사 또한 그 이전 역사 및 정신사적 연속성 속에서 이해될 수밖에 없는 것이다. 그리고 그러한 연속성은 단순히 구체적인 사실(史實) 구명 차원의 연구로 해명되지 않으며, 현재의 국가적 상황 전체를 어떻게 총체적으로 파악하고 규정하느냐의 문제, 즉 국가생활에 대한 정치철학적 판단과 직접적이면서도 필연적으로 연관되는 것이다.

　현재 국사학계의 갈등과 대립의 쟁점으로 부각된 산업화나 민주화의 개념적 의미는 결코 자명한 것도 아니고, 그러한 쟁점은 그 의미의 문제에 국한된 것도 아니다. 그것은 세계사나 문명사 차원에서 근대화 자체가 무엇인가의 문제와 더불어 한국에서의 근대화란 무엇을 의미하는

────────────

섭될 수 있고, 그 개념적 심화나 확장 또는 보편화를 위해 필연적으로 채택해야 할 지적 이정표는 가다머로 대표되는 철학적 해석학의 '전통(Tradition)' 개념이라고 할 것이다.

가의 문제, 한국 근현대사 흐름의 근본적인 실체가 무엇인가 하는 한국인 역사의식의 문제이자 한국인이 영위하고 추구해야 할 국가생활의 가치나 이상이 무엇인가와 연관된 정치철학적 문제인 것이다. 다시 말해서 대한민국의 역사적 기원 문제는 대한민국의 건국과 과거 특정한 역사적 사상(事象) 사이의 인과관계 문제가 아니며, 대한민국의 국가정체성과 직접 관련된 문제인 것이다. 그와 같은 역사의식의 문제와 정치철학적 문제를 포괄하는 개념이 국가이성이다. 여기서 국가이성이란 — 개인의 이성 개념과 같이 — 국가의 역사적 존재성 및 스스로의 정체성과 관련된 국가 전체 차원의 자의식이자, 국가생활을 통해 추구할 가치나 이상이 무엇인가에 대한 탐색과 판단을 기초로 국가생활을 운영하고 국가 자체를 발전적으로 변화시키는 국가 전체 차원의 정신적 능력을 지칭한다.3) 현실적으로 그러한 정신적 능력은 국가정책을 통해 발현된다. 그러나 또한 현실적으로 언제나 제기되는 문제는 국가정책이 얼마나 역사적 진실 및 보편타당한 역사관에 기초하고 있으며, 미래에 대한 장기적 또는 단기적 관점에서 국가이익의 실현이나 국가생활 전체 차원의 발전과 관련하여 어느 정도 수준의 합리성을 표현하고 있는지 여부이다. 대한민국의 기원과 관련된 역사의식의 문제가 바로 국가이성의 문제인 이유는 그 때문이다. 이 이유를 제대로 설명하기 위해서는 지극히 복잡하고 광범위한 논의를 필요로 하지만(그러한 논의에 대해서는 이 책 제9장 참조), 대한민국의 기원과 관련된 기존의 견해들에 대한 검토는 부분적이나마 그것을 해명할 수 있다.

대한민국의 기원 문제와 관련하여 대한민국을 태어나서는 안 될 국가로 인식하는 소위 '종북주의'로 불리는 입장은 일단 학문적 차원에서 도외시될 수 있다. '종북주의'는 표현의 자유라는 이름의 위선이며, 더욱 근본적으로는 자기부정이기 때문이다. 위선인 이유는 대한민국의 존

---

3) 국가이성은 물론 지극히 방대하고 포괄적인 개념이며, 이 책 9장에서 좀 더 자세히 논의될 것이다.

재성에 대한 부정적 언설의 표명 행위를 바로 대한민국에서 정치사회적 지위를 누리기 위한 수단으로 사용하는, 다시 말해서 학문 활동이라는 외양의 통속적인 활동으로 나타나는 사례가 많기 때문이다. 설사 그렇지 않더라도, 스스로의 학문 활동 자체가 대한민국 국민으로서의 삶이라는 국가생활을 통해 가능했던 것인데, 그것을 가능하게 한 국가 존재의 정당성 자체를 부정하는 것은 스스로의 삶 자체의 정당성을 부정하는 것이므로 근본적으로 자기부정성의 표현인 것이다. 진정한 종북주의자라면 당연히 북한에 가서 대한민국의 전복을 위해 활동함이 스스로의 이념에 일관되고 충실한 행동일 것이다. 종북주의를 논외로 한다면, 대한민국의 역사적 기원과 관련하여 학계에서 상호 논박의 관계 속에서 제기된 학설들은 대체로 다음 세 가지로 정리되고 명명될 수 있을 것이다. 그것들은 각각 '상해임시정부 기원설', '대한제국 기원설', '국사의 해체 및 문명사적 접근'이다.4)

위의 세 견해들은 대한민국 기원이라는 주제 설정의 명시성이나 체계성 면에서 차이가 있다. 그들 가운데 대한민국의 기원 문제와 직접 연관된 논변을 제시한 것은 '상해임시정부 기원설'과 '대한제국 기원설'이다. '국사의 해체 및 문명사적 접근'은 기원 문제 자체를 명시적으로 설정하여 접근한 것은 아니다. 하지만 그것 또한 국사의 틀을 벗어난 문명사적 시각에서 한국의 역사를 해석해야 한다는 나름대로의 포괄적인 역사의식 속에서 대한민국의 건국을 설명한다는 점에서 대한민국의 기원 문제에 대한 하나의 학설로 간주될 수 있다. 그러한 견해들의 바탕에는 물론 나름대로의 학문적 고구가 있으며, 그것들에 대한 자세한 검토는 별도의 방대한 논의를 요구한다. 이 글은 대한민국의 기원 문제에 대한 정치철학적 시론 차원의 연구이자 앞으로 좀 더 체계적인

---

4) '상해임시정부 기원설'에 관해서는 한시준(2008a; 2008b; 1989), '대한제국 기원설'에 관해서는 이태진(2011; 2007; 2004) 및 한영우(2006), '국사의 해체 및 문명사적 접근'에 관해서는 임지현 외(2004) 참조.

학문적 논의를 위한 시금석을 마련하는 것이 주요 목적이다. 따라서 각 학설의 기본 논지 및 한계에 대한 필자 나름의 간단한 정리와 함께 국가이성 개념을 중심으로 그 한계의 극복 방향을 개괄적으로 제시하는 수준의 해명을 시도하고자 한다.

1. 상해임시정부 기원설과 그 한계

'상해임시정부 기원설'은 현재 제6공화국의 헌법 전문(前文)에 대한민국이 상해임시정부의 법통을 이어받았다는 문구의 존재, 그리고 상해임시정부의 헌법에 명시된 여러 자유민주주의적 조항들의 존재를 그 타당성의 기본적인 근거로 제시한다. 같은 맥락에서 그 학설은 대한민국과 대한제국과의 단절을 강조한다. 황제전제정의 '제국'에서 국민주권국가인 '민국'으로의 변환이 역사적 단절의 결정적 계기라는 것이다. 그러한 논리의 보충으로 그 학설은 상해임시정부 설립의 주역인 박은식 등이 '대동단결선언(大同團結宣言)'에서 한일합방 당시 표명된 융희황제의 주권 포기를 국민에 대한 묵시적 선위로 해석한 사실 또한 상해임시정부가 대한민국의 설립의 이념적 기원으로 간주될 수 있는 주요 근거로 제시하기도 하고(한시준 1989, 239), 그와 같은 국민국가 설립을, 서구역사에서 수백 년에 걸린 역사적 변환을 단 9년 만에 이룩한 역사적 기적으로 평가하기도 한다(같은 글, 240). 또한 같은 근거에서 1948년 8월 15일은 대한민국의 건국일이 아니라 정부수립의 독립일이라고 주장하면서, 그날을 건국일로 간주한 주장을 논박하기도 한다(한시준 2008a, 2008b 참조).

상해임시정부 기원설은 물론 헌법적 차원에서 그 타당성이 뒷받침되고 있음은 분명하다. 그리고 상해임시정부 수립 당시에 다른 지역에서도 비슷한 성격의 여러 임시정부가 출현하였지만, 그것만이 유일하게 해방 전까지 그 명맥을 유지하면서 국민들에게 존재성을 뚜렷하게 부각시킨 점도 역사적 사실 차원에서 그 타당성을 보충하는 부분이다. 그러나 그와 같은 해석 논지만으로 상해임시정부가 대한민국의 역사적 기원이라는 점을 충분히 입증하지는 못한다.

일단 상해임시정부의 존재가 현재 헌법의 전문을 통해 대한민국과의 역사적 연속성이 공인되었다고 하더라도, 김구 등 임시정부의 주요 인사들이 대한민국 정부에의 참여를 거부했다는 사실 자체가 그 역사적 연속성의 실제성을 부정하게 한다. 그리고 상해임시정부는 국제법상 대한제국 정부를 계승한 망명정부(government in exile)도 아니었고, 그 피난처를 제공해준 중국을 비롯하여 서방의 어느 국가도 그것을 임시정부(provisional government)로 공인하지 않았다는 사실 또한 국제정치사의 맥락에서 중요하다. 국제법적 인정 여부를 떠나서, 상해임시정부가 바로 임시정부로서 일제의 패망 시에 한반도에 진군하여 새로운 정부수립을 적극적으로 주도하지 못한 점도 그것에 대한 역사적 평가는 물론 역사적 기원과 관련하여 결코 도외시할 수 없는 사실이다. 그러한 사실은 상해임시정부가 대한민국의 기원이 아니라 그것에 기여한 독립운동의 여러 단체들 가운데 하나로 그 역사적 의미가 격하될 수밖에 없는 이유이기도 하다.

아울러 상해임시정부 기원론의 논거로 제시된 국민주권론 문제는 이미 구한말부터 제기된 군민공치론(君民共治論)이나 만민공동회를 통해 부각된 입헌군주체제론 등장의 정신사적 연속성 속에서 이해되어야 하며,5) 그것은 독립운동단체들 공통적으로 제기한 것이기 때문에 임시정

---

5) 정치사상사적 연속성의 문제와 더불어 구체적인 사상 내용상의 여러 가지 차이 때문에 논리적 비약의 성격은 어느 정도 있으나, 유학의 근본적인 이념으로서 '민유방본(民惟邦本)'의 정치사상이 서양의 국민주권론과 배치될 이유는 전혀 없다. 서양의 정치사상사 전통에서도 국민주권론은 단순히 근대의 산물이 아니다. 그것은 키케로(Cicero)를 통해 고대 세계에서도 이미 오래전에 체계적으로 나타나 있으며, 근대의 국민주권론도 현재의 헌법학이 이해하는 바와 정확히 일치하는 것도 아니고 그 개념체계가 처음부터 명확히 설정

부가 독점할 수 있는 이념적 업적으로 간주할 수도 없다. 그리고 '제국'의 종언과 '민국'의 출현을 상해임시정부의 영향이나 정신사적 업적으로 볼 수 없는 다른 이유도 있다. 그것은 일제강점기 당시 '황제'의 후예들이 보여준 정치사회적 행태이다. 국가의식은 물론 공인의식조차 결여하면서 친일적인 태도나 범속한 소시민적인 일신영달로 일관한 그들의 행태 등은 이미 국민들의 마음속에 조선왕조 부활의 복벽론(復辟論)이 설 자리를 잃게 만들었다고 할 수 있다. 그렇다면 '제국의 종언'은 임시정부의 역할을 떠나 이미 일제강점기의 일반 국민의 마음속에 역사적 대세로 자리 잡았다고 볼 수 있는 것이다. 그런데 이러한 문제들 이외에도 '상해임시정부 기원론'에는 더욱 근본적인 문제가 내포되어 있다. 그것은 일제에 의한 병합을 국제법적으로 부당한 것으로 간주하는 현재 대한민국의 공식적인 역사관과 모순된다는 사실에 있다.

1948년 수립된 대한민국의 정부의 역사성과 관련하여 가장 중요한 점은 바로 그것이 대한민국을 대표하는 정부로 국제법적으로 공인받았다는 사실이다. 그러한 사실에는 대한민국의 정부는 '국제법적으로' 공인되었던 대한제국 정부가 일본으로부터 '국제법적으로' 부당하게 박탈당했던 국가주권을 회복한 정부라는 국제법적 연속성의 의미가 함축되어 있다. '대한제국 기원설'의 타당성 여부를 떠나, 대한민국이 역사적으로 대한제국을 계승하는 정부일 수밖에 없다는 논리의 한 축은 바로 그와 같은 국제법적 논리에서 찾을 수 있는 것이다. 다시 말해서 주권의 박탈이나 회복 문제란 바로 국제법의 논리나 세계사의 맥락을 떠나 접근할 수 없는 것이다. 결국 임시정부의 출현이 배경이 되고 그것의 존재를 의미 있게 만드는 주권상실 역사의 흐름, 바로 국가의 실존에 필수불가결의 요건인 주권의 존재와 관련된 국제법적 연속성 문제가 바로 대한민국 정부와 상해임시정부 사이의 역사적 연속성을 부정

된 것도 아닌 것이다. 따라서 국민주권의 주창 자체로는 상해임시정부가 대한민국과의 역사적 연속성을 '독점할' 근거는 되지 못한다.

하게 만드는 것이다. 따라서 '상해임시정부 기원설'은 해방 후 전개된 국내 정치사의 변화 맥락에서는— 특히 그것이 건국 후 40년이 지난 1987년에 이르러서야 헌법적으로 인정되었다는 사실에 함축되어 있듯이 — 그런대로 의미를 가질 수 있으나, 실제적인 역사의 연속성 차원이나 세계사적 맥락 및 국제법적 차원에서는 그리 큰 의미를 갖지 못한다고 할 수 있다. 그런데 민족사적 연속성이나 국제법적 연속성을 강조하는 '대한제국 기원설' 또한 비슷한 한계를 갖는다.

2. 대한제국 기원설과 그 한계

'대한제국 기원설'은 대한제국이 대한민국의 역사적 기원이라는 점을 직접적이고 명시적으로 제기하고 체계적으로 설명한 논변이라고는 볼 수는 없다. 그것은 대한제국 및 고종의 치적과 관련된 새로운 역사적 사실들의 발견 및 해석을 기초로 대한제국에 대한 기존의 통념을 비판하는 형식을 통해 그것이 현재 대한민국 국가생활의 원형을 제공한다는 수준의 논변이라고 할 수 있다. 대한제국이 수행한 제도적 개혁들이나 서구 문물 도입의 조치 등은 조선왕조와 구분되는 획기적인 역사적 의미를 갖는다는 논리가 대한제국을 대한민국의 등장의 중요한 역사적 계기이자 대한민국에서 추구된 근대화의 단초로 해석할 수도 있다는 주장의 핵심이다. 또한 대한제국이 국제법적으로 부당하게 일본으로부터 주권을 침탈당했기 때문에 대한민국의 등장은 대한제국이라는 주권국가의 회복이라는 역사적 의미를 갖는다는 논리는 그것의 논거에 대한 국제법 차원의 보충이라고 할 수 있다.

그러한 논변에는 '황제주권'에서 '국민주권'으로의 국체 차원의 변화나 주권 박탈이라는 주권 차원 역사의 단절에도 불구하고 한국 민족의 집단적 삶의 연속성은 지속되고 있다는 전제가 그 바탕에 있다. 일제강점기는 주권의 박탈에 따른 국가체제 차원의 단절은 의미하지만, 그 기간에도 문화 등을 포함한 사회경제적 삶의 변화나 발전에 따른 역사적 연속성은 존재한다는 인식도 묵시적으로 그 바탕에 있다. 그러한 논변에 나름대로 설득력이 있음은 분명하다. 그러나 좀 더 깊이 한국 근대사의 근본적인 흐름 및 성격을 성찰할 경우 그것에서 대한민국의 기원을 찾는 것 또한 대한민국의 존재성과 조화를 이루지 않음이 밝혀진다.

일단 대한제국은 비록 외양상이라도 전통적인 화이질서를 벗어나 새로운 만국공법 질서에 '능동적으로' 편입한 '제국'이자 자주독립의 주권국가임을 표방한 점에서 현재 대한민국이 누리고 있는 국제정치적 위상의 역사적 출발일 수는 있다. 그러나 '대' '한민족'의 '제국'이라는 화려한 명칭의 이면에 있는 국가적 실체나 위상 그리고 그것이 수행한 제도개혁이나 근대화 정책의 이면에 있는 국가운영의 실상을 고려할 때, 그것이 과연 대한민국의 역사적 기원으로서 정치적 혹은 도덕적 정당성이 있을 수 있는지 의심이 가게 한다. 일단 그것의 짧은 존립기간 자체가 당시 동아시아 국제정치의 역학관계에서 일시적으로 형성된 힘의 공백 상황의 우연하고 피동적인 산물이라는 점이 신중하게 고려되어야 한다. 널리 알려진 고종황제 스스로의 매관매직 행태를 포함하여 당시 관료조직 전체의 총체적 부패와 국가생활 전체 차원의 위선과 파렴치, 그리고 사회적 해체기 수준의 극심한 사회적 갈등과 혼란 등의 정치사회적 양상 등을 고려할 때도 그러하다. 그러한 역사적 사실들은 '대한제국 기원설'에 대해서 심각한 정치적 및 도덕적 정당성의 문제들을 제기하는 것이다. 그리고 국권상실 과정의 국제법적 부당성 여부 문제를 떠나,6) 바로 대한제국은 국권상실의 주역이라는 자명한 사실 자

---

6) 한일병합의 국제법적 부당성 문제는 '대한제국 기원론'을 주장하는 학자들의 주요 논의 내용들 가운데 하나이기도 하다. 그러한 논의에 관해서는 대표적으로 이태진(1996) 및 백충현·이태진(1999) 참조. 그런데 한일합방은 한국인들에게는 '부당하고 원통한' 사건일 수 있지만, 그것은 바로 당시의 국제법적 질서를 통해 기정사실이 되었다는 점이 중요하다. 현재 한민족이 누리는 대한민국이라는 국가생활의 국제정치적 존재성이나 정당성은 합방의 '원

체가 그것의 역사적 존재는 대한민국이라는 국가가 추구해야 할 국가
생활의 이상과는 정반대되는 기휘의 대상이자 한민족의 영속성 관점에
서도 결코 반복되어서는 안 되는 역사적 단죄의 대상인 것이다.

분명히 대한제국에는 비록 지엽적인 측면에서 대한민국과의 역사적
연속성을 확인할 수 있는 요소도 존재한다. 하지만 그것을 대한민국의
역사적 기원으로 간주한다는 것은 바로 한민족의 존재성 차원, 곧 그것
의 역사의식 및 정체성의 차원에서 용납될 수 없는 것이다. 그런데 한
민족의 역사의식 문제는 대한민국의 기원을 국사 또는 한국 민족사의
관점에서 벗어나 좀 더 포괄적인 문명사 차원에서 이해하려는 태도와
직접 연관된다.

3. '국사의 해체 및 문명사적 접근'과 그 한계

한국사의 흐름을 한국사라는 한정된 테두리를 벗어나 문명사 또는
세계사의 시각에서 파악하려는 태도는 학문적으로 지극히 바람직하고
당연하다. 외부로부터 철저히 고립되고 단절된 상태에서 자족적으로 살
아가는 사회가 아닌 한, 어떠한 국가의 역사적 변화도 그 자체 내부의

통합'과는 외양상 대비되는 한민족 염원의 실현이라고 할 것이다. 그런데 그
것 또한 한민족의 능동적 의사나 희망과는 근본적으로 무관한 국제정치적
상황 변화의 산물이자 바로 동일한 국제법적인 추인을 통해 기정사실이 되
었다는 점이 중요하다는 것이다. 국제정치적 상황의 필연성에 대한 부정은
현대의 대한민국에게 일종의 자기모순을 의미하는 것이다. 이 점은 동일한
동아시아의 역사적 현실에 대해서 한국과는 정반대 입장을 갖고 있는 일본
우익 정치인들의 사고에서도 발견된다. 그들 사고의 바탕에 있는 태평양전쟁
책임론의 부정 또는 전후 질서의 정당성에 대한 부인의 태도는 바로 그들의
정치적 존재를 가능하게 만든 전후질서의 부정이라는 점에서 자기모순이라
는 것이다. 그러한 태도는 정치적 의도나 이해관계 문제를 떠나 스스로 영위
하고 있는 국가생활의 실체를 자신의 주관적 입장을 넘어 세계사적 흐름 전
체의 차원에서 총체적으로 파악하려는 의지나 지적 능력의 빈곤에 기인하는
것이다.

변화를 통해서만 설명될 수는 없다. 한 국가의 역사는 다른 국가와의 국제정치적 관계와 더불어 다른 국가나 사회와의 경제-사회-문화적 교류를 통한 상호작용을 통한 상호 변화의 역사이다. 따라서 한국사 연구의 전문성을 추구한다는 이름으로 연구의 대상을 한국사 자체의 흐름에만 국한시킴은 바로 한국사를 제대로 알지 못하게 만드는 것이다. 한국사란 중국 대륙이나 일본 등과의 상호관계는 물론이고 서역이나 동남아 역사와의 상호작용의 흐름이며, 특히 서세동점 이후 전개된 한국의 근현대사란 그러한 상호작용이 전 지구적 차원으로 확대 및 심화되는 과정인 것이다. 따라서 한국사란 당연히 동양사를 포함한 세계사의 흐름 속에서만 그 실체가 제대로 파악될 수 있으며, 그 흐름의 핵심을 '보다 좋은 삶의 추구'로 규정할 경우 세계사는 바로 문명사로 규정될 수 있을 것이다.[7]

인류역사 전체란 결국 문명과 야만 또는 중심 문명과 주변부 문명 사이의 충돌－거부－접합－수용 등의 과정을 통한 상호 변화의 변증법적 과정이라고 할 수 있다. 어떠한 국가도 문명사의 흐름에서 벗어날 수는 없는 것이다. 국사란 객관적인 실체가 아니라 하나의 이데올로기

---

7) '보다 좋은 삶의 추구'의 본원적인 의미는 정치철학에서 영원한 탐구의 대상이지만, 여기서는 잠정적으로 현실 속의 결함이나 부조리를 개선하거나 극복하려는 시도를 통해 끊임없이 보다 인간다운 공동체적 삶을 실현하려는 노력으로 정의할 수 있을 것이다. 그런데 역사의식과 관련하여 특히 강조되어야 할 점은 바로 변화 속의 동일성 문제이다. 개인 차원에서 이성이란 주어진 사고 내용에 머물지 않고 스스로의 사고를 변화 및 발전시키는 정신적 능력을 지칭한다면, 국가 전체 차원에서 이성 능력은 국가생활을 총체적으로 파악하고 스스로를 발전시키는 능력이 바로 국가이성인 것이다. 그리고 국가이성이 추구하는 국가생활의 목표는 그리스의 정치철학자들이 간결하고 일상적인 말로 표현한 '좋은 삶(euzein)'이라고 할 수 있으며, 그러한 이념이 근대에 이르러는 문명성(civility) 또는 문명화(civilization)로 개념화되었다고 할 것이다. 근대에 이르러 주로 스코틀랜드 학파가 주도한 문명 개념의 출현 및 개념사적 변화에 대해서는 대표적으로 Benveniste(1971), 특히 chap. 28 참조.

라는 시각과 더불어 '국사의 해체 및 문명사적 접근'을 주장하는 학자들의 노력도 그와 같은 문명사적 시각에서 한국의 역사를 조망하고 파악하려는 시도로 이해될 수 있다. 그들의 문명사적 시각은 국사의 이념을 "일제의 지배 하에서 비체계적으로 발생한 한국의 민족주의는 해방과 더불어 국민국가의 지배 이데올로기로" 바뀐 산물이라는 관점과 연관되며(이영훈 2004, 93), 그러한 관점은 특히 일제강점기의 사회경제적 발전상을 밝히려는 실증적인 연구를 통해 뒷받침되고 있다. 그러한 관점 및 연구는 일본의 한국 지배를 단순히 적과 동지의 구분이나 침략과 저항의 관계로 파악하는 민족주의적 시각에서 벗어나 문명사적 관점에서 그 역사적 성격을 새롭게 조명하려는 노력의 일환이라고 할 것이다.

그런데 한국사에 대한 그와 같은 문명사적 접근은 결국 대한민국의 건국을 일제강점기와의 역사적 연속성 속에서 파악할 수밖에 없게 만든다. 일제강점기는 대한민국과 무관한 역사가 아니라 당연히 그 역사적 기원의 주요 내용을 구성하는 것으로 해석될 수밖에 없는 것이다.[8] 그러한 해석에 대해 '친일적인 편향' 정도로 몰아붙이며 도덕적인 비난을 가하는 것은 반(反)학문적이다. 대한민국의 시대와 일제강점기 사이에는 사회-경제-문화적 연속성은 물론이고 관료체제의 연속성도 존재함은 엄연한 역사적 현실이며, 단순히 친일청산이라는 이름으로 내려지는 도덕적 단죄로 그 역사적 존재성이 사라질 수는 없는 것이다. 그러나 그와 같은 차원의 역사적 연속성도 대한민국의 기원을 구성하는 하

---

8) 필자의 조사로는 이들 '국사 해체론' 학자들 가운데 대한민국의 역사적 기원 문제를 명시적인 주제로 설정하여 논문을 작성한 사람은 없는 것 같다. 다만 저자 스스로의 표현으로 "일제의 조선 지배가 남긴 역사적 의의"와 관련하여 그것을 한국의 근대화의 전제조건인 제도의 혁신 및 근대 문명이 뿌리를 내린 시기로 파악한 이영훈의 관점은(이영훈 2004, 89-90) 대한민국의 역사적 기원 문제에 대한 그들의 입장을 대변하는 것으로 해석될 수 있을 것이다.

나의 측면은 되어도 그것의 본질적인 요소는 될 수 없다는 점이 중요하다. 만일 그러할 경우 국가주권의 회복이라는 민족사적 당위성을 무의미하게 만드는 것이자 현재 대한민국이라는 이름으로 누리고 있는 국가생활에 대한 부정을 의미하는 것이다. 타국의 지배를 통해 피동적으로 이루어진 근대화와 국가이성 차원에서 능동적으로 추구한 근대화는 근본적으로 구분되어야 하기 때문이다. 이 점에 대해서는 좀 더 부연설명이 필요하다.

'국사의 해체 및 문명사적 접근'을 주장하는 학자들이 대한민국이라는 국가의 존재를 통해 구현되는 독자적인 국가생활을 부정하지는 않을 것이다.9) 그런데 국사의 해체란 그들 학자들의 의도와는 달리 본질적으로 대한민국이라는 국가의 해체를 의미한다는 사실이 중요하다. 칸트의 철학을 통해 대표되는 절대공간과 절대시간의 관념 또는 공간과 시간을 감각적 지각이 성립하기 위한 상호 독립적인 선험적 범주로 보는 인식은 칸트 이후 전개된 서양철학사의 발전 및 현대의 물리학 이론을 통해서 오류로 판명된 바 있다. 공간과 시간은 상호 결정의 관계이며, 물질과 중력의 존재를 떠나 그러한 범주 자체가 존재할 수도 없는 것이다. 특히 시간의식은 개인의 존재성이 성립하기 위한 근본적인 조건인 자아의식의 본질적인 요소이자, 아렌트(Hannah Arendt)가 인간존재의 본질적인 조건으로 설파한 기억이 작동하기 위한 전제조건이기도 하다. 그러한 시간의식이 민족이나 국가 차원으로 확대된 형태, 다시 말해서 민족이나 국가로서의 집단적 시간의식이자 자아의식이 역사의식이며, 역사의식은 바로 한 민족이나 국가가 다른 민족이나 국가와

---

9) 스스로 제기한 논제에 함축될 수 있는 국가주권의 부정논리를 묵시적으로 인식한 때문인지는 확실하지 않지만, 이와 관련하여 '국사라는 이데올로기의 해체'를 주장하는 학자들 가운데 한 사람 스스로가 그 해체에 대한 대안은 아직 없음을 고백한 사실은 주목된다(임지현 2004, 32). 그러한 사실은 곧 학문적 타당성 여부를 떠나 그들 스스로가 국사 해체 논제에 내포된 정치사회적 함의들을 충분히 검토하지 않았음의 방증일 수 있다.

스스로를 구분하는 민족적 또는 국가적 정체성의 다른 표현인 것이다.10) 따라서 시간적 연속성 속에서 스스로 변화하되 그러한 변화 속에서 변하지 않는 자신의 동일성을 인식하지 못하는 민족이나 국가, 곧 역사의식이 없는 민족이나 국가는 존재할 수 없다. 그리고 그러한 역사의식이 구체적인 학문 탐구의 형태로 나타난 것이 개별 국가의 역사이며, 한국 민족이나 대한민국이라는 국가에게 바로 '국사'인 것이다.

결국 국사라는 역사의식이 없이 대한민국이라는 국가나 한국인이란 민족은 존재할 수 없다. 국사의 해체란 대한민국의 역사성의 부정이고, 역사성의 부정은 바로 대한민국이란 국가적 실존의 부정인 것이다. 아울러 그것은 현재 대한민국의 존재를 문명사적으로 설명하려는 시도 자체를 무의미하게 만든다는 점이 인식되어야 한다. 문명사적으로 설명할 대상이 없어질 경우 한국의 역사에 대한 문명사적 접근 자체가 무의미해지는 것이다. 대한민국의 기원 문제와 관련하여 논의되는 대한제국이나 임시정부 등의 존재, 더 거슬러 올라가 조선이나 고려, 삼국시대, 단군조선 등의 존재들이 만일 국사라는 역사의식 차원에서 현재 대한민국의 존재와 동일성이 없다면, 그것들은 모두 현재의 대한민국과는 무관한 개별적이고 분산된 국가들일 뿐으로서 국사의 서술에서 제외되어야 하는 것이다. 이와 대비되어 일제강점기는 한국인의 역사의식 속에서 수치와 분노의 대상으로서 지워버리고 싶은 역사일 수 있다. 하지만 그것도 대한민국과의 역사적 연속성에서 파악될 경우에만 바로 그 수치와 분노 자체가 일시적인 감정의 표출이 아니라 역사적으로 의미 있는 태도가 되는 것이다.

결국 국가이성의 작동 방향이나 목표를 문명화로 규정할 때, 각각 다른 문명질서 또는 문명화의 이념으로 작동하는 개별 국가의 국가이성이 다른 국가들의 그것과 대립-충돌이나 긴장관계 속의 공존 등의 양상

10) 이에 관한 자세한 논의는 양승태(2010), 특히 7-9장 참조.

으로 나타나는 인류역사의 과정이 문명사라고 할 것이다. 따라서 문명사에 참여하는 개별 국가들에서는 외부의 새로운 문명에 전통으로 유지되어온 기존의 문명을 어떻게 접합시키면서 새로운 문명을 능동적이고 주체적으로 발전시키는가의 문제가 언제나 문명사적 쟁점이자 국가이성이 당면한 핵심적인 역사적 과제로 부각된다.11) 그러한 문맥에서 대한민국의 역사적 기원 문제가 해명될 수 있다.

4. 맺는말: '국사라는 문명사'와 대한민국의 기원 및 민족사적 정통성

결국 대한민국의 기원을 특정한 역사적 사상(事象), 다시 말해서 특정한 정권이나 단체의 형성 또는 특정한 역사적 사건이나 정책에서 찾는 것은 실패할 수밖에 없다. 노론의 유교 이념이 '어느 정도' 대한민국 국민의 정신세계를 지배했다는 사실을 근거로 대한민국의 기원을 노론 정치세력에서 찾을 수 없는 바와 같이, 대한제국의 '황제경제'는 북한 '수령경제'와 그 성격이 비슷하다는 이유로 대한제국이 북한의 기원이라는 논리도 성립할 수 없는 것이다.12) 그것은 정도의 차이를 막론하고 언제나 바로 견강부회의 논리적 오류를 피할 수 없으며, 근본적으로는 역사 자체의 총체성 및 본원적 연속성에 대한 부정을 내포하기 때문에 바로 역사학적으로 성립할 수 없는 것이다. 따라서 '국사의 해체 및 문명사적 접근'은 국사의 해체 논리를 제외한다면 바로 문명사적 연속성 속에서 대한민국의 기원 문제에 접근한다는 점에서 학문적 타당성이

---

11) 그리고 19세기 중반 이후 동아시아에서 전개된 문명의 충돌 및 접합의 정치철학적 의미에 대해서는 양승태(2012) 참조.

12) 현재 북한의 통치형태와 비슷하게, 대한제국의 궁내부와 내장부가 통치의 주요 정책은 물론 산업정책의 주요 내용을 결정 및 관리하면서 국가 예산의 대부분을 사용함에 따라 의정부의 농상공부는 형식적인 행정 처리의 권한 정도를 행사한 바 있다. 그러한 사실에 관해서는 이윤상(2006) 참조.

인정된다. 다만 그 역사적 연속성의 의미는 대한민국과 조선조와의 역사적 연속과 단절의 공존 맥락에서 좀 더 정교하게 접근할 필요가 있다.

병자호란 이후 전개된 조선조 후기 및 한국 근현대사의 흐름은 문명사 차원에서 볼 때 화이질서(華夷秩序)로 표현되는 중국 문명 중심에서 서양 문명과의 충돌에 이어지는 두 문명 사이의 접합과정이며, 일본에의 병합이라는 강제적인 방식을 통해 서구 문명사에 본격적으로 이입되는 과정으로 파악될 수 있다. 그런데 그 과정에서 바로 국망(國亡) 및 타 민족의 지배에 따른 불평등과 박해라는 국가생활의 비극이 있었다는 사실이 국가이성의 문제와 관련하여 중요하다.

조선 후기의 지배층 내에서도 실학자와 양명학자 등 국가생활의 부조리와 부패를 고발하면서 나름대로의 정치적 대안을 제시한 개혁이론가들이 있었음은 분명한 사실이다. 그리고 그러한 개혁안들이 부분적으로 그리고 일시적으로 국가정책으로 채택되었던 것도 사실이다. 일시적이고 부분적인 개혁과 국가생활 전반 차원의 개혁은 구분되어야 한다. 새롭게 전개되는 국제정치의 변화에 능동적으로 대처하기 위해서는 부패구조의 혁파는 물론 정치사상과 권력구조 등 국가생활 전반의 개혁을 통한 국가체제의 새로운 정립이 필요했던 것이다. 특히 정조 사후 더욱 심화된 수주자주의(守朱子主義)에 따른 유학 통치이념의 교조화는 그러한 변화를 주도할 국가이성의 자기발전 및 자기변용 능력의 쇠퇴 또는 무력화를 초래했다고 볼 수 있다. 다시 말해서 일부 유학자들의 선각적 경륜이나 지식이 새로운 국가이성의 정립으로 승화되기에는 그들 스스로가 주자학적 사고의 틀을 근본적으로 벗어나지는 못했고, 지배층 전체로 볼 때 그들은 소수에 불과했던 것이다. 새로운 국가개혁은 새로운 정치이념의 창출을 통해 국민 전체를 새롭게 통합하면서 새로운 국가목표의 실현을 위해 국민 전체의 역량을 동원할 수 있는 새로운 정치세력의 등장을 통해 가능한 것이었다. 그러한 면에서 조선 후기란 정치적 사고의 경직화 및 빈곤의 심화과정인 것이다.

국가생활의 변혁이 요구되는 시기에 새로운 국가이성의 확립이 실패한 결과는 여러 가지 양상으로 나타난 국가생활의 문란일 뿐이다. 국가 지배층에게 필수적인 요구사항이자 도덕적 당위이기도 한 공인의식의 퇴화, 삼정의 문란 등 국가통치체제 전반적인 부패의 만연, 이에 따른 피지배 기층민들의 고통 및 저항과정이다. 그러한 저항들이나 일부 정치인들의 개혁조치가 좌절했을 때, 사회 전반적으로 국가생활과 관련된 방향감각의 상실 및 조선조라는 국가체제에 대한 절망감을 넘어 적대감마저 표출됨은 필연적이다. 그와 같은 정신적 방황과 더불어 이미 고질화된 통치체제 전반의 부패 속에서 고종이라는 군주 중심의 개혁조치가 성공할 수는 없는 것이며, 그와 같은 역사적 및 정신사적 상황과 더불어 특히 러일전쟁 후 동아시아에서 전개된 국제정치적 상황은 망국이라는 국가적 파국을 피할 수 없게 만든 것이다.

그런데 대한민국 현대사의 흐름과 직접 관련하여 더욱 중요한 점은 조선 후기에 나타난 그와 같은 국가이성 능력의 빈곤이 일제강점기에도 회복되지 못했다는 사실이다. 그러한 상황에서는 독자적인 능력에 의한 국권회복을 기대하기 어렵기 때문이다. 우리의 국권회복은 근본적으로 민족적 역량의 능동적인 발휘에 의해서가 아니라 현대 국제정치사의 변화과정에서 행운으로 주어진 역사적 결과라는 엄연한 사실을 인정해야 한다. 그 행운 속에서도 남북이 분열되었다는 사실 자체가 스스로의 역량에 의한 국권회복 가능성에 대한 또 다른 반증이다. 일제강점기에서 독립 이후 영위할 국가생활의 근본 목표나 방법과 관련하여 바로 독립운동가나 지도층 사이에서 분열을 넘어 상호 공존할 수 없을 정도의 대립과 갈등은 잘 알려져 있으며, 해방 후에도 지속된 그러한 분열 속에서는 결코 독자적인 역량에 의한 국권회복을 기대하기는 어려운 것이다. 그것은 설사 추상적인 이념 차원에서 국민주권국가의 설립에는 합의가 이루어졌다 하더라도, 그 국민주권의 구체적인 의미의 이해와 관련된 학문적 기반이 없을 경우 각 정치집단의 이해타산에 의한 분열은 피하기 어려운 것이었다. 그러한 지성사적 및 정치사상사적 빈곤의 근원은 바로 앞서 언급된 바와 같이 조선 후기에 심화된 주자학의 교조화 및 유학 통치 이데올로기의 경직화 현상에 따라 나타난 자유로운 학문 발전의 정체이다. 현재의 대한민국에서 벌어지고 있는 국가정체성의 위기를 운위할 정도의 정파들 사이 극심한 갈등 및 대립의 정신사적 및 지성사적 기원 또한 궁극적으로는 그것에서 찾을 수 있는 것이다.

어쨌든 그러한 역사적 및 정신사적 상황과 더불어 제2차 세계대전 종전 후 냉전체제의 등장 등 새로운 국제정치적 상황의 전개는 남북의 분단을 불가피하게 만들었다. 물론 대한민국의 역사적 기원 문제는 그와 같은 분단 상황을 떠나 이해될 수 없다. 그러한 상황은 역사적 기원 문제가 남과 북 두 국가체제 중 어느 편이 민족사적 정통성을 갖느냐의 문제와 필연적으로 연관되게 한다. 그리고 지금까지 설명된 역사적 기원 문제와 국가이성의 관계가 바로 근현대사 흐름에서 대한민국이 북한에 대해 민족사적 정통성 차원에서 우위를 점할 수 있는 근거를 해명하여준다. 그 핵심은 대한민국의 건국과정 및 그 이후 전개된 국가이성의 문명사적 발전이다.

남한과 북한이라는 다른 국가체제로 분리된 국가생활이란 결국 남과 북 각각이 추구한 국가이성의 차이 또는 대립으로 이해될 수 있다. 대한민국의 현대사는 친일경력 지배층의 존재, 부패구조와 도덕적 퇴폐, 군부의 정치개입 등 온갖 역사적 굴절로 점철되어 있음은 분명하다. 그러나 그것은 또한 그러한 국가적 결함들을 꾸준히 극복하려는 노력을 통해서 국가생활 차원의 '더 좋은 삶의 추구', 즉 문명화를 지속적으로 추구한 역사적 연속성 속에서 이해될 수 있다. 일제강점기와 대한민국 사이의 문명사적 연속성 또한 그러한 맥락에서 이해될 수 있는 것이다.13) 그러한 역사적 궤적이 바로 산업화 및 민주화의 과정이며, 그것의 결과가 한민족 역사상 초유로 구현되고 있는 현재 대한민국의 국가적 위상인 것이다. 그것은 곧 국가 전체 차원에서 국민주권의 의미를 나름대로 구체화하고 제도화하는 과정이자, 국가 전체가 스스로에 대한 변화를 통해 스스로의 삶을 발전시킨 결과, 다시 말해서 국가정체성의 자기발전인 것이다. 국가생활의 빈곤과 역사적 단절 속에서도 자기발전의 국가이성 추구라는 정신사적 연속성에서 바로 대한민국의 역사적 기원은 찾을 수 있는 것이다. 그리고 그 점에 있어서 대한민국은 북한과 구분되고, 또한 그러한 구분이 현재 남북한의 차이 및 관계의 역사적 배경이자 정통성 문제의 근간이다.

적과 동지의 구별에 기초하여 외세의 압력에 굴복하지 않는 국가적 기백은 국가가 존립하기 위한 필수적인 요건 가운데 하나이며, 현재의 대한민국이 반드시 회복해야 할 국가적 덕목들 가운데 하나이다. 한국의 근현대사에서 그러한 기백은 구한말 노론 근본주의자들의 위정척사 이념 등을 통해 전형적으로 표출된 바 있다. 그런데 그러한 이념이 생명력이 없었던 이유는 바로 지키고자 하는 전통적인 가치관이나 사회

---

13) 그러한 맥락에서 한국 현대사와 관련된 주요 정치적 쟁점의 하나이자 한국 보수 세력의 역사적 아킬레스건이라고 할 수 있는 친일의 문제도 이해될 수 있다. 친일문제의 실체에 대한 구명은 실제로 한국 근대의 역사 및 정신사 전반을 포괄하는 지극히 복잡하고 방대한 논의를 필요로 한다. 그 성격 면에서만 보더라도 그것에는 민족사적으로 용서받을 수 없는 일제에 대한 노골적인 부역(附逆)에서부터 식민지 상태에서 살아가기 위해서는 불가피한 일제의 행정체제에 대한 피동적인 순응 수준 등 여러 형태가 있다. 또한 친일 행동에는 앞에서 언급된 조선조에 대한 절망감과 적대감과 더불어 국내외 독립운동의 분열 행태에 대한 실망감이라는 정신적 배경 속에서, 일제의 의도 문제를 떠나 그들의 식민지 정책에 함축된 근대화의 요소를 받아들이면서 나름대로 국가생활의 문명사적 미래를 준비한다는 역사의식도 존재한다. 물론 그러한 친일 또한 민족사적으로 바람직하지는 않다. 하지만 그것은 일제강점기라는 부정될 수 없는 역사적 실체의 한 결과이자, 앞서 언급된 바와 같이 국망의 궁극적 원인이라고 할 수 있는 조선 후기 이후 심화된 국가이성 빈곤의 불가피한 결과인 것이다.

질서 및 국가체제가 과연 얼마나 지킬 만한 가치가 있으며, 그것이 새롭게 변화하는 환경에 적응력이 있는가에 대한 깊은 비판적 성찰 없이 기존 체제에 대해 일방적으로 집착한 점에 있다. 개인 차원에서나 국가 차원에서나 끊임없는 자기변화의 노력 없이는 진정한 자기발전은 물론 진정한 정체성도 확립될 수 없는 것이다. 그런데 현재의 대한민국에는 조선조의 노론 근본주의자들과 비슷한 정치세력이 존재한다. 주자학에 대한 노론 근본주의자들의 태도와 같이, 그들은 형식화되고 고착화된 민주주의 관념에 집착한 결과 국가생활의 미래에 대한 적극적인 모색을 통한 자기변화의 노력을 추구하지 못하며, 외면적으로는 확고한 이념적 인간으로 보이지만 실제로는 정신적 및 지적 빈곤 속에서 공식적으로 표방한 이념에 대한 맹목적인 우상숭배의 활동으로 나타나는 것이다. 그러한 정신적 성향의 극단적인 반지성적 형태가 북한식 통치체제이며, 그것에 대한 맹목적 추종 형태가 종북주의이다.

북한 정권의 이념적 실체는 간단히 집약하여 조선조 노론 근본주의의 극단화된 적과 동지의 구분 관념과 극단적으로 형해화한 사회주의와의 결합이다. 전자에서는 그 풍부한 유교적 교양문화가 사상(捨象)되고 후자에서는 나름대로의 풍부한 인본주의적 사상 및 사회과학적 통찰이 사상된 채, 이름은 '조선민주주의인민공화국'이되 '조선'도 아니고 '민주주의'도 아니고 '인민'의 것도 아니고 '공화국'도 아닌 괴물과 같은 집산주의 형태의 군인국가의 출현인 것이다. 그것은 국가이성이 자기변용을 통한 자기발전을 추구하지 못할 때 일반적으로 나타나는 통치체제의 경직화 현상 및 정치권력 무한 집중 현상의 필연적 결과이다. 1950년대 말에 완결된 남로당파와 연안파의 숙청 이후 전개된 북한의 정치사란 곧 나름대로 교양을 갖추고 사회주의적 이념을 통해서 그나마 진지하게 국가생활의 미래를 개척하려는 정치인들이나 지식인들이 국가생활의 운영 및 권력 행사에서 폭력적으로 배제되거나 철저히 소외되는 과정이다. 특히 1960년대 이후 김일성 유일사상 및 주체사상

의 이름으로 본격적으로 전개된 북한식 국가이성의 발현 및 그것을 주
도한 정권의 속성이란 역사상 유례없는 폭력적인 전제왕조의 그것이며,
오직 '씩씩한' 하급 무인(武人)들이 심리적으로 공유하는 정서인 적에
대한 '깡다구'라는 원초적인 감정이 국가이성처럼 작동한 역사이고, 반
지성적인 정신적 분위기가 지배하는 가운데 '자본주의＝악'이라는 속
편한 등식을 내세우며 세계의 문명사적 변화에 적응을 거부한 기이한
정치집단의 출현인 것이다.

　'더 좋은 삶의 추구'라는 문명사적 발전이 어느 민족이나 국가든 그
존재이유이자 보편적 목표라면, 여러 역사적 오류나 국가생활에서 표출
된 결함들에도 불구하고 대한민국이 민족사적 정통성을 갖고 있음은
분명하다. 다만 문명사적 발전 또는 문명화란 결코 완료형이 아니라 끊
임없는 현재진행형이라는 사실이 중요하다. 현재 대한민국은 바로 국가
생활을 통해 추구해야 할 궁극적인 가치가 무엇인가 하는 국가정체성
의 문제에서부터 갈등을 겪고 있으며, '5천만 인구와 국민소득 3만 달
러'라는 외면적인 국가적 위상에도 불구하고 공교육의 황폐화 등 수많
은 국가적 난제들을 해결하지 못한 채 국가발전이 정체된 상태에 있다.
그것은 조선 후기의 그것에 비견될 수는 없지만 국가이성이 새로운 자
기발전을 이루지 못할 때 나타나는 비슷한 현상이다. 이제 대한민국은
그러한 역사적 및 정신사적 난관을 극복하면서 새로운 문명사적 도약
을 통해 새로운 국가생활의 틀을 정립해야 한다는 역사적 당위의 실현
에 직면해 있다. 그러한 당위의 실현은 근본적으로 근현대 한국 역사에
서 문명화의 원천이었던 서양 문명의 바탕, 곧 서양 학문을 그 근원에
서부터 철저히 이해하면서 스스로의 정신사적 전통 및 역사의 실체에
대한 철저한 반성적 성찰을 기초로 주체적인 역사의식의 확립 노력을
통해 추구되어야 한다. 그리고 그러한 역사의식을 토대로 국가가 무엇
이고 민주주의 이념의 요체인 국민주권이 진정으로 무엇을 의미하는지
제대로 이해하면서 새로운 국가정체성을 확립하고 국가생활의 새로운

방향을 모색할 때이다. 그것이 바로 대한민국의 기원 문제가 단순히 과거의 사실이 아니라 새로운 미래의 창조로 이어지게 하는 과업, 곧 '과거가 미래'라는 명제의 실천적 확인인 것이다.

* * *

앞에서 언급했듯이 지금까지 논의한 역사의식의 분열과 대립과 갈등은 필연적으로 상이한 역사의식을 대변하는 정당들 사이의 대립으로 나타날 수밖에 없다. 그런데 역사의식의 대립이란 국가정체성과 관련된 대립이기 때문에 그 대립과 갈등의 양상이 상대방 존재 자체에 대한 부정으로 나아갈 수 있으며, 앞에서 기술한 바와 같이 실제로 그러한 양상이 현재 한국 정치에서 벌어지고 있다. 특히 '종북 주사파'로 의심받는 문재인 정권의 등장 이후 그러한 갈등의 양상은 내전사태를 걱정할 지경에 있을 정도이다. 그런데 정당정치의 위기는 현실에서 체감하기는 어려울뿐더러 오히려 외면적으로는 번영으로 착각할 수도 있다. 한국의 정당들은 헌법으로 그 존재성이 보장되고 정당법에 의해 그 유지가 국가의 재정으로 뒷받침되므로, 국회에서 적절한 수의 의석을 확보하지 못하는 개별 정당들의 위기는 체감할 수 있어도 정당정치 자체에 대해서는 그 위기를 운위하는 것조차 비현실적으로 들릴 수도 있는 것이다. 다음 제2장에서는 국가정체성의 위기가 어떻게 그 안정의 외양 속에 있는 정당정치에 투영되는지 정당정치의 파행 양상을 먼저 정당의 헌법적 및 법률적 근거를 중심으로 설명하고자 한다. 그러한 설명은 정당정치의 문제가 헌법과 법률의 차원을 넘어 역사의식의 문제와 국가이성의 문제로 귀결됨을 밝혀준다.

제 2 장
국가정체성의 위기와 정당정치의 위기

　대한민국이라는 국가가 설립된 지 70여 년이 지났다.[1] 왕조의 경우
설립 후 70여 년 지난 시기란 대체로 창업자의 손자 또는 증손자 세
대가 왕위를 계승하면서 나타나는 왕권의 안정기를 의미한다. 그들 세
대의 왕들은 바로 왕조의 창업 후 70여 년이란 세월의 경과 때문에 태
생적으로 — 평민이나 귀족 신분에서 왕족으로 정치사회적 신분의 인위
적인 상승이 아니라 — 왕손이 된 인물들이자 제도적인 절차에 따라 왕
위를 물려받은 인물들이다. 따라서 그들은 전 왕조를 무너뜨린 새 왕조
의 창업가나 그러한 창업가의 아들로서 그를 도와 왕업을 성취하는 데
결정적으로 기여하여 왕이 된 인물들과는 달리 정통성 또는 정당성의
문제에서 자유롭고, 또한 왕조 창업의 새로운 긴장되고 건설적인 분위

---

* 원문은 「국가정체성 문제와 한국의 정당: 거대 담론의 출발을 위한 정치철학
　적 시론」, 『한국정치학회보』 제45집 4호(2011년 가을), 5-27쪽.

1) 이 글에서 한국은 왕조의 변천이나 국체의 변화 등을 넘어 한반도라는 공간
　을 중심으로 역사적 연속성 속에서 단일한 정체성 의식을 갖는 지배체제를
　갖춘 인간 집단을 지칭하며, 대한민국은 그러한 한국이 1948년 민주공화국
　이라는 국체를 표방하고 성립된 국가를 지칭한다.

기가 나름대로 지속되는 가운데 왕권을 행사하기 때문에 대체로 한 왕조의 대표적인 업적이 이들 세대의 왕들을 통해 이루어지는 경우가 많다. 그런데 '창업' 70여 년이 지난 대한민국도 이제는 확고한 정통성의 기반 위에서 안정과 번영을 누리고 있는가?

물론 대한민국은 왕조가 아니다. 그러나 베버(Max Weber)의 고전적인 논의가 설명하듯이, 하나의 지배체제로서 그것은 왕권과 마찬가지로 정당성의 문제가 필연적으로 수반될 수밖에 없으며, 아울러 한국 근현대사의 특수한 흐름 속에서 특수하게 제기될 수 있는 정당성의 문제도 있을 수 있다. 특히 후자 차원의 정통성 문제는 바로 한국 정치사의 구체적인 흐름 속에서 정당이나 '정치적인 시민단체' 등 정파들 사이에서 이루어지는 현실의 권력정치 속에서 실제로 제기되고 권력 갈등 및 대립의 원천이 되는 실제적으로 작동하는 이념적 문제이다. 따라서 그러한 정통성 문제의 구체적인 내용 및 역사적 기원이 무엇인지 파악하지 못하면 현실정치 자체를 제대로 이해할 수 없게 된다. 국가정체성과 정당의 관계 문제가 제기되고 해명되어야 할 학문적 당위성은 이러한 맥락에서 이해된다. 왜냐하면 개념적으로 엄밀하게 따질 경우 정당성과 국가정체성은 구분되어야 하지만, 현실정치에서 국가정체성이 쟁점이 되는 주요 이유는 특정 국가체제의 성립 과정의 정당성 문제와 관련하여, 또는 국가체제 운영의 목표 및 방법과 관련하여 정파들 사이의 기본적인 합의가 부재하는 데서 발생하기 때문이다.

이 제2장은 그와 같이 중요한 학문적 당위성을 갖는 문제를 개괄적으로 검토함이 목적이다. 여기서 개괄이라는 표현을 사용하는 이유는 이 문제 자체가 지극히 광범위한 주제와 쟁점들을 포괄하는 거대한 주제이면서 아직 한국의 학계에서 논의의 출발조차 본격적으로 이루어지지 않았기 때문이다. 대한민국이라는 국가의 존재성 자체와 관련된 심각한 문제에 대해서 심도 있고 체계적인 논의가 진행되지 않고 있는 기이한 현상이 한국 학계에서 벌어지고 있는 것이다. 어쨌든 이 글에서 시도하는 개괄적인 논의의 출발점이 되어야 할 것은 당연히 대한민국이라는 국가체제의 성립 과정과 관련된 한국 정파들의 역사의식이며, 국가체제 운영의 목표 및 방법과 관련하여 그들이 표방하는 이념이나 가치관이다. 이와 관련하여 먼저 현재 대한민국의 '자랑스러운' 역사적 위상을 부각시키는 표현이자 대한민국의 현대사와 관련된 보수주의적 역사관을 대변하는 정치적 수사로 사용되는 문구에 대해서 언급할 필요가 있다.2) 즉 대한민국은 제2차 세계대전 후 등장한 신생국들 가운데 "산업화와 민주화를 동시에 성취한 거의 유일한 국가"라는 문구가 그것이다. 그 문구는 바로 현재 대한민국의 국가적 위상을 표현하는 것이자 국가정체성과 관련된 역사의식을 함축하고 있는 것이다.

위의 문구에서 적어도 산업화의 외연적 성공에 관한 한 현재 한국 정파들을 대별하는 보수와 진보 사이에 큰 견해의 차이는 없을 것이다. 물자 및 용역 생산의 총량이나 대내외적으로 교환되는 물동량의 규모에 관한 한 현재의 한국 민족은 단군 이래 최고의 번영기에 있다고 말할 수 있을 것이다. 이에 따른 세계적인 기업들의 출현, 막강해진 산업생산력과 경제력을 바탕으로 이루어진 최신무기의 독자적인 개발을 통한 군비의 질적 증대와 더불어 해외에의 원병 파병을 가능하게 할 수 있을 정도의 군사력의 증대, 외국 원조의 일방적인 수혜국에서 대외 원조국으로의 획기적인 전환 등, 바로 국가창업 70여 년 사이에 대한민국의 국가적 위상은 개천에서 용이 나오는 듯한 혁신적인 승격이 이루어졌음은 분명한 사실이다. 그러한 결과로서 2011년의 G-20 회의 개최에서 볼 수 있는 바와 같이 대한민국의 국제정치적 위상이 획기적으로 높아졌음도 정파를 초월하여 부인할 수 없는 사실이다. 그러한 위상의 변화가 대한민국을 스포츠 강국으로, 또는 소위 '한류'라는 대중문화 수

---

2) 그런데 그러한 부각 노력은 바로 보수의 속성상 당연하다고 할 수 있다. 보수란 기본적으로 기존의 현실에 대한 긍정을 기초로 그것을 유지하고 지키려는 태도를 의미하기 때문이다.

출국으로도 만드는 등 다른 분야의 위상을 높이게 만든 원동력이라고 할 것이다. 그와 같은 국가적 위상의 급격한 상승은 어쩌면 한민족 역사 초유의3) 자랑스러운 국가적 번영이라고 할 만하다.

그런데 산업화의 내적 측면, 즉 산업화에 수반된 개인적 및 사회적 삶의 질적 변화 문제에 접하면서, '대한민국 건설의 역사'에 대한 해석에는 적어도 위와 같은 적극적인 '자랑스러움'은 분명히 사라진다. 아울러 정파들 사이의 갈등과 대립도 적어도 이념적인 차원에서는 — 물론 그러한 갈등과 대립의 바탕에는 계층이나 계급 등 사회적 신분상의 차이에서부터 가족사나 교육환경 등 성장 배경의 차이나 사적인 이해관계의 차이 또는 더 나아가 인간성 유형의 차이 등 다양하고 복잡한 이유나 원인들이 존재할 것이다 — 그러한 문제와 관련된 해석상의 대립에 기초한다고 볼 수 있다. 빈부격차의 심화, 노사관계의 격렬한 대립, 연쇄살인이나 존속살인의 빈번한 발생 등 전통적 윤리관의 붕괴만이 아니라 인간성의 파탄을 의심하게 하는 잔혹하고 패륜적인 범죄의 빈번한 발생, 사교육비의 과도한 부담과 더불어 공교육의 황폐화로 일컬어지는 교육의 전반적인 위기, 보수와 진보의 인사를 막론하고 국회의 인사청문회가 열릴 때마다 노출되는 사회적 지도층 인사들의 치부, 특히 표방한 이념과 실생활의 괴리로 드러나는 위선이나 공인의식 부재 등등, 국가생활에 있어서 모자라고 어리석은 양상들을 자주 접하면서 대한민국에 자랑스러움을 느낄 수는 없을 것이다.

정당과 '정치적인 시민단체' 등 한국 정파들 사이의 이념적 스펙트럼은 일단 그와 같은 대한민국 실상의 어떠한 측면을 다른 측면과 비교하여 한쪽에 절대적인 존재성이나 가치를 부여하거나 어느 정도의 상대

---

3) 참고로 고유의 선도(仙道)를 믿는 재야 사학자들의 역사관에 의거한다면 그러한 국가적 '영광'은 '초유'가 아니라 고조선 이전의 영광스런 '대환국(大桓國)' 이후 3천 년의 쇠퇴기를 지나 '역사적 필연'에 의해 그 영광이 다시 부활이 될 것이다.

적인 중요성이나 강조점을 부여하는가에 따라 결정된다고 할 수 있다. 그리고 국가정체성의 위기가 거론될 정도로 한국 정치에서 정파들 사이의 극심한 대립과 갈등의 원천 또한 대한민국의 실상에 내포된 그와 같은 이중적인 측면에 대한 해석에 있어서의 극단적인 대립으로 이해될 수 있을 것이다. 그런데 그러한 입장이나 해석의 차이는 반쯤 찬 술병을 어떻게 보느냐 하는 데 따라 사물에 대한 낙관론과 비관론의 차이를 설명하는 것과 비교될 수 있다. 다시 말하여 사물이라는 실체는 동일한데 오직 그것을 바라보는 주관적 심상이나 정서의 차이에 따라 낙관과 비관이라는 차이가 나타난다는 것이며, 이에 따라 그러한 관점의 차이는 해소 불가능하기 때문에 한국 정치에서 정파들 사이의 극심한 대립이나 그에 따른 국가정체성 위기 또한 극복 불가능한 것일 수 있다는 의문도 제기될 수 있는 것이다.

이 제2장의 목적은 그렇지 않다는 점을 보여주는 데 있다. 병에 술이 '반이나' 남아 있다거나 또는 '반밖에' 남아 있지 않다는 관점의 차이를 낙관주의와 비관주의로 쉽게 규정하는 태도는 그 반이 남아 있는 상태가 어떻게 나타난 것인지 그 사실과 관련된 다른 사실들— 술 마시는 속도나 다른 여분의 술병들이 옆에 있는지 등 — 을 고려하지 않는 데서 비롯된다. 다시 말하여 대한민국의 실상과 관련된 관점의 대립은 그실상의 역사 및 정신사적 근원에 대해 깊이 성찰할 때 해소 가능하며, 그에 따른 국가정체성의 위기 또한 극복 가능하다는 것이다. 다만 그러한 성찰은 한국의 현실에 대한 경험적이고 일상적인 관찰 차원을 넘어 학문과 교육을 포함하여 정신적 상황 전반에 대한 광범위하고 심층적인 접근을 필요로 한다는 점이 중요하다. 이 점을 설명하기 위해서는 그와 같은 갈등과 대립의 주체인 정당이라는 존재의 개념적 실체가 무엇인지에 대한 이해가 필요하다.

1. 대한민국 헌법과 정당법에서 정당 개념과 국가정체성의 문제

한국에서 정당에 대해 학술적으로 논의하는 경우 대체로 두 가지 방향으로 그 논의가 이루어지는 것 같다. 한편으로는 주로 정치학이나 법학에서 이루어지는 법률-제도적 접근 또는 규범적 접근 차원의 논의들이다. 그것들은 대체로 정당제도의 변천에 대한 역사적 서술, 대한민국의 헌법이나 정당법에 제시된 규범적 명제를 근거로 현실의 정당들이 헌법이나 정당법에 규정된 목적과 기능을 제대로 수행하는지 여부에 대한 규범적 판단이나 비판, 또는 그와 같은 규범적 가치나 이상의 실현을 촉진 또는 저해하는 요소들과 관련된 제도적 또는 정책적 제안과 관련된 논의들인 것이다. 다른 한편으로는 주로 정치학에서 정당사에 대한 서술이나 정당들의 행태에 대한 경험적 연구들이 있다. 후자의 경우는 특히 서구 정치학의 정당이론들을 소개하면서 그러한 이론들이 한국 정당정치의 현실에 대해 소위 적실성을 갖는지 여부에 대해 검토하거나, 그러한 이론들에 맞추어 한국 정당들의 발흥이나 부침을 설명하려 시도하거나, 아니면 처음부터 모든 이론적 논의를 배제한 채 설문조사 등의 방법을 통한 실증적인 연구에 집중하면서 한국 정당들의 정책에 대한 여론의 선호도에 대한 조사나 선거의 예측 또는 결과와 관련하여 정당 관련의 여러 가지 변수들 사이의 상관관계를 분석하는 연구들이 주종을 이루고 있다.

물론 그러한 연구들은 서구 역사 및 정치의 관점에서 한국의 정당정치를 조망해줄 수 있는 나름대로의 장점이 있거나 현실정치의 실용적 요구에 부응하는 기능이 있다. 아울러 현재 한국의 법학이나 정치학이 독자적인 사상이나 개념 및 이론으로 세계의 학계에 기여하는 수준이 아니라 아직도 서구 학계의 그것들을 수입하여 일방적으로 의탁하는 수준에 있는 학문적 위상을 감안할 때 불가피한 측면도 있다. 그러나 외국 이론 자체의 개념체계에 대한 비판적인 검토나 그것의 역사 및 지성사적 형성 배경에 대한 심층적인 연구가 없이는 그러한 이론을 제대로 이해할 수 없다. 아울러 외국 이론을 한국의 정치현실에 적용하는 수준의 연구로는 그들 외국 학자들의 관점이나 개념체계의 틀에 얽매일 수밖에 없으며, 독자적으로 한국의 정치현실을 파악할 수 없게 된다. 그와 같은 연구로는 한국 정당과 관련된 문제들을 그 근원에서부터 파악하지 못하며, 그것을 변화하게 만드는 근본적인 역사적 동인을 이해할 수 없다.

이에 대한 상세한 설명은 사회과학 연구의 본령과 관련된 방대한 논의를 필요로 하므로 이 글에서 본격적으로 시도될 수는 없다. 다만 이 글에서 강조되어야 할 점은 서구 학계의 개념이나 이론들은 일단 신으로부터 계시를 받은 것은 물론 아니고 역사의 진공 상태에서 하늘에서 떨어진 것도 아니라는 자명한 사실이다. 그것들은 ― 한국 인문사회과학의 학문적 위상에 대한 비판적 논의들 가운데 종종 제시되듯이 ― 바로 서구 학자들 스스로의 정치현실에 대한 나름대로의 일반화이거나, 서구 학자들이 ― 특히 그들이 좀 더 진지하고 성찰적인 연구자들일 경우― 스스로의 정신사 및 지성사적 전통의 바탕 위에서 스스로의 정치적 현실을 역사적 시각에서 파악하고 이해하려는 노력의 결과인 것이다.4) 따라서 서구의 법 이론이나 정당 이론은 본질적으로 그들의 역사

---

4) 이 글에서 자세히 논의할 수는 없지만, 서구 학계의 몇 가지 대표적인 정당 이론들을 중심으로 그것들이 정당에 관한 초역사적인 보편적인 이론이 아니라 서구 정치사의 특정 국면을 추상화한 것에 불과함은 간단히 지적하면 다음과 같다. 뒤베르제(Duberger 1964)의 간부정당(cadre party)과 대중정당(mass party)의 구분은 서구에서 전통적인 지배질서에 기초한 민주정치가 대중정치로 변환되는 과정에 나타난 대중정당의 출현과정을 반영하며, 키르크하이머(Kirchheimer 1966)의 포괄정당(catch-all party) 개념이나 파네비안코(Panebianco 1988)의 선거전문가 정당(electoral-professional party) 또는 카츠 등(Katz and Mair 1995)의 담합정당(cartel party) 개념은 의원직이 전적으로 직업 정치꾼들의 '취업 목표'가 되는 상황의 반영이고, 최근 미국 정치에서 발견되는 정당 활동의 위축 및 이에 따른 정당 연구 자체의 상대적 위

나 지성사적 맥락에서 이해되어야 하며, 한국 정치현실의 이해를 위해 참고는 되어도 마치 그 자체가 보편적인 이론처럼 수용될 대상은 아니다. 한국의 정치현실은 단순히 객관적으로 주어져 있는 연구 대상이 아니라 한국인들의 국가생활 속에서 이루어지는 역사 및 정신사의 총체이며, 그러한 역사 및 정신사적 흐름에서 형성되고 발전하며 쇠퇴하고 소멸하는— 역사적 연속성과 비연속성의 공존 및 교차 속에서 이루어지는 변화의 흐름 속에서 — 한국인들의 국가관의 변화 맥락을 떠나서는 존재할 수도 없고 이해될 수도 없는 것이다. 한국 정당의 문제가 대한민국이라는 국가의 정체성 문제를 떠나 제대로 접근될 수 없음도 바로 그러한 근거에서 제기된다.

정당이란 말 그대로 정치를 하는 인간들의 집단이다. 수행하는 정치의 목적 또는 지향하는 이상이나 방법에 따른 차이, 그러한 이상과 방법에 대한 구성원 개개인의 이해 및 헌신의 정도, 합법성 여부나 지속성의 정도, 조직의 범위나 강도 등 집단의 구성이나 행태 등과 관련된 정당의 성격이나 질적 수준의 문제를 떠나, 정치행위는 개인 차원에서 이루어지지는 않으며 언제나 집단의 형태를 취한다. 즉, 말 그대로의 의미로 한국인으로 구성된 정치의 집단인 한국의 정당은 바로 대한민국이라는 국가체제 및 그것을 기초로 국가생활을 영위하는 한국인들의 존재를 떠나 그 존재성 자체는 물론 그 구체적인 정치행위의 의미나 생성과 소멸 혹은 흥망과 성쇠가 이해될 수 없는 것이다. 오해의 소지가 있고 일반인들의 정서와는 상충될 수 있지만, 엄밀한 의미에서 한국인 모두는 정당원이고 국가 구성원으로서 그렇게 되어야 한다는 당위성도

축은(김수진 2008, 16-18 참조) 특히 인터넷의 발달에 따라 대중들의 직접적인 정치참여 및 '독자적인' — 바람직함 여부를 떠나 기존 정당의 통제나 기업화된 대중매체의 정보 여과 정치에서 벗어나고 있다는 의미에서 — 대중적 공론장의 활성화로 정당이 국민의 의사를 대변한다거나 특정 계층을 대표한다는 종래의 정당정치 개념 자체가 점차 무력화되는 상황의 반영이라고 할 수 있다.

있다. 따라서 한국인들이 국가생활의 목적이나 이상을 어떻게 이해하고 있으며 현재의 국가체제에 대해서 어떠한 견해나 판단을 갖고 있느냐는 한국 정당 및 정당정치의 실체를 이해하는 데 핵심적인 요소이다. 국가정체성 문제가 한국 정당문제의 핵심인 이유는 바로 그 때문이며, 정당에 관한 기존의 모든 개념들이나 이론들을 떠나 국가정체성 문제가 한국의 정당 및 정당정치를 그 근본에서 이해하는 데 필수적인 이유도 그 점에서 찾아진다. 그런데 그 점은 일단 대한민국의 헌법과 정당법의 문구를 통해서 확인됨과 동시에 새로운 문제를 제기하는데, 왜 그러하고 그 새로운 문제가 무엇인지 설명이 필요할 것이다.

한국에서 정당은 '일종의' 헌법기관이다. 정당이 헌법기관으로 규정될 수 있는 근거는 일단 헌법의 조문을 통해 그것의 존재성 및 목적과 기능이 명시적으로 규정되어 있다는 의미에서 그러하다. 그런데 그러한 설명만으로는 현행 헌법에서 정당이 갖는 의미가 충분히 해명되지 않으며, '일종의'라는 유보적이면서 모호한 표현을 사용한 이유도 그 점에 있다. 역설적인 것은 바로 그러한 모호함 속에 현재의 헌법에서 정당이 갖는 위치가 무엇인지 밝혀줄 뿐만 아니라, 나아가 정당이 국가생활 전반 그리고 이 글의 주제인 국가정체성과 정당의 관계와 관련된 핵심적인 의미가 함축되어 있다. 먼저 관련된 헌법 조항을 검토하기로 한다.

1987년 제정 및 공포된 현재의 제6공화국 헌법에서 정당에 대한 규정은 헌법 제1장 '총강' 부분의 제8조에 수록되어 있다. 헌법의 총강 부분은 말 그대로 국가체제의 근본 성격과 목적 및 그 구성요소에 대해 총체적으로 규정한 항목을 지칭한다. 그 항목에는 국가의 인적 구성 요소와 관련하여 주권자이자 국가 구성원의 총칭인 국민에 대해 규정한 제2조, 국군에 대한 조항인 제5조, 외국인에 대한 규정인 제6조, 공무원에 대한 규정인 제7조, 이어서 제8조에 정당에 대한 규정이 제시되어 있는 것이다. 따라서 일단 문맥상으로 보면 헌법에 의해 정당은 국가를 구성하는 핵심적인 인적 구성 요소들 가운데 하나로 규정된 것으로 간주될 수 있다. 그러나 공무'원'이나 외국'인'과는 달리 헌법 조문에 정당'원'이 아닌 정당으로 표기되어 있다는 사실이 그것을 일방적으로 인적 구성 요소로 단정하기는 어렵게 만든다. 정당이란 말은 '정치하는 무리'라는 의미로서는 인적 구성 요소를 지칭하는 용어가 될 수는 있다. 그러나 그와 같이 해석할 경우 정당원은 군인이나 공무원과 동격으로 국가체제의 필수적인 구성 요소로서의 헌법적 지위를 갖는다. 그런데 과연 일반인들의 정서가 그러한 해석을 용인할 수 있는지 의문을 떠나, 그것이 실제로 현재의 헌법을 기초한 인물들의 견해였는지도 의문이고, '국민 개병(皆兵)'의 이념과 같이 모든 국민은 정당원이 되어야 한다는 국민 '개정당원'의 이념도 현재 헌법의 근본정신으로부터 도출될 수 있다는 것인지도 의문이다. 그 점이 일단 현재 헌법의 정당 규정과 관련된 모호함의 하나이다. 그런데 모호함은 그것으로 끝나지 않는다.

일반인들의 정서적 공감 문제를 떠나, "모든 국민은 정당원이 되어야 한다"라는 규범적 명제를 무조건 당연하다고 단정하거나 무조건 성립하지 않는다고 처음부터 일방적으로 단정함은 비이성적이고 반(反)학문적이다. 그러한 명제의 타당성 여부는 일단 그것이 과연 헌법 1조에 규정된 '대한민국은 민주공화국'이라는 국가체제의 이념과 조화를 이루는지 여부에 따라 결정되며, 궁극적으로는 헌법의 차원을 넘어 그것이 국가생활의 이상과 합치되는지 여부에 따라 결론이 내려질 것이다. 그런데 문제는 그러한 검토 이전에 현재의 헌법 자체 내에서 개념적 비일관성이 발견된다는 점이 중요하다. 헌법의 총강 전체적인 문맥과는 달리 정당에 대해 좀 더 구체적으로 규정한 제8항 네 개의 항들에는 분명히 '정당'이란 용어가 '정당원'이라는 인격성의 차원이 아니라 조직이나 기관으로 기술되어 있기 때문이다. 논의의 편의를 위해 그 네 개의 항들을 여기에 전재할 필요가 있다.

제8조

① 정당의 설립은 자유이며, 복수정당제는 보장된다.

② 정당은 그 목적, 조직과 활동이 민주적이어야 하며, 국민의 정치적 의사 형성에 참여하는 데 필요한 조직을 가져야 한다.

③ 정당은 법률이 정하는 바에 의하여 국가의 보호를 받으며, 국가는 법률이 정하는 바에 의하여 정당운영에 필요한 자금을 보조할 수 있다.

④ 정당의 목적이나 활동이 민주적 기본질서에 위배될 때에는 정부는 헌법재판소에 그 해산을 제소할 수 있고, 정당은 헌법재판소의 심판에 의하여 해산된다.

위의 조항들에서 분명히 정당은 조직이자 헌법에 의해 규정되고 헌법재판소의 판결에 의해서만 해산이 가능할 정도로 국가로부터 보호를 받고 국가로부터 재정적으로 지원을 받을 수 있는 공적인 기관이다. 그렇다면 정당은 설립이 자유롭고 일반 국민 누구나 자유의사에 의해 조직원이 될 수 있다는 점만 다를 뿐 입법부나 행정부 등 다른 헌법기관과 구분되지 않는다. 그런데 그와 같은 성격의 기관을 다른 헌법기관들과 구분하여 헌법의 총강 부분에서 규정해야 할 법적 당위성이 과연 있는지 의문이 제기될 수 있다. 그러한 의문과 함께 또 다른 주목할 점은, 그 헌법 조항에는 모든 법조문에 필수불가결의 요소라고 할 수 있는 정당에 대한 정의가 제시되어 있지 않다는 사실이다. 즉 정당이 무엇인지 규정하지 않은 채 그것의 설립에 대한 요건이나 추구해야 할 규범성 및 법적 보호나 지원과 관련된 기본적인 규정만 제시되어 있다는 것이다.

물론 헌법은 다른 하위 법률들과는 달리 국가체제 및 국가생활 전반에 대한 단순하면서도 포괄적인 규정이다. 그것은 한 시대 한 국가의 구성원들이 공유하는 일반적인 통념의 기초 위에서 기술되며, 그것을 구성하는 용어들이 대체로 보편적이고 추상적인 이념들 — 위에서 인용된 헌법 8조의 '자유', '민주', '민주적 기본질서' 등의 용어들을 포함하여— 이기 때문에, 헌법에 등장하는 각각의 용어들에 대해서 일일이 개념 규정을 제시하기는 바로 헌법이라는 법의 특성상 어렵다고 할 수 있다. 그러므로 정당에 관한 헌법 조항에서 정당에 대한 정의가 존재하지 않는다는 사실은 그것이 마치 국군이나 공무원 또는 외국인의 경우와 같이 그 의미가 자명하다는 전제가 바탕에 있는 것으로 해석될 수 있을 것이다. 그런데 정당의 의미는 과연 자명한가? 여기서 현재의 정당법을 검토할 필요가 생긴다. 상위법인 헌법과는 달리 정당법은 — 구체적인 대상에 적용되어야 할 하위법의 성격상 당연하기도 하지만 — 정당에 대한 정의와 더불어 지극히 간략하게나 대한민국의 국가체제에서 정당이 갖는 의미와 기능이 제시되어 있기 때문이다.

논의의 편의상 위의 헌법 총강의 정당 관련 조항에 대한 논의에서와 같이 여기서도 먼저 정당법의 제1장 총칙의 제1조와 제2조를 전재할 필요가 있다.

제1조 (목적) 이 법은 정당이 국민의 정치적 의사 형성에 참여하는 데 필요한 조직을 확보하고 정당의 민주적인 조직과 활동을 보장함으로써 민주정치의 건전한 발전에 기여함을 목적으로 한다.
제2조 (정의) 이 법에서 '정당'이라 함은 국민의 이익을 위하여 책임 있는 정치적 주장이나 정책을 추진하고 공직선거의 후보자를 추천 또는 지지함으로써 국민의 정치적 의사 형성에 참여함을 목적으로 하는 국민의 자발적 조직을 말한다.

위의 제1조에 명시된 정당법의 목적은 단순히 한 법의 제정을 정당화하기 위한 형식적인 규정만은 아니라고 할 수 있다. 그것은 헌법에 제시된 정당의 존재이유를 국가생활 전반의 이상이나 목적 차원에서 좀 더 구체적으로 제시하면서, 정당 활동을 그와 같은 방향으로 이끌겠다는 법 제정 목표의 천명인 것이다. 위의 정당법 제1조에 제시된 그러한 목표는 다음과 같이 정리될 수 있을 것이다.5) 즉, 정당법 제정의 핵심은 국민의 정치의사 형성에 정당이 민주적인 방식으로 기여함을 보장하는 데 있다는 것이다. 다시 말해서 정당법 제정의 목적 속에 이미 '국민의 정치의사 형성에의 참여'가 정당의 존재이유이자 주요 기능임이 명시되어 있는 것이다. 제2조의 '정의'는 이 점에 대한 부연설명이자 그 기능에 대한 좀 더 구체적인 적시라고 할 수 있다. 즉, '민주정치의 건전한 발전'의 핵심은 '국민의 이익'을 실현시키기 위한 '국민의 정치적 의사 형성'에 있으며, "국민의 자발적인 조직"인 정당은 "책임 있는 정치적 주장이나 정책을 추진하고 공직선거 후보자의 추천이나 지지"를 통하여 그러한 의사 형성에 참여하는 데 그 존재이유가 있는 것으로 정당법은 규정하고 있는 것이다.

여기서 지금까지 검토한 헌법과 정당법에 규정된 정당의 존재 목적과 기능을 다시 정리할 필요가 있다. 헌법에 의하면 모든 국민은 정당원이다. 대한민국의 국체는 민주공화국으로서 국가의 궁극적인 통치주체가 국민이고 정치는 어떠한 형태이든 집합적인 행위를 통해 이루어

---

5) 법률 문구로서 이 조항의 문장은 조금 거칠다고 할 수 있다. 일단 정당이 헌법에 의해 그 존재성이 인정된 기관이라면 하위법인 정당법에서 그것의 민주적 조직과 활동을 "보장한다"는 표현은 불필요한 중언(重言)인 것이다. "지원과 독려"라는 문구로 그것을 대체함이 타당할 것으로 보인다. 또한 '민주주의'란 국체이자 헌법의 기본정신이므로 헌법에 의해 비민주적인 — 그 비민주성이 어떻게 정의되든 — 정당 조직과 활동은 허용될 수 없다면, 민주정치의 발전에 "건전한"이란 수식어의 불필요한 첨가는 헌법의 품격을 오히려 훼손시킬 수 있는 것이다. 같은 문맥에서 "… 참여하는 데 필요한 조직…"의 문구 역시 불필요한 중언이라고 할 수 있다. 따라서 필자로서는 그 조항의 문구를 다음과 같이 수정함이 바람직하다고 생각한다. "이 법은 정당이 국민의 정치적 의사 형성에 참여하는 데 필요한 조직과 활동이 민주적이 되도록 독려하고 지원함으로써 민주정치의 건전한 발전에 기여함을 목적으로 한다." 헌법과 법률은 국가질서의 핵심이자 한 국가의 공적 언어의 표상이 되어야 하는데, 과연 우리의 법률언어가 그러한지 한번 전체적으로 점검해볼 필요가 있다.

지므로, 법적 강제성의 요소를 제외하곤 모든 국민은 국군이 되고 정당원이 된다. 다른 한편으로 정당법에 의거하면 모든 국민은 자동적으로 정당원이 될 수 있는 것은 아니다. 스스로의 정치적 행동이 '국민의 이익'의 실현이라는 목적을 수행하는 '국민 전체의 정치적 의사'와 합치되는 경우에만 정당원으로서의 자격이 부여되는 것이다. 다시 말해서 국민 개개인은 국민 전체의 이익이 무엇인지 알고 자신의 정치적 의사를 국민 전체의 이익을 대변하는 국민 전체의 정치적 의사와 일치시키는 경우에만 진정한 의미에서 정당원이 된다는 논리가 정당법에는 함축되어 있는 것이다. 그렇다면 정당의 개념과 관련하여 헌법과 정당법은 일단 상충되는 것으로 나타난다. 그와 같은 법체계상의 비일관성에 직면하여 그것을 극복하는 방법으로 다음 두 가지가 해결책으로서 직관적으로 제안될 수 있을 것이다.

하나는 현재 헌법의 정당 조항을 삭제하는 것이다. 위의 논의를 통해서 밝혀졌듯이 헌법의 정당 조항이란 결국은 국가통치의 주체는 국민이라는 민주주의 원칙의 부연에 불과하기 때문에 별도의 정당 조항을 헌법에 명기할 필요가 없다는 것이다. 정당은 분명히 국가의 통치조직은 아니고 임의로 조직될 수 있는 사회단체이므로,[6] 그것을 헌법에 규정하지 않고 사회단체의 한 종류로서 정당법에 별도의 관리 규정을 두는 것으로 충분하다는 논리가 성립할 수 있는 것이다. 아울러 '민주적 기본질서에의 합치'라는 헌법에 규정된 정당 활동에 대한 제한 조항도 일반 사회단체에 대한 통제와 전혀 구분될 필요가 없다는 점도 그러한 논거를 강화하는 요소가 될 것이다. 다른 하나는 기존의 헌법을 유지하

---

6) 이 점은 옐리네크(Georg Jellinek)가 정당의 본질에 대한 완전한 이해는 그것을 "국가학 자체의 대상은 아닌 사회적 조직으로서 파악할 경우에만 가능하다"고 한 주장과 상통한다(옐리네크 1980, 105). 옐리네크의 관점에서 "정당 생활이란 국가적 지배를 둘러싼 <u>사회</u>의 투쟁인 것이다."(같은 책, 109, 밑줄은 필자).

면서 당연히 하위법인 정당법의 조항을 헌법에 맞추어 해석하는 방법이 있을 수 있다. 그러한 방법에는 다시 두 가지가 있을 수 있다. 하나는 헌법 8조 4항에 규정된 '민주적 기본질서'의 의미를 적극적으로 해석하여, 한 정당이 국민의 이익의 실현에 기여 또는 노력하지 않는 경우 '민주적 기본질서에 위배되는' 정당 행위로 간주하는 것이다. 다른 하나는 '민주적 기본질서'의 의미를 소극적으로 해석하여, 정당법에서 '국민의 이익의 실현 및 국민 전체의 정치적 의사와의 합치'라는 적극적인 규범적 요건을 삭제하는 것이다. 그럴 경우 물론 '민주적 기본질서'에만 위배되지 않는다면 어떠한 목적을 내건 정당이나 정치활동도 용인되어야 한다는 논리가 성립하며, 그러한 논리는 또한 앞에서 논급한 '국민 개정당원'의 이념과도 부합될 수 있는 것이다.

일단 위의 두 가지 해결 방안은 정당의 개념 문제 및 정당에 대한 국가의 통제 문제에 대해서 법 형식주의 차원에서 제기될 수 있는 법리적 비일관성 결함에 대한 해소책은 될 수 있을 것이다. 동시에 그것들은 실제적인 사법 운영을 포함하여 국가통치에서 정당과 관련하여 제기될 수 있는 문제들에 대한 실천적인 처방은 되지 못한다. 그 이유는 바로 위의 논의를 통해서 드러났듯이 헌법과 정당법에서 모두 정당의 핵심적인 기능 및 규범적 요건은 물론이고 정당의 존재 근거 및 목적에 대한 궁극적인 판단 기준은 '국민의 정치의사 형성'과 '민주적 기본질서'에 귀착되기 때문이다. 그것은 곧 정당의 문제에 대한 근본적인 해명이자 진정으로 실천성을 갖는 해결책은 단순히 헌법이나 정당법 또는 경험주의적 정치학 연구 차원을 넘어 정치철학 및 정치사상사 차원에서 접근되어야 함을 의미한다. 국민의사가 무엇이고 민주주의의 본질이 무엇인가는 바로 정치철학적 성찰의 대상이며, 그러한 개념들이 한국의 정치현실에서 구체적으로 작동하는 양상, 곧 대한민국이라는 특정 국가 국민의 의사가 구체적으로 어떻게 형성되어 있고 그들이 이해하는 민주적 기본질서가 무엇인가는 한국 정치사상의 역사적 발전 맥락, 특히 근대 한국 정치사상사의 발전 맥락을 떠나서는 파악할 수 없는 것이다.[7] 역설적이게도 추상적이고 비현실적인 것으로 느껴지는 논의 속에 진정으로 구체성과 현실성과 실천성이 있는 것이다. 국가정체성의 위기라는 추상적이면서 동시에 구체적이고 실천적인 정치적 현안의 해결도 바로 그러한 차원에서 모색되어야 한다.

지극히 방대한 논의를 필요로 하는 국민의사, 정당, 국가정체성의 위기의 관계를 간략히 정리한다면 다음과 같다.[8] 일단 민주주의란 국민에 의한 통치이고, 국민의 의사란 통치행위의 주체인 국민을 '의사(will)'라는 행위의 주체를 지칭하는 인성론적 개념으로 규정한 말에 불과하다. 민주주의의 기본질서라는 개념 역시 같은 맥락에서 파악될 수 있다. 즉 그것은 통치주체인 국민 스스로가 스스로의 행위를 규제하는 기본적인 규범체계로서 국민의사가 객관적인 형태로 구성되어 외적인 질서로 나타난 것에 지나지 않는다. 그러므로 국민의 의사란 간단히 말하여 국가통치의 주체인 국민이 가져야 할 국가통치의 방향과 내용을 의미하고, 대한민국이라는 국가의 국민의사란 대한민국이라는 국가가 형성된 역사적 과정과 더불어 그 국가 목적이나 이상의 총체인 것이다. 추상적인 민주주의 이론이 아닌 민주정치라는 현실에서 통치의 주체인

---

7) 오크샷(Michael Oakeshott)이 오래전에 주장한 바와 같이(Oakshott 1962), 어떠한 보편적이고 합리적인 개념이나 이념도 특정 사회에 단순히 외적으로 적용하여 그것을 이해하거나 그것에 자동적으로 실현될 수는 없다. 오크샷 스스로 예를 들듯이 18세기의 자연권이나 평등의 이념이 미국에서는 신성하게 작동하여 독립선언이나 헌법에 반영되었다면, 프랑스 혁명을 통해서는 공포정치와 나폴레옹의 독재로 나타나게 된 것이다. 앞으로 이 글에서도 언급되겠지만, 이 점은 국가정체성의 위기와 한국 정당의 이념적 고착성 사이의 관계를 이해하는 데도 중요한 시사점을 제공한다.

8) 민주주의와 국민의사의 관계에 대해서는 양승태(2007), 특히 제3장 "'민주화시대', 자명한 현실인가?"와 제4장 "민주주의와 시장경제라는 구화와 그 이데올로기" 참조, 그리고 국가정체성 및 국가정체성 위기에 대한 상세한 개념적인 논의는 양승태(2010) 참조.

민 또는 국민이란 역사적 진공 상태에서 존재하는 보편적이고 추상적인 존재가 아니라 특정한 역사의 흐름 속에서 구체적인 삶의 이상과 가치를 추구하는 집단이기 때문이다. 국민의 의사 또한 그와 같은 구체적인 역사적 맥락과 구체적인 삶의 구조를 떠나 실현되는 것이 아니므로, 국민의 정치의사의 실현이라는 정당의 존재 목적은 그와 같은 국가 차원의 구체적인 역사의식이나 이념을 떠나 파악될 수 없는 것이다.

그러한 역사의식과 이념이 국민의사의 구체적 성격을 구성함과 동시에 그와 같이 구체화된 국민의사가 특정한 시대의 국가정체성을 구성한다. 그리고 개개의 정당이 특정한 역사관이나 이념을 중심 강령으로 표방한다는 것은 그러한 역사관이나 이념이 국민의사의 핵심적인 내용이 되어야 한다고 주장하는 것과 같은 것이다. 아울러 국가정체성의 위기란 일단 역사의식과 지향하는 이념 차원에서 국민적 합의가 부재할 경우를 의미하며, 좀 더 구체적으로는 정당이나 정파들 각각이 표방하는 역사관이나 이념이 국가의 존재성 자체와 관련하여 분열된 상태에 있음을 의미한다. 왜 그와 같은 위기가 나타났는지 국가 차원의 역사의식과 이념의 문제라는 또 다른 방대한 문제에 대해서 간단하게나마 개관할 필요가 있다.

2. 국가 차원의 역사의식과 이념, 그리고 한국의 정당

논의의 편의상 앞에서 제기한 한국 정치에서 정파들 사이에 존재하는 이념적 스펙트럼의 문제로 다시 돌아갈 필요가 있다. 정파들 사이의 이념적 스펙트럼은 대한민국의 실상을 어떠한 역사관이나 이념에 기초하여 해석하면서 어떠한 정책적인 해결책을 제시하는가 하는 척도에 따라 정파들을 여러 가지 범주로 분류한 결과라고 할 수 있다. 그러한 범주의 수는 무한할 수 있다. 어떠한 이해 수준이든지 역사적으로 존재했던 모든 주의나 종교적 신앙 및 도덕적 가치를 포함하여 민주, 공화,

자유, 평등, 인권, 정의, 박애, 복지, 공동체, 민족 등등 현재 한국인 정치의식 속에 작동하는 이념들 모두가 독립적인 분류 범주로 사용될 수 있다. 그리고 모든 이념들은 상호 연관되고 상호 결합될 수 — 그러한 결합의 이념적 타당성 여부를 떠나서 — 있으므로, 수많은 새로운 조합의 이념적 범주가 등장할 수 있는 것이다.9) 다만 앞에서 언급했듯이 대한민국이라는 국가체제의 등장 및 그 이후 전개된 '산업화와 민주화'의 현대사와 관련된 역사관은 현재의 정파들을 보수와 진보의 스펙트럼으로 분류하는 기준을 제공함과 동시에 한국 정당과 국가정체성의 문제를 역사적이며 총체적인 시각에서 이해하는 데 도움을 준다. 그런데 지금까지 출현했던 정당들이 과연 대한민국이라는 국가체제의 등장과 관련된 스스로의 역사의식을 발기문이나 정강을 통해서 명확하게 제시했는지 여부는 별도의 검토 대상이지만, 적어도 그것과 관련된 역사의식을 척도로 한국 정치에서 보수와 진보는 다음과 같이 분류될 수 있을 것 같다.

앞에서도 언급했듯이 대한민국의 등장은 한민족의 역사라는 큰 흐름 속에서 이해되어야 하고, 직접적으로는 조선왕조와의 역사적 연속성 및 단절 속에서 이해되어야 한다. 그리고 잘 알려져 있듯이 대한민국의 등

---

9) 정당의 당명은 나름대로 표방하는 이념의 표현이라면, 몇 년 전에 등장했다가 사라진 '열린우리당'은 적어도 당명으로서는 기묘한 이념의 정당이라고 할 수 있다. 그 당명에는 집합적 주체 일반을 지칭하는 '우리'라는 대명사와 '열린'이라는 개방성을 지칭하는 수식어가 결합되어 있다. 따라서 적어도 당명에 근거할 경우 그것은 모든 이념이나 가치관을 초월하여 한국인 전체는 물론이고 남한인, 북한인, 중국인, 미국인 등 전 세계인 또는 더 나아가 우주인 모두가 그 당의 주체가 될 수 있고 그와 같은 인류 보편의 주체성을 지향한다는 스케일 큰 이념의 표방으로 해석될 수 있다. 그런데 초역사적이고 초공간적인 주체란 결국 절대자를 지칭하는데, 그와 같이 절대지향의 정당이 선거에 한 번 패배하였다고 해서 갑자기 사라진 사실은 흥미롭다. 제3공화국의 집권당인 '민주공화당'은 헌법에 명시된 국체 전부를 당명으로 사용한 경우인데, 처음부터 국정을 영구히 주도하겠다는 의도가 당의 작명 작업에 개재되어 있었는지 여부는 앞으로 확인이 필요한 사항이다.

장은 해방 후 소위 좌우의 대립이 격화되어 동일한 한민족사의 흐름을 공유한 인간들이 더 이상 동일한 국가체계 속에서의 공존을 거부한 데 따른 한민족 분단의 결과이다. 따라서 북한은 국가체제의 태생적 성격상 대한민국의 건립을 역사적으로 출현해서는 안 될 국가의 등장으로 부정하는 역사관을 가질 수밖에 없으며, 남한 내에서도 공식적인 표명 여부를 떠나서 그러한 북한의 역사관에 동조하는 정파가 있을 수 있다. 그러한 정파는 대한민국의 총체적 부정 및 궤멸이라는 극단적인 변화를 통해서만 역사적 진보를 이룰 수 있다는 주장을 한다는 의미에서 진보파의 극단이라고 할 수 있다. 그러한 정파에게 대한민국의 정체성 문제는 정체성 운위의 대상 자체가 부정되어야 하므로 실제로는 무의미하다. 그리고 만일 대한민국 내에 그러한 정파가 존재한다면 지하혁명 세력으로서 존재하거나 북한으로 망명함이 정치적 당위이자 '사나이다운' 태도이다. 대한민국의 국가체제 내에서 공식적으로 인정된 정파로서 나름대로의 혜택을 누리는 가운데 '적당히' 대한민국의 존재를 부정하는 언설을 표명하면서 스스로의 정치적 입지를 유지하려는 태도가 있다면, 그것은 정략적인 노회함으로 간주될 수는 있어도 적어도 이념적으로 일관된 태도는 아닌 것이다. 또한 그것은 위선적이거나 태도가 일관되지 못한 인간에게서 일반적으로 발견되듯이 도덕이나 이념을 내세운 세속적 이익 추구의 사례일 수 있는 것이다.

그렇다면 적어도 대한민국 내에 존재하고 활동하는 정파라면 대한민국의 역사적 존재성 자체는 인정함이 정치적 당위이다. 그것은 어떠한 정파이든지 대한민국의 국가적 정체성 자체를 논의하기 위한 출발이다. 물론 문제는 대한민국이라는 국가체제 등장의 역사적 필연성 및 당위성을 이념적으로 어떻게 설명할 수 있느냐에 있으며, 아울러— 이 점이 현실정치의 실천적 요구 차원에서 더 중요할뿐더러 지적으로도 더 어려운 작업이지만— 그러한 역사관과의 일관된 체계 속에서 건국 70년의 역사적 흐름을 해석하고 국가생활이 나아가야 할 미래의 방향을 제시하는 데 있는 것이다. 여기서 다시 앞에서 언급된 보수파의 역사관을 대변하는 문구, 즉 대한민국은 제2차 세계대전 후 등장한 신생국들 가운데 "산업화와 민주화를 동시에 성취한 거의 유일한 국가"라는 문구로 돌아갈 필요가 있다. 그것을 중심으로 현재 한국의 정파들 사이에서 국가정체성과 관련된 대립과 갈등의 핵심을 파악할 수 있기 때문이다.

앞에서도 언급했듯이 대한민국 국가체제의 성립 자체를 부인하지 않는 한 적어도 제3공화국을 기점으로 이루어진 산업화의 외연적 성공을 부인하는 정파는 없을 것이다. 정파들 사이에서 대립과 갈등을 일으키는 쟁점은 그와 같은 산업화가 민주화의 지연을 필연적으로 요구했는지 여부의 문제, 그리고 산업화의 사회적 또는 도덕적 측면으로서 그것에 수반된 사회적 및 개인적 삶의 질적 변화 등의 문제들에 대해서 어떠한 해석과 평가를 내리는가에 있을 것이다.

그러한 해석과 평가와 관련된 보수파의 입장은 다음과 같이 정리될 수 있을 것이다. 일단 산업화와 민주화의 관계와 관련하여, 효율적인 산업화를 위해 민주화의 유보는 어느 정도 불가피하다는 해석이 보수파의 기본 입장일 것이다. 아울러 산업화에 따른 불가피한 사회적 및 도덕적 부작용 등은 앞으로의 제도적 보완이나 새로운 정책의 시행을 통해서 점진적으로 치유 가능한 대상으로 간주하는 입장도 그것에 부수될 것이다. 보수파 내에서의 이념적 분화 또한 그러한 문제들에 대한 해결이나 치유의 방법과 관련하여 수정이나 개혁 또는 폐기되어야 할 법이나 제도나 관행들의 범위 또는 변화의 방법이나 속도 등에 다른 차이로 설명될 수 있을 것이다. 다시 말하여, 기존의 제도나 법률이나 관행들을 전혀 바꾸지 않으려는 극단적인 수구의 입장으로부터, 그러한 문제들의 해결을 위한 방법의 하나로서 시장에 대한 국가 개입의 정도 문제를 포함하여 개인 또는 사적 영역에 대한 국가권력의 개입이나 조정의 문제를 자유, 평등, 정의, 인권, 복지 등 이념의 실체를 어떻게 파악하고 있고 각각의 개념적 외연을 어느 정도의 수준에까지 확대하느냐 등에 따라 보수파 내부의 이념적 분화가 이해될 수 있는 것이다.

진보파의 경우도 마찬가지다. 위에서 언급한 대한민국의 민족사적 정통성 자체를 부정하는 소위 극단적인 '종북주의자'가 아닌 한, 대부분의 진보파는 산업화의 외연적 성공을 부정하지는 않을 것이다. 다만 산업화를 위한 민주화의 희생이나 지연은 불가피하지 않았다거나, 둘의 병행이 바람직하다거나 또는 둘의 병행이 산업화에 더욱 효율적이라는 논리를 제시할 수 있는 것이다.[10] 그리고 그들은 그러한 산업화에 따른 문제들의 해결을 보수파보다 상대적으로 빠르고 사회적으로 광범위한 영역에 걸쳐 시행하거나, 그러한 해결 방안을 특히 민주화의 개념이나 인권 또는 복지 개념들을 보수파보다 확대 해석하여 적용하려고 시도하는 집단인 것이다. 물론 진보파 내부의 이념적 분화도 그러한 해석이나 해결 방안에 있어서의 속도나 범위 등의 상대적 차이에 따라 이해될 수 있는 것이다.

그렇다면 현재 사회적으로 논란이 되는 국가정체성의 위기 문제는 진정한 의미에서 위기가 아닐 수 있다. 왜냐하면 정파들 사이의 극한적인 대립이 적어도 표면적으로는 대한민국이라는 국가체제의 존재성 자체에 대한 긍정과 부정의 차이거나 국가생활의 목표로 내세우는 이념의 항목 자체가 다른 데 기인한 것은 아니기 때문이다. 그것은 산업화의 진정한 목적이 무엇이고, 민주화를 포함하여 자유, 평화, 정의, 인권, 복지 등 이념의 진정한 의미가 무엇인지와 관련된 이해나 해석의 차이에 귀결된다는 것이다. 그렇다면 그와 같은 해석이나 이해의 차이가 국가정체성의 위기를 운위할 정도로 심각한 갈등과 대립을 초래했다는

---

10) 조봉암의 진보당이나 그것의 후신인 제2공화국 시대의 소위 혁신정당들로 대변되는 대한민국 체제 내적 사회주의 운동의 핵심도 그들의 사회주의만이 참다운 민주국가와 복지사회를 건설할 수 있다는 주장인 것이다. 그들의 정강에 대한 간략한 정리로는 심지연(2004, 96 및 134) 참조.

사실은 결국 다음 두 가지 가운데 하나일 것이다. 한국의 정파들이 그러한 이념들의 개념적 실체에 대해 무지했기 때문이거나, 아니면 스스로의 잘못되거나 불완전한 이해를 그러한 이념 내용의 전부로 착각한 데 기인한 이념의 고착화나 화석화 형태의 이념적 독단이 그들의 사고를 지배하고 있기 때문일 것이다. 다시 말해서 실용이 아닌 이념의 추구 자체가 국가정체성의 위기를 불러온 것이 아니라, 특정한 이념의 우상화나 추구하는 이념의 실체에 대한 무지나 어리석음이 국가정체성의 위기를 운위할 정도의 모든 정치적 파행의 근원일 수 있다는 것이다. 종교에서 우상숭배가 언제나 그러하듯이, 특정 이념의 우상화는 그것에 대한 강렬한 신념의 표현이 아니라 세속적 이익 추구의 그악스런 행태에 지나지 않을 수도 있다. 그러한 관점에서 국가정체성과 정당의 관계에 대한 개략적인 진단이 가능하다.

3. 맺는말

현실정치에서 활동하는 인물들의 실제적인 목표는 대체로 이념의 실현보다는 권력의 획득 자체 또는 대통령이나 국회의원 등 공직의 점유라고 할 것이다. 따라서 그들에게 스스로 표방하는 이념에 대해 깊이 성찰하라는 요구 자체가 현실적으로 무리일 수 있다. 그러나 아주 조악한 의미의 정상배가 아니라 스스로의 삶에 조금이라도 진정성을 가지고 정치활동에 임하면서 나름대로 장기적인 안목에서 국가생활의 목표를 추구하는 사람이라면, 그러한 성찰의 요구는 결코 무리한 것도 아니며 또한 권력이나 관직의 점유라는 실천적인 목표의 달성과 배치되는 것도 아니다. 건국 70여 년이 지난 현재 한국에서 새롭게 감지되는 정신사적 흐름을 고려할 때 그러한 성찰적 태도는 오히려 그와 같은 실천적인 목표의 수행에 도움을 줄 수 있다. 새롭게 감지되는 정신사적 흐름이란 국민들의 정서 속에 그 실체가 뚜렷하지는 않더라도 감각적인 쾌락이나 상업적 욕망 추구를 넘어서 교양에 대한 갈망이나 깊이 있는 사고에 대한 동경이 서서히 자리를 잡아가고 있다는 징후가 발견된다는 것이다. 비록 속된 사회적 신분 과시욕이 수반된 현상이기는 하지만, '폭탄주 문화'가 서서히 '와인 문화'로 대치되는 현상이라든지 소위 '인문학 열풍'의 등장은 그러한 징후의 예들이다. 아울러 그리 심원한 정치철학 저작도 아니며 정의 개념과 관련된 실제적인 쟁점들을 정리한 괜찮은 교과서 수준의 책이(샌델 2010) 하버드 대학 교수라는 타이틀이 갖는 대중적 위력과 결합하여 거대한 독서 열풍을 일으킨 현상도 현재의 국민들의 깊은 정서 속에 어떠한 변화가 일어나고 있는지 가늠하게 해주는 징표이다.

어쨌든 국가정체성 위기 극복의 핵심은 한국의 정당들이나 '정치적' 시민단체들이 스스로 표방하는 정책이나 주장의 근거가 되는 이념들 자체의 의미에 대해서 좀 더 진지하게 천착하는 데서 출발할 것이다. 다시 말하여 당명이나 정강을 통해서 내세우는 간단한 구호나 정치적 수사의 수준을 벗어나 스스로 내세운 이념들의 의미들을 깊이 탐색하고 체계적으로 정립하려는 노력이 요구된다는 것이다. 예를 들어 최근에 정치적 수사의 중심으로 부각한 '복지'의 경우도 그러하다. 복지란 이념은 결코 그 의미가 자명하지 않다. 그것은 영어로 'well-being' 또는 'well-faring'으로 번역되며 고대 그리스인들이 윤리의 핵심 개념으로 정립한 'eudamonia'에서 그 개념적 기원을 찾을 수도 있는 심원한 이념이다. 그것은 일방적으로 보편적 복지 운운하거나 급식 등과 관련된 지극히 지엽적인 정책적 논란의 대상만은 아닌 것이다. 따라서 그와 같은 일방적인 주장 이전에 무엇이 과연 진정한 의미에서 복지이며, 특히 그것이 국가생활의 목표와 관련하여 필수적으로 제기되어야 할 정의나 자유 등 다른 이념들과의 관계는 어떻게 정립되는지 깊은 검토가 필요한 것이다. 또한 그러한 노력은 '국민의 정치적 의사의 형성에 참여'라는 헌법과 정당법이 정당에 부과한 국가적 의무를 수행하기 위해서도 필수적이지만, 스스로 내세우는 정치적 입장이나 주장이 진정으로 이념적 체계성을 가지면서 동시에 진실로 국민들에게 설득력을 갖게 되어 정권의 획득이라는 정당의 세속적 목표의 달성을 위해서도 필수 적으로 요구되는 것이다.

정당에 절대적으로 고정된 불변의 정치적 입장은 존재할 수 없다. 복지나 평등이나 그 의미가 자동적으로 주어진 것은 아니다. 국가의 이상을 구현하기 위해서 얼마나 끊임없이 자기변신과 이념적 변혁을 추구하느냐에 정당의 지속가능한 성공이 있을 뿐만 아니라, 그러한 노력을 통해서만 국가발전에 기여할 수 있는 것이다. 만일 그러한 노력이 없이, 다시 말해서 "국가정책에 대한 논란이 국가생활을 통해 추구해야 할 보편적이고 영속적인 가치나 이념에 대한 나름대로의 진지한 모색 차원이 아닐 경우," 국가정체성의 위기는 새로운 국가적 통합의 기회가 아니라 "오직 패거리 다툼의 연속으로서 그 패거리들의 인적 면모들만 사안에 따라 바뀐 채 국가적 에너지의 소모만 의미할 뿐이다."(양승태 2010, 19) 이에 따라 한국의 정당들은 이념적 빈곤 상태에서 영원히 벗어날 수 없음은 물론이고 장기적인 관점에서 국가를 경영할 수 없게 된다. 그러할 경우 여야의 차이를 떠나 정책수행이 결국은 대증요법 수준의 단기적인 처방에 그치게 되며, 정권획득을 위한 경쟁 또한 대중들의 단기적인 욕구충족에 급급하거나 대중들에 대한 정서적 호소나 과시 차원의 단편적이고 일회성의 성격을 영원히 벗어날 수 없게 된다. 그것은 곧 '대중영합주의'를 향한 무한경쟁 이외의 다름이 아니다. 정당들이 그러한 정신적 수준에 머물 때 정상적이고 바람직한 국민의사의 형성은 물론 요원하며, 그러한 정권경쟁에 따른 국가생활의 모든 폐해는 바로 국민들 자신에 돌아가는 것이다.

현재 한국의 정당들이 대체로 이념의 그와 같은 본원적 중요성과 아울러 실천성 및 실용성을 제대로 이해하지 못한 채 이념과 실용을 마치 대적적인 관계처럼 인식하고 있음은 안타까운 일이다. 다만 한국의 정당들이 처한 그러한 정신적 상황은 사실 정당에 전적으로 책임을 물을 일은 아니며, 한국의 학문이 과연 그와 같은 이념들의 개념적 정립 작업을 제대로 수행할 수 있는지부터 반문해야 하는 것이다. 그리고 같은 반문은 대한민국 국가정체성 문제의 다른 축이자 대한민국의 성립의 민족정통성 문제와 관련된 한국 근대사에 대한 역사의식의 문제로 이어진다.

앞에서 대한민국 건국 70여 년을 왕조의 창업에 비유한 바 있다. 대한민국은 물론 왕조가 아니다. 대한민국의 건국은 역사적으로나 이념적으로나 왕조의 창업이 아니며, 창업 이후의 역사도 왕권의 승계 차원에서 논의할 대상이 아니다. 그럼에도 불구하고 대한민국이라는 새로운 국가체제의 창출은 조선왕조라는 국가체제와의 연속 속의 단절 및 단절 속의 연속이라는 역사적 맥락을 떠나서 이해할 수 없다. 그리고 그러한 역사성을 떠나 — 이 점은 북한의 경우도 예외가 아닐뿐더러 북한의 문제를 그 근원에서 파악하는 데 필수적이다 — 대한민국이라는 국가체제 속에서 영위되는 국가생활의 실체를 총체적으로 이해할 수 없는 것이다. 여기서 제1장에서 논의한 건국일과 관련된 역사의식의 문제에 이어 대한민국의 등장과 관련된 역사의식의 문제를 개관할 필요가 있다.

'해방 전후사의 인식' 논쟁을 통해서 잘 알려져 있듯이, 대한민국의 건국은 일제강점기에서부터 이미 심화되었던 좌우의 대립과 갈등이 해방 후 한반도를 둘러싼 국제정치의 역학관계와 결합하여 두 정파가 더 이상 한 국가체제 내에서 공존할 수 있는 한계를 넘어서 초래된 민족 분단의 결과이다. 대한민국의 설립이 민족정통성 문제를 야기한 직접적인 원인은 남한의 우파 내부에서도 건국의 시기 및 방법과 관련하여 대립이 일어나 한독당 등 독립운동에 기여했던 주요 정치세력이 불참한 가운데 한국민주당을 중심으로 하는 소위 친일세력이 지배 주체가 되어 이루어진 데 있다. 그리고 그러한 지배세력이 6 · 25 전쟁 이후 전개된 정치적 상황의 변화에 따라 친미세력으로 또는 근대화 세력으로 변신하면서 현재에 이르기까지 한국 보수파의 흐름을 구성하고 있는 것이다. 그러한 역사적 상황의 전개에 따라 대한민국이 적어도 국가 존립의 필수적 요건들 가운데 하나인 대외적 독립성이나 민족적 자존 차원의 정통성 면에서 북한에 대해 상대적 열세에 있어왔음은 사실이며, 이에 따라 남북 간 대립에서도 남한이 북한의 '기백' — 조금 비속한 말이지만 이 경우 '깡다구'란 말이 좀 더 감각적으로 생생한 어휘이다 — 에 압도되어왔음 또한 사실이다.

남북관계뿐만 아니라 국가정체성의 위기의 진원인 보수-진보의 대립 등 현대 한국 정치사 흐름의 바탕에는 그와 같은 민족정통성의 문제가 작동해왔던 것이다. 그리고 현재 한국의 정치사적 상황은 종전까지 민족정통성의 담론에서 우위에 있었던 북한이 점차 수세에 몰리고 남한이 상대적인 우위를 점하기 시작하는 과정으로 해석될 수 있다. 즉 남한에서 산업화의 '대성공'과 극명하게 대비되는 북한식 사회주의 및 주체이념의 '대실패'는 그동안 민족정통성 담론에서 수세에 있어왔던 남한의 보수 세력에게 대한민국의 건국에 새로운 자부심을 갖게 하였으며, 그것이 앞에서 언급된 '산업화와 민주화를 동시에 성취한 국가'라는 문구로 나타나게 된 것이다. 문제는 그러한 수준의 자부심 표명으로 국가생활의 본령과 관련된 역사의식의 문제가 해결되는 것은 아니라는 데 있다.

한국 근대사의 흐름에 대한 역사의식의 정립은 역사적 사실들을 그대로 드러내고 인정하는 데서 출발하여야 한다. 친일이나 부역을 한 역사적 사실에 대해 '당시 상황에서 불가피했다는' 식으로 적당히 호도해서는 안 된다. 그 불가피성이 민족사의 심판에서 면죄부를 받으려면 그것과 관련된 사실들이 철저히 밝혀진 가운데 좀 더 포괄적이면서 보편성을 갖는 역사관의 정립을 통해 해명되어야 하는 것이다. 그 '좀 더 보편적인 역사관'의 핵심은 한국 근대사에서 바로 근대화라는 개념이 정치사에 대해서 갖는 양면성이다. 그 양면성의 의미를 바로 앞에서 언급된 '조선왕조와 대한민국 사이의 역사적 연속성의 단절 및 단절 속의 연속성' 테제 맥락에서 간단히 설명하면서 제2장을 맺어야 할 것 같다.11)

조선왕조가 18세기 유럽의 후진국 프러시아와 같이 자생적이며 독자적인 근대화에 성공했다면 대한민국의 역사는 전혀 다른 방향으로 나아갔을 것이다. 그런데 후기의 조선왕조에는— 특히 정조의 개혁정치가 그의 갑작스런 죽음으로 실패한 후— 그와 같은 자생적인 근대화를 추진할 만한 정치적 및 정신적 동력이 없었다. 이에 따라 한편으로는 신채호 등 소수의 단군 민족주의자들이 추구한 역사의식의 혁명적인 재구성을 통한 새로운 민족 국가설립의 시도가 이어졌고, 그것은 해방 후에도 어느 정도 지속되었다.12) 그러나 한국 근대사의 대체적인 흐름을 주도한 다수 정치세력의 기본적인 정치적 지향은 외세 의존적인 근대화 추구라고 할 수 있다. 그러한 외세 의존적 근대화는 일제강점기에는 민족의식을 전적으로 포기한 채 근대화된 일본과 스스로를 동일시

11) 이에 대한 좀 더 자세한 논의는 인조반정 이후 본격적으로 시작된 조선조 통치 이데올로기인 주자학의 교조화 및 사대부 체제의 고착화, 조선 후기 국가 통치의 파탄과정과 정약용을 위시한 실학자 등이 주도한 자생적인 개혁 노력의 실패, 통치 이데올로기로서 주자학의 무력화와 서세동점 후 등장한 근대화 세력의 대두, 근대화 세력의 분열, 이에 다른 일제강점기 좌우의 분열 등과 관련된 역사 및 정신사적 흐름이 깊이 연구되어야 하는 것이다. 친일의 문제와 관련하여 특히 언급하고 지나가야 할 점은 이것이다. 조선조 말기에 이르러는 국가생활 자체에 대한 환멸이 극도에 달하여, 신채호와 같이 개인적인 성품에 강기가 있으면서 동시에 민족사를 전적으로 재해석하면서 새로운 민족사의 방향을 제시할 만한 극소수의 탁월한 지식인이 아닌 한— 뒤에 이광수나 최남선의 '변절'이 상징하듯이— 민족적 삶 자체에 대한 환멸이 많은 국민들의 정서를 지배했다는 것이다. 그리고 바로 그 점에서 많은 국민들이 친일인사들이 공적으로는 비난의 대상이면서 동시에 근대성을 먼저 습득한 인물들로서 부러움의 대상이기도 한 이중성을 이해할 수 있는 것이다.
12) 이에 관해서는 양승태(2010), 특히 8-9장 참조.

94

하면서 한국인 스스로의 독자적인 국가생활 자체를 포기한 소위 매국노 집단으로 불리는 부일세력의 등장, 민족의식을 어느 정도 유지한 채 일본을 근대화의 모델로 나름대로의 근대화를 추구하였지만 국내의 거주라는 공간적인 제약상 일본의 통치에 협력할 수밖에 없었던 친일세력, 마르크스주의를 일방적으로 수용하면서 민족의식의 부정 속에서 사회주의적 근대화를 추구한 세력, 조소앙이나 김규식 등 친일과 사회주의 세력의 중간에서 '제3의 길'을 모색하려 한 여러 형태의 중도파 등의 등장으로 나타난 것이다.13) 여기에 대한민국의 국가정체성과 관련된 근대화의 양면성이 있다.

앞서 언급했듯이 대한민국의 건국은 부일세력과 친일세력의 합작이다. 그러나 부일세력이 자유당의 몰락과 더불어 한국의 정치무대에서 사라진 상황에서 한국 근대사의 흐름을 주도한 세력이 친일세력이 될 수밖에 없음은 또 다른 역사적 필연이라고 할 수 있다. 그리고 그 결과가 바로 산업화의 성공이며, 이에 따른 민주화의 병행이 '산업화와 민주화를 동시에 이룩한 자랑스러운 대한민국'인 것이다.

국가정체성 문제와 관련된 역사의식 문제의 핵심은 한국 근대화의 그와 같은 이중성에 있다. 국가라는 존재의 역사적 연속성이라는 국가정체성의 한 본질적 요소라고 할 수 있는 민족사적 정통성 문제에서 결함을 가질 수밖에 없는 친일세력이 국가정체성의 또 다른 필수불가결의 측면인 근대화라는 미래 지향의 국가건설을 수행하는 주체가 될 수밖에 없었다는 사실에 한국 근대사 흐름의 역설이 있다는 것이다. 그러한 역설 속에 국가정체성 문제의 핵심이 있으며, 그 점에서 국가정체성

---

13) 사회주의적 근대화라는 관념도 없이 오직 무장투쟁을 국가건설의 요체로 삼은 집단이 주체가 되어 등장한 국가체제가 북한이라고 할 수 있다. 북한의 현재는 무장투쟁 집단 특유의 '깡다구'가 국가운영의 한 성격으로 나타난 결과, 외면적으로 국가적 자존은 있어 보이나 이념적 빈곤에 따른 통치 내용의 부실화는 불가피한 — 군사국가에 일반적으로 나타나는 현상인 — 경우의 전형적인 예라고 할 수 있다.

과 정당관계 문제의 핵심도 찾을 수 있고, 역사의식 차원에서 추구해야 할 국가정체성 위기의 극복 방향도 그것에 대한 깊은 성찰에서 출발하여야 한다.

간단히 말하여 그 역설의 근원은 보수나 진보 모두가 조선왕조 후기에서 기원한 한국 근현대 역사 및 정신사의 산물이라는 사실에 있다. 특히 정신사의 맥락에서 산업화나 민주화의 성공 모두가 근대화나 민주화 자체가 진정으로 무엇이고 국가생활을 통해 추구할 이상이 무엇인가에 대한 독자적인 성찰이 아니라 외국 이론이나 사상의 일방적인 수입과 모방의 결과라는 사실이 중요하다. 그러한 모방으로서 산업화와 민주화의 성공은 바로 모방이기 때문에 새로운 외국의 이론이나 사상이 수입될 때마다 또 다른 새로운 모방의 갈등이 나타날 수밖에 없었다는 것이다. 국가생활의 목표와 방법에 관련된 자생적이고 독자적인 사상을 정립하지 못한 이념적 빈곤 상태가 바로 외면적으로는 이념적 과잉의 모습으로 나타났으며, 그러한 이념적 빈곤이 권력정치와 결합하여 정치들 사이에서 극심한 대립과 갈등으로 나타난 현상이 국가정체성의 위기인 것이다.

국가정체성 위기의 그러한 근원, 즉 사상과 이념의 모방 상태를 극복하는 주체는 한국의 학문이다. 그런데, 뒤의 제4장에서 '반지성주의적 피로감' 개념을 중심으로 다시 논급되겠지만, 한국의 학문은 그와 같은 주체적이고 능동적이면서 보편적인 사고를 할 수 있는 역량이 과연 있는지는 의문의 대상이다.

* * *

모든 조직은 그 조직의 목적을 제대로 수행하지 못하는 한 쇠망하게 됨은 필연이다. 그런데 기업들의 세계에서는 무능한 개별 기업들의 쇠망은 끊임없는 조직 혁신을 통해 사업 목적을 효율적으로 추구하는 기업들에 의해 대체되면서 국가 전체적으로는 번영의 원천이 된다. 그러나 정당정치의 경우 반드시 그러한 것은 아니다. 정치권력을 향한 개별 정당들의 경쟁이 반드시 국가적 번영으로 이어지는 것은 아니라는 것이다. 상대적으로 더 좋은 상품이나 용역을 생산하고 제공하는 기업은 시장에서 궁극적으로 승리하면서 국가경제를 발전시키는 원동력으로 작동하지만, 국민들이라는 '정치적 소비자'의 마음을 끄는 정책이라는 '상품'의 제시를 통해 정권의 장악이라는 조직 목표를 달성한 정당의 성공이 국가적 차원에서는 오히려 쇠망의 징조일 수 있는 것이다. 제2차 세계대전 전 나치 독일의 경우나 최근 국가의 붕괴 혹은 내란 사태의 위험에 처해 있는 베네수엘라의 경우는 그것의 전형적인 예이다. 그것은 민주주의에 내재한 근본적인 문제이자 민주주의적 정당정치에 필연적으로 내재한 위험이기도 하다. 국민 다수의 선택이나 지지가 반드시 국가적 이익이 되는 것은 아니기 때문이다.

문제는 왜 국민들 스스로 국가적 재앙을 초래하거나 국가를 쇠락으로 이끄는 선택을 하게 되는가이다. 결국 정당정치의 문제는 단순히 정당이나 그들의 주요 활동공간인 국회나 '거리'에 국한된 문제가 아니며, 국민적 선택 및 그것과 필연적으로 연관된 국가적 번영이나 국가적 위기와 관련된 문제라는 점을 인식함이 중요하다. 오랜 역사적 과정을 통해 민주주의란 말에 밀착하게 된 인권이나 자유와 같은 이념이나 의회의 존재나 삼권분립과 같은 모든 제도적 요소들을 떠나, 민주주의란 말 그대로 '국민이 통치의 주체가 되는 국체'이기 때문이다. 그런데 그 간단한 정의는 지극히 복잡한 문제의 출발일 뿐이라는 사실 또한 중요하다. 국민이라는 통합적 집단의 진정한 실체가 무엇이고, 그 집단이 '진정한 의미에서' 통치의 주체가 된다는 것이 무엇인가는 바로 철학적 인성론 및 정치철학 전체와 관련된 문제이기 때문이다. 다음 3장에서는 간단하게나마 그러한 문제들에 대해 논의하면서, 대중영합주의 혹은 더 나아가 대중독재는 민주주의와 구분되는 타락한 정치행태가 아니라 민주주의에 보편적으로 내재하는 위험요소가 현실화되는 상태를 의미하며, 선거나 여론을 통해 통치에 영향력을 행사하는 다중이 진정한 의미에서의 국민, 즉 진정한 의미에서 '통치의 주체'가 되지 못할 때 언제나 민주주의의 이름으로 민주주의를 파괴하는 주체가 된다는 점이 설명될 것이다.

제 3 장
국가정체성의 위기, 대중영합주의, 민주주의의 위기

포퓰리즘(populism) 혹은 그 말의 번역어인 대중영합주의란 말이 한국 정치의 수사로 등장한 지 그런대로 꽤 시간이 지났다.[1] 그것은 대체로 김대중 정부의 등장과 더불어 건국 후 오랫동안 한국 정치를 주도했던 보수 세력이 권력의 객체가 되면서 집권당의 정책을 비판적으로 규정하기 위한 어휘로 사용되기 시작했으며, 그 사용 빈도 및 비판의 강도는 노무현 정권의 집권기간 동안 더욱 증가하고 높아진 것으로 파악된다. 그리고 이명박 정부에 들어서는 그 말이 여야의 구분 차원을 넘

---

* 원문은 「21세기 초반 한국 정치에서 파퓰리즘의 의미: 정치철학적 및 정치사상사적 탐색」, 『정치사상연구』 제18집 1호(2012), 9-31쪽.

1) 영어 'populism'은 '대중영합주의' 외에 '민중주의'로도 번역될 수 있다. 이 글에서는 대중영합주의를 번역어로 사용할 것이며, 문맥에 따라 포퓰리즘이란 외래어를 그대로 사용하거나 번역어인 대중영합주의를 사용할 것이다. 앞으로 이 글을 통해서 설명되겠지만, 그리스어 'demos'가 어원인 'democracy'란 말과 라틴어 'populus'가 어원인 'populism'이란 말의 의미는 적어도 어원 차원에서는 같다. 어원 면에서 동일한 의미를 갖는 두 말이 현대의 세계에서 다른 의미를 지닌다는 사실에 이 시대 정신사 이해의 요체가 있다.

어 집권당의 정책을 비판하기 위한 수사로 사용되기도 하였다. 이제 대중영합주의란 말은 서구 정치에서와 같이 한국 정치에서도 분명히 보수-진보의 정치적 편 가름을 넘어 공통적으로 추구되는 정치적 입장을 규정하는 언어가 되어가고 있는 것이다.2)

그런데 현실의 정치인들이란 일반적으로 스스로 사용하고 있는 정치적 수사나 언어들의 의미에 대한 깊은 탐구는 차치하고 그것들을 명확하게 규정하고 사용하는 언어습관이 체화된 인물들은 아니다. 그리고 포퓰리즘이란 말이나 대중영합주의란 말 자체의 의미가 실제로는 직관적인 느낌과는 달리 자명하지도 않다. 앞으로의 논의를 통해서 좀 더 구체적으로 설명되겠지만, 포퓰리즘이란 외래어 자체에도 필연적으로 도덕적 폄하나 가치 비하의 요소가 있는 것은 아니다.3) 일단 그 말은

---

2) 유럽 정치에서도 '우파 포퓰리즘(right-wing populism)'이란 말이 2000년대 들어 프랑스의 르 펜(Jean-Marie Le Pen)과 네덜란드의 리스트(Pim Fortuyn List) 등의 정치인들이 선거를 통해 부상하면서 자주 사용되기 시작했다. 독일의 '신나치주의자'나 오스트리아의 '자유당(FPÖ)' 등이 소수파로서 무시될 수 있는 세력이었던 반면, 그들의 부각은 지금까지 의회민주주의 체제 내에서 유지되어온 '보수-진보' 세력 사이의 균형을 통한 '합의의 틀(the consensual framework)' 자체를 무너뜨릴 수 있는 가능성이 그 체제 안에서 배태되고 있음을 의미한다. 이에 관해서는 Mouffe(2005) 참조. 그런데 무페가 간과한 점이 있다. 현재 금융위기를 겪고 있는 그리스, 스페인, 이탈리아 등의 경우가 보여주듯이, 유럽에서 의회민주주의 체제의 운영 자체가 포퓰리즘으로 변질될 수 있으며, 그러한 '왜소한' 포퓰리즘이 파시즘과 같은 '거대한' 포퓰리즘 등장을 정당화하는 구실이 될 수 있다는 사실이 그것이다. 이 문제는 이 글을 맺는 부분에서 다시 언급될 것이다.

3) 한 국가의 정치문화의 성격에 따라 포퓰리즘이란 말 자체가 긍정적인 의미를 가질 수도 있다. 실제로 이성형은 라틴아메리카에서 포퓰리즘이 그리 경멸적인 용어가 아니라고 강조한다. 그것이 정치적 통합이나 민족주의 정체성을 발전시키는 순기능을 수행했기 때문이라는 것이다. 이에 관해서는 서병훈(2008, 33) 참조. 포퓰리즘의 핵심적 요소로서 '그들'과 '우리'의 대비법에 대한 소개 및 기존의 포퓰리즘 연구와 관련된 쟁점들을 간략하게 정리한 논문으로는 Panizza(2005) 참조.

대체로 의회나 기존의 언론기관 등 제도화된 정치과정을 벗어나 국가 구성원 다수의 비합리적인 정서 또는 일시적 감정에의 직접적인 호소 — 합리적 판단이나 법적 규범 또는 전통적인 가치에 대한 호소가 아니라— 및 그에 다른 대중운동의 조직화에 의한 정권장악이나 정책결정을 의미한다. 또한 한 국가에서 다수란 일반적으로 소수의 권력자들이나 지배자들 또는 기득권자들과 대비되는 사람들에 대한 총칭이므로, 대중영합주의는 소수의 '그들'과 구분된 다수의 '우리' 민중을 통치의 주체로 부각시키고 그들을 위한 정책의 추구를 지칭하는 말이기도 하다. 그리고 포퓰리즘이라는 외래어의 그러한 일상적인 의미는 민주주의와 대중영합주의 사이의 관계가 무엇인지의 문제를 제기한다.

물론 대중영합주의와 민주주의는 분명히 다른 말이다. 그리고 한 언어에서 각기 다른 어휘(언어학 용어로 기표, signifiant)는 각각 다른 의미(기의, signifié)를 가질 때 — 그 의미의 다름이 지극히 지엽적이거나 사소할지라도 — 혼란스러운 언어가 되지 않는다면, 현재 한국인들이 사용하는 위의 두 다른 어휘도 다른 의미를 가져야 한다는 언어학적 당위성도 있을 것이다. 문제는 과연 어떻게 구분되어야 하고, 지식인들을 포함하여 한국인들의 언어생활은 그것을 과연 제대로 구분하고 있으며, 그러한 구분이 현재의 한국인들이 국가생활을 포함한 스스로의 공동체적 삶 및 정신생활을 제대로 이해하면서 새롭게 발전시키는 역할을 하고 있는지 여부에 있다. 여기서 일단 포퓰리즘과 민주주의의 관계의 문제를 접할 때 즉각적으로 제기될 수 있는 의문에서부터 논의를 시작할 필요가 있다.

민주주의를 표방하는 국가에서는 일반적으로 '민' 또는 '국민'이 통치의 주체임이 헌법으로 규정되어 있다. 따라서 소수의 권력층이나 지배층의 인사들이 자신들만을 위한다거나 소수의 특권층만을 위하는 정책을 추구한다고 공개적으로 선언하는 경우는 민주주의 체제의 이념적 구조상 실제로 발생할 수 없다. 반대로 대중영합주의의 표현이라고 비난의 대상이 되는 정책을 추구하는 정당이나 고위 공무원들이 스스로의 행위를 대중영합주의라고 규정하는 경우도 대체로 없다. 그러한 정책들은 바로 국가와 국민을 위한다거나 또는 인권, 평등, 복지 등 보편적인 이념의 이름으로 정당화함이 상례인 것이다. 그렇기 때문에 민주주의와 대중영합주의의 구분은 직관적인 느낌과는 달리 그리 명확하지 않다. 그것은 곧 현재 한국 정치를 지배하는 대표적인 정치적 수사의 의미가 불분명함을 의미한다. 아울러 그것은 한국인의 언어 관념이 혼란스럽다는 징표가 될 수도 있으며, 대중영합주의로 표상되는 정치적 행위나 정책의 핵심적 목표나 의도가 무엇인지 불분명하게 만드는 정치적 혼란을 의미할 수도 있다. 오직 확실한 점은 현재의 한국인들의 언어습관에서 대체로 민주주의는 '좋은 것'이고 대중영합주의는 '나쁜 것'으로 받아들여지고 있다는 사실뿐이다. 그런데 바로 그러한 사실에서 대중영합주의에 대한 논의는 시작되어야 한다.

현대에 출현한 다양한 언어철학의 흐름들이 대체로 수렴되는 결론은 다음과 같이 정리될 수 있을 것이다.4) 언어란 고정된 의미를 가지면서 단순히 특정 사물이나 현상에 각각 상응하는 기호나 소리가 아니며, 언어 사용의 주체인 인간들의 일상적인 삶을 통해서 끊임없이 생성되고 변화하는 하나의 '행위'이며, 이에 따라 그러한 언어행위가 발생하는 역사 및 정신사적 맥락이나 구조를 떠나서 한 어휘의 — 감각적인 사물이나 행위를 지칭하는 단어든, 고도의 추상적인 학술적 개념이나 형이상학적 이념이든 — 진정한 의미는 이해할 수 없다는 것이다. 언어의 본질이 그러할진대, 언제나 정략적 목적에 따른 복선이 깔려 있고 정치적 유불리의 상황에 따라 '자유자재로' 그 의미를 '적절히' 변형, 윤색

---

4) 대표적으로 Wittgenstein(1953), Austin(1962), Foucault(2002), Gadamer (1982) 등 참조. 방대하고 복잡한 설명을 필요로 하지만, 소위 '언어게임(Sprachspiel)'이나 '발화행위(speech act)' 또는 '담론(discourse)' 등의 개념을 통해 개진된 주장들이 그것이다.

또는 왜곡시키기가 다반사인 현실정치에서 통용되는 언어나 정치적 수사는 바로 그와 같은 언어행위를 낳게 한 역사 및 정신사적 상황을 파악하지 않고 그 의미를 제대로 이해할 수는 없다. 이 점은 민주주의나 민주화란 말과 더불어 대중영합주의란 말도 물론 예외가 아니다.5) 현재 한국인의 언어습관에서 대중영합주의가 '나쁜 것'으로 인지되고 있다면 어떤 의미에서 왜 그러한지에 대한 탐구가 이루어져야 하며, 그러한 탐구란 바로 이 시대 한국인들의 정신세계와 한국 정치의 실상, 특히 어떠한 역사 및 정신사적 배경과 맥락 속에서 어떠한 성격의 권력다툼이 정치인들 사이에 벌어지고 있는지의 문제를 중심으로 추구되어야 하는 것이다.

대중영합주의 문제에 그와 같이 접근할 경우, 논의의 출발점은 한국에서 대중영합주의란 한국의 학계가 스스로 창안한 용어는 아니라 외래의 학술 용어로서 외국 학계가 창안한 개념이 수입되어 사용되고 있다는 사실이다. 상품을 수입할 경우 수입품 자체가 불량품은 아닌지 여부나 그것이 원래의 용도에 맞게 제대로 사용되고 있는지 여부를 제대로 알려면 그 수입품의 생산과정을 먼저 파악하여야 하고, 외래의 생물이 유입되어 토착화되는 과정에서 발생한 종(種) 차원의 변화를 이해하려면 원래의 종이 무엇인지부터 제대로 파악하여야 하는 것이다. 포퓰리즘이란 외래 학술 용어의 기원, 특히 그것이 최초로 출현할 당시 어떠한 정치적 행위나 태도 또는 정책이나 이념을 지칭하거나 분석하는 용어로 사용되기 시작했는지 그 연구의 역사를 개관할 필요는 그 점에서 찾아진다. 그러한 개관은 필연적으로 그 용어의 어원인 'populus'란 말에 함축된 정치사 및 정치사상사적 의미에 대해 설명할 필요성을 제기하는데, 그러한 개관과 설명이 각각 다음 1절과 2절을 구성한다. 그러한 논의를 근거로 한국 정치에서 대중영합주의를 극복할 방안도 모

---

5) 한국 정치에서 민주화의 개념적 의미에 대해서는 지은이도 나름대로 자세하게 검토한 바 있다. 양승태(2007), 특히 3-4장 참조.

색될 수 있으며, 그러한 모색이 이 글을 맺는말이 될 것이다.

1.

'populism'이란 영어 단어가 기록된 최초의 문헌은 영국 출신 역사학 교수인 골드윈 스미스(Goldwin Smith, 1823-1910)가 1893년 *19th Century*라는 잡지 7월호에 기고한 글이라고 하며, 그 말은 다음의 문장에 등장한다.[6] "The politicians have been compelled in some degree to pander to populism." 그런데 'populism'이라는 말의 등장 이전에 1891년 미국에서 결성되어 짧은 기간 존속했던 '인민당(People's Party)'을 지칭하는 말로서 'populist'라는 말이 사용되었음을 1892년에 출간된 문헌을 통해 확인할 수 있으므로,[7] 스미스는 그 말을 단지

---

6) 이하 어원에 관한 논의는 *Oxford English Dictionary* 및 *Oxford Latin Dictionary* 참조.

7) *Oxford English Dictionary*에는 이 말이 1892년 발간된 *Dispatch*란 잡지에 최초로 등장한 것으로 기술되어 있다. 미국 정치사 및 정신사 연구 차원에서는 별도의 세밀한 검토를 필요로 하지만, 이 글의 논지를 설명하는 데 참고가 되므로 여기서 1892년 네브래스카(Nebraska) 주 오마하(Omaha)에서 개최되었던 인민당의 창당선언문 가운데 일부를 소개할 필요가 있다. "현재 미국은 도덕적, 정치적, 경제적으로 파탄 상태에 직면해 있다. 선거는 부패했고, 도덕은 땅에 떨어졌다. 수백만 인민이 땀 흘려 거둔 수확을 극소수 부자가 챙겨가고 있다. 도시 노동자들은 자기 보호를 위한 권리를 박탈당했다. 우리 포퓰리스트들은 민주주의의 뿌리를 재건함으로써 미국의 원래 모습을 되찾을 것이다. … 우리는 미국 헌법이 지향하는 정신과 동일한 목표를 추구한다."(서병훈 2008, 53-54에서 재인용) 이 선언문에서 주목할 점은 19세기 미국의 포퓰리즘도 민주주의의 '진정한 복원'을 내세웠다는 사실이다. 그와 같은 주장이 제기되고 짧은 기간이나마 상당수 미국 국민들의 호응과 주목을 받게 된 이유는 남북전쟁 이후 전개된 정치사회적 상황과 관련 있다. 즉, 그것은 남부와 북부의 백인 지배층 사이의 대립이 남북전쟁이라는 폭력수단에 의거해 점차 완화되기 시작하면서 이제는 산업자본가 및 대토지 소유주라는 지배계층과 소규모 농장주 및 산업

'ism'의 형태로 변형시킨 것으로 추정할 수도 있다. 기고된 글 전체를 접할 수 없기 때문에 속단할 수는 없으나, 그 문장은 플라톤이 『국가』 제6권에서(492d-493e) 당시 아테네의 민주정체에서 정치인들이나 지식인 또는 교육자들이 보여주는 행태들을 비판하는 내용을 연상시킨다. 즉 민주정의 대중들(hoi polloi)을 거대하고(megalos) 막강한(ischyros) 짐승들(thremmatos)에 비유하면서, 당대의 정치인들이나 소피스트 등의 교육자 또는 지식인들이 그러한 대중들의 욕구에 추종하고 그들을 즐겁게 하는 것이 좋은 것이고 그들을 짜증나게 하는 것이 나쁜 것이라고 부르는 등의 아첨(kolakeia)을 하고 있다는 비판이 그것이다. 스미스의 문장에서도 포퓰리즘이란 그러한 대중의 존재를 추상화된 이념의 형태로 치환한 것이라고 할 수 있다. 플라톤 식의 '과격한' 비유는 아니라도, 스미스 또한 포퓰리즘이란 말로서 대중민주주의가 본격적으로 시작되는 19세기 말 서구 정치사의 상황에서 당대의 정치인들이란 구조적으로 그들의 권력이나 지위를 결정하는 일반 대중의 욕구에 '아부할 수밖에 없는' 상황을 표현한 것으로 추정할 수 있는 것이다. 그런데 당시의 역사 및 정치적 상황의 실체에 대한 스미스 자신의 이해 내용이 무엇인지의 문제를 떠나서, 현대사에서 포퓰리즘의 의미를 파악하기 위해 좀 더 깊이 의미를 검토할 필요가 있는 말이 위의 인용문에 있는 '아첨하다(pander)'이다.

아첨이란 말은 물론 칭송이나 찬양 또는 충고라는 말과는 의미가 다르다. 그 단어는 대체로 대상이 되는 개인이나 집단의 진정한 인격적 위상이나 능력 또는 특정 행적의 실상과는 배치되게 왜곡 또는 과장하거나 윤색하는 경우를 지칭한다. 그런데 어떤 언사가 아첨과 칭송으로

근로자라는 피지배계층 사이의 대립으로 변화하는 정치사회적 전환과정의 한 표현인 것이다. 인민당 결성의 직접적 계기는 농산물의 운송을 독점한 철도회사의 횡포였음은 잘 알려져 있다. 인민당 등장과 관련된 사회적 배경에 대한 서술로는 안윤모(2006), 특히 2-3장 및 McMath, Jr.(1992) 참조.

자동적으로 구분되는 것은 아니라는 사실이 중요하다. 그것은 바로 그 언사의 대상이 되는 개인이나 집단이라는 존재 및 능력의 실체를 진정으로 반영하는지 여부, 또는 그러한 개인이나 집단이 수행한 행위의 실제적 의미가 무엇이냐에 따라 결정되는 것이다. 실제로 현대 정치사의 맥락에서 대중영합주의란 말의 의미도 한 국가의 특정 시점에서 다수를 차지하는 사람들의 집단적 성격이나 인격적 위상 또는 정치사회적 직능이 무엇이고, 그것을 현실정치인들이나 — 대중운동가나 혁명가를 포함하여 — 지식인들이 어떻게 파악하고 있느냐에 따라 달라짐을 알수 있다. 이 점을 설명하기 위해서는 포퓰리즘에 관한 현대 정치학의 논의들을 개관할 필요가 있다.

현대 정치학에서 대중영합주의가 본격적으로 논의되기 시작한 것은 1970년대 초반부터이다.8) 위에서 언급된 바와 같이 이미 19세기 말에 포퓰리즘이란 말 및 운동이 등장했는데도 불구하고 그것이 오랜 시간이 지나 학문적인 관심사로 떠오른 이유, 즉 그와 같은 학문적 공백 기간의 지성사적 의미를 체계적으로 밝히기 위해서는 별도의 방대한 연구가 필요하지만, 여기서도 다음 두 가지 기본적 이유를 추정 차원에서라도 제시할 필요가 있을 것 같다. 하나는 20세기 정치사의 근본 흐름과 연관된다. 20세기 정치사의 대부분은 '자본주의 대 사회주의'의 대립구도 속에서 국제정치적으로는 소위 냉전체제가 지속되었다. 따라서 양 진영에 속하지 않아 정치적 중요성이 부각되지도 않은 대중영합주의는 주로 현실정치의 이슈들이 주요 관심사인 많은 정치학자들의 연구 시야에서 벗어나 있었다는 것이다. 그러한 지적 상황에서 1970년대 초반 대중영합주의에 대한 연구가 본격적으로 시작된 것이다. 왜 그러한 상황이 전개되었는지 그것의 정치사 및 지성사적 배경에 대해서는 다음과 같은 추정이 가능하다.

---

8) 현대 정치학에서 포퓰리즘 연구에 대한 간략한 소개로는 서병훈(2008, 16-19) 참조.

1970년대 초반의 시기에는 학계에서나 대중매체에서 일반적으로 대중영합주의의 원조 격으로 간주되는 아르헨티나의 페론(Juan Perón, 1895-1974)이 오랜 기간 스페인 등에서의 망명생활을 마치고 1973년 아르헨티나의 대통령으로 화려하게 복귀한 정치적 상황이 전개되었다. 그리고 그 시기는 미국을 비롯한 당시 서구의 국가들에서도 대중들의 직접적인 정치참여운동이 활발해지는 시기였다는 점이 중요하다. 즉 종전까지 서구의 민주주의 국가들에서 다수의 국민들은 생업에 전념하는 가운데 근대 민주주의 제도가 부여하는 시민적 자유를 소극적으로 향유하는 수준에 그치면서 영향력 있는 또는 나름대로 신뢰할 만한 대중매체들에 의한 여론형성의 주도에 순응하거나 선거를 통한 정권교체에 만족하는 수준에서 정치참여가 이루어졌다고 볼 수 있다. 이에 비해 1960년대부터 본격화되기 시작한 미국의 흑인민권운동이나 월남전 반대 운동을 포함하여 유럽에서 소위 '68 혁명'으로 규정되는 학생들의 주도에 의한 반체제 운동의 확산은 대중들이 가두투쟁이나 시민단체의 결성 또는 시민단체가 주도하는 정치 및 사회 운동에 가담하는 방식의 정치참여가 1970년대에 들어서는 일상화되고 제도화되었다는 것을 보여준다.9) 특히 월남전 반대 운동은 — 월남전 자체의 정당성 문제나 반대 운동의 정책적 및 이념적 타당성 문제를 떠나 — 미국 역사에서 대중운동이 대외 전쟁의 효율적 수행에 결정적인 장애 요인으로 등장하거나 정책 당국의 의지와 다르게 전쟁을 종식시키는 데 결정적인 역할을 수행한 예라고 할 것이며, 이에 따라 정치학자를 포함하여 지식인들 일반에게 종전의 '애국' 전쟁들과는 구분되는 미국 역사상 획기적인 사

---

9) 미국 정치학에서 맥퍼슨(C. B. Macpherson)과 피트킨(Hannah Pitkin)으로 대표되는 참여민주주의론이 학문적 '유행'을 타는 시기도 그러한 정치사적 흐름과 일치한다. 노무현 정권이 스스로의 정체성을 표현하는 모토로 내세운 '참여정부'는 서구 국가의 그러한 경향이 30여 년의 시차를 두고 모방 및 재현된 것으로 볼 수 있다. 이에 대해서는 양승태(2007), 특히 2장 참조.

건으로 각인되었던 것이다.

그러한 시기에 의회나 기존의 언론기관 등 제도화된 정치과정이나 소통과정을 벗어나 대중들에 대한 직접적인 정서적 호소 또는 대중운동의 조직화에 의한 정권장악 및 정책결정 방식의 원조 격인 페론의 권좌복귀에서 당시의 정치학자들은 새롭게 전개되는 서구 정치의 원형을 발견했을 가능성이 크다. 이에 따라 19세기 후반 미국 정치에서 등장했던 포퓰리즘 및 포퓰리스트란 말이 20세기 후반의 정치현상을 설명하는 학술 용어로 부활하게 되었으며, 일단 그러한 개념적 시각에 기초하여 정치사를 돌이켜볼 때 19세기 말 미국의 '인민당'보다 앞서 1860년 및 1970년대 러시아의 나로드니키 운동(Narodnichestvo)에서 그 역사적 기원을 찾을 수도 있었던 것이다.10)

그와 같은 지성사적 설명의 타당성 여부를 떠나 여기서 강조되어야 할 점이 있다. 대중들의 조직화나 그들에 대한 직접적인 호소를 통해 정치사회적 변화를 추구했던 모든 운동들, 예를 들어 19세기 러시아의 나로드니키 운동가들, 19세기 미국의 인민당 지도자들, 페론과 그의 추종자들, 1960-70년대 서구의 학생운동가들, 이들보다 순화되고 점진적인 형태의 개혁을 추구한 1980년대 이후의 시민운동가들, 그리고 한국에서 1980년대의 '민중민주주의' 운동가들이나 노무현 정권의 '참여정부' 인사 등등, 그들 모두가 스스로를 민주주의와는 구분되면서 가치비

---

10) 러시아어로는 'Narodnichestvo'이다. 일반적으로 '인민 속으로'를 의미하는 '브나로드 운동'으로 더 많이 알려져 있다. 이 러시아어는 영어 people이나 독일어 Volk에 해당한 러시아어 narod에서 파생한 말로서 말 그대로는 'Peopleism'으로 번역될 수도 있으나, 그 번역어가 영어의 어감으로 어색하여 populism이란 말이 일반적인 번역어로 사용된 것으로 보인다. 현대 정치학의 포퓰리즘 연구가들은 러시아의 그 운동을 포퓰리즘의 출발로 간주하는 데 대체로 합의를 이룬 것으로 보인다. 이에 관해서는 Taggart(2000, 48) 참조. 앞으로 설명되겠지만 문제는 그러한 '학문적 합의'가 바로 학문적으로 그리 큰 의미가 없다는 점이다.

하의 의미를 갖는 포퓰리스트로 규정한 경우는 없다는 점이다. 그 기본적인 이유는 민주주의가 하나의 정치체제가 아니라 이상적인 정치체제와 동일시되는 현대의 정신적 상황에서 찾을 수 있을 것이다. 어쨌든 대중영합주의로 규정되는 모든 운동들이 대중영합주의를 공식적인 이념으로 표방한 경우는 거의 없다는 사실이 중요하다.

러시아의 나로드니키 운동가들이나 미국의 인민당 지도자들의 행동이나 정책은 모두 순박하지만 무력한 다수의 농민들이나 근로자들을 착취로부터 해방시키거나 지배층의 횡포로부터 보호한다는 나름대로의 인간애나 정의감 속에서 추구되었던 것이며, 페론의 정책은 포퓰리즘이나 페론이즘의 이름으로서가 아니라 '사회정의(Justicialista)'의 이름으로 추구된 것이다.11) 또한 1960-70년대 서구의 학생운동은 원색적인 계급투쟁의 차원을 넘어 부패하고 위선적이고 인간들을 소외시키는 자본주의 질서의 타도나 수정을 통해서 진정한 인간해방을 실현한다는 나름대로 새롭게 해석한 마르크스주의의 이상을 표방한 것이며, 1980년대 이후의 시민운동은 자유로운 담론문화의 실현을 통해 억압적이고 관료체제로 경직된 국가권력을 견제하면서 사회적 정의의 실현을 담보한다는 나름대로의 도덕적 이상의 표명이었다. 1980년대 한국의 민중민주주의는 부패하지 않으면서 억압받고 소외된 노동자, 농민, 여성 등소위 민중이 통치의 주체가 되어야 한다는 — 그 당위성의 근거에 대해서 민중민주주의자들이 체계적인 설명을 제시한 것 같지는 않다 — 나름대로의 민주정치의 주체에 대한 해석의 결과이며, 노무현 정권의 참여민주주의도 다수 국민의 '올바른' 소리를 국정에 반영하고 국민의 적극적인 정치참여를 통해 민주화를 완성시킨다는 나름대로의 이념적 기획의 표현인 것이다.

---

11) 그의 정당 명칭인 'Partido Justicialista(사회정의당. 현재의 아르헨티나 집권당의 명칭이기도 하다)'에서 유추할 수 있다. 'Justicialista'는 스페인어 'justicia social(social justice)'의 축약어이다.

1990년대 들어서는 서구 국가에서 집권한 진보정당의 정책으로 새롭게 형성된 노조나 지방권력 등 '기득권' 층의 이익에 도전하는 보수주의 정당들의 정책 및 보수주의 정치인들이 대중매체를 동원하여 대 국민 설득에 나서는 태도에 대해서 진보 진영의 정치인들이나 시민단체들이 '신자유주의적 포퓰리즘'이란 용어로 공격하는 상황도 전개되고, 그러한 상황은 한국에도 전이되어 앞에서 언급한 바와 같이 현재의 이명박 정부의 정책에 대해서 '우파 포퓰리즘'이라는 비판이 제기되기도 한 것이다. 물론 그러한 '보수주의적 대중영합주의'의 정책들 또한 대중영합주의의 이름으로서가 아니라 자유나 복지의 이념 또는 국가이익의 명분으로 추구되었던 것이다.

대중영합주의란 말의 사용과 관련된 그와 같은 개념적 혼란 상황을 고려할 때 대중영합주의를 연구한 서구의 정치학자들이 대체로 도달한 결론은 충분히 이해될 수 있다. 즉, 대중영합주의란 용어에는 상충되는 수많은 다른 의미들이 하나의 말에 포괄되어 있어서 그것을 하나의 학술적인 개념으로 사용하기에는 근본적으로 애매하고 모순된다는 것이며, 이에 따라 대중영합주의가 무엇인지 보편적인 정의를 내림은 물론이고 일반화된 묘사도 어렵다는 것이다.[12] 다시 말해서 — 진지한 사회과학 연구자들이라면 자주 체험하듯이 — 대중영합주의란 현상을 처음 접했을 때는 직관적으로 그 연구 대상의 실체가 자명하고 그 구체적인 성격이 분명한 것 같았지만, 막상 세밀하게 연구하면서 그 실체를 깊이 검토하다 보니 무엇을 연구했는지 모르게 되고 연구 대상 자체가 실종되는 상황에 직면한 것이다.

다른 경우에도 그러하지만 대중영합주의 연구와 관련된 그와 같은 학문적 궁경을 벗어나기 위한 유일하고 효율적인 방법은 다시 근본으로 돌아가는 것이다. 이미 오래전에 베이컨(Francis Bacon, 1561-1626)

---

12) 이에 관해서 간단한 정리로는 서병훈(2008, 17-18), Panizza(2005, 1-2) 참조.

이 "시장의 우상(idola fori)"이란 개념으로 갈파했듯이, 하나의 언어로 표상되는 고정된 의미의 체계는 이 세계에 대한 고정관념을 낳으면서 그것에 대한 자유로운 이해를 방해할 수 있으며, 특정한 어휘의 의미에 대한 고착된 이해나 선입견은 바로 사회과학의 이름으로 그 언어로 표현되는 대상이나 현상의 실체를 왜곡시킬 수 있는 것이다. 대중영합주의를 포함하여 모든 학문 용어에는 실제로 '시장의 우상'의 위험이 상존한다. 따라서 그러한 우상화의 위험을 벗어나기 위해서는 대중영합주의라는 용어나 개념 이전에 그 용어의 기원인 포퓰리즘이라는 말 자체로 돌아갈 필요가 있다는 것이다. 즉, 그 용어의 핵심인 'populus'란 말 자체의 원초적 의미가 무엇이고, 공간적 및 시간적 전파과정, 즉 다른 사회문화적 경계를 넘고 역사적 변화라는 시대적 경계를 넘는 과정을 통해서 어떠한 의미의 변용을 보여주었으며, 그러한 의미의 변용 속에서도 불변의 영속적인 요소가 있다면 무엇인지 설명할 필요가 있는 것이다. 그것은 곧 'populus'란 말에 함축된 정치사 및 정치사상사적 의미에 대한 탐구를 의미한다. 이 시대 한국 정치에 있어 대중영합주의의 의미도 그러한 노력을 통해서 밝혀지게 된다.

2.

영어 'populism'은 'popul-'이란 어간에서 파생한 수많은 어휘들 가운데 하나이며, 이 어간의 원천은 라틴어 'populus'이다. 이 라틴어는 기본적으로 집합적인 인간들에 대한 통칭으로서 '사람들' — 'homo'나 'vir'와 구분된 — 을 의미하며, 문맥에 따라 '인민(people)'이나 '민중' 또는 '공중(general public)' 등으로 번역될 수 있다. 그것은 한편으로 마을, 도시, 국가, 제국 등 한 공동체를 구성하는 '사람들' 전체를 지칭하며, 다른 한편으로는 그 구성원들 중에서 소수 엘리트들이나 지배층 인사들을 제외한 얼굴 없는 다수의 나머지 사람들을 지칭하는 말이다.

그 '사람들'의 정치사회적 성격은 물론 역사 및 문화적 배경에 따라 무한한 변용이 가능하며, 따라서 우리말의 인민이나 공중 등과 같이 이 포풀루스란 말도 결코 고정된 의미나 개념 내용을 갖는 것은 아니다.13) 한 공동체의 공간적 경계 내에서 사는 같은 사람들이라도 그들 각각이 인종, 종교, 직능, 신분 등이 무엇이냐에 따라 특정 집단의 인간들은 그 구성원의 자격을 박탈당할 수 있는 것이다.

물활론(animism)의 신앙이나 신인동형론(anthropomorphism)의 종교가 지배하는 사회에서는 특정 인간 집단들은 배제되어도 특정 동물이나 신들은 그 구성원 집단에 포함될 수 있다. 포괄과 배제의 기준이 무엇이냐에 따라 그 공동체의 구성원이 달라지며, 그 기준은 한 국가 또는 한 시대를 지배하는 세계관이나 인간관 또는 지배구조나 사회체제의 성격에 따라 달라지고 시대에 따라 그 의미가 변화할 수 있는 것이다. 예를 들어 서양 고대 세계에서 정치참여의 범위가 최대로 확대되었던 아테네의 민주정체나 계층에 따라 제한되었던 로마의 공화정의 경우에서도 미성년과 외국인 그리고 여성과 노예를 제외시키는 것이 당연시되었다. 반면에 중세의 기독교적 보편주의는 적어도 이념적으로는 — 물론 실제적으로는 기독교도라는 포괄적이면서도 배타적인 기준과

---

13) 로마 시대에 'populus'란 말은 한편으로는 로마 제국에 속한 인민 전체를 지칭하기도 하지만, 경우에 따라 여성이나 노예 또는 하층민(plebs)등 통치행위에 참여하지 않는 구성원들을 제외한 시민집단을 지칭하기도 한다. 'plebs'란 말은 그리스어에서 '평민(commoner)'을 의미하는 'plēthos'(이 말 자체는 'majority' 즉 상대적 다수를 의미하며, 지배체제의 일반적 속성상 평민들이란 수적으로 많다는 사실에서 유래했을 것이다)에서 유래했다고 한다. 앞으로 설명되겠지만, 그리스어에서 'dēmos'와 'plēthos'의 관계는 라틴어에서 'populus'와 'plebs'의 관계와 유사하다고 할 것이며, 라틴어 및 영어와 마찬가지로 그리스어에서도 'plēthos'와 유사한 말로 '군중(vulgus, crowd)' 또는 '폭민(turba, mob)'에 해당하는 'ochlos', '대중(multitudo, multitude)'에 해당하는 'hoi polloi' 등의 어휘가 있다. 비슷하면서도 각각 다른 어휘들의 존재는 국가생활에서 다수를 차지하는 인간의 일반적 성격이 언어적 표상으로 나타난 결과라고 할 것이다.

더불어 지배체제의 운영에 있어서는 엄격한 신분제적 위계질서를 토대로 — 그러한 구분을 넘어 말 그대로 보편적인 인류 공동체 이상의 실현을 목표로 제시한 바 있다. 그러한 기독교적 보편주의의 이념적 기초를 제공했던 고대 스토아철학의 근대적 변용이라고 할 수 있는 서구 계몽주의를 통해 전파된 만민평등의 이념을 바탕으로 성립된 현대 민주주의 체제에서도 실제적으로는 다양한 형태의 법이나 관습을 토대로 차별성의 기준을 유지하고 있는 것이다.[14]

결국 포풀루스란 말(기표) 자체가 본원적인 중요성을 갖는 것은 아니다. 각 정치 공동체를 구성하는 '사람들'의 성격이 무엇이고, 그것은 정치체제의 변화를 포함하여 어떠한 역사 및 정신사적 변화를 통해 형성되어 현재의 모습으로 나타났는지 파악되어야 하는 것이다. 이 점은 고대 로마에서 포풀루스로 불리거나 고대 그리스에서 '데모스(dēmos)'로 불리는 인간 집단의 경우는 물론이고, 동양에서 서양의 정치학 용어가 소개되기 이전의 언어들인 '백성', '민초' 등의 이름으로 지칭되는 피지배 집단의 경우에도 해당된다. 그러한 말들은 소속된 언어만 다를 뿐 근본적으로 동일한 의미 세계를 공유한 말들이다. 그것들은 모두 한 국가 구성원 전체 또는 소수의 권력 또는 지배 집단을 구성하는 사람들을 제외한 다수의 사람들을 지칭하는 말들인 것이다. 따라서 현재는 'democracy = 민주주의'의 번역 등식이 당연한 것으로 간주되고 있지만, 오직 의미의 세계만을 기초로 조어를 한다면 영어로 'democracy'

---

14) 프랑스 혁명 초기 시민들을 일정 금액 이상의 세금 납부 여부에 따라 '능동적 시민(citoyen actif)'과 '수동적 시민(citoyen passif)'으로 분류한 것은 그러한 관념의 대표적 예다. 그런데 동일한 국가의 구성원이라도 그 자질이나 기능 면에서 다를 수 있으며, 그 다름에 따라 통치에의 참여 여부나 직능이 달라야 한다는 생각은 플라톤이나 아리스토텔레스의 정치사상에서 기원하는 오래된 관념이다. 동양 정치사상에서 '군자-소인'의 구분도 그러한 관념의 다른 표현이라고 할 것이다. 서양 정치사상사에서 시민권 이론에 대한 간략한 서술로는 Beiner(1968), 그 가운데 특히 Pocock의 논문 참조.

대신에 'populocracy'란 말이 — 비록 어원이 다른 두 말의 결합이지만 — 사용되지 못할 이유는 없으며, '민중주의'와 함께 '백성주의'나 '민초주의'라는 용어가 사용되지 못할 이유도 전혀 없는 것이다.15) 그리고 본디 '주의'란 의미가 없는 'democracy'란 말이 민주'주의'로 번역되어 사용되고 있다는 사실을 참작할 경우, 'populocracy'란 말 또한 'populism'이란 말로 치환될 수 있으므로, '포퓰리즘 = 민주주의'의 등식도 성립할 수 있는 것이다.

따라서 말 자체로는 포퓰리즘이 민주주의와 구분될 이유는 전혀 없다. 중요한 점은 어떠한 역사 및 정신사적 변화 때문에 국가 공동체의 구성원 전체 또는 피지배층을 지칭하는 말이나 그들이 통치의 주체로 등장하는 정치체제가 가치비하의 의미를 갖게 되었는지 그 변화의 실체를 밝혀야 한다는 것이다. 여기서 데모스의 경우가 검토의 대상으로 등장할 필요가 있다. 문제의 근원적인 해결은 언제나 그 기원으로 돌아가는 데서 시작되어야 하기 때문이다.

데모스는 잘 알려져 있듯이 민주주의라는 말의 어원을 구성하고, 데모스의 지배를 의미하는 고대 아테네의 민주주의는 현대 민주주의의 역사적 원형으로 간주된다. 그리고 이 말의 의미 및 그것으로 지칭되는 집단의 정치사회적 성격의 역사적 변화 과정 또한 로마 공화정에서 포풀루스의 정치적 역할을 통해 재현됨을 발견하게 된다. 무엇보다도 중요한 것은 그것이 인간성과 국가생활의 관계가 무엇인가 문제의 해명에 실마리를 제공해 줄 뿐만 아니라, 바로 포퓰리즘과 민주주의의 관계의 본질이 무엇인지 밝혀준다는 점이다. 방대한 역사적 그리고 정신사 및 정치사상사적 논의와 설명을 필요로 하지만, 이 글의 한정된 목적에 맞추어 데모스의 의미 변화와 관련된 서양 고대의 관련된 사실(史實)들

15) 참고로 부연하자면, 'democracy'는 민주주의 대신에 '민중주의', '인민주의', 또는 서세동점기의 일본이나 한국에서와 같이 '공민주의'나 '합중주의'로도 번역될 수 있는 것이다.

을 간단히 정리하면 다음과 같다.16)

　호메로스의 작품에서도 등장하는 '데모스'란 말은 본디 통치의 중심지 혹은 성채를 뜻하는 'polis'와 구분되어 농경 중심의 시골지역을 지칭하며, 그와 같은 지역의 명칭이 점차 그곳에 사는 사람들인 '시골사람'도 함께 지칭하게 되었다. 그러한 시골사람은 성채 안에서 통치행위에 적극적으로 참여하는 '시민(politēs)'과 대비되며, 아테네의 민주화란 그 시골사람들을 전통적으로 귀족의 권한이자 의무였던 시민계층으로 포섭하는 과정, 즉 평민들에게 귀족과 동등한 권리를 갖고 통치에 참여하는 기회 및 권한을 확대하는 과정을 의미하는 것이다. 그러한 과정이 아테네 정치사에서 솔론-클레이스테네스-페리클레스로 이어지는 정치개혁에 해당하며, 그 개혁의 목표는 '시민 = 시골사람 = 정치인' 등식의 성립과정, 다시 말해서 여성과 노예와 외국인과 미성년을 제외한 도시국가의 구성원 모두가 시민집단(politeuma)으로서 통치에 참여하는 직접민주주의의 확대 및 심화 과정에 있는 것이다. 그런데 인류의 정치사에서 언제나 그러하듯이 — 경제사회적 배경의 차이에 기인한 시간적 여유나 여가의 차이 및 지적 능력이나 정신적 성향의 차이에 따라 — 직접민주주의가 최고조에 달한 페리클레스 시대에도 정책이나 법안을 심의하는 심의기관(boulē)이나 최종적으로 결정하는 민회(ekklēsia) 또는 재판정(hēliaia)에서 집단적 담론이나 토의를 능동적으로 주도하는 사람과 타인의 논의에 수동적으로 부화뇌동하는 사람은 구분되기 마련이었다.

　따라서 직접민주주의라는 제도적인 외양 속에서도 업무수행 능력이나 연설 및 토의 능력의 차이에 따라 시민집단 내부에 소수와 다수의 분화는 일어나기 마련이다. 즉, 국가정책의 결정과정에 직접적, 능동적

---

16) 이하 'demos'란 말의 의미 변화와 연관된 정치사회사 및 정신사적 변화에 관해서는 양승태(2006), 특히 5-6장 및 그 책에 제시되고 검토된 문헌들 참조.

으로 관여하는 소수의 정치인(politikos)들과 간접적, 수동적으로 참여하는 다수의 시민(politēs)들로 나누어지게 됨이 필연적이라는 것이다. 전자가 정치가이자 엘리트 또는 지배 계층이라면, 후자는 민주주의 정치체제에서 통치의 주체이자 동시에 객체인 데모스이기도 한 것이다. "데모스가 통치한다"는 민주정체에서 필연적으로 나타날 수밖에 없는 그와 같은 시민집단의 분화, 즉 국가 공동체 구성원 전체가 통치의 주체이면서 동시에 그 구성원 전체는 다시 통치행위의 적극적 주체와 소극적 주체로 필연적으로 분화될 수밖에 없는 역설 속에 고대와 현대를 막론하고 시대를 초월한 포퓰리즘의 본령이 있는 것이다. 즉, 다수이기 때문에 통치의 주체로서 공직자를 선출하는 권한이 부여되어 있는 막강한 존재이지만 스스로는 정책을 입안하거나 입안된 정책을 체계적으로 검토 및 비판할 수 있는 지적 능력이 부족 또는 결여된 존재, 토론과 연설을 통하여 다른 사람들을 합리적 또는 비합리적으로 설득할 수 있는 언어 능력이 부족 또는 결여된 존재, 그러한 존재인 데모스가 통치의 궁극적 주체로 등장하면서 다양한 국가적 및 정치사회적 문제들을 야기하는 민주정치의 역동적인 현실 속에서 포퓰리즘의 본령이 이해될 수 있는 것이다.17) 말 그대로는 포퓰리즘이란 민주주의의 다른 이

17) 이 글에서 자세히 논의할 수는 없지만 슘페터(Joseph A. Schumpeter)나 달(Robert A. Dahl) 등으로 대표되는 현대 엘리트 민주주의론의 근본적인 한계는 그러한 역설의 의미를 제대로 천착하지 못한 데 있다. 즉 엘리트와 대중을 정책 생산자와 정책 소비자의 관계로 파악할 뿐, 그와 같은 엘리트와 대중 사이의 정치적 상호 의존성이 각각의 성격을 어떻게 변화시킬 수 있으며, 대중의 성격이 전통이나 사회구조적 성격에 따라 어떻게 변화하면서 엘리트들의 성격도 변화시킬 수 있으며, 그러한 상호 의존성이 국가정책 나아가 국가의 성격 자체를 어떻게 변화시킬 수 있는지 제대로 설명하지 못했다는 것이다. 그와 같은 인식의 한계가 바로 엘리트 민주주의론에서 포퓰리즘의 문제가 본격적으로 — 특히 슘페터의 경우 자본주의 생산구조의 분석이나 사회주의와 민주주의의 관계 및 지식인의 역할에 대한 논의의 경우 포퓰리즘의 문제들이 '잠재적으로는' 탁월하게 제기되고 있는데도 불구하고 (Schumpeter 1976 참조) — 논의되지 못한 근본적인 이유라고 할 것이다.

름에 불과하지만, 그 내용이나 성격이 무엇이든 다수의 비합리적 정서에 따라 결정되는 잘못된 국가운영이나 잘못된 정책결정으로서의 포퓰리즘이란 바로 민주정치에서 언제나 나타날 수 있는 데모스 자신 또는 그 정치 지도자들의 도덕적, 지적 능력이나 자질의 퇴화 현상 이외의 다른 것이 아닌 것이다.

그런데 인류가 문명시대에 들어선 이후에는 인간의 도덕적, 지적 능력이란 특정 시기에만 유별나게 탁월하거나 열등한 상태에 있는 것은 아니다. 그리고— 비록 특정한 시기에 그러한 능력 면에서 기존의 한계를 뛰어넘는, 따라서 진정한 의미에서 철학자로 부를 수 있는, 천재적인 사고자의 출현이란 하늘의 섭리에 속한다고 하더라도— 그러한 능력 면에서 탁월한 인간과 부족한 인간들의 분포란 어느 시대나 비슷하기 마련이며, 부족한 자의 탁월한 자에 대한 복종이 인간 세계에 일반적인 현상이지 그 반대가 일반적인 현상은 아닌 것이다. 그러므로 문제는 왜 그러한 퇴화 현상이 발생하며, 그 현상의 실체가 무엇이냐는 것이다. 이 문제 또한 또 다른 방대한 논의를 필요로 하지만,[18] 아테네의 정치사 맥락에서 포퓰리스트에 해당하는 '데마고그(demagogue, 그리스어로 demagogos)'의 출현을 중심으로 간단히 설명하면 다음과 같다.

아테네에서 소위 데마고그로 불리는 정치인들의 출현은 페리클레스라는 탁월한 정치가가 역병으로 죽은 이후인 것으로 대체로 서양사 교과서에 기록되어 있다. 그런데 그 그리스어 자체는 '데모스의 지도자(agōgos)'를 의미한다.[19] 다시 말해서 이 말이 처음부터 '대중선동가

---

18) 이 문제에 대해 필자도 졸저 『앎과 잘남』(2006)에서 나름대로 논구한 바 있다.

19) 이 말은 본디 '이끈다'를 의미하지만, 그 의미가 전화하여 '인도하다', '교육하다'의 의미도 갖는 동사 'agō'의 인칭명사이다. 참고로 그것의 추상명사형인 'agōgē'는 교육을 의미하기도 하며, 스파르타에서는 시민교육을 지칭하는 — 아테네의 'paideia'와 대비되어 — 말이기도 하다.

또는 대중들의 의사나 욕구에 부화뇌동하거나 영합이나 아부하는 사람'을 의미하는 것은 아니며, 표면상의 의미만으로는 오히려 '지도자' 혹은 '지도자 동지'로 호칭되는 현대의 히틀러나 카다피 또는 김정일의 직함에 해당된다고 할 것이다. 그리고 민주정치체제에서는 연설을 통해 대중을 자기편으로 만드는 능력이란 바로 정치권력의 획득에 필수적이므로, 정치인이라면 시대와 장소를 막론하고 누구에게나 그러한 능력의 부족함이 원망의 대상이지 그것의 충일함이란 아무리 과도해도 지나치지 않는 정치적 자산인 것이다.

따라서 '데모스의 지도자'는 고대 아테네에서도 정치인의 목표이지 결코 기피의 대상이 아닌 것이며, 적어도 클레이스테네스의 민주화 개혁 이후에는 페리클레스의 생전과 사후의 차이를 떠나 정치인들 모두가 '데모스의 지도자'를 지향했다고 할 수 있다.[20] 서양사 교과서에서 클레온(Kleōn)이 데마고그의 대표적인 정치인으로 단죄되는 주된 이유는 일단 아리스토파네스(Arisophanēs)와 투키디데스(Thoukydidēs)의 문학적 및 역사적 — 언제나 후세 대중들의 정신세계에 영속적인 영향력을 발휘하는 — 평가와 아울러 그가 평민 출신으로서 페리클레스 등 귀족 출신 정치인들을 견제하면서 '데모스의 지도자'로 부각된 사실에 기인한다. 그리고 그의 정치적 행적에는 분명히 후대의 시각에서 포퓰리즘으로 규정될 수 있는 요소들이 — 특히 당시 국제정치적 환경이나 스파르타와 아테네의 국력이나 전쟁수행 능력 등을 고려할 때 그가 추구한 대 스파르타 강경책이 — 많음도 사실이다. 그러나 아테네의 국가체제와는 양립할 수 없기 때문에 타협은 있을 수 없다는 나름대로의 정

---

20) 참고로 페리클레스의 직함 가운데 하나였던 'prostatēs'는 적어도 어의만으로는 데마고그와 차이가 없다. 그 말 그대로는 '앞에(pro)' '서 있음(stasis)'을 의미하며, 어원상으로는 영어의 'president'와 함축된 의미가 비슷하다(양승태 2006, 507). 참고로 이 그리스어는 해부학 용어로 남성의 전립선(영어로 prostate)도 의미한다.

치적 신념에서 추구한 대 스파르타 강경책, 해군력의 중요성이 더욱 부각된 전쟁 상황에서 주로 육체노동자들인 테테스(thetēs) 계층이 담당하는 병과인 노수(rower)들의 수당을 인상한 정책 등은 당시의 상황에서나 현재의 시각에서도 대중영합주의보다는 민주주의의 수호자나 인도주의의 실현자 또는 공정성 이념 및 복지정책의 추구자로 평가될 수 있는 여지도 있는 것이다.

그러므로 고대나 현대를 막론하고 그리고 그 국가 공동체의 구성원 전체가 데모스, 포풀루스, 백성, 민초, 국민, 인민, 민중 등 어떻게 불리든, 특정 정치인의 정책이나 행동이 포퓰리즘에 해당하는지 아니면 진정한 민주주의의 표현인지 또는 대중선동가인지 아니면 애국자나 국민을 진정으로 사랑하는 지도자인지 여부는 국가 구성원 다수에의 직접적이거나 비이성적인 호소 방식 자체에 의해 결정되는 것은 아니다. 최고 권력자나 정치인들이 통치자로서 권위가 있고 국가 구성원 다수가 그들의 정책결정을 신뢰하는 정치적 상황에서는 군중심리나 집단적인 정서에의 호소 자체가 불필요할 것이며, 극단적으로 그 다수가 전혀 합리적인 설득의 대상이 아니라 오직 선동적인 프로파간다를 통해서만 국가시책에 호응할 수 있는 존재일 경우에는 후자의 방식이 국가통치의 관점에서는 오히려 합리적일 수 있다. 그리고 근대의 민주주의 헌법에서도 대체로 허용하고 있듯이, 국가의 존립과 관계된 비상사태나 국가체제의 혁명적 전환이 요구되는 역사적 상황에서는— 기존의 권력자에 의해 악용되는 경우가 많지만— 기존의 법이나 제도를 초월한 폭력적 행동도 민주정체에서 주권자인 국가 구성원 전체의 의사로 정당화될 수도 있는 것이다.21)

결국 민주주의냐 대중영합주의냐를 구분하는 궁극적인 기준은 국가

---

21) 이것이 슈미트(Carl Schmitt)의 유명한 "주권자는 비상사태를 결정하는 자이다(Souverän ist, wer über den Ausnahmszustand entscheidet)"(Schmitt 1985, 11)라는 명제의 핵심적 의미이기도 하다.

생활을 통해 실현할 이상이나 목표가 무엇이고, 그것에 비추어 특정 시점에서 국가 전체적으로 추구해야 할 구체적이고 합당한 장단기 정책이 무엇이냐의 문제로 귀착된다. 그러한 기준 자체가 없거나 그러한 기준에서 벗어나 다수 구성원들의 비합리적 욕구에 편승하거나 그들의 정서적인 충동을 자극하거나 부추기는 방식으로 권력을 장악하거나 정책을 추구할 때 민주주의는 포퓰리즘으로 변질된다. 그리고 한 국가 구성원 다수가 실제로 대중영합주의의 선동에 지배받는지 여부는 다음의 요소들에 의존한다고 할 수 있다. 즉, 그들이 국가생활의 이상이나 목표에 대해 어느 수준의 이해를 하고 있고, 법의 지배에 대해 어느 정도의 경외감을 갖고 있으며, 전통적 가치나 규범에 대해 어느 정도의 경건한 태도를 갖고 있고, 그 국가의 지배층이 그들에 대해서 얼마나 도덕적, 정신적인 권위가 있으며, 그 국가의 지식인 집단은 어떠한 내용 및 수준의 지성적 체계를 확립 및 발전시키면서 그들을 정신적으로 지도하고 있느냐에 달려 있는 것이다. 그리고 그러한 정신적, 도덕적, 지적 권위는 물론 어느 날 갑자기 확립되거나 쇠락하는 것은 아니다. 그것은 국가 구성원 전체의 성격 및 행동방식을 결정하는 교육, 문화의 수준이나 정신적 전통과 가치관에 기초하며, 그러한 전통 및 가치관을 변화시키는 사회경제체제의 변화 및 그것과 연관된 새로운 세계관이나 인간관의 등장에 따라 그러한 권위는 지속되거나 쇠퇴할 수 있는 것이다.

단순화의 위험은 있지만, 소크라테스, 플라톤의 이름으로 상징되는 정치철학의 출현과 그들의 지적 후예들인 아리스토텔레스 이후 현대의 사상가들로 이어지는 서양 정치사상사의 흐름 전체는 각 시대에 따라 다양한 형태로 제기되는 위의 문제들에 대한 체계적인 성찰 및 그것에 기초하여 당대의 정치현실에 대한 각 사상가 나름대로의 진단과 처방의 결과라고 말할 수 있다. 그러한 철학적 성찰은 고대 세계에서는 플라톤에서와 같이 대중영합주의의 출현을 민주정체의 필연적인 결말로 간주하여 민주정체 자체에 대한 전반적인 부정의 논리로 나타나기도 하였고,22) 아리스토텔레스에서와 같이 민주정체에 대한 실천적인 대안으로 혼합정체가 제시되기도 하였으며, 그러한 혼합정체의 이상이 키케로를 통해서 공화정에 대한 옹호 논리로 나타나기도 한 것이다.23)

---

22) 즉 플라톤에게는 다수로서 막강하되 언제나 생각이나 태도나 가변적이기 때문에 일관된 행동을 기대할 수 없으며, 얼굴 없는 인간과 같이 주체성을 규정할 수 없기 때문에 부도덕하거나 책임 없는 행동을 쉽게 하지만 그것들에 대해서 책임도 물을 수 없는 인간 집단의 존재가 데모스의 핵심이며, 그러한 인간 집단의 존재는 플라톤으로 하여금 인간성 자체에 대한 깊은 통찰과 더불어 모범적인 국가체제 및 국가생활의 이상을 체계적으로 개진하게 만들었던 것이다.

23) 키케로의 정치사상은 그 구체적인 내용에 정치철학적으로 새로운 요소는 없고, 소규모 도시국가의 운영에서 제국통치로의 역사적 변환이 요구되는 시대에 과거 로마 공화정의 이상 또는 '좋았던 시절'에 대한 일종의 시대착오적 집착의 표현으로도 간주될 수 있다. 그런데 그의 저작들에도 바로 카이사르의 등장을 가능하게 한 로마 대중들(populus)의 다양한 성격에 대한 관찰을 발견할 수 있음은 흥미롭다. 즉 그들은 주권자로서 공민(general public)이지만, 출세나 명예의 원천이나 두려움의 대상으로서 정치가들을 지배할 수 있고, 사법적 집행 이전에 정치가들을 단죄할 수 있으며, 원로원을 공격할 수 있고, 사소한 루머나 사건 또는 변덕스러움이 거대한 행동을 촉발하거나 그것들을 통해서 통제도 가능한 군중이나 대중인 것이다. 키케로의 그러한 관찰에 관해서는 최근 독일의 언론학자가(Jackob 2007) 여론의 개념 차원에서 간결하게 정리한 바 있다. 그리고 본격적으로 제정기에 들어 번영 속에서 부패와 타락이 시작되는 시대의 지식인인 세네카(Seneca)의 경우에 'populus'는 좀 더 다양한 의미를 나타낸다. 그 말은 일단 지혜(sapientia)와 강인함(constantia) 등 진정한 가치를 추구하는 소수의 '큰 인물(magnus vir)'들과 — 현대적 의미의 엘리트와는 어느 정도 구분되고 유학 전통에서 '군자'에 비견되는— 대비되어 공직이나 신분의 고위 여부를 떠나 일상적이고 세속적인 가치에 탐닉하는 '다수의 인간들(multitude)', 또는 특정한 성격이나 행동의 일관된 지향점이 없이 일시적인 이해관계나 충동 또는 흥분에 따라 움직이는 대중(masses)이나 군중(crowd)을 의미한다. 또한 그것은 부패한 국가권력이나 지배층의 횡포에 맞서 보호되어야 하고 정당한 국가통치의 수혜자가 되어야 함과 동시에 계몽 또는 교화의 대상이 되어야 할 다수의 '착하면서 어리석은' 민중이나 민초를 의미하기도 한다. 이 점은 비록 치밀한 철학적

프랑스 혁명 이후 근대 서구 정치사는 한편으로 ― 콩도르세(Marquis de Condorcet, 1743-1794) 등으로 대표되듯이 ― 'people'로 표현되는 인류 공동체 구성원 전체가 누구나 제대로 교육만 받으면 합리적인 행동을 한다는 계몽주의의 이성 및 평등 이념에 기초하여 추구된 선거권의 확대 등 국가 구성원 전체의 정치주체화 과정이며, 동시에 ― 마르크스로 대변되듯이 ― 국가 구성원을 계급으로 분리하면서 하나의 계급에 역사적 진보의 주체성을 독점시키려는 노력이 오랫동안 지속된 기간이기도 하다. 다른 한편으로 그것은 ― 밀, 토크빌, 쇼펜하우어, 부르크하르트, 니체 등으로 대표되듯이 ― 인간성에 내재한 비이성적 또는 저열한 요소에 대한 인식의 확대 및 심화 과정으로서, 대중의 정치세력화에 대한 우려와 더불어 문명의 이름으로 진행된 야만성의 증대에 대한 혐오와 더불어 정치적, 문화적 엘리트주의가 일부 지식인들과 보수적인 정치인들 사이에 확산된 시기였다. 그와 관련하여 흥미로운 점은 앞에서 언급된 현대 포퓰리즘의 원조 격인 페론이 정신적 지주로 삼았던 무솔리니의 파시즘이란 나치즘과 유사하게 대중동원을 통하여 바로 대중들을 통제하기 위한 엘리트주의적 통치체제를 확립한 사례라는 사실이다. 이러한 정치사 및 정치사상사의 맥락에서 한국 정치에서 포퓰리즘의 의미가 무엇인지에 대한 해명, 그리고 그것의 극복이 어떻게 추구되어야 하는지 그 근본적인 해결책의 모색이 시도될 수 있을 것 같다.

3.

논의의 편의상 지금까지 논의한 내용의 핵심을 정리하기로 하자. 대중영합주의에 상응하는 용어의 존재 여부 및 고대와 현대 세계라는 역

논증 형식이 아닌 에세이 형태의 자유로운 사변 전개의 형식이지만 '자선'이 무엇인가를 다룬 세네카의 말년의 저작인 *De Beneficiis(On Favours)*에 대표적으로 잘 나타나 있다.

사적 간격을 떠나, 그것과 비슷한 용어의 이름으로 제기되는 정치사회적 문제의 근원은 결국 지극히 자명하다. 그것은 단적으로 말하여 민주주의와 다른 정치체제가 아니라 시대나 상황에 따라 다르게 나타나는 민주주의의 다른 얼굴일 뿐이다. 민주주의를 표방하는 국가에서 정치적 지도층 도는 사회적 지배층의 도덕적 및 지적 권위가 확고하지 못하고, 그들 사이에 분열이 일어나면서 전통적인 가치관 및 법과 제도에 대한 신뢰가 약화되며, 그들의 일부가 대중들의 단기적이거나 충동적인 욕구에 부화뇌동하는 경우 언제나 출현 가능한 민주정치의 퇴화 현상인 것이다. 그리고 민주정치의 퇴화 여부는 국가 구성원 다수의 인간들이 어떠한 성격의 지배체제나 사회구조에 살면서 어떠한 수준이나 성격의 인간성 및 자질 — 도덕적 품성을 위시하여 지식이나 교양문화의 수준 또는 세계관이나 역사관의 성격 등 — 을 소유한 집단인가의 문제로 귀착된다는 것이다.24) 이와 같이 그 근원에 대한 인식에서부터 한국 정치에서 대중영합주의의 문제에 대한 근본적인 해결책이 모색되어야 한다.

앞에서 언급한 바와 같이 현실정치에서 특정한 법률의 제정이나 정책의 시행과 관련하여 제기되는 대중영합주의의 문제는 일반적으로 상대 정파에 대한 공격 수단으로서 정치적 수사의 성격을 가지며, 현실정치에서 대중영합주의의 이름으로 대중영합적인 정책이 정당화되는 경우는 거의 없다. 이명박 정부 등장 직후 한때 정국을 소란스럽게 했던 '소고기 촛불시위'를 예로 들어보자.

일단 과학적 근거에 대한 합리적인 논의 자체가 대중들의 흥분된 분위기 속에서 봉쇄된 채 소고기의 수입 문제가 정권퇴진의 구호가 난무하는 시위로까지 이어진 사태는 대중영합주의의 운위 이전에 일종의 저급한 정치적 소극(笑劇)이라고 할 수 있다. 어쨌든 소고기 수입 정책

---

24) 이와 관련하여 같은 서구 자본주의 및 민주주의 국가들이라도 그 학문 수준이나 국민들의 교양문화 수준에 따라 복지정책이 반드시 포퓰리즘의 정치로 변질되지 않음은 독일의 경우가 잘 보여준다고 할 것이다.

의 정당성 여부를 떠나서, 당시 시위에 참가했던 대중들이나 그것을 주동했던 인물들, 그리고 그것에 지원을 아끼지 않았던 — 부화뇌동이 아니라면 — 야당 정치인들 어느 누구도 이제는 더 이상 공개적으로 당시 행위를 자랑하거나 그것의 정당성을 지속적으로 주장하지 않는다는 사실 자체가 그것이 결코 자랑할 만한 '민주화 운동'은 아님의 묵시적 반증일 것이다. 그것은 일부 정치인들이나 시민운동가들이 대중들의 일시적이고 충동적인 정서를 부추기거나 그것에 부화뇌동하여 이루어진 전형적인 대중영합주의의 사례였음의 증언인 것이다. 그런데 불법적이고 폭력적인 시위가 벌어진 상황에서 대통령이 공개적으로 사과를 표명하였다는 사실은 또 다른 희화적인 요소이지만, 당시의 시위 군중들이 소고기 수입을 국민 생명권의 수호나 국민주권의 행사라는 명분으로 '당당히' 반대했다는 사실은 대중운동의 존재 자체나 대중적 정서에의 호소 방식 자체가 민주주의와는 구분되는 대중영합주의의 존재를 증빙하지는 않는 것이다. 이 점은 현재 한국 정치에서 대중영합주의 논쟁의 중심 화두로 등장하는 복지문제의 경우에도 해당된다. 특정한 입법이나 정책은 바로 국민들의 복지를 증진한다는 명분에서 추진되지, 그것을 대중영합주의라고 스스로 인정하는 정파들은 없는 것이다.

그렇다면 어떠한 입법이나 정책이 대중영합주의에 해당하는지 여부는 일단 그것의 내용이 국가생활의 미치는 장단기적인 — 스피노자가 말하는 '영원성의 관점(sub specie aeternitatis)'이란 현실정치에서 작동하기 불가능하다면 — 영향에 대한 치밀하고 합리적인 검토 후에 결정될 수 있을 것이다. 그러한 장단기적인 영향에 대한 평가의 기준은 앞에서 언급한 바와 같이 국가생활의 궁극적인 목적, 그리고 복지, 평등, 자유, 정의, 인권 등 보편적인 이념들이 될 것이다. 문제는 그러한 이념들에 대한 진정한 이해는 오랜 시간에 걸친 깊은 정치철학 성찰을 요구한다는 사실에 있다. 다시 말해서 그러한 이념들의 실현은 일상적인 정치적 구호나 수사 또는 선전문구의 형태로 내세우는 간단한 문장들을 소리 높이 외쳐댄다고 해서 이루어지는 것이 아닌 것이다. 예를 들어 무엇이 진정한 의미에서 복지인가는 고도의 정치철학 성찰을 요구하며, 사전적 낱말풀이 방식으로 결코 해명될 수 없는 것이다. 그것은 영어 'well-being' 또는 'well-faring'의 번역어이기도 하지만, 그 영어의 개념적 기원도 말 자체는 간단히 '좋은 삶' 또는 '잘삶'을 의미하면서 오래전에 고대 그리스인들이 윤리의 근본 개념으로 정립한 'euzein' 또는 'eudamonia'이라는 이념에서 찾을 수 있는 심원한 이념이다.25) 그것은 단순히 일방적인 욕구의 충족이 아니라 절제나 정의 등의 덕목을 떠나 생각할 수 없으며, 급식이나 등록금 등과 같이 지엽적인 정책적 논란으로 해결될 수 없는 것이다. 따라서 앞의 2장에서 언급한 바와 같이, "그와 같은 일방적인 주장 이전에 무엇이 과연 진정한 의미에서 복지이며, 특히 그것이 국가생활의 목표와 관련하여 필수적으로 제기되어야 할 정의나 자유 등 다른 이념들과의 관계는 어떻게 정립되는지 깊은 검토가 필요한 것이다."

그러므로 정당들이나 '정치적' 시민단체 등 한국의 정파들이 스스로 표방하는 정책이나 주장의 근거가 되는 이념들 자체의 의미에 대해서 좀 더 진지하게 천착하는 노력이 없이, 그리고 오직 권력 획득의 수단인 선거에서 승리하기 위한 목적만으로 유권자들의 일시적인 욕구에 편승하는 입법이나 정책들을 아무런 거리낌 없이 내세우고 추진할 경우, 여야나 보수-진보를 막론하고 한국 정치는 대중영합주의라는 비판에서 벗어날 수 없다. 그리고 그와 같은 대중영합주의의 정치가 국가적 위기이자 국가정체성 위기의 원천이기도 하다.26) 왜냐하면 만일 국정운영이 이성적 판단은 물론이고 일관된 기준이 없이 다수의 일시적이고 가변적인 욕구에 부화뇌동하면서 이루어질 때, 그러한 국정운영의

---

25) 이 말의 번역어로서 '행복'이나 'happiness'는 적절한 번역어가 되지 못한다.
26) 이에 대한 자세한 설명은 양승태(2010), 특히 '들어가는 말' 및 제1장의 논의 참조.

무원칙성이 바로 국가정체성의 해체나 실종의 가장 확실한 징표이기 때문이다. 그리고 정파 간의 대립이 "국가생활을 통해 추구해야 할 보편적이고 영속적인 가치나 이념에 대한 나름대로의 진지한 모색 차원"에서 이루어지지 않을 경우, 그러한 대립은 "오직 패거리 다툼의 연속으로서 그 패거리들의 인적 면모들만 사안에 따라 바뀐 채 국가적 에너지의 소모만 의미"하는 양상으로 전개될 수밖에 없는 것이다(양승태 2010, 19). 그것은 곧 저급한 형태의 대중영합주의의 지속이자 그것을 향한 무한경쟁 이외에 다름이 아닌 것이다. 결국 실천적인 관건은 민주주의가 대중영합주의로 변질될 수 있는 가능성을 미리 차단할 수 있는 제도적 장치나 정책적 수단이 존재하는지 여부에 있을 것이다.

일단 법치국가에서 법이란 그 내용의 도덕적 보편타당성 여부를 떠나 일관된 국가통치의 기준이 되는 규범체계의 존재를 의미하므로, '법대로'의 정신은 국가생활이 포퓰리즘에 의해 표류됨을 방지할 기본적인 정치로 생각될 수 있다. 물론 그러하다. 최고통치자인 대통령만 '우직하게' '법대로'만 국가시책을 시행하더라도 국가생활에 혼란과 퇴보는 없는 것이다.27) 다만 그것이 궁극적인 장치나 수단은 아니라는 점이 중요하다. 아무리 일시적이고 가변적인 성격의 것이라도, 다수의 선택에 의해 정치권력의 향방이 결정되는 민주주의 제도의 속성상 권력을 지향하는 정치인들이란 그 다수의 요구에 부응하거나 편승하려는 행태가 지배하게 됨은 필연적이며, 이에 따라 그들이 바로 끊임없이 헌법을 자의적으로 쉽게 해석하면서 대중에 영합하는 입법을 시도하게 됨 또한 필연적이고, 이에 따라 법체계 자체가 혼란스럽게 될 수 있는 것이다. 더욱 심각한 문제는 그러한 입법행태를 막으려는 어떠한 새로운 입법이나 정책적 제안도 반(反)민주주의적 행위로서 '국민적 지탄'의 대상이 되는 또 다른 대중영합주의가 나타날 수 있다는 점에 있다.

---

27) 이에 관해서 필자는 다른 저작에서(양승태 2010, 10장 참조) 대통령의 직능과 관련하여 좀 더 자세하게 논구한 바 있다.

결국 민주주의는 유감스럽지만 거의 필연적으로 대중영합주의로 변질될 수밖에 없다. 그 점은 고대 아테네의 민주주의의 역사뿐만 아니라 20세기 후반 이후 서서히 진행되어오다 최근의 금융위기로 그 실체를 드러낸 서구 민주주의 여러 국가들의 역사 또한 증언하고 있다. 바로 현재의 대중영합주의 담론의 존재 자체가 현재 한국의 민주주의 또한 서구 민주주의의 그러한 역사적 전철을 답습하는 방향으로 나아가고 있음을 증언하고 있는 것이다. 그렇다면 민주주의가 대중영합주의로 변질되는 것은 막을 수 있는 방안은 전혀 없는가?

자연현상과는 달리 사회현상에서는 물론 인간이 회피 불가능한 절대적인 성격의 필연성은 존재하지 않는다. 다만 그와 같이 바람직하지 않은 필연성을 피하기 위한 궁극적인 방안은 인간 외적인 제도나 법이 아니라 바로 'populus', 즉 '사람들' 자체에서 찾아야 한다. 그 방안은 대중영합주의란 본질적으로 '어리석음'에 의한 국가통치라는 사실과 아울러, 다수의 국민들이나 대중들 또한 고정된 성품이나 고착된 관념에 절대적으로 지배받는 인간 집단이 아니라 교육과 문화를 통해 그 정신 내용이 고양되고 순화될 수 있는 존재라는 가능성에서 찾을 수밖에 없다. 또한 국민적 교양문화의 창달은 스스로 부패하지 않으면서 준법정신에 기초한 일관된 행동을 통해 국민들로 존경받을 수 있는 삶의 태도와 더불어 진정성 있는 언변을 갖추어 여론을 합리적이고 건전한 방향으로 이끌 수 있는 지도층 및 그들을 뒷받침하는 교양문화를 갖춘 시민 집단의 양성에서 찾을 수밖에 없는 것이다. 고대 아테네에서 페리클레스가 소피스트 교육의 장려 등 시민적 교양문화의 증진을 위한 정책들을 추구한 이유도 그러한 점에서 찾을 수 있으며, 비록 민주주의가 정착된 시기는 아니지만 괴테 등 18세기 후반 독일 지식인들이 추구한 교양시민계층(Bildungsbürgertum)의 양성 운동이나 후쿠자와 유키치(福澤諭吉) 등 명치유신 일본의 지식인들이 추구한 문명화 이념의 핵심도 국가생활이 바람직한 방향으로 이루어지기 위한 궁극적인 원천은 그 국민의 정신적 자질에 있다는 공통된 인식에 있는 것이다.

교양시민계층의 양성은 단순히 사회교육의 문제가 아니라 현재 한국 정치의 절박한 현안인 대중영합주의를 궁극적으로 극복하기 위해서 절대적으로 요구된다. 심원한 국가관이나 역사의식을 갖춘 지도층의 형성은 아직 기대하기 어렵더라도, 적어도 인간성에 대한 폭넓은 소양을 갖춘 지성적 능력과 더불어 투철한 공인의식을 가진 지도층의 형성, 그리고 스스로 창조적인 정책을 제안하지는 않더라도 제시된 정책들에 대해 합리적인 판단을 내릴 수 있으면서 여론의 향방을 주도할 수 있는 교양 있는 시민집단의 존재는 비록 상당 기간이 소요되더라도 형성 가능하며, 그러한 지도층과 시민집단의 존재만이 언제나 대중영합주의로 변질될 수 있는 민주주의를 지킬 수 있는 궁극적인 수단이자 최후의 인간적 보루인 것이다.28) 바로 현재의 한국은 경제적으로는 발전했을지라도 아직도 교양문화의 측면에서 후진국이라는 사실을 인정하고 자각하는 데서 대중영합주의의 극복 노력은 시작되어야 한다는 것이다.

현재 한국에서는 전통적인 유교적 교양문화의 쇠퇴에 따른 정신적 공백을 새롭게 형성된 교양문화가 메우지 못하는 정신적 빈곤 상황이 지속되고 있다. 정신적으로 권위를 갖는 지식인층 및 교양문화를 갖춘 시민집단이 부재하는 사회적 상황에서, 그리고 한 사회의 지배층이 교양문화를 선도하지 못하고 사치스런 향락이나 고급 상품 소비의 주체로만 부각되면서 오직 속물적 가치의 과점이 그들이 누리는 사회적 우월성의 지표로 내세워질 때, 그러한 노력은 실패할 수밖에 없다. 그들의 정치적 주장은 국민 다수에게 진정한 설득력을 갖지 못하게 되며,

---

28) 이 점이 아테네 민주정의 전성기를 이끈 페리클레스가 유명한 '장례연설'에서 아테네 시민의 자부심 가운데 하나로 천명한 항목들 가운데 하나이다 (Thucydides, *Historiai*(펠로폰네소스 전쟁사), 제2권 15장 참조). 즉 아테네 시민은 스스로가 정책을 창안하지는 않더라도 그것을 건전하게 심의할 수 있는 능력이 있다는 것이다.

이에 따라 보수와 진보의 차이를 떠나 '왜소한' — 이 경우 표준말은 아니지만 '쫀쫀한'이란 순 우리말 어휘가 좀 더 어울릴 것 같다 — 대중영합주의의 정치는 지속될 수밖에 없는 것이다.

'왜소한' 대중영합주의 정치의 지속 속에서는 국가적으로 언제 어떠한 돌발적인 상황이 발생하면서, 파시즘 또는 볼셰비즘의 대두와 같이 국가 전체를 비이성적 광란으로 몰아갈 수도 있는 '거대한' 대중영합주의의 등장, 다른 말로 무조건 다수의 의사에 무조건 따르거나 다수가 원하는 것을 시행함이 민주주의라는 주장을 내세우면서 모든 정책을 합리화하는 대중독재의 일상화 혹은 인민대중 전체의 이름으로 국가권력이 개인들이나 시민사회 전체의 통제를 국가목표로 내세우는 전체주의 체제의 등장으로 이어질지 그 가능성을 전혀 배제할 수는 없는 것이다. 대중영합주의에 내재한 위험성의 핵심은 대중들의 감정적 흥분 상태에서 나타날 수 있는 판단의 맹목성 또는 무사고성(無思考性)이며, 한 국가에서 정신적 균형추의 역할을 할 수 있는 건전한 교양문화를 갖춘 시민집단의 약화나 부재는 국가적 위기의 상황에서 대중들의 맹목성과 무사고성을 자극 및 선동하면서 권력을 장악하려는 정치집단의 등장을 용이하게 만드는 토양인 것이다. 역사적으로 파시즘이나 볼셰비즘은 바로 다수 국민들의 지지와 환호와 흥분 또는 수동적인 용인이나 체념 속에 등장했던 것이다.

스스로의 민주정체와 평등의 이념을 그토록 자랑스러워했던 아테네는 펠로폰네소스 전쟁에서 반민주적 군사국가인 스파르타에 패했다. 현대사에서 바이마르공화국의 예가 보여주는 것은 의회민주주의의 붕괴가 의회민주주의 자체 속에 배태되고 있었다는 사실이다. 나름대로 탁월한 교양문화를 갖춘 시민집단이 존재했던 아테네나 독일의 경우에도 그러했는데, 현재의 한국의 상황은 과연 어떠한지 깊은 반성이 필요할 때이다. 이와 관련하여 그러한 시민집단을 양성할 일차적 책임이 있는 한국의 지식인 집단이 과연 그들에게 부과된 국가적 책무를 제대로 수행하고 있는지부터 반문할 필요가 있다. 대학교육의 빈곤 속에서 한 국가 국민의 교육문화의 개화를 기대할 수는 없으며, 학문적 권위의 부재속에서는, 국가적 논제가 제기될 때 권위 있는 판단을 제시하고 현실정치인과 국민들을 정신적으로 이끌면서 대중영합주의의 등장을 방지할수 있는 정신적 주체가 등장할 수 없는 것이다. 그렇다면 바로 한국의지식인들이 한국 정치에서 대중영합주의를 대두하게 만든 궁극적인 '원흉'일 수도 있는 것이다.

* * *

보수 세력의 일부는 현재의 문재인 정부가 대중영합주의를 넘어 대한민국의 자유민주주의 체제 자체를 전복하고 역사상 등장한 전체주의 체제들 가운데에서도 가장 저열한 성격의 권력 집단인 북한에 국가 전체를 떠넘기려는 기도를 하고 있다는 주장까지 제기하고 있다. 실제로 그러하다면 민주주의란 이름으로 기도되는 그와 같은 반민주적이고 반국가적이고 반역사적이면서 이념적으로 어설픈 '불장난'은 당연히 여러 형태의 정치적 행동을 통해서 막아야 한다. 그런데 그러한 실천적 행동이 국민적 지지와 호응을 영속성을 갖고 추진될 수 있으면서 그와 같은 '정치적 불장난'이 앞으로의 한국 정치에서 영원히 사라지게 하거나 무력하게 되게 하는 제도적 장치를 확립해야 한다. 그러기 위해서는 그러한 불장난의 정신적 배경과 더불어 현실정치에서 그것의 출현을 가능하게 만든 정신적 상황의 실체가 무엇인지 파악함이 필수적이다. 다시 말해서 그러한 실천적 행동과 제도적 변혁이 성공하게 만드는 궁극적 통치주체인 한국 국민들이 현재 대한민국이 처한 국가적 상황의 실체를 제대로 파악하도록 도와주는 노력이 수반되어야 한다는 것이다. 다음 II 부의 글들은 그러한 국민적 각성을 이끌기 위한 목적에서 작성된 것이며, '정치적 아마추어리즘과 반지성주의적 피로감', '범속한 출세주의와 이념적 무력감', '위선과 허구의 역사의식'을 각각 대한민국 국가생활 전반, 보수와 진보 각 정파를 지배하는 정신적 요소로 규정하면서 그 내용을 설명한다.

제 II 부

위기의 근원

얼마나 어렵고 희극작가에게는 너무나 부담스러운
날카로운 지성이 필요하겠는가,
이 나라의 정신 속에 깊이 뿌리박은
고질적이고도 오랜 이 질병을 치유하려면

— 아리스토파네스, 『벌들(*Sphēkes*)』

필자는 탄핵정국이 진행되고 촛불시위가 벌어졌던 2016년 가을의 상황에서 계간지 『철학과 현실』 편집진의 요청으로 「대한민국, 무엇이 위기인가」의 글을 기고하게 되었으며, 그 후 그 글에 대한 일종의 속편으로서 두 편의 글을 더 기고하였다. 2017년 겨울호의 「한국의 보수, 무엇이 위기인가」와 2019년 여름호에 게재된 「한국의 진보, 허구와 위선의 역사 의식부터 청산해야」가 그것들이다. 그 글들은 제 II 부의 세 장을 구성하며, 이 책을 출간하게 된 직접적인 계기 또한 촛불시위와 이어진 대통령의 탄핵사태, 그리고 현 문재인 정권 등장과 그 이후 전개된 정치적 상황이었다. 여기서 잠시 그 모든 사태의 출발점이 된 촛불시위에 대해 반추할 필요가 있다.

촛불시위는 문재인 대통령을 포함하여 현재의 정권 및 그 정권에 동조하는 지식인들에 의해 이른바 '촛불혁명'으로 규정되어 있는 사건이다. 추측하건대 그들은 '혁명'이라는 어휘를 통해서 그 '성공적인' 대중 집회를 한국 정치사의 대전환점 혹은 국가운영에서 추구해야 할 대변혁의 기점으로 스스로 믿으면서 대중들에게도 그렇게 믿도록 만들겠다는 의도를 표현한 것으로 보인다. 그러한 의도 자체가 비난받을 이유는 없다. 다만 그와 같은 용어를 사용하려면 그것이 왜 그리고 어떠한 의미에서 혁명이고, 그러한 혁명을 통해서 추구할 변화의 내용이나 성격이 무엇이며, 왜 그러한 변혁이 대한민국이라는 국가생활에 바람직하거나 현재의 역사적 상황에서 필요한 것인지, 명확히 그리고 체계적으로 설명할 필요가 있을 것이다. 그런데 과문한 탓인지 현 정권의 핵심 인사나 그들을 대변하는 지식인 어느 하나가 그러한 설명을 담은 논변을 제시하였다는 정보를 접한 바 없다. 만일 그것이 사실이라면, 그와 같은 논변의 부재는 정치적으로 심각한 문제를 함축하고 있다.

개별적 사건의 정치사회적인 배경이나 의미 또는 역사적 평가 문제를 떠나, 혁명이나 쿠데타의 핵심적인 의미는 비헌정적 방식에 의한 정권교체에 있다. 촛불집회는 분명히 정권교체의 결정적 계기를 만든 사건일 수는 있으나, 결코 비헌정적 방식에 의한 정권교체가 아니라 국회의 탄핵소추와 헌법재판소의 인용이라는 헌법적 근거와 절차를 촉진한 대중운동에 불과하다. 따라서 '촛불혁명'이란 대중적 선동 어구는 되어도 그 집회의 정치적 실체를 엄밀하게 규정하는 개념어는 아니다. 그럼에도 불구하고 문재인 정권 및 그에 동조하는 세력이 '촛불혁명'이란 어구를 계속 정치적 수사로 사용한다면, 그 이유는 다음 세 가지 가운데 하나이거나 둘 혹은 그 모두일 수밖에 없다. 첫째, 혁명이라는 어휘에 대한 막연한 정서적 동경이나 도취의 결과일 수 있다. 정치적 상황의 실체나 새로운 변혁의 가능성 여부 또는 변화의 목표에 대한 철저한 검토나 진지한 성찰이 없이 혁명이라는 어휘로 표상되는 급격한 변화 자체에 대한 감상적 집착이 그러한 어구의 사용으로 나타날 수 있다는 것이다. 둘째, '촛불혁명'이라는 어휘를 통한 정치적 상징 조작이다. 정권 장악의 배경이 되었던 대중 집회를 정서적 어감이 강한 혁명이라는 말로 대치하면서 정권의 성격을 미화 혹은 신비화하려는 의도이다. 셋째, 정권의 장악은 기본적으로 헌법적 절차에 따라 이루어졌지만, 장악 후 정권운영의 실제적인 목표는 정치질서 전반 혹은 더 나아가 사회체제 전반에 대한 변혁을 추구하겠다는 의도를 직접적 혹은 간접적으로 표명하려는 목적이 은폐되어 있을 수 있다.

'촛불혁명'이라는 어구 사용의 집착이 위에서 언급된 첫째나 둘째 혹은 둘 모두에 있다면 그것은 일상적인 정치적 행위에 속한다. 셋째의 경우라면 그것은 말 그대로 '일상적 정치'가 아닌 '혁명적 정치'의 기도를 의미한다. 그런데 일반인들에게는 두려움이나 불안감의 원천이겠지만, 셋째의 경우 또한 정치의 가능한 형태로서 인류의 역사에서 정치체제나 사회체제의 변혁기에 등장하는 정치적 행위이다. 실제로 문재인 대통령은 집권하기 전 촛불집회가 진행되는 와중에서 헌법재판소가 탄핵을 인용하지 않을 경우 혁명이 있을 뿐이라고 — 물론 그가 진실로 혁명이라는 위험한 정치적 모험을 수행할 강력한 의지나 능력이 있는지는 별개의 문제이다 — 방송 인터뷰를 통해 공개적으로 표명한 바도 있다. 비록 정권의 성립 자체는 헌정체제 내에서 이루어졌지만, 현재의 문재인 정권 또한 정치인 집단으로서 '혁명적 정치'를 추구할 '자유'는 있는 것이다. 다시 말해서 은밀한 방식이든 공개적인 방식이든 또는 헌정체제 내에서 추구하든 현재의 헌정체제를 넘어서는 방식이든, 그들은 새로운 헌정질서의 확립을 기도하거나 기존의 사회체제에 대한 대대적인 변혁을 기도할 수도 있다는 것이다. 물론 그러한 정치적 시도는 — 특히 그것이 성공을 하지 못했을 경우 — 사안의 성격에 따라 내란죄 등으로 사법처단의 대상이 될 수도 있음 또한 당연하다. 문제는 현재의 정권이 '촛불혁명'이라는 구호로 추구하는 '혁명'의 실체 및 목표가 과연 무엇인지 자체가 분명하지 않다는 데 있다.

그러한 의문과 관련하여 일단 일반인들에게 널리 공유된 관점에 대해 언급할 필요가 있다. 이 정권의 핵심세력은 소위 '1980년대 주사파 운동권' 인사들이라는 관점이 그것인데, 그들은 그 점을 적극적으로 부인하지도 않지만 스스로를 '주사파'라고 공개적으로 천명한 것도 아니다. '젊은 시절 한때 그랬지만 지금은 아니라는' 식의 '이념적 전향이나 사고의 전환'도 — 앞으로 이 책 전체의 논의를 통해 해명될 논제들 가운데 하나가 그러한 전향이나 전환이 국가발전에 필수적이라는 것이다 — 가능하기 때문에, 그러한 관점은 정치적 의혹의 대상일 수는 있지만 확신의 원천은 아니다. 따라서 그들이 추구하는 정치이념 혹은 가치가 무엇인지 추론할 수 있는 근거로서 적어도 공식적으로 확인될 수 있는 자료들이 필요한데, 그 가운데 주목할 것은 문재인 대통령의 2012년 민주통합당 대통령 후보 경선 직후의 후보 수락 연설이다.* 정당 연설이 대개 그러하듯이, 그것은 논의의 전개에 필수적인 설명도 생략되고 논리적 비약도 심하며 정제

---

* 비슷한 연설은 2017년 '더불어민주당 후보 수락 연설'과 '19대 대통령 취임사'인데, 두 연설 모두 2012년 연설을 발췌했거나 축약한 것으로 볼 수 있다.

되고 개념적으로 일관된 언어로 구성된 논변은 아니다. 하지만 그것은 그러한 자료들 가운데 그나마 나름대로 정치적 수사력이나 대중적 호소력도 있으면서 ― '다섯 개의 문'과 같은 정치적 슬로건처럼 ― 가장 포괄적인 내용을 담고 있어 주요 분석 대상이 될 만한 가치가 있다. 먼저 그 주요 어휘들을 가능한 한 그대로 인용하면서 내용을 간략히 정리하면 다음과 같다.

현재 자본주의 세계는 시장만능주의와 성장지상주의 때문에 위기를 겪고 있는데, 대외의존도가 높고 개발독재와 정경유착으로 특권과 부패가 만연한 가운데 파행적인 압축 성장을 해온 한국경제는 더욱 심한 위기에 처해 있다. 그러한 경제적 상황에 더해 독선과 불통과 아집의 구시대의 유산인 권위주의적 리더십은 부패와 갈등과 반목을 야기하여 국가의 전진을 가로막았고, 민주주의와 인권을 후퇴시켰으며, 국가와 국민들의 삶을 유리시키면서 좌절감에 빠지게 만들고 삶을 불안하고 아프게 만들었다. 따라서 이 시대는 '사람이 먼저라는 국정철학'에 기초한 새로운 질서로의 전환을 요구하는데, 그러한 질서란 비리와 특권과 반칙을 용납하지 않고 평등과 공평과 정의가 실현되는 사회, 즉 '기회는 평등하고 과정은 공정하고 결과는 정의로운' 사회라는 것이다. 그러한 국정철학을 실현하는 리더십은 '소통과 화합' 및 '공감과 연대'의 리더십이자 '경쟁과 효율'에서 '상생과 협력'으로 전환하는 리더십이며, 그러한 리더십의 발휘를 통해 '일자리 혁명', '복지국가', '경제민주화', '새로운 정치', '평화와 공존'이라는 '다섯 개의 문'을 여는 국가정책을 실현하겠다. '다섯 개의 문'의 실현을 위한 구체적인 방안으로 '국가일자리위원회'의 설치, 시혜적이고 선별적인 복지를 뛰어넘은 보편적 복지의 구현, 재벌의 특권과 횡포를 용납하지 않으면서 재벌과 중소기업, 사용자와 노동자가 공존, 상생하는 따뜻한 시장질서의 창출, 제왕적 대통령제를 지양하고 책임총리제를 구현하며 직접민주주의와 지방분권 및 국가균형발전의 추구, 미국과의 동맹관계의 공고화와 더불어 주변 국가들에 대한 균형외교의 바탕 위에서 북핵문제의 해결 및 분단극복을 위해 6자회담의 복원과 남북정상회담 및 남북경제연합의 추진 등 북한과의 평화, 공존을 추구한다.

실제로 문재인 정부가 들어서서 추진한 정책들은 대체로 위에서 기술된 내용을 실천하려는 노력으로 볼 수는 있다. 문제는 그러한 정책들이 '정치적 소통과 화합'이나 사회적 '상생과 협력'이 아니라 수많은 새로운 '갈등과 반목'을 야기하고 있다는 점이다. 또한 문재인 대통령 자신 및 자녀와 관련된 기이한 소문들은 차치하고라도, 그가 임명한 고위 공직자들의 많은 수가 국회청문회를 통하여 바로 구시대의 특권과 반칙과 비리에 연루되어 있음도 드러나 있다. 이에 따라 보수와 진보 정파 사이에 정책적 갈등과 반목은 지속적으로 심화되어왔다. 2019년 8월 현재에도 대통령 스스로가 소통을 외면하면서 정파들 사이의 소통은 사라지고 분열과 대립은 더욱 격화되고 있으며, 광화문 거리는 또다시 촛불시위에 버금가는 거리정치 혹은 대중정치의 장소가 되고, 급기야는 내란 사태를 우려할 정도가 된 것이다. 왜 그리고 어떻게 그러한 상황이 전개되었는지 그 실체는 앞으로 이 시대 및 문 정권에 대한 더 많은 정보들과 사실들이 드러나고 인과관계가 밝혀지면서 총체적으로 파악될 것이다. 다만 위의 연설문은 그러한 의문을 해명할 단서를 제공할뿐더러 '위기의 근원'이라는 이 책 II부의 주제를 해명하는 데 도움을 준다.

위의 연설문에는 인간애와 정의를 표현하는 수많은 '매력적인' 어휘들이 나열되어 있으며, 그 매력적인 어휘들이 제공하는 정감을 거부할 이유는 없다. 하지만 단지 말로 주장을 내세우는 것과 그 주장하는 내용의 의미를 제대로 아는 것은 전혀 별개이다. 일단 그 주장 속에 제기된 평등, 공평, 정의, 소통 등 이념들의 실체나 그 밖의 수많은 어휘로 표상된 개념들 하나하나의 의미나 각 개념들 사이의 상호관계를 제대로 이해하기는 진실로 어려우며, 각 개념과 그에 상응하는 현상 사이의 관계를 파악하는 것 또한 오랜 지성적 사고의 훈련과정을 거치지 않으면 도달하기 어려운 정신적 자질이다. 아울러 현재의 자본주의 사회가 어떻게 해서 '시장만능주의'와 '성장지상주의'를 추구하게 되었으며, 한국 경제에 왜 대외의존도가 높고 개발독재나 정경유착이 나타나게 되었는지 그 역사적 사실의 실체를 제대로 파악하는 것 또한 역사적 흐름에 대한 오랜 탐구와 성찰을 요구한다. 특권과 부패가 오직 한국사회 일부에 국한된 현상인지 여부, '권위주의적 리더십'이란 오직 불통과 아집으로 점철된 것인지 여부, 민주주의와 인권이 진실로 민주화시대 이후에도 침해되었는지 여부 등의 쟁점들과 관련된 역사적 및 현재적 사실들의 의미를 제대로 이해하는 것도 높은 지성능력을 요구한다. 더 근본적인 문제로서, 마치 인간애를 독점하는 것 같은 언행의 근거로 보이는 '사람이 먼저'라는 명제의 의미가 진정으로 무엇인지를 제대로 이해하고 설명하는 것은 또 다른 지극히 포괄적인 사유능력을 요구한다.

문 대통령이나 그의 보좌진 및 정당의 인사들은 물론 일반 정치인들이 그러한 사유능력을 갖추기를 기대할 수는 없다. 그러한 능력이란 오랜 세월의 지적 축적과 지성적 성찰을 요구하기 때문이다. 다만 진정으로 의미 있는 정치적 소통이 이루어지기 위한 전제조건은 정치인들이 적어도 그러한 의문들에 답하고 그러한 개념들을 이해함이 얼마나 어려운 지적인 과제인가를 제대로 깨닫는 데 있다. 그러할 경우에만 정치인들은 국정수행의 행위 자체에 대해 경외감을 갖고 스스로의 부족함을 겸허하게 받아들이는 태도를 갖게 되며, 국정수행 과정에서 필연적으로 끊임없이 제기되는 의문들에 대해서 다양한 전문가들과 깊이 상의하는 태도가 통치행위로서 정착될 수 있기 때문이다. 보수 정치인들이 실용이나 실리의 이름으로 그러한 문제들에 관심조차 갖지 않는 것도 한국의 보수를 이념적으로 빈곤하게 만드는 주요 요인이지만, 문재인 대통령을 비롯하여 현 정권의 인사들을 포함한 진보 정치인들은 그럴듯한 이념적 언어들을 쉽게 내세우지만 정작 그 개념적 실체에 천착하는 노력은 물론 그러한 언어들의 사용에 두려움조차 갖지 않는 태도를 보이고 있다. 그러한 태도는 그들이 이념적인 인간으로 보이기는 하지만 실제로는 이념적으로 빈곤하다는 사실의 증언이다. 그러한 태도가 정치인들 일반을 지배할 때 언행에 모순이나 비일관성이 나타나기 마련이며, 정치판은 진정성과 진지성이 없는 겉멋 든 말의 향연이나 그악스럽고 상스러운 언어의 경연장이 되고, 위선과 허구의 현실 인식이나 역사의식이 국가정책 결정의 바탕이 되면서 국가 생활은 현실과 유리된 정책들로 점점 병들고 쇠약해가는 것이다.

이 제Ⅱ부를 구성하는 세 장은 왜 그러한 사태가 벌어지고 있는지 그 위기의 양상 및 근원에 대해 국가 전체, 보수, 진보의 세 측면으로 나누어 고찰한 글들이다. 본디 이 세 장을 구성하는 글들은 동일한 계간지에 대체로 1년의 시차를 두고 순서대로 작성되었는데, 국가 전체의 측면을 다룰 다음 4장의 글은 탄핵정국이 벌어지면서 사회적으로 "이게 나라냐"의 자조적인 어구가 정치적 수사 및 대중적 구호로 사용되고 일부 지식인 사회에서는 국가의 위기가 운위되었던 2016년 가을에 작성되었다. 지은이가 그러한 위기를 설명하기 위해 사용한 주요 분석 개념이 '정치적 아마추어리즘'과 '반(反)지성주의적 피로감'이다. 일부 보수 세력에게는 그러한 설명이 '종북주사파 반(反)대한민국' 세력의 속성을 호도하는 '지나치게 추상적이고 비현실적인' 학문적 기술로 비칠 수도 있다. 물론 현재의 집권층이 '종북주사파'라는 사실의 개연성마저 부정할 이유는 없다. 그러나 개연적 사실을 절대적 사실로 단정하여 분석하거나 비판함은 학문적으로 타당하지 않다. 지은이의 견해로 '종북주사파'는 진정한 의미에서 이념적인 정파가 아니라 지성적 사고 능력 자체가 결여된 얼치기 이념집단 혹은 사이비 종교집단과 같은 존재이다. 그러한 정파 아닌 정파의 출현에는 대한민국의 정치 및 사회현실을 지배하는 '정치적 아마추어리즘'과 '반지성주의적 피로감'이 있다는 점이 다음 4장뿐만 아니라 이 책 전체를 통해 제시될 기본적인 논지이기도 하다.

제 4 장

국가생활 전반을 지배하는 정치적 아마추어리즘과
반(反)지성주의적 피로감

2016년 여름 품격이 참으로 낮은 여인 하나의 국정농단 사태가 국가 전체를 흔들고 있었다. 당시 국민들은 대통령의 정신적 나상(裸像)을 세계만방에 드러낸 '국가적이고 역사적인 소극(笑劇)'에 충격과 분노와 허탈감과 수치심에 빠져 있었다. 아버지의 비극을 바탕으로 대권을 잡은 딸은 소극으로 그 대권을 잃을지도 모를 상황에 처해 있었다. 마르크스(Karl Marx)는 프랑스에 제2제정을 연 루이 나폴레옹의 쿠데타에 대해 그의 삼촌 나폴레옹 보나파르트의 것에 빗대어, 역사는 반복하는데 한 번은 "거대한 비극으로(als grosse Tragödie)" 다른 한 번은 "너절한 소극으로(als lumpige Farce)" 나타난다고 냉소를 보낸 바 있다. 그의 냉소가 당대의 역사적 현실을 얼마나 제대로 통찰한 것인지 여부는 또 다른 문제이다. 어쨌든 역사적 전환은 언제나 비극의 형태로 나타날 수밖에 없음은 분명하다. 상반되는 정치적 입장의 충돌일 수밖에 없는 그러한 전환에 참여하는 인물들은 적어도 스스로의 입장에 목숨

---

* 원문은 「대한민국, 무엇이 위기인가」, 『철학과 현실』(2016년 겨울호), 82-109쪽.

을 걸 정도로 진지할 수밖에 없으며, 이에 따라 비록 패자들에게는 개인적으로 불행이지만 결국은 피로서만 결말이 지어지기 때문이다. 그 역사적 책임 소재의 문제를 떠나 분단과 내전이라는 민족사적 비극으로 끝난 해방정국에서의 좌우대립에도 어느 정도 그러한 진지성은 있었다. 그런데 국가적 대사건이 소극의 형태로 나타날 때 그것은 새로운 역사적 전환이 아닌 쇠망의 징조일 수밖에 없다.

국가적 대사건이 소극의 형태로 나타나는 이유는 무엇보다 그러한 사건을 일으키는 장본인들이 스스로의 행동에 대해 진지성이 없고 국가적으로 어떠한 의미가 있는지 깊은 성찰은 물론 경우에 따라서는 의식조차 하지 못한 채 일을 벌인다는 점에 있다. 그것은 곧 국정에의 참여가 이미 개인적 출세나 치부의 수단 등 사적 이해관계 추구의 수단으로 전락했음의 징표이고, 더 나아가 국가생활을 개인적 삶과는 무관한 별개의 영역으로 믿는 편협하고 왜소한 이기주의가 많은 국민들의 정신세계를 지배하고 있다는 사실의 징표이기도 하다. 그러한 징표들이란 결국 국가 전체적으로 역사의식과 공인정신이 쇠락했음의 증언이다. 역사적이고 공공(公共)의 존재인 국가를 구성하는 인간들에게서 역사의식과 공인정신이 쇠락할 때 국가 자체가 쇠락하게 됨은 필연이다.

최 여인의 사태는 국가적 소극의 전형이다. 그 소극에는 일단 교양 없고 탐욕스런 여인 하나가 사이비 선지자의 후광을 업고 오랫동안 저질러온 어이없는 월권과 파렴치한 행위, 그러한 여인에 국정을 일방적으로 의탁한 대통령의 편집광 수준의 아집과 허망한 수준의 판단력 결핍, 그토록 빈곤한 정신세계에 순종하거나 방관한 주변 공직자들의 무능함과 간교함이 있다. 그런데 후자의 무능함과 간교함은 그들 개인들만의 성향이 아니라 대한민국의 공직사회와 정치권 전체를 지배하는 범속한 출세주의와 무사안일주의, 다시 말하여 국가관 및 공인정신의 실종 현상이 권력 핵심부에서 표출된 데 지나지 않는다. 그런데 여기서 주목할 점이 있다. 대통령의 그 빈곤한 정신세계에는 일반적으로 인정되어왔듯이 '나름대로의' 진지한 국가의식 혹은 애국심과 더불어 삶에 대한 엄숙한 태도도 존재한다는 사실이다. 최 여인 사태는 바로 진지하고 엄숙한 정신세계와 결코 진지하거나 엄숙하지 못한 정신세계와의 합작으로 이루어졌다는 사실에 그 소극성(笑劇性)의 핵심이 있다. 그렇다면 이 거창한 아이러니의 근원이 무엇인지에 대한 규명이 국가적 과업으로 등장한다.

이 제4장의 목적은 그러한 정신적 성향들의 근원이 무엇인지를 정치철학적으로 해명하는 데 있다. 그 근원은 상호 연관된 두 가지 요소로 구성되어 있다. 하나는 국민들 전체를 지배하는 정치적 관념이고, 다른 하나는 특히 지식인 사회를 지배하는 정신적 태도이다. 전자는 특히 민주화시대 이후 한국인들의 정신세계를 지배해왔는데, 간단히 규정하여 '정치는 전문적인 지식과 깊은 식견이 없어도 가능한 직능'이라는 관념으로서 편의상 '정치적 아마추어리즘'으로 명명하겠다. 후자는 화이트헤드(A. N. Whitehead)의 "피로감(fatigue)" 개념을 원용하여 '반(反)지성주의적 피로감'으로 규정할 수 있다. 특히 강조할 점은 '반지성주의적 피로감'은 국가생활을 정신적으로 이끌어야 할 대학 등 지식인 세계를 지배하는 정신적 태도이기 때문에 '정치적 아마추어리즘'의 지적 원천이기도 하다. 최 여인의 사태란 근본적으로 대한민국 국가생활의 바탕에 있는 그러한 정신적 요소들이 국가적 소극이라는 치욕스러운 형태로 노출된 것이다. 왜 그러한지 설명이 필요할 것이다.

1. 선지자, 정치철학자, 정치인, 그리고 '정치적 아마추어리즘'과 '반지성주의적 피로감'

어떠한 조직이든지 그 존재성을 위협하는 위기의 상황에 처했을 때, 그 극복의 출발은 바로 위기라는 현실을 그 근원에서부터 철저히 파악하는 것이다. 스스로의 모습에 대한 부끄러움 때문에 현실의 추한 모습을 덮을 경우 위기는 계속 심화될 뿐이다. 불편한 현실을 편하게 볼 줄 아는 것이 불편한 현실에서 벗어나는 요체이다. 그러한 관점에서 최 여인 사태라는 불편한 현실과 연관된 여러 사실들 가운데 하나에 대해 언급할 필요가 있다. 그것은 사이비 선지자의 존재이다.

어느 시대 어느 사회에서나 스스로 선지자라고 칭하거나 영적 지도자로서 대중적 추종의 대상이 되었던 인물들은 많다. 그러나 생전은 물론 사후에라도 그 '선지'가 인정되어 정신사의 판테온에 안치된 인물은 극히 희소하다. 인류정신사에서 선지자의 담론을 주도한 유대인들이 선지자로 인정하여 그들의 민족적 경전인 『구약』에 '배향한' 인물들은 그 칭했던 인물들의 수에 비해서는 극소수에 불과하다. 어느 시대에나 통치자 혹은 지배층이 우매할 때 사이비 선지자들은 출현하기 마련이다. 정치현실에서 문제는 언제나 누가 진정한 의미에서 선지자이고 누가 사이비 혹은 사기꾼 급의 선지자인지 범상한 지성능력으로는 쉽게 구분할 수 없다는 사실에 있다.

소크라테스의 처형은 그러한 문제의 철학사적 원형이다. 국가적 논제와 관련하여 정서적인 동조나 감정적인 열광을 유도하는 언사에 능한 인물들은 대체로 사이비 선지자인 경우가 대부분이다. 국가적 문제들이란 본질적으로 그와 같이 비이성적인 방식으로는 그 해결책은 물론 실체조차 제대로 파악될 수 없기 때문이다. 영성(靈性)이나 직관이란 창조성의 원천이나 체계적 사고의 단초일 수는 있어도 그 자체가 창조적이며 체계적인 사고는 아니다. 국가생활의 본령에 대한 평소의 깊은 성찰적 지식을 바탕으로 국가가 직면한 문제들을 그 근원에서부터 심층적이고 체계적으로 파악하고, 그러한 파악을 기초로 그 해결책이나 지향해야 할 미래의 국가적 비전을 포괄적으로 제시할 수 있는 인물이 바로 진정한 의미에서의 선지자라고 할 수 있다. 그러한 인물은 일반인들을 감정적으로 열광시키는 것이 아니라 그들 정신세계의 허구와 위선과 오류를 지적하고 깨우치는 존재이다. 그렇기 때문에 그는 대중들로부터 외면당하고 배척받기 쉬우며 경우에 따라서는 죽음에 이르는 박해를 받을 수도 있는 것이다. 그러한 성격의 선지자란 바로 100년에 한 번 출현하기도 어려운 위대한 정치철학자에 다름 아니다. 박근혜 대통령은 바로 국가통치에 필수적인 종합적 판단력의 근본적인 미숙 혹은 부재 속에서 국가생활에서 요구되는 '선지'의 본질이 무엇인지 그것에 대해 이해하지 못함은 물론 그 문제의 존재조차 평소 의식하지 못한 데 그 정신적 나상(裸像)의 핵심이 있다. 그리고 그 점은 정도의 차이는 있지만 한국 현대사에 등장한 대통령들 몇몇을 포함하여 많은 정치인들에게 공통적인 요소라는 사실에 현 국가적 사태의 정신사적 연속성이 있다.

통치력의 핵심은 국가적 상황을 총체적으로 이해하고, 그 근본적인 변화의 흐름을 통찰할 수 있으며, 인물들의 가치를 제대로 알아보고 그들을 적재적소에 배치하여 각자가 최고도의 능력을 발휘할 수 있도록 격려하고 지원하는 데 있다. 단적으로 말하여 최고 통치자에게는 상황판단과 인물판단의 능력 이외에 더 이상 필요한 자질은 없다. 그러한 능력이 통치자에게 요구되는 도덕성의 핵심이기도 하며, 동서양 고대정치사상에서는 덕(德)이나 '아레테(aretē)'의 개념 등으로 표현된 바 있다. 그러한 능력이란 오랫동안의 자기성찰적인 지성적 연마 및 깨달음을 통해서만 형성될 수 있는 정신적 자질로서 소수의 탁월한 인간이나 도달할 수 있는 최고도의 경지이자 최고도의 전문성의 영역이기도 하다. 그럼에도 불구하고 일반인들은 그러한 경지 자체가 무엇인지조차 쉽게 이해하기 어렵다는 사실에 '정치적 아마추어리즘'이 일반인들의 정신세계를 지배하게 되는 근본적인 이유이며, 대중민주주의에서 진정으로 통치능력을 갖춘 정치 지도자가 쉽게 등장하기 어려운 근본적인 이유이기도 하다.

어쨌든 진정한 통치력을 갖춘 인물이 최고 통치자가 되는 것이 정치적 최선일 것이다. 현실적으로 그러한 인물이 없거나 그러한 인물이 있더라도 그의 존재를 국민들이 인지하지 못할 경우, 차선은 정치인들이 적어도 그러한 통치능력을 갖추기가 얼마나 어려운지 정도는 깨닫고 있으면서 국정에 겸허하게 임하고 접근하는 것이다. 다시 말하여 국가생활에서 발생하는 여러 문제들의 근원을 성찰하면서 위기의 징후를 미리 파악하고 국가가 추구해야 할 미래의 비전을 새롭게 제시하는 수준의 정치적 식견을 갖추기가 얼마나 어려운 것인지, 법이나 제도적 규정에 순응하는 차원의 행정행위나 정권장악을 위한 권력투쟁 차원의 정치가 아니라 진정한 의미에서 정치를 한다는 것이 얼마나 어려운 것인지, 그러한 어려움 자체를 깨닫는 것이 통치자에게 요구되는 최소한의 자질이라는 것이다. 대통령이 그 최소한의 자질을 갖추지 못할 때 국가생활에서 온갖 희비극이 발생할 수 있다. 최 여인의 사태는 그러한 상황의 극단적인 경우지만, 비록 정도의 차이는 있더라도 과거의 여러 대통령들이 범한 여러 국정실패도 같은 차원에서 이해될 수 있다.

국가통치에 대한 깊은 식견이나 판단력을 갖추지 못한 채 남의 머리를 빌려 통치할 수 있다고 믿는다든가, 민주주의에 대한 특정의 고착된 관념을 일방적으로 국정에 적용하는 것이 민주정치의 전부라고 믿는 사고력의 한계가 다름 아닌 '정치적 아마추어리즘'이다. 국가를 통치한다는 과업 자체의 그와 같은 본원적인 지난함과 심원함을 평소부터 정치인들이 깊이 깨닫지 못할 때, 국가생활에 참여하는 행위 자체에 수반되어야 할 엄중함과 진지함과 소명의식은 현실정치에서 사라지면서 오직 그악스러운 권력투쟁만 남게 된다. 현실정치의 그러한 분위기가 특히 상업주의적 계산속과 이기주의적 영악함과 결합할 때 범속한 출세주의와 안일한 보신주의가 정치인들과 공직자들을 지배하게 되며, 그러할 경우 국가생활에서 발생하는 문제들을 책임감을 가지고 철저하게 검토하고 치밀하게 그 대응 방안을 마련하는 공인으로서의 프로의식이나 장인정신 또한 퇴색하게 되는 것이다. 그러한 정신적 성향이 현재 대한민국의 국가생활 곳곳에서 벌어지고 있는 그 수많고 다양한 위기의 징후들의 원천이며,[1] 그러한 정신적 원천의 원천이 바로 '반지성주의적 피로감'이다.

앞에서 정리했듯이 화이트헤드의 "피로감(fatigue)" 개념이 '반지성주의적 피로감'의 개념적 원형이며, '반지성주의적'이란 그 개념의 핵심적인 의미를 부각하기 위한 한정어이다. 그런데 국가적 위기란 국가운영의 정상적인 상태에서 언제나 돌출할 수 있는 일시적인 병리현상이 아니라 국가의 존재성과 관련된 병리현상이다. 따라서 '반지성주의적 피로감'이란 개념을 중심으로 대한민국이 처한 국가적 위기를 논의하기 위해서는 간단하게라도 먼저 국가의 존재성 혹은 본질이 무엇인가 하는 정치철학의 거대한 주제에 대해 언급하고 지나갈 필요가 있다.

플라톤이 『국가』에서 고전적으로 제시했듯이, 일단 국가란 홀로는 스스로의 탄생을 포함하여 삶의 유지는 물론 그것을 통해 추구하는 가치와 목표를 실현시키지 못하기 때문에 "자족적이지(autarkēs, self-sufficient)" 못한 존재들인 개인들의 집단이다. 자족성(autarkeia)이라는 그

---

1) 그러한 위기의 징후들에 관해서는 일단 최근의 한 대중매체의 보도를 인용할 필요가 있다. OECD는 "Society at a Glance"라는 발표를 통해 한국이 저출산, 고령화 및 노인빈곤, 복지취약, 정부불신, 자살률 등 5개 지표에서 OECD 국가들 가운데 최악으로 위험사회의 상태에 있음을 지적했다는 것이다(『한겨레신문』 2016년 10월 12일자). 이 밖에도 지속적인 사회적 관심사인 패륜범죄의 횡행과 공교육의 황폐화, 특히 최근 들어서는 한때 세계 최강이었던 조선업이 쇠락하고 삼성전자와 현대자동차 등 한국을 대표하는 기업마저 흔들리고 있는 등 경제적 위기감, 좌우의 대립이 심화되고 정권장악을 위한 원색적인 권력투쟁이 격화되면서 정치적 수사(修辭)마저 그악스럽고 치졸한 언어로 도배된 지도 오래되어 현실정치에 대한 일반 국민들의 환멸감이 증폭되면서 국회 해체론마저 등장한 지 오래된 정치권의 위기, 공인으로서의 의무감과 책임의식의 실종 속에 공직이 단지 세속적 출세를 위한 경쟁의 대상으로 변질된 지 오래되어 부패와 무사안일이 구조적인 양상을 띤지 오래된 공직사회의 위기, 아울러 최근에는 중국 어선에 의한 해경 고속단정의 침몰사태가 보여주듯이 국가라는 존재의 본원적 요소인 대외적 주권행사마저 위기에 처한 상황을 들 수 있다.

존재이유가 국가라는 존재에 수반되는 여러 본질적인 요소들을 결정한다. 일단 국방의 자주와 경제적 자립을 넘어 교육문화와 도덕과 학문의 완성을 함축하는 자족성은 바로 그 이유 때문에 특정의 행위로 구현되는 한정적인 가치가 아니라 끝없이 추구해야 할 영원하고 보편적인 이념이며, 이에 따라 국가란 존재도 개개인들의 유한한 삶을 초월한 역사적 연속성이 그 본질적인 속성이다. 또한 자족성의 실현을 위해 필수적으로 요구되는 국가라는 분업체계의 공간적 한정성은 근대의 공법학자들을 통해 교과서적 지식으로 널리 통용되는 '국민, 영토, 주권'이라는 국가의 세 요소를 등장시킨다.

국가라는 분업체계의 공간적 경계는 생산방식이나 통신과 교통의 발달 수준 등 역사적 상황에 따라 끊임없이 확장되거나 축소되지만, 어쨌든 특정의 역사적 상황에서는 현실적으로 그 분업체계에 편입되어 있지 않은 '다른 사람들'과 구분되는 '우리'라는 '배타적'인 — '적대적'과는 구분되는 — 집단적 정체성(identity)에 기초하여 국가가 존재할 수밖에 없게 만든다. 그러한 배타성의 인간적 요소가 '국민'이라면 그 공간적 요소가 '영토'이다. 그리고 역사적 연속성 및 정체성이 발현되는 배타적인 공간적 경계를 보존하기 위해서는 어떠한 성격과 형태든지 대내적 및 대외적으로 최고권의 존재를 제도적으로 유지할 수밖에 없다. 그러한 최고권이 바로 '주권'이다. 플라톤의 그 심원하고 복잡한 정치철학을 포함하여 동서양의 정치사상사란 그와 같이 상호 연관된 개념들의 구체적인 내용이 무엇이고, 현실정치에서 적용 가능한 그 개념적 기준이 무엇이며, 그것들이 구현되기 위해 어떠한 물질적 혹은 정신적 조건이 요구되고 어떠한 부수적인 제도적 장치가 필요한지 등의 문제들에 탐구의 역사인 것이다. '정치적 아마추어리즘'의 지적 공허함은 이러한 맥락에서도 확인된다.

여기서 국가라는 존재의 근원인 자족성 개념과 관련된 지극히 복잡한 정치철학적 쟁점을 떠나 그것의 근본적인 성격 하나는 분명히 전제할 필요가 있다. 국가라고 불린다거나 국제법적으로 인정된 존재라고 해서 그 국가가 자족적인 존재는 아니라는 것이다. 자족성은 한 국가가 진정한 의미에서의 국가가 되기 위해 끊임없이 추구할 목적이자 이상 그 자체이며, 여러 국가들 위에 군림하는 패권국가가 되었다거나 경제적으로 가장 부유한 국가가 되었다고 해서 그러한 이상이 자동적으로 실현된 것은 아니라는 것이다. 한때 역사적 영광을 누렸던 수많은 패권국들이 사라진 사실 자체가 증언하는 것도 바로 이 점이다. 한 국가가 자족성의 이상에 대한 추구 속에서 끊임없이 스스로를 개혁하고 변화하는 현실에 능동적으로 적응하는 노력을 멈출 때 그 국가는 필연적으로 쇠망한다는 것이다. 여기서 제2차 세계대전 이후 성공한 신생국의 모델과 같이 칭송이나 자부심의 대상이었던 대한민국이라는 국가의 경우 어떠한 근거에서 '반지성주의적 피로감'이 자족성이라는 국가적 존재성 혹은 이상의 추구를 근본에서부터 저해하는 요소인지 설명할 필요가 있다.

앞에서 정리한 대로 국가란 개인들 간의 상호 의존성에서 이루어지는 분업의 체계이다. 그러한 분업의 체계는 사적 영역과 공적 영역과 두 영역을 매개하는 영역으로 구분된다. 즉, 가정으로 불리는 사적 영역과 일상적인 의미에서의 국가인 공적 영역, 그리고 두 영역을 매개하는 시민사회라고 불리는 영역이 존재한다. 가정은 생식(生殖)을 통해 국가 구성원을 재생산하고 원초적인 교육이 이루어지는 영역이며, 직업적으로 국가의 구성원들 대부분이 종사하는 시민사회의 영역은 재화와 용역을 생산하고 교환하는 활동의 영역이다. 일상적인 의미에서의 국가 혹은 입법, 사법, 행정을 포괄하는 광의의 의미의 정부는 앞의 두 영역을 관리하는 공공영역이다. 통치행위로도 불리는 후자에 의한 전자 두 영역의 관리 및 세 영역 전체에 대한 통합은 법치국가인 한 헌법을 정점으로 하는 법률체계에 근거하여 이루어지는데, 민주주의 국가체제에서 헌법의 제정 및 그것을 해석하고 운영하는 궁극적인 주체는 국가 구성원 전체의 통칭이자 주권자인 국민이다. 국민이라는 통치주체의 통치권 행사는 바로 국민의 의사를 통해 이루어지므로, 국민이란 국민의사의 다른 이름에 불과하다.[2] 결국 국민의사가 국가통치의 주체이므로 국가적 위기 상황을 극복하는 주체도 국민의사이다. 여기서 국민의사라는 개념을 좀 더 구체적으로 정리하면서 그것과 국가적 위기의 원천으로 지목된 '반지성주의적 피로감'과의 관계를 설명할 필요가 있다.

2. 국민의 의사, '반지성주의적 피로감', 국가적 위기

국가통치의 궁극적 주체인 국민은 헌법 조문으로 규정되는 바와 같은 성격의 추상적 존재가 아니다. 그것은 헌법 전문(前文)을 통해 바로 헌법적으로 그 역사적 존재성이 명시적으로 규정되듯이, 역사적 및 정신사적 연속성 속에서 끊임없이 변화하고 새롭게 형성되는 역동적인 존재이다.[3] 그 정신적 주체성과 역동성을 표현하는 어구인 국민의사라는 개념을 통해 국민은 그 구체적인 역사성과 정신사적 성격을 국가생활 속에서 발현한다. 국민의사는 국민이라는 집합적 존재의 주관적 측면 총체를 규정하는 개념이며, 세계사의 전체적인 흐름을 파악하고 시대적 변화를 읽어내면서 국가가 당면한 근본적인 과제들을 설정하고 국가 전체 차원의 담론 형성을 통해 국가가 나아가야 할 미래의 새로운 방향을 결정하는 궁극적인 정신적 주체를 지칭한다. 국민의사의 그러한 개념적 성격을 기초로 국가적 위기의 실체도 파악될 수 있다.

---

2) 국가 개념 및 국민의사 개념에 대한 자세한 논의로는 양승태(2007), 특히 3장 및 양승태(2010), 1부 참조.

3) 그 주제의 광범위함에 비해서는 논의 내용이 비록 너무 제한되어 있지만, 헌법학자와 정치학자인 함재학 교수와 김성호 교수의 공저인 *Making We the People: Democratic Constitutional Founding in Postwar Japan and South Korea*(Ham, 2015)는 기존의 한국 헌법학계가 다루지 못한 대한민국 헌법의 그러한 측면을 연구했다는 점만으로도 획기적인 업적이다.

국가적 위기란 결국 국민의 의사가 국가가 직면한 현실들의 실체를 제대로 파악하고 제대로 대처하지 못한 상태가 오래 지속된 결과이다. 국가적 병리상태가 심각한 상태에 이르러 기존의 법조문이나 제도적 관행은 물론 기존의 정치적 관념에 의거한 일상적인 통치행위나 행정 수행으로는 해결될 수 없는 지경에 이른 상황이 국가적 위기인 것이다. 그러한 상황의 출현은 일차적으로 국민이 국가통치의 궁극적 주체로서의 역할을 제대로 수행하지 못한 데 기인한다. 다시 말하여 잘못된 교육이나 잘못된 정치적 선전 선동 등의 영향에 의한 잘못된 결정으로 자격 없는 국가원수나 자질 없는 대표자들을 선출하는 행위를 통해 발생한 것이다. 그런데 주체란 스스로의 행위의 원천이자 그 행위의 결과에 책임지고 새로운 결정을 통해 그것을 변화시키는 원천이기도 하므로, 국민의 의사란 바로 스스로 초래한 국가적 위기의 궁극적 원인이자 동시에 위기 극복의 궁극적인 주체이기도 하다. 따라서 국가적 위기 극복의 실마리 또한 바로 역사적으로 형성된 국민의사의 내용이나 성격 자체에 어떠한 결함이 있는지의 문제에서 찾아야 한다. 다시 말하여 국가적 위기의 진정한 극복은 위기의 여러 증상들에 대한 대증요법 차원에서 해결될 수 없으며, 국가통치의 주체로서 헌법을 포함하여 기존의 법률이나 규범 위에 존재하는 국민의사의 역사적 및 정신사적 연속성을 기초로 접근되어야 한다는 것이다.

초월적이고 역사적인 존재로서의 국민의사에 대한 강조에는 나치즘과 파시즘 등의 출현에서와 같이 특정 정치집단이 기존의 헌법체계를 무시하고 권력 장악을 정당화할 수 있는 위험은 분명히 있다.4) 그러나 국민의사의 본원적 성격으로서의 초월성 및 역사성에 대한 잘못된 이해나 권력욕에 따른 의도적인 왜곡과 관련된 정치사적 경험이 그 개념

---

4) 실제로 국민의사의 그러한 성격이 슈미트(Carl Schmitt)와 같은 탁월한 헌법학자로 하여금 특정의 역사적 상황을 잘못 판단하여 학문적 과오를 범하게 만든 개념적 원천이기도 하다.

자체에 오류가 있음을 증명하는 것은 분명히 아니다. 또한 묵시적이든 명시적이든 국가 구성원 다수의 의사에 기초하여 혁명이나 쿠데타 등 비제도적 혹은 비헌정적 방식에 의한 정권교체가 정당화될 수 있는 역사적 상황에 대한 논의는 동서양 정치사상사에 공통적으로 존재한다.

물론 국민의사의 본원적 초월성 및 역사성이 정치적으로 왜곡되고 악용될 위험은 특히 국가적 위기 상황에서 언제나 발생 가능하다. 그러한 위험을 배제하면서 대한민국의 국민의사가 당면한 국가적 위기를 극복하기 위해 갖추어야 할 결단이 내용상의 보편성과 더불어 역사적 상황논리의 차원 혹은 다른 말로 시중(時中) 차원의 — 유학의 중용(中庸) 이념을 원용하여 — 합리성과 타당성도 겸비하기 위해서는 다음이 전제되어야 한다. 대학 등 지식인 사회에서의 전문적이고 포괄적인 토의과정을 통해 형성된 국가적 논제가 자유로운 사회적 소통 과정 및 공공영역에서의 치밀한 정책결정 과정을 거쳐 국가 전체의 의사로 나타나야 한다는 것이다.5) 여기서 국민의사 형성에 기본적인 책임이 있는 한국의 지식인 사회가 그러한 역할을 제대로 수행하고 있느냐의 의문이 제기된다. 그러한 의문점을 구명하기 위해서 앞에서 언급된 화이트헤드의 피로감 개념이 설명될 필요가 있다.

위에서 국민의 의사는 고정된 것이 아니라 전통과 문화에 내재하면서 끊임없이 역사적으로 변화하고 새롭게 형성되는 국민의 정신세계이며, 바로 국민의사라는 집합적인 정신세계가 세계사의 전체적인 흐름을 파악하고 시대적 변화를 읽어내면서 국민들의 일상적이고 구체적인 삶속에 잠재하는 국가적으로 심각한 문제들의 존재를 인지하고 그 실체

---

5) 이것이 잘 알려져 있듯이 하버마스의 보편적 화용론 및 사회적 소통이론의 핵심이고 그것을 원용한 정치이론이 소위 '심의민주주의(deliberative democracy)' 이론이다. 다만 하버마스는 앞으로 이 글에서도 논급될 실존적 소통의 의미를 깊이 천착하지 못한 점에 철학자로서의 근본적인 한계를 지녔다고 할 수 있다.

를 정확하게 구명하면서 국가가 나아가야 할 미래의 새로운 방향을 결정하는 궁극적인 주체이기도 하다. 그런데 국가라는 분업체계에서 그러한 과제들을 수행하는 일차적인 책무는 지식인들에게 있다. 국가적 책무로 부여된 그러한 과업의 수행에는 기존의 사고체계나 방법론에 얽매이지 않는 자유롭고 창조적인 사유능력이 요구된다. 한국의 지식인 사회에서는 바로 그러한 사유능력이 제대로 발현되고 있지 못하다. 그러한 사실과 관련하여 화이트헤드가 말하는 '피로감'의 개념을 좀 더 구체적으로 소개할 필요가 있다.

화이트헤드는 대저 『과정과 실재(*Process and Realty*)』가 출간된 해인 1929년에 그것을 보충하는 논저라고도 할 수 있는 『이성의 기능(*The Function of Reason*)』이라는 소책자도 출간하였다. 그것에는 간략하게나마 서양 근대철학에 정면으로 도전하는 이성 개념이 제시되고 설명되어 있다. 이성의 반정립(antithesis)은 신앙이나 감성이나 정감 또는 직관이나 본능이 아니라 피로감(fatigue)이라는 명제가 그것이다. 그의 설명을 좀 더 인용하면 다음과 같다. "피로감이야말로 이성의 반정립이다. 피로감의 작동이 <u>위를 향한 도정</u>이라는 이성의 원초적인 성격을 좌절시킨다. 피로감이란 <u>새로움에 대한 충동</u>을 배제하려는 작용이다. 비록 아직은 기존의 어떠한 방법론에도 맞추어져 있지 않더라도 통<u>찰력 있는 생각을 향한 힘</u>이 바로 이성이 가지고 있는 <u>진보의 원동력이</u>다."(밑줄은 필자)

화이트헤드의 피로감이란 결국 사물을 기존의 사고틀에서 벗어나 새롭게 파악하려는 시도 자체를 기피하는 사고의 무력증과 창조적 상상력의 소진상태를 지칭한다. 그러한 정신적 상태에서는 스스로의 사고방식이나 세상을 보는 눈 자체에 무엇이 잘못되어 있는지 반성적으로 성찰하지 못하게 되며, 약삭빠른 계산이나 이해타산은 잘 하지만 정작 무엇을 위한 계산이고 이해타산을 통해 궁극적으로 성취하려는 것이 무엇인지 제대로 파악하지 못하는 정신적 타성에서 벗어나지 못하게 된다. 그러한 피로감이 지성계를 지배할 때, 정치란 의례 권력투쟁과 '높은 자리 나누어먹기'라는 타성적인 사고를 정치적 현실주의라는 이름으로 포장해주면서 국가생활을 새로운 차원으로 발전시키려는 충동을 배제하며, '다른 나라에서 하니 우리도 해도 되겠지' 하는 모방의식 속에 국가를 진정으로 발전시키려는 "위를 향한 도정"은 멈추고, 국가가 당면한 현실 그 자체 내에서 국가의 미래를 행한 새로운 흐름을 읽어내는 "통찰력 있는 생각"은 사라지고, 국가적 현안이 발생할 때마다 외국의 방법론이나 이론에 일방적으로 의탁하여 상투적인 처방 또는 대증요법 식의 해결책을 제시하는 것으로 만족하는 태도가 마치 과학적 객관성 혹은 학문적 중립의 표현인 듯이 믿어지는 지적 허구와 위선의 풍토가 자리 잡게 되는 것이다.

국가적 위기란 바로 기존의 사고틀이나 방법론으로는 그 해결책은 물론 그 실체가 제대로 파악되지 않는 문제들이 등장했음을 의미한다. 그러한 사실을 외면하면서 위기의 양상들을 그 근원에서부터 탐구하고 그 실체를 총체적으로 파악하려는 노력이 없이 상투적이고 부분적인 처방이나 대증요법 식의 해법 제시로 그치는 행태가 오래 지속되면서 국가적 위기는 심화된다. 그러한 상황이 도래하기 전에 위기의 존재를 경고하고 해결책을 제시하는 과업이 지식인들에게 부여된 사회적 소업이자 국가적 의무인데, 바로 그들이 그러한 소명을 제대로 수행하지 못했기 때문에 현재의 대한민국이 위기에 직면해 있는 것이다. 다시 말해서 한국의 지식인 사회를 지배하는 '반지성주의적 피로감'이 새롭고 미래지향적인 국민의사가 제대로 형성되지 못하게 만들어 국가적 위기를 초래한 근본적인 원인인 것이며, 한국 학계에서 일상적으로 발견되는 학문윤리 차원의 여러 일탈된 행위들은 그러한 피로감의 병리적 양상일 뿐이다.

지적 소명의식이나 학문적 독자성 문제를 떠나 한국의 많은 학자들은 사회적 실천이라는 이름으로 세속사회와 결탁하거나 부화뇌동하는 행태도 보이고 있다. 더 나아가 그들 스스로가 학문적 이유가 아닌 세속적인 이해관계에 따라 분열하면서 세속정치의 대립 및 갈등구조를 더욱 조장하거나 적극적으로 편승하는 경향도 강하며, 대학 또한 상업화되고 관료화되어 정파들의 대립이나 사회적 이해관계를 초월하는 입장에서 국가생활이 나아가야 할 바를 제시하는 역할을 수행하지 못하고 있다. 직업적 측면에서 그나마 자유로운 사고를 할 수 있는 객관적 여건에 있는 지식인들이 그러할진대, 권력구조의 지배를 받을 수밖에 없는 관료들이나 대중적 지지 여부에 자신의 정치적 인생을 의존할 수밖에 없는 대중정치인들이 기존체제나 기존의 사고방식에 안주하면서 무사안일과 무책임의 범속한 출세주의에 빠져 있게 됨은 당연하다. 그러한 정신적 상황에서는 박근혜 정권에서와 같이 '창조'라는 말이 아무리 국가정책의 기본 목표로 제시되어도 창조적이고 자유로운 사고가 아니라 독단적이고 고착되고 교과서적인 사고가 국가운영을 지배할 수밖에 없는 것이다.

토인비는 『역사의 연구』에서 한 문명이나 국가가 쇠락하는 대표적인 징후로서 지배층이 '창조적 소수(creative minority)'가 되지 못하고 오직 기득권의 향유에 만족하는 '지배적 소수(dominant minority)'로 변질되는 양상을 지적한 바 있다. 민주주의 국가의 경우 국내외적 및 세계사적 도전의 실체를 제대로 파악하고 국가생활의 새로운 미래를 제시하면 국민들을 이끌어가는 능력을 갖춘 집단이 '창조적 소수'라면, 민주정치의 외양으로 국민들에게 아부는 하지만 실제로는 사회적 혹은 정치적으로 출세했다는 통속적인 안도감이나 만족감에 싸여 국가관과 역사의식은 물론 공인의식마저 포기한 채 기존의 체제 및 관행에 안주하면서 다수 위에 군림만 하는 집단이 '지배적 소수'이다. 한 국가가 대내외적 도전에 성공적으로 응전하기 위해서는 민주주의 국가에서도 토인비가 말하는 '창조적 소수'의 존재는 필수적이다. 대한민국의 지배층이 바로 '지배적 소수'로 남아 있을 때 대한민국은 결코 현재의 국가적 위상에서 한 차원 높은 발전을 하지 못함은 물론 당면한 국가적 위기를 극복하지 못하고 쇠락할 수밖에 없을 것이다. 그리고 그러한 쇠락의 양상들이 국가생활 전체에 구조화될 경우 자유로운 정치사회적 소통이나 제도 내적 방식으로는 더 이상 해결이 불가능한 상태에 이르러 급진적이고 혁명적인 사태가 도래할 수 있는 것이다.

여기서 국가적 위기감을 촉발시킨 박 대통령의 정신적 나상의 문제로 다시 돌아갈 필요가 있다. 즉, 최근의 '국가적이고 역사적인 소극'의 원인이자 오랫동안 대통령의 결함으로 지적되어온 소통능력의 빈곤을 과연 성격적 결함이나 태생적인 지적 능력 또는 정신적 상흔 등 개인 차원의 문제로 전부 귀착시킬 수 있는지 검토할 필요가 있다는 것이다. 그러한 검토와 연계하여 오래전부터 국가적 난제로 부각되어온 교육 문제와 더불어 소위 '6·29 체제 피로감'의 극복 방안으로 최근 정치권에서 부상하고 있는 개헌 문제에 대해 언급하면서 이 장을 마치고자 한다.

3. 소통과 실존적 소통, 교육 및 정치의 현실과 이상, 그리고 개헌 문제

야스퍼스(Karl Jaspers)가 오래전 지적한 대로(Jaspers, 1919), 소통능력이란 인간이 그 실존적 가치를 실현하기 위해 요구되는 필수적인 덕목이다. 타자와의 격의 없고 진지하고 진솔하고 자유로운 소통을 통해 인간은 스스로의 한계를 끊임없이 자각하면서 스스로의 정신세계를 심화하고 확장하게 되며, 그러한 과정을 통해 삶의 의미와 기쁨을 끊임없이 새롭게 발견하고 체험하면서 진정한 자기발전을 추구하게 된다. 그러한 소통이 이른바 '실존적 소통(existentielle Kommunikation)'이다. 그런데 그러한 의미의 소통능력은 결코 쉽게 획득될 수 있는 인간적 자질이 아니다. 일반적으로 타인과 쉽게 사귀고 편하게 대화를 나누는 사교적인 인간들이 반드시 그러한 능력의 소유자는 아니다. 그들은 타인과의 진정한 사귐이 아니라 겉치레의 대화나 친교를 통해 세속적인 이익을 도모하는 경우가 많다. 진정한 의미에서의 소통은 어린 시절부터의 교육을 통해 형성되는 가장 중요한 정신적 자질이라는 점이 강조될 필요가 있다. 대한민국 위기의 주요 양상들 가운데 하나인 교육의 문제도 바로 실존적 소통의 개념과 연관하여 해명될 수 있다.

과도한 일반화라는 오해가 있을 수 있지만, 교육의 궁극적인 목적은 개개인들이 타인과의 자유롭고 진실한 소통을 할 수 있는 능력을 함양함에 있다. 배움의 과정이란 바로 교육의 여러 단계에서 습득되는 지식을 중심으로 소통능력을 심화하고 확대시키는 과정 이외의 다른 것이 아니며, 고등교육방법의 핵심인 토론수업이란 교수와 학생들 사이에 자유로운 소통을 통해 서로 배우고 깨닫는 과정 그 자체인 것이다. 그러한 소통능력이 직업생활을 통해 발현되면서 개개인의 인간들이 타인과의 직접적인 대화나 독서 등의 간접적인 대화를 통해 자신의 한계를 깨달으면서 스스로의 정신세계를 끊임없는 심화하고 확대시키는 과정이 바로 평생교육이기도 하다. 저간에 사회적 관심의 대상이었던 모 대학의 평생교육대학 설치의 문제의 근원도 바로 평생교육의 본령에 대한 교육 당국 및 대학의 몰각에서 비롯되었다고 볼 수 있다.

'공교육의 황폐화'로도 불리는 교육정책 실패의 근본적인 원인도 소통이념에 대한 인식의 부족에서 찾을 수 있다. 교육 당국의 그러한 인식 부족이 주입식 교육에 집착하게 하여 학생들로 하여금 교과서적 지식의 일방적인 습득을 지식 획득의 전부로 착각하게 만들고, 인간을 진정으로 똑똑하고 잘나게 만드는 것과는 무관한 과도한 성적경쟁 속에서 어린 학생들을 인간적 교류의 따뜻함이 아니라 타인에 대한 질시의 감정부터 익히게 만들면서 즐거워야 할 공부를 혐오의 대상으로 만드는 교육이 지속되고 있는 것이다. 이에 따라 학생들은 자연물과의 직접적인 교감이나 운동과 예술 활동 또는 일상생활에서의 독서와 토론 등을 통해 타자와의 직간접적인 소통능력을 함양하지 못하게 되며, 그러한 결과 진정으로 실천적이고 진정으로 삶과 밀착된 지식을 습득하지 못한 학생들은 진정으로 좋아하는 자신만의 영역을 구축하지 못하거나 진정으로 자신만의 정신세계를 형성하지 못하게 되면서 타자 의존적이거나 인내와 절제를 모르는 충동적인 인간들이 양산되어왔던 것이다.6)

물론 소통으로서의 교육은 결코 쉬운 과업이 아니다. 그것은 일단 교육자들에게 인간성에 대한 깊은 통찰과 더불어 학생들 개개인의 적성을 철저히 파악할 수 있는 능력이 전제되어야 하며, 교육 제도 및 정책 차원에서도 치밀한 뒷받침이 요구된다. 플라톤이 수호자계급 교육과정의 정점에 지성적 소통능력의 완성을 의미하는 대화법(dialektikē)을 제시한 것이나, 노년의 칸트(I. Kant)가 교육의 문제를 논하면서(Kant, 1968) 인간의 소업들 가운데 교육과 정치가 가장 어려운 것이라고 술회한 이유도 그 점에 있는 것이다. 대한민국이 처한 국가적 위기의 근원들 가운데 하나는 바로 인간의 소업들 가운데 최고도로 지난하면서 최고도의 전문성을 요구하는 영역인 정치와 교육에 대해 누구나 나름대로의 식견을 가질 수 있다거나 누구나 할 수 있다고 믿는 사실에도 있는 것이다.

법과 윤리의 차원을 넘어 국가의 통치체계를 희화화시킨 최근 국가적 사태의 일차적인 책임은 물론 현 대통령 자신에게 있으며, 앞으로 사태의 진실이 밝혀짐에 따라 당연히 그 정치적 및 법적 책임이 추궁되어야 한다. 그러나 대통령의 소통불능을 비판하는 정치인들 자신은 과연 진정한 의미에서의 소통이 무엇인지 제대로 알고 제대로 실천하고 있는지 스스로에게 반문할 필요가 있다. 소위 '6·29 체제의 피로 현상'이라고도 불리는 민주화시대 한국 정치의 여러 파행적인 양상의 근

---

6) 한국 교육의 이러한 문제들에 대해서는 필자가 "번성하는 교육정치, 퇴화하는 교육"의 제목으로 일간신문의 한 칼럼에서 간단하게나마 언급한 적이 있음을 밝힌다. 이 책 부록 II. 10 칼럼 참조.

원은 그 헌정체제에도 문제는 있지만 그보다 한국의 많은 정치인들이 민주주의 정치과정의 요체인 정치사회적 소통이 무엇인지 제대로 알고 실천하는 것이 얼마나 어려운지를 바로 제대로 깨닫지 못하고 있다는 사실에서 찾을 수 있다.

대한민국의 많은 정치인들은 정파라는 배타적인 패거리 의식에 사로잡혀 자신과 '다른' 생각을 자신의 것으로 만들려는 시도도 없고, '같은' 생각을 가진 인간들끼리 그 '같은' 생각의 실체가 무엇인지조차 탐색하는 노력도 없으며, 오직 권력 장악과 공직 나누어 먹기라는 '같은' 통속적 목적의 달성을 위한 정치적 흥정이나 야합 수준의 계산적이고 겉치레의 대화를 정치적 소통의 전부로 생각하는 듯하다. 허구와 위선의 도덕주의의 외양 속에 타락한 조선 후기의 당쟁이 민주정치라는 이름으로 현재에도 지속되는 가운데, 조선 정치인들의 유교적 교양마저 사라진 채 현재의 정치인들은 온갖 그악스럽고 치졸한 정치적 행태를 부끄러운 줄 모르고 대내외적으로 현시하면서 오직 대통령에게만 소통의 부재를 질책하고 있는 것이다. 국가적 위기 극복의 첫 출발은 바로 정치인들이 스스로의 정신세계에 대해 철저히 반성하는 데서 시작되어야 한다. 또한 '6·29 체제'를 개혁한다는 명분으로 진행되는 최근의 헌법 개정 논의도 당연히 그러한 반성 위에서 출발하여야 한다.

일단 현재 헌법 개정을 주도하고 있는 정치인들 대부분이 실제로 현행 헌법이 제대로 운영되지 못하게 한 정치적 책임을 결코 면할 수 없는 인사들이다. 그러한 문제를 떠나, 그들에게는 권력구조의 개편을 헌 옷을 버리고 새 옷으로 갈아입는 것처럼 쉽게 생각하는 경향이 있음이 더욱 심각한 문제이다. 헌법 교과서에 등장하는 권력구조는 구입 가능한 상품 목록이 결코 아니다. 별도의 자세하고 깊은 논의를 요구하지만, 예를 들어 내각제의 원활한 운영은 오랜 귀족주의적 전통이나 국민들 다수로부터 신뢰를 받는 두터운 교양시민계층의 존재를 전제로 한다. 대한민국에는 그러한 전통이 사라진 지 오래고 그러한 계층은 너무나 취약하다. 이원집정부제는 국가주권의 단일성이라는 통치의 근본 원리와도 배치되고 국가운영에서 내정과 외정이란 실질적으로 분리 불가능하다는 사실과도 배치된다. 그것은 또한 대통령과 총리가 상당한 수준의 정치적 금도와 절제력의 소유자일 경우에만 그나마 유지 가능하며, 무엇보다 특정 국가들에서 역사적으로 심화된 정치적 혼란을 극복하기 위해 불가피하게 채택한 역사적 특수성의 산물로서 우리의 역사적 특수성과는 여러 면에서 상이하다는 사실이 중요하다. 다시 말해서 권력구조란 역사적 맥락을 떠나 그 진정한 실체가 이해될 수 없고 그 운영의 성공을 기대할 수 없는 것이다.

현재의 대통령제에는 적어도 제도적 이상에 관한 한 성리학 전통의 성왕지치(聖王之治) 이념을 민주주의적 방식을 통해 구현한다는 정신사적 의미도 함축되어 있다. '얼굴마담'과 같은 조소의 대상인 국무총리제도도 현행의 헌법 규정을 준수하여 충실하게 운영될 경우 대통령제를 보완하는 훌륭한 제도가 될 수 있다. 왕조에서 재상(宰相)제도가 혈통에 의한 왕위계승제도의 결함을 보완하는 역할을 수행했다면, 대중적 지지를 통해 선출되는 대통령의 결함은 경륜과 지혜 면에서 국가적으로 부각된 인물이 국무총리직을 수행함으로써 보완될 수 있다는 것이다.[7] 그러한 제도상의 장점 문제를 떠나 대통령은 국가생활의 구심점으로서 특히 국가적 위기 시에 절대적으로 요구되는 국민통합의 기능을 수행할 수 있다는 점이 중요하다. 실제로 대중선동이나 정치적 야합의 방식으로 대통령에 당선된 대중정치인들이 취임 후에는 국가원수라는 직위의 엄중함에 대한 자각 속에서 정파로 분열되어 지역 대표성이나 정파적 시각을 벗어나기 어려운 국회에 대한 견제 역할을 한 것도 사실이며, 출신 정당을 떠나 대통령이 국가통치의 안정성을 가져온 사실도 결코 무시할 수 없는 소중한 정치사적 체험인 것이다.

---

7) 필자는 이러한 논지를 좀 더 구체적으로 한 일간신문의 칼럼에서 제시한 바 있다. 이 책 부록 II. 13 칼럼 참조.

정치권 인사들의 철저한 자기반성이나 대대적인 숙정 노력이 없이 70여 년의 역사적 경험을 통해 그나마 운용의 지혜가 축적된 대통령제를 버리고 새로운 권력구조를 채택할 경우에 전개될 상황은 두려움마저 느끼게 한다. 특히 현재 국회의원들의 정신적 수준이나 평소의 행태를 감안할 때 새로운 권력구조에 대한 부적응에 따른 온갖 정치적 혼란과 국정의 난맥은 현재의 국가적 위기를 국가적 파국으로 이끌 가능성도 있다. 현재의 국가적 위기는 일단 대통령 개인의 자질에 그 원인이 있지만, 입법이나 국정에 대한 심의 기능을 제대로 수행하지도 못하면서 대통령의 정책수행에 발목을 잡는 행태에나 능한 '제왕적' 국회에도 큰 책임이 있다. 개헌을 추진하는 정치인들 가운데는 통치체제의 일관성을 위해 필수적으로 요구되는 대통령에의 인사권 및 정책집행권의 귀일을 '제왕적' 대통령제라고 비판하는데, 그것은 대통령제의 잘못된 운영을 대통령제 자체의 잘못으로 돌리는 것과 다름이 없다. 그러한 태도는 병의 원인을 무조건 의복 때문이라고 우기는 것과 같으며, 정략적인 의도가 아니라면 정치적 사고력의 미숙에 지나지 않는다. 대통령제를 파행시킨 원인들을 제대로 밝혀내고 제거하고 정파적 야합의 산물이자 국가재정 낭비의 주요 요소이기도 한 임기 문제를 제대로 개선할 경우, 대통령제는 대통령들의 실책이나 실패라는 정치적 체험을 바탕으로 더욱 안정된 대한민국의 권력체제로 토착화되고 역사적으로 성숙해질 수 있는 것이다.

인간의 정신적 발전은 스스로의 지적 벌거벗음을 부끄러워하는 데서 시작된다. 최 여인의 사태는 현 대통령의 정신적 나상을 대면한 국민들에게 극도의 분노와 수치심을 유발했지만, 동시에 실로 오랜만에 정파를 떠나 그 부끄러움의 상태에서 벗어나야 한다는 통합된 의지를 형성한 것도 사실이다. 그 사실이 대한민국에 희망이 있다는 믿음도 주고 있다. 물론 그러한 희망은 국가적 망신과 수치의 실체를 그 근원에서 파악하면서 근본적으로 치유하는 국민적 노력을 통해서만 성취될 수 있다. 그러한 희망마저 침몰할 때 대한민국은 진실로 침몰할 것이다.

* * *

주지하듯이 2016년 12월 박근혜 대통령에 대한 탄핵은 국회에서 통과되고, 그 탄핵안은 2017년 3월 헌법재판소에서 인용된 후 그는 대통령직에서 파면되었으며, 5월에 거행된 대통령선거로 문재인이 대통령으로 취임하면서 10년 만에 진보정권이 새롭게 등장하게 되었다. 그 후 보수정당인 자유한국당의 내분은 심화되고 국민들의 지지율은 급락하면서 보수의 위기가 정치적 논제로 부각되었다. 다음 제5장의 원문은 그러한 상황에서 작성되었다.

제 5 장

보수를 지배하는 범속한 출세주의와 이념적 무력감

한국의 보수가 위기를 넘어 궤멸 상태에 있다는 생각은 여전히 한국 사회를 지배하고 있다. 현재 '조국 사태'로 인한 반사작용으로 새로운 응집의 조짐은 보이고 있음에도 그러하다. 박근혜 전 대통령의 탄핵과 5·9 대통령선거에서의 패배, 정치적 궁지를 타개하려는 적극적인 노력 자체가 실종된 상태에서 추한 수준의 분열과 대립을 보이는 보수 정치인들의 존재, 보수 세력 전체의 방향성 상실과 무력감 등이 그러한 생각의 근거인 듯하다. 이에 따라 보수 세력 내에서 보수를 대변하는 데 무능하고 스스로의 개혁에 나태한 자유한국당의 해체론까지 등장한 바 있으며, 그러한 주장은 보수 세력 내에서 아직 상당한 영향력을 유지하고 있다.

제5장의 목적은 한국의 보수가 직면한 위기의 실체가 무엇인가를 진단하고 그 극복 방안을 처방하는 데 있는데, 논의를 시작하기에 앞서 '한국 보수의 위기'라는 문제 설정 자체에 수반될 수 있는 오해 하나를

---

* 원문은 「한국의 보수, 무엇이 위기인가」, 『철학과 현실』(2017년 가을호), 42-70쪽.

먼저 불식시킬 필요가 있다. 한국의 보수가 위기 또는 궤멸의 상태에 있다는 사실 자체가 반드시 국민적 한탄의 대상일 이유는 없으며, 한국 보수의 적통 또는 본류를 자처하는 보수정당들이 앞으로 사라지거나 군소정당으로 전락하게 될지도 모르게 된 상황 또한 반드시 국민적 연민이나 동정심의 대상이 될 이유도 없다는 것이다. 대한민국이라는 국가의 진정한 진보를 위해 보수 야당들은 궤멸되고 소멸되어야 한다면 그렇게 되어야 함이 정치적 당위이고, 나아가 한국의 보수 세력 전체가 소위 역사적 적폐의 소산이라면 그 세력 전체 또한 한국사회에서 사라져야 함이 역사적 필연이다. 그러한 정치적 당위와 역사적 필연은 성립하지 않으며, 한국 보수의 쇠락이나 붕괴의 위험은 바로 대한민국이라는 국가의 위기와 직접 연관된다는 점이 이 글의 논제이다. 그런데 한국의 보수가 현재 당면하고 있는 위기의 실체에 대해 설명하기 위해서는 먼저 현재 최대의 보수정당인 자유한국당이 2년여 전 나름대로의 위기의식을 배경으로 기획한 공개행사인 "보수 가치 재정립 연속토론회"1)에 대해서 언급할 필요가 있다. 그러한 기획은 한국 보수정당의 역사에서 보기 드문 사건으로서 그 희소성 자체가 이 글의 논제를 해명하는 데 좋은 출발점을 제공하기 때문이다.

그 내용의 창의성이나 체계성 또는 그 태도의 진실성(sincerity)과 진정성(authenticity)2)의 문제를 떠나 소위 진보정당에게는 스스로 표방하는 가치나 이념에 대한 토론이 일상적인 정당 활동의 주요 부분을 이루고 있음이 사실이다. 그 진정한 실체가 무엇이든 정치적 진보란 어쨌든 미래에 실현될 가치나 이념을 근거로 현실의 변화를 추구하는 행동이

---

1) 2017년 6월 23일 "보수의 미래를 디자인하다", 7월 18일 "무엇을 지키고 개혁할 것인가?"의 주제로 국회의원회관 제3세미나실에서 개최되었다.

2) 여기서 '진실성'과 '진정성'은 단순히 일상적인 표현이 아니라 앞의 '들어가는 말'에서도 인용한 바와 같이 영문학자 트릴링(Lionel Triling)이 근대 인간에 요구되는 인간성의 주요 요소로 제시한 개념이다.

다. 따라서 당원들이나 지지자들의 미래에 대한 희망이 정당의 존립이나 사활과 직결된 진보정당에서는 그 가치나 이념에 대한 토론활동은 선전활동의 주요 부분이자 당원들의 교육 또는 세뇌에 필수적인 요소이다. 이에 비해 오랫동안 기존 사회경제체제의 안정성에 안주하거나 기존의 권력 장치에 의탁한 '속편하고 용이한' 기득권의 수호가 타성적이 된 한국의 보수정당들에게 스스로의 이념에 대한 토론행위는 생소한 현상이었다. 그들은 진보정당이나 진보적 사회세력의 정책이나 주장에 대응하는 수준의 정책입안이나 그들을 정치적으로 제압하기 위한 정략수립을 목적으로 하는 토론은 활성화되어 있었을지 몰라도, 스스로 표방하고 보수해야 할 가치나 이념이 무엇인지에 대한 공개적인 토론은 거의 발견할 수 없었던 것이다.3) 그런데 자유한국당이 최근 기획한 토론회의 제목 및 내용에는 현재의 보수 야당이 스스로의 위기에 대해 운운은 하되 아직도 그 심각성에 대해 진정으로 각성하지 못하고 있는 정치적 나태함과 이념적 무력감, 이와 더불어 권력 경쟁을 '생업'으로 하는 인간이 갖추어야 할 기본적인 권력의지는 물론 정치적 생존본능마저 퇴화되어 있음이 드러나 있다. 그리고 그러한 사실에 바로 한국 보수 위기의 실체도 드러나 있다.

1.

일단 현재 한국 보수가 직면한 심각한 문제가 "보수 가치 재정립" 수준의 논의로 그 해결방안이 마련될 수 있다면 그 궤멸은 물론 위기를 운운할 이유가 전혀 없다. 가치는 개개인의 행동이나 사회집단 차원의 행동을 일으키는 정신적 원천을 지칭한다. 그것은 개개인이나 사회집단 차원의 행동을 설명하는 개념이지만, 국가생활 전체 차원의 행동이나

---

3) 그러한 사실에 대한 좀 더 자세한 논의는 양승태(2013a), '머리말'과 '맺는 말' 참조.

미래의 방향을 결정하는 정신적 원천을 지칭하는 개념은 아니다. 한국 사회에 보수적 개인들이나 사회집단이 존재하는 만큼 그들의 행동을 결정하는 보수의 가치 또한 존재하면서 다양한 형태 및 차원으로 나타나 있다. 몇 가지 예를 들어 설명할 필요가 있다.

뉴스에 종종 등장하듯이 오직 자신의 재산만이 '보수'되어야 할 유일한 가치인 것처럼 부과된 세금의 납세마저도 회피하려는 자산가의 파렴치한 탐욕 형태의 보수적 가치관도 있으며, '님비현상'으로 지칭되는 바와 같이 특정 정책의 공적 필요성은 인정하지만 그 때문에 개인적인 이익의 '보존'이 영향을 받아서는 안 된다는 식의 소시민적 이기주의 형태의 보수적 가치관도 있다. 최근 언론에 자주 보도되는 '갑질' 문제와 같이 사회경제적으로 우월한 지위의 '보존'이란 약자 위에 부당하게 군림하고 그들을 자의적으로 이용할 수 있는 권리의 보존을 의미한다는 식의 보수적 가치관도 있으며, 재산이나 소득상의 여유로 즐길 수 있는 여가나 향락만이 유일하게 '보존'할 만한 가치라는 확신에서 공적인 문제나 국가적 쟁점에는 관심조차 없는 기득권 안주나 향락주의적 인생관 형태의 보수적 가치관 또한 있다. 물론 그러한 '불건전한' 형태의 보수적 가치관들과 대비되는 '건전한' 보수적 가치관도 있다. 예의와 염치 등 전통적 가치나 윤리를 준수하는 형태의 일상적인 삶을 영위하면서 가능하면 '점잖지 못하거나 경우에 따라서는 그악스러울 수 있는' 적극적인 정치참여는 기피하는 일반적으로 '조용한 다수'로 불리는 집단의 보수적 가치관도 있다.4) 아울러 해병대동우회와 같이 마을 공동체를 위한 봉사나 질서유지 등의 행동으로 애국심을 표출하는 차원의 보수적 가치관도 있으며, '태극기집회'와 같이 적극적으로 정치적 행동으로 표출되는 보수주의적 가치관도 있다.

---

4) 현재 한국사회에서는 전통적인 양반문화를 대변하는 그러한 집단이 점차 사회적 소수로 전락하고 있다는 사실도 한국 보수의 미래와 관련하여 심각한 문제이기도 하다.

현재 한국 보수의 위기나 붕괴의 위험은 그러한 가치관들 자체에 심각한 문제가 있기 때문에 발생한 것이 아니다. 범죄 형태로 표출되는 탐욕이나 월권은 범법행위로 다스리면 되고, 소시민적 이기주의나 향락주의 형태의 보수적 가치관이 사회적 행동으로 표출될 경우에는 법적 규제나 사회적 비난 또는 사회교육에 의한 윤리적 순화(醇化)의 대상이 될 수 있다. 그러한 가치관들은 공공질서를 침해하거나 공공정책의 집행을 방해하지 않는 한 국가가 관여할 대상이 아니다. 그리고 그러한 개인적이고 사회적인 수준의 보수적 가치관들은 내용상 대체로 단순하고 직선적이며, "재정립"이 필요할 만큼 혼란스러운 상태에 있는 것도 아니다. 현재 보수정당을 포함한 보수 세력 전반이 처한 위기나 궤멸 상태의 원인은 보수적인 개개인이나 사회집단 차원에서 추구하는 가치가 혼란 상태에 있기 때문은 아니라는 것이다. 이 점을 설명하기 위해서는 간략하게라도 현 정권 출발의 모태이자 보수 위기의 출발인 '촛불집회'의 성격에 대해 언급할 필요가 있다.

'촛불집회'는 분명히 당시의 야당과 더불어 친야의 노조나 시민단체들이 주도한 것이 사실이다. 그러나 그것의 결정적인 성공은 과거 야당 세력의 정치적 구호에 동조하지 않았던 보수층의 시민들이 대거 참여한 데 있다. 그들은 국가운영에 대한 원칙도 제대로 세우지 못하고 일관성 있게 행동도 못하면서 지극히 통속적인 권력욕에 사로잡혀 공인으로서의 기본적인 품격마저 잃고 치졸한 수준의 파벌갈등의 행태를 보인 당시 보수 여당에 대해 환멸감을 느낀 사람들이며, 사고내용은 빈곤하지만 그나마 국가운영에서 일관된 원칙을 지키는 줄 믿었던 박근혜 전 대통령마저 통치체계의 문란과 같이 국가생활에서 지켜야 할 마지막 금제(禁制)마저 무너트리고 무소양과 무식견의 정치로 대통령직을 희화하면서 국가의 품격마저 훼손시킨 행동에 대해 분노한 사람들인 것이다. 문재인 정권의 등장은 그들의 환멸감과 분노가 미래에 대한 비전을 잃어버린 젊은이들의 낭패감과 회의감과 결합하여 국가생활 전반에 대해 "어쨌든 변화하고 보자"는 변화 자체에 대한 갈망이 표출된 결과인 것이다.5) 그 점은 인권이나 평등의 이념들이 마치 지고의 가치이고 국가란 억압이나 폭력성만을 상징하는 듯, 평소 국가란 어휘 자체의 사용을 기피해온 진보집단이 주도한 '촛불집회'에서 갑자기 "이게 나라냐?"가 대표적인 구호로 등장한 사실에 집약되어 있다. 또한 그 점이 5・9 대통령 선거에서 보수정당의 이른바 '임명직 선거구'라는 서울의 강남 지역에서도 문재인 후보가 승리한 이유도 설명하고, 과거 30%대 수준의 지지율을 벗어나지 못했던 문 대통령에 대해 2017년 12월 현재 대체로 70% 이상의 국민들이 지지를 보내고 있는 사실을 통해서도 확인된다. 그리고 바로 그 점에 한국 보수의 위기 및 한국 정치 전반에 함축된 정치적 아이러니가 있다. 왜 그러한지 좀 더 구체적으로 설명하기 위해서는 개인이나 사회적 차원에서 표출되는 나름대로 '건전한' 보수적 가치관들의 실체를 좀 더 심층적으로 검토할 필요가 있다.

한국사회에는 평소 자신의 직능이나 생업에 전력투구하거나 전념하는 삶의 태도로 인해 특정 분야에서 제대로 안다는 것이 어렵다는 점에 대한 인식이 삶 속에 어느 정도 체화되어 있는 사람들이 상당수 있다. 그들의 삶의 태도에는 스스로의 지적 능력의 한계를 자각하면서 다른 사회적 직능의 전문성을 인정하고 자신의 분야 이외에는 함부로 참견하거나 아는 체하지 않는 지적 겸허함이 바탕에 있으며, 그러한 겸허함은 자신의 분야에서 능력과 열정과 성실함을 통해 사회적 지위나 부를 이룩한 개인들에 대해서도 질시감이 아니라 그들 나름의 인간적 탁월성을 허심탄회하게 인정하는 기질로도 드러난다. 직능 및 생업의 현장

---

5) '태극기집회'는 그들 보수층의 시민들 가운데 '촛불집회'의 성격이 정권타도 투쟁으로 변질되는 데 대한 저항감, 대통령이 탄핵소추의 대상을 넘어 부패 사범으로 사법적 처벌의 대상이 되는 상황에 대한 반발, 야당의 집권 가능성 자체에 대한 저어감 등을 강하게 가졌던 사람들이라고 볼 수 있다.

에서 발현되는 그러한 정신적 성향이 이 사회에서 발현되는 주요하고도 중요한 보수적 가치관들이라 말할 수 있다. 그러한 가치관들은 일상적인 행동에도 투영되어 있다. 지적 겸허함과 더불어 다른 분야의 전문성 및 사회적 성공의 가치를 진솔하게 인정하는 태도는 일단 개인적인 욕구를 공개적으로 표출하는 데 조심스러운 태도로 나타나며, 개인적 욕구를 표현하는 경우에도 사회적 질서나 예의규범과의 상충 여부를 먼저 고려하거나 타인의 시선을 먼저 의식하는 형태로 나타난다. 물론 그러한 가치관은 경우에 따라서는 사회적 문제에 무관심하거나 정치적 논제에 대해 스스로의 의견이나 주장을 공개적으로 개진함을 저어하는 소심함의 형태로 나타날 수 있지만, 동시에 그러한 조심스러움이나 소심함은 예의와 염치에 기초한 인간관계를 존중하면서 전통적 규범이나 예절에 대한 외경심을 가지거나 적어도 그것들을 함부로 무시하지 않는 보수적 윤리관의 표출인 것이다.

그러한 보수적 가치관들은 여러 다양한 형태로서 개인이나 사회단체의 차원에서 나름대로 정립되어 있으며, 현재 한국 보수의 위기가 그것들이 혼란 상태에 있기 때문에 초래된 것은 아니다. 한국사회가 외면상 시끄럽고 혼란스러운 것 같으면서도 안정성을 유지하는 이유도 바로 그러한 보수적 가치관을 가진 사람들이 '조용한 다수'를 차지하면서 묵묵히 생업에 종사하고 자신의 소업에 헌신하고 있는 데서 찾을 수 있는 것이다. 결국 '보수 세력 전체의 방향성 상실과 무력감'은 그러한 가치관들을 포괄하고 통합하여 국가생활 전반을 운영하는 근본 원칙을 제공하고, 미래를 향한 비전을 제시할 수 있는 이념이 제대로 정립되지 못한 데 그 근본적인 원인이 있는 것이다. 다시 말하여 기존의 어떠한 문화나 제도가 국가생활 차원에서 진정으로 지켜야 할 보편적인 가치이기 때문에 보수되어야 하는지 설명하는 이념, 변화의 요구들 가운데 무엇이 국가생활 전반의 총체적인 운영의 관점이나 국가의 영속성 혹은 적어도 백년대계의 관점에서 바람직한 변화이고 현실적으로 실현

가능한 변화인지 판단하는 기준과 원칙을 제시할 수 있는 이념이 부재한다는 사실에서 바로 한국 보수가 당면한 위기의 근본적인 요소를 발견할 수 있는 것이다.6)

그런데 보수주의의 부재가 한국 보수 위기의 가장 근본적인 요소라면, 그러한 위기에 제대로 대처하지 못하여 위기 상황을 지속시키는 정치적 무능과 무력감의 근본 원인은 다른 데서 찾을 수 있다. 보수주의 이념의 정립이란 결코 쉬운 정신적 과업이 아니라는 점을 한국의 보수 정치인들은 제대로 파악하지 못하고 있다는 사실이 바로 그것이다. 이에 대해서는 지은이가 이미 다른 글에서 언급한 바 있으므로 관련 문장을 인용할 필요가 있다.

"보수든 진보든 속된 말로 현실정치에 당장 써먹을 수 있는 정치적 수사나 구호는 웬만한 수준의 지성이라면 그리 어렵지 않게 만들어낼 수 있다. 그러나 그러한 정치적 구호나 수사의 정치적 실용성은 결코 지속되지 못한다. 진정한 의미에서의 보수주의는 현재의 역사적 상황에 대한 철저한 이해 및 보수해야 할 가치의 이념적 근거에 대한 깊은 성찰에 기초하여 구축될 수 있는 것이다. … 그런데 그와 같은 보수주의 이념의 구축은 고도의 지성적 작업을 요구하는 어려운 과제로서 결코 즉흥적으로 손쉽게 이룩될 수 있는 것이 아니라는 가장 기초적인 사실부터 깊이 깨닫는 것이 한국의 보수 세력이 당면한 '무엇을 지킬 것인가'의 출발점일 것이다."(양승태 2013a, 496)

현재의 보수 야당은 보수주의 이념의 구축이 "고도의 지성적 작업을 요구하는 어려운 과제로서 결코 즉흥적으로 손쉽게 이룩될 수 있는 것이 아니라는 가장 기초적인 사실"을 제대로 깨닫지 못하고 있다. 즉 스

---

6) 필자는 오래전 한 학술논문을 통해 한국 정치에 보수로 불리는 정치사회적 세력은 존재하되 보수주의 이념은 부재하다는 사실을 지적한 바 있다. 「한국 보수주의 연구를 위한 방법론적 시론」, 『한국정치학회보』 제28집 2호(1994).

스로의 이념적 정체성이 흔들려 내적 분열과 대립의 와중에서 붕괴의 위기에 처해 있는데도 새로운 정체성 확립의 요체인 보수주의 이념의 재정립이라는 과제 자체가 무엇을 의미하는지조차 제대로 파악하지 못하고 있다는 것이며, 이에 따라 그것을 일상적인 정책적 문제들에 접근하듯 행동하는 정치적 안이함과 나태함을 보이고 있는 것이다.

보수주의 이념의 부재란 '보수주의 = 자유민주주의' 또는 '보수 = 애국심'과 같이 보수주의와 특정 이념 혹은 가치를 일방적이고 도식적으로 등치시키는 수준의 이념적 자의식의 부재를 의미하는 것은 아니다. 물론 한국 보수주의에는 자유민주주의가 포함될 수 있다. 그러나 '보수주의 = 자유민주주의'라는 등식이 성립하려면 왜 국가의 보존 및 발전을 위해 자유민주주의가 보수의 대상이 되어야 하는지를 설명하기 위해서 먼저 자유민주주의의 이념적 실체를 체계적으로 해명할 수 있어야 하며, 애국심의 경우에도 애국의 구체적인 의미가 무엇인지 일관된 국가관과 역사의식을 기초로 그것의 발현에 필수적인 행동규범의 체계를 나름대로 제시할 수 있어야 한다. 그러한 수준의 보수주의 이념의 정립만이 개인적 및 사회적 차원에서 보수되고 유지되어야 할 가치들을 국가생활 전반의 차원에서 포괄하고 통합할 수 있으며, 그러한 수준의 보수주의의 정립을 통해서만 현실정치의 근본적인 문제를 체계적이고 일관되게 해명하면서 국가정책의 기본 방향을 제시하고 보수의 이름으로 정당한 변화를 추구할 수 있으며, 그 정치적 실체가 무엇이든 진보 측의 정책이나 주장들 가운데 수용하거나 배격할 대상이 무엇인지 판별할 수 있는 근거나 원칙도 마련할 수 있는 것이다.

현재 보수 야당의 행태는 일단 맡은 일의 실체 및 그것의 수행에 따르는 어려움을 알지 못하는 숙련되지 못하고 어설픈 기술자가 교과서적 지식만을 믿고 철저한 조사나 체계적인 구상 없이 작업부터 시작하는 형국과 크게 다를 바 없다.[7] 어설픈 기술자는 산업현장에서 당연히 도태될 수밖에 없으며, 실제로 한국사회에서 사라져가고 있는 중이다.

자본주의적 경쟁이 치열해짐에 따라 한국사회의 다른 영역에서는 장인정신과 프로의식이 나름대로 깊이 정착해가면서 예술과 스포츠 등에서 국제적인 스타들을 배출하고 산업의 여러 영역에서 국제경쟁력을 갖추고 있다. 그럼에도 보수 야당은 바로 자신의 정치적 생존이 걸린 위기 상황에 접해서도 그 위기 극복의 출발이 되어야 할 작업인 그 위기의 실체가 무엇인지에 대해 깊은 성찰이나 장고(長考) 자체를 시도하지 않으면서 상투적이고 교과서적인 지식에 의존하는 '정치적 장인의식'의 부재현상을 보이고 있는 것이다.8)

그런데 한국에서 정치권을 포함한 공적 영역에서의 장인정신 혹은 프로의식의 쇠락현상은 공직자 전반이나 보수 정치인들에 국한된 현상이 아니며, 정권획득에 성공하여 위기가 아닌 번영의 상태에 있는 것처럼 보이는 진보 세력에게도 해당된다는 점이 중요하다. 그것은 보수나 진보를 막론하고, 특히 민주화시대 이후 점점 심화된 한국 정치권 전반의 병리현상으로서 대한민국이 겪고 있는 국가적 위기의 핵심적인 요소이다. 다시 말해서 현재 한국 보수의 위기는 단순히 보수 세력에 국한된 위기만이 아니며, 대한민국이라는 국가 전체가 겪고 있는 위기의 여러 징후들의 정치적 양상에 불과하다는 것이다. 이 점에 대해서는 앞의 4장에서 화이트헤드의 피로감(fatigue) 개념을 원용한 '반지성주의적 피로감' 개념과 연관하여 '정치적 아마추어리즘' 개념으로 설명한 바 있다. 다음 2절에서는 논의의 편의상 먼저 '정치적 아마추어리즘'의 개

---

7) 앞에서 언급한 바와 같이 자유한국당은 "보수의 미래를 디자인하다"라는 문구를 내세우면서 위기 극복의 방안을 추구하고 있는데, 그것은 몸의 치수도 정확히 재지 않은 채 의상의 디자인에 착수하는 얼치기 디자이너의 모습이라고 할 수 있다.

8) 그러한 현상에 대해서는 필자가 몇 년 전 한 일간지 칼럼을 통해서도 간략히 지적한 바 있다(『조선일보』 2014년 8월 14일자, '조선칼럼'). 여담이지만, 프로 기사(棋士)들이 단번에 수십 수가 떠오르지 않기 때문에 중요한 국면에서 '장고'하는 것은 아니다.

172

넘은 무엇인지 앞의 4장에서 제시된 내용을 다시 한 번 간략히 정리한 후, 그러한 정리를 토대로 국가적 위기란 보수와 진보의 차이를 넘어서는 바로 국가적 차원의 문제임에도 불구하고 왜 그것이 특별히 진보가 아닌 보수 세력에 부과되어 있는지에 대해 설명할 필요가 있다.

2.

국가통치에 대한 깊은 식견이나 판단력을 갖추지 못한 채 남의 머리를 빌려 통치할 수 있다고 믿는다든가, 민주주의에 대한 특정의 고착된 관념을 일방적으로 국정에 적용하는 것이 민주정치의 전부라고 믿는 사고력의 한계가 다름 아닌 정치적 아마추어리즘이다. 그러한 정신적 성향이 현재 대한민국의 국가생활 곳곳에서 벌어지고 있는 그 수많고 다양한 위기의 징후들의 원천이며, 그러한 정신적 원천이 바로 반지성주의적 피로감이다. 화이트헤드에게 피로감이란 사고의 무력증과 창조적 상상력의 소진상태를 지칭하는데, 그것이 지성계를 지배할 때 국가생활 전체를 모방의식이 지배하면서 국가를 진정으로 발전시키려는 통찰력 있는 생각은 사라지고 상투적인 처방이나 대증요법 식의 해결책을 제시하는 것으로 만족하는 지적 허구와 위선의 풍토가 자리 잡게 되는 것이다. 국가적 위기란 바로 위기라는 속성상 기존의 사고틀이나 방법론으로는 그 해결책은 물론 그 실체가 제대로 파악되지 않는 문제들이 등장했음을 의미하는데, 지배층은 물론 지식인들마저 반지성주의적 피로감에 빠져 토인비가 말하는 '창조적 소수'가 되지 못할 때 대한민국은 당면한 국가적 위기를 극복하지 못하고 쇠락할 수밖에 없을 것이다.

이상과 같이 앞 4장의 내용을 간단히 축약하였는데, 한국 보수 위기의 근저에는 바로 보수 정치인들의 정치적 아마추어리즘과 반지성주의적 피로감이 있다. 한국의 보수집단에게 강력한 위기의식을 촉발한 직접적인 원인이 대통령의 탄핵과 보수정당의 분열 및 정권 재창출 실패라면, 그 원인들의 근저에 정치적 아마추어리즘과 반지성주의적 피로감이 있다는 것이다. 정치인들과 공직자들이 국가생활의 지난함과 엄중함과 역사성을 자각하지 못하고, 그들에게 필수적인 공인의식의 쇠락 속에 국가운영에 요구되는 창조적 사고는 쇠진하면서 교과서적이고 고식적(姑息的)인 사고가 그것을 대체하면서, 국가생활 전반에 무사안일과 범속한 출세주의가 지배하고 있는데, 그러한 정신적 상황의 근저에 정치적 아마추어리즘과 더불어 정치인들은 물론 지식인 사회를 지배하고 있는 반지성주의적 피로감이 있는 것이다. 그런데 보수와 진보란 전혀 별개의 집단이 아니라 한국인들의 국가생활이라는 동일한 실체의 다르면서 대립되는 측면들에 불과하므로, 정치적 아마추어리즘과 반지성주의적 피로감은 보수만이 아니라 진보에게도 동일하게 작동할 수밖에 없다. 그러나 보수와 진보라는 개념 자체의 차이, 그리고 한국에서 보수와 진보 세력 각각의 이념적, 역사적, 사회적 배경의 차이가 바로 한국의 보수에게 그러한 국가적 위기의 부담을 가중시키면서 정치적 책임이 상대적으로 더 심하게 부과되어 있는 것이다. 왜 그러한지 설명하려면 일단 먼저 한국의 보수와 진보 세력의 바탕에 있는 역사적 및 사회적 배경의 차이를 거론할 필요가 있다.

어느 국가에서나 보수 세력은 사회적 신분이나 계층상의 위치 때문에 기존의 사회적 지위나 기득권을 누리고 있다는 안도감과 자족감 속에서 범속한 출세주의나 향락주의적 삶에 쉽게 빠질 수 있는 경향이 있다. 이에 따라 그들은 스스로의 정치사회적 존재성에 대한 깊은 성찰은 물론 스스로의 정치사회적 위상을 정당화하려는 의지나 욕구 자체가 약할 수밖에 없는 사회존재론적인 한계가 있다. 잘 알려져 있듯이 서양에서도 보수주의의 등장은 진보 세력의 도전이 프랑스 혁명이라는 위협적인 형태로 부각된 이후이며, 한국의 경우 보수 세력이 최근에 이르러서야 보수주의라는 이념에 관심을 가지게 된 것도 진보 세력이 제도권 정치에 진입하여 그들의 정치사회적 도전이 가시화되기 시작한 이후인 것이다. 그럼에도 불구하고 한국의 보수 세력은 아직도 이념적 무력감에서 벗어나지 못하고 있는데, 그렇게 된 일차적인 이유는 기본적으로 한국 보수 세력이 처한 정신사적 특수성에서 찾을 수 있다. 그 특수성의 핵심은 서구에서 보수 세력을 대표하는 귀족계급이 가졌던 정신적 소양 및 그에 따른 사회적 권위를 한국의 보수 세력은 제대로 갖추지 못했다는 사실에 있다.

오랫동안 한국의 보수 세력에게 정신적 및 사회적 권위의 원천이었던 유교적 교양은 해방 후 세대가 교체되는 과정에서 점차 약해지고, 유교적 교양을 대체할 만한 근대의 인문적 교양은 대학교육의 부실함 때문에 제대로 형성되지 못한 상태가 지속되었다. 다시 말해서 보수적인 '교양시민계층(Bildungsbürgertum)'이 제대로 형성되지 못했던 것이다. 이에 따라 보수 세력은 집안의 사회경제적 배경으로 또는 개개인의 차원에서 우수한 자질이나 근면하고 성실한 직장생활 등으로 사회적으로 출세하고 기득권을 가진 인간들의 집단은 되었어도 전통적 가치의 계승자나 인문적 교양의 담지자로서의 정신적 권위를 갖는 사회세력은 되지 못했던 것이다. 진보 세력 또한 한국 근대 정신사의 기본적인 흐름에 예외는 아니지만, 보수 세력과 대비되는 이념적, 역사적, 사회적 배경의 차이가 후자와 대비되는 정치적 '이점(利點)'을 누리게 만들었다.

현재 한국의 진보 세력에는 '강남좌파'로 불리는 집단이 대표하듯이 집안 배경은 기득권층에 속하면서도 — 또는 그 배경이 부여하는 경제적 여유로움으로 '자유롭게' — 서구의 특정한 자유주의 이념 혹은 사회주의 이념에 경도된 인물들도 있으며, 대학 재학 때 학문의 추구가 아닌 정치운동으로 사회적 명성이나 경력을 확보하여 정치적 투쟁 자체가 직업이 되어버린 사람들도 있다. 이들은 자신이 속한 사회적 계층과의 연관성이 어느 정도 약한 것이 사실이다. 하지만 진보 세력을 구성하는 다수의 인물들은 대체로 비슷한 사회적 배경을 갖고 있다. 그들은 해방 및 6·25전쟁의 와중에서 좌익에 가담한 가족사적 배경을 갖고 있어서 대한민국 건국에 원초적인 적대감이 있거나, 반(反)상업적인 유교적 도덕관 및 가치에 대한 집착 또는 개인적 차원에서의 무능이나 나태한 생활 태도의 이유 등으로 자본주의적 근대화 과정에 제대로 적응하지 못하거나 소외된 집안에서 성장한 사람들이다. 그랬기 때문에 그들은 부패하고 무능한 정권의 표본이었던 19세기 조선의 역사적 유산으로서 건국 이후 자유당과 민주당 정권에서는 물론 공화당 정권이 추진한 자본주의적 근대화 과정에서도 지속적으로 작동한 부패구조에 연루될 기회가 상대적으로 적었던 사람들이다.9) 이에 따라 그들은 나름대로의 도덕적 우월감을 바탕으로 변혁이나 변화를 주장할 수 있는 '정치적으로 유리한' 위치에 있었던 것이다. 그러한 정치적 이점은 스스로 표방한 진보라는 개념 자체 때문에 강화되었다.

이념적 내용의 심도나 체계성이 어떠하든 진보는 일단 변화를 추구하는 세력이다. 이에 따라 그들은 자신들의 정치적 및 사회적 생존을 위해서라도 변화를 위한 새로운 주장과 구호를 끊임없이 제기하고, 상대방을 압도하는 정치적 수사를 창출해야 한다는 정치적 과제가 숙명적으로 부과되어 있다. 동시에 변화의 주장이란 바로 변화라는 말 자체의 정의상 현재 실현되지 않은 미래의 일이므로, 그 변화의 주장 자체에 대해 당장 책임질 필요는 없는 '이점'도 있는 것이다. 진보 세력은 자신들의 주장을 내세우되 그 논거에 대한 설명은 회피한 채 보수 세력에게 그것에 대한 검토와 논박을 '할 테면 해보라'는 식으로 미루어도 되는 정치적으로 유리한 입지에 있는 것이다.10) 한국의 보수는 이념적

---

9) 현재는 정권교체의 반복에 따라 권력상실 후 겪을 정치보복에 대한 두려움이 어느 정도 '제도화되고', 이와 더불어 사회운영체계 전반의 정보화에 따라 사회적 투명화가 빠른 속도로 진척됨에 따라 지속적으로 개선되어가는 상태에 있다고 볼 수 있다.

무력감 속에서 그와 같은 논쟁의 능력마저 제대로 갖추지 못했던 것이며, 특히 6·29 이후에는 민주화라는 정치적 대세를 장악한 진보 세력이 보수-진보의 이념논쟁에서도 당연히 우위에 있을 수 있었고, 이에 따라 후자에게는 국가적 위기의 책임 또한 '역사적 적폐'라는 이름으로 전자에게 전가할 수 있는 유리한 정치적 입지도 부여되어 있었던 것이다.

그런데 한국의 진보에 부여된 그러한 유리한 이점들도 점차 사라지고 있다는 사실 또한 깊이 주목할 필요가 있다. 현재 한국 진보 세력들의 대부분은 1960-70년대의 경제성장 정책이 결실을 맺기 시작한 1980년대 이후 사회생활을 한 사람들이며, 비록 정치적으로는 근대화 세력에 대해 반대의 입장을 견지하면서도 실질적으로는 그 번영의 과실을 함께 공유한 세대들이다. 특히 김대중-노무현 정부 시절에는 그들 가운데 많은 인사들이 정권에 직접 참여하면서 정치권력이 주는 여러 형태의 '영화'를 누리기도 하였다. 국회의 인사청문회 과정에서 자주 드러난 진보 측 인사들의 부패나 위선적 행태들은 그러한 점의 생생한 증언들이다. 그럼에도 불구하고 진보라는 정치적 위상은 이미 그들에게 '정치적 기득권'이 되었다는 사실이 중요하다. 특히 민주화시대 이후 국민들에게 그들의 정치적 존재성을 내세우고 지지자들을 결집시키면서 '진보라는 기득권'을 유지하기 위해서는 '무조건적으로' 변화를 내세울 수밖에 없었던 구조적 상황이 전개된 것이다. 스스로의 정치적 존재성을 '보수(保守)'하기 위해 진보 세력에게 부과될 수밖에 없는 '변화를 위한 변화'라는 압박감은 현재 정치적으로 여러 가지 부조리한 양상을 연출하고 있다.

---

10) 아렌트(Hannah Arendt)가 해방이나 혁명의 사상이 아닌 보수주의가 "그 기원상 그리고 그 말에 대한 정의상 논쟁적"이라고 규정한 이유도 그 점에 있는 것이다. 아렌트의 그러한 규정에 대한 좀 더 자세한 해설은 양승태 (2013a, 473-476) 참조.

현재 한국의 진보는 마치 '가난한 자는 으레 정직한 자'라거나 '사회적 약자는 본디 도덕적인 존재'라고 굳게 믿는다는 듯 인간에 대한 연민과 동정의 감정을 홀로 독점한 것 같은 허구와 위선의 박애주의를 현시하고 있다. 이에 따라 그들은 국가가 처한 역사적이고 총체적인 상황의 실체나 사회현실의 복잡함을 이해하지 못하거나 이해하려는 노력조차 기울이지 않고 있으며, 국민세금이 마치 하늘에서 떨어지는 '공짜돈'인 것처럼 국가재정에 대한 장기적인 관점에서의 치밀한 검토도 없이 대중적 정서에 일방적으로 동조하면서 '좋은 게 좋다'는 식의 '착한' 정책들을 '신나게' 남발하고 있다. 그러한 행태는 현재 국가적 논제가 되어 있는 원전 문제에 전형적으로 나타나 있다.11) 궁극적으로 그러한

11) 지은이는 문재인 정부가 추진하는 탈원전 정책의 과학기술적 차원의 문제에 대해 논평할 위치에 있지는 않지만, 그 추진하는 정치행태는 바로 정치적 아마추어리즘 및 반지성주의적 피로감 차원에서 혹독한 비판의 대상이다. 대통령은 국가정책의 최고 및 최종적인 결정권자로 국민으로부터 그 결정권한을 위임받은 인물이다. 에너지 정책과 같이 장기적인 국가경제운영의 시각에서 그 기본적인 방향을 결정하여야 할 중대한 사안은 바로 대통령 스스로가 책임을 지고 국가적 지혜와 지식을 총동원하여 치밀한 검토 끝에 판단하고 결정을 내려야 한다는 국민적 명령이 대통령에게 부과되어 있다. 그러한 국가적 사안에 대해서 국민의 존재와 어떻게 구분되는지 그 개념조차 모호한 시민을 동원하고, 그러한 모호한 개념에 대해 국가정책 결정과정에 필수적인 개념정의를 공식적으로 제시하지 않으며, 마치 소통의 민주주의 이념을 실천한다는 듯 그 선발기준조차 무엇인지 불명확한 수십 명의 '시민들'에게 마치 긴급한 상황이듯 3개월의 기간에 배심원들이 평결을 내리듯이 중차대한 국가정책의 결정을 위임하고 있는 것이다. 혹시 문 대통령은 독일의 탈원전 정책 결정을 선진국의 모범적 사례로 생각했을 수 있다. 그러나 그것이 과연 모범적 사례인지 여부를 국가적 차원에서 신중하게 확인하기 위해서도 그 20년에 걸친 정책적 검토와 국민적 소통 및 합의과정 자체를 치밀하게 검토해야 한다. 그러한 정책결정 과정 및 내용을 검토하는 데만 최소한 5년은 필요할 것이다. 에너지와 같은 중요 국가정책의 결정에 그러한 필요성에 대한 관념조차 없다면 정치적 무능과 무정견을 의미하며, 민주주의적 소통이라는 구호는 있되 실제로는 민주주의적 소통을 무시하는 행위이자 대통령이라는 최고 공직자로서의 책임회피를 넘어 배임행위에 해당한다.

행위는 국가정책 결정의 역사성과 엄중함을 제대로 알지 못하는 정치적 아마추어리즘의 표현이며, 그러한 문제에 대한 진지한 고민 자체를 회피하는 반지성주의적 피로감의 발로인 것이다.12)

한국 진보의 그러한 속성에서, 한국 보수의 특성으로 자주 지적되는 '탐욕'과 대비되어 지적되는 '위선'의 정치적 실체가 발견될 수 있다. 동시에 한국 진보의 그러한 속성에서 한국 보수의 위기를 극복하기 위한 방안도 모색될 수 있다. 그러한 모색과 관련하여 '촛불집회'에 등장한 "이게 나라냐?"라는 구호의 문제로 다시 돌아갈 필요가 있다. 그것은 한국 보수의 위기의 본격적인 출발이었던 '촛불집회'에 등장했던 주요 구호이자, 그 '촛불집회'를 바탕으로 집권에 성공한 문재인 정부가 소위 '역사적 적폐를 청산하고 반칙이 없는 정의로운 국가'를 만들겠다는 정책목표를 표현하는 구호이다. 또한 그와 비슷한 구호는 보수 야당인 자유한국당도 현 정권의 행태를 비판하기 위해 사용하고 있다. 그러한 사실에 현재 한국 정치의 아이러니가 드러나 있고, 한국 보수의 위기를 극복하기 위한 해결책도 함축되어 있다.

---

12) 그러한 정치행태는 또한 막스 베버가 『직업으로서의 정치』에서 "직업적 (beruflich)" 정치인과 대비시킨 "부업적(beiberuflich)" 정치인의 전형적인 행태이기도 하다. 다시 말하여 정치에 대한 진정한 "소명(Beruf)"이나 "열정 (Leidenschaft)"도 없이 오직 정치행위에 따른 세속적 명성이나 이익을 추구하거나, 스스로 제대로 이해하지도 못하는 이념이나 허구와 위선의 도덕주의 또는 "허영(Eitelkeit)"과 "정감윤리(Gesinnungsethik)"에 사로잡혀 "사실성 (Sachlichkeit)"에 기초하지 않는, 즉 인간의 복잡한 심성에 대한 성찰은 물론 국가가 처한 역사적이고 총체적인 상황의 실체나 사회현실의 복잡함을 이해하지 못하거나 이해하려는 노력조차 기울이지 않은 채 부나 사회적 명성의 획득 혹은 권력 행사 자체를 목적으로 정치의 전형적인 예들인 것이다. 그러한 수준의 행동방식을 베버는 "책임윤리(Verantwortungsethik)"와 대비하여 정감윤리로 규정한 것인데, 적용 맥락은 다르지만 최근 유행하는 사회심리학 용어들인 "착한 아이 콤플렉스(good boy syndrome)"나 "도덕적 나르시시즘(moral narcissism)" 등은 베버 정감윤리 개념의 변형이라고 볼 수 있다.

3.

다시 반복하자면, "이게 나라냐?"라는 구호는 사실 평소 진보 세력의 정치적 행태와는 어울리지 않는다. 한국 진보의 정치적 수사에서 본디 국가라는 어휘는 거의 없거나 희미하다. 그들에게는 인권이나 평등이라는 가치들이 국가의 존재보다 우선한다. 그들의 복지정책에 잘 나타나 있듯이 그들에게 국가는 국민 개개인들의 삶이 의지하는 도피처나 개인적인 욕구를 충족하는 수단적 존재로서만 강조될 뿐이며, 국가의 구성원으로서 국민들이 국가에 대해 가져야 할 의무나 책임은 물론 국민들의 의사 전체를 보편적으로 승화하여 삶의 영속적인 이상이나 가치를 실현하는 역사적 주체라는 국가 관념은 그저 생소할 뿐이다. 그 점은 최근의 사드 사태에 전형적으로 나타나 있다. 그 정책 자체의 타당성 여부를 떠나, 국가라는 존재의 핵심적 요소인 공권력이 그 사태의 와중에서 무력화되는 차원을 넘어 사인(私人)들의 집단적 행위에 지배를 받는 기이한 양상마저 벌어지고 있다. 그것은 국가의 존재성 자체에 대한 부정이다. 그럼에도 불구하고 현 정권은 아무런 공식적인 해명도 없이 그러한 상태를 방치하고 있는 것이다. 다시 말해서 국가생활 운영의 근본적인 원칙이자 국가적 정의의 핵심인 법질서가 그들의 친위 혹은 동조 세력들의 반칙과 불법행위에 의해 무너지고 있는데도 '반칙이 없고 정의가 살아 있는 나라'를 내세우고 있는 것이다.

한국 진보의 그러한 혼란스럽고 이중적인 국가 관념에서 보수정당이 추구하고 구현해야 할 정책의 기본 방향도 찾을 수 있다. 그것은 "이게 나라냐?"를 홍보용 구호로만 사용하지 말고, 그 의미를 진정으로 깊이 천착하라는 것이다. 그 천착은 "한국 정치에서 민주화시대 이후 진보라는 이름의 대중영합주의의 득세 속에 쇠퇴를 거듭한 국가라는 논제를 정치적 담론의 중심으로 새롭게 부활시키라!"는 정언명령으로 귀착된다. 그러한 정언명령이 실제로 최근 들어 보수 정치인들에게 참고의 대상으로 등장한 버크(Edmund Burke) 정치사상의 핵심이자,13) "선동이라는 끝없는 소용돌이(a perpetual vortex of agitation)"에서 국가를 구하기 위해 보수개혁의 결단을 내린 필(Robert Peel), 새로운 애국심의 고양을 통해 대중민주주의의 폐해를 극복하려 노력한 디즈레일리(Benjamin Disraeli) 등 19세기 대표적인 영국 보수 정치인들의 기본 입장이기도 하다. 다시 말해서 보수정당이 '보수'라는 특정의 사회적 계층을 대변하는 정당이 아니라 국가생활에서 진정으로 지켜야 할 것을 보수하고 국가의 진정한 발전을 위해 변화를 추구하는 노력을 추구할 때 보수 위기의 극복은 시작된다는 것이다.

물론 국가라는 논제의 부활을 통해 대한민국이 직면한 모든 심각한 문제들을 그 근원에서 새롭게 검토하고 국가생활의 미래를 위한 새로운 비전을 제시하는 국가적 과제의 수행에 진보와 보수의 차이는 없다. 다만 한국의 진보는 그 구성원들의 집단적인 정신적 성향과 그것이 형

---

13) 이와 관련하여 또한 참고할 점은 정치사상사 교과서에서 일반적으로 서구 보수주의의 기원으로 간주되는 버크(Edmund Burke)가 보수주의라는 용어를 사용한 것도 아니고, 스스로를 보수주의자로 자처한 것도 아니라는 사실이다. 그의 복잡하면서도 심원한 사상이 간단한 문구로 정리될 수는 없지만, 그는 스스로가 귀족 출신도 아니고, 그의 정치생활은 오랫동안 토지 귀족들의 반(反)자유주의적인 정책에 대한 비판과 저항이 핵심이었으며, 그의 소위 보수주의 이념은 보수 세력을 위한 이데올로기의 창안을 의도적으로 기획한 것이 아니라, 국가생활을 통해 추구해야 할 보편적인 정치이념을 재정립하는 데 있었던 것이다. 그는 본디 휘그당의 자유주의를 대변하는 인물이지만, 인격과 덕망과 판단력 등의 인간적 자질과 능력이 뒷받침되지 않을 때 자유나 평등의 이름으로 사회적으로나 국가적으로 얼마나 큰 해악이 발생할 수 있는지를 정의로운 국가질서를 보수한다는 보편적인 목적에서 탐구한 결과인 것이다. 그러한 탐구에는 인간성의 근원에 대한 나름대로의 성찰과 더불어 프랑스 혁명 등 현실정치에서 '찬란한' 구호들의 이면에 있는 인간들의 추한 실상을 파악하고, 그러한 성찰과 파악을 기초로 서구에서 본격적으로 등장하기 시작한 '진보'의 이념을 비판했던 것이다. 그가 단순히 탁월한 언변과 문장력을 갖춘 보수파 정치인의 차원을 넘어 근대 정치사상사에서 대표적인 사상가들 가운데 하나의 위상을 갖게 된 것도 그 때문인 것이다.

성된 역사적 과정에 내재한 구조적인 요인 및 그 이념의 교조적인 성격 때문에 국가라는 논제를 주도하는 데 근본적인 한계가 있다는 것이다. 이에 비해 한국의 보수에게는 그 이념적 빈곤 문제를 떠나 아직 대한민국의 존재성 및 역사적 정통성에 대한 신뢰와 더불어 근대화의 주역이라는 자부심의 원초적인 정체성을 공유하고 있다는 사실이 중요하다. 바로 그러한 사실에 한국의 보수에게 국가적 위기의 책임이 일방적으로 부과된 이유도 찾을 수 있지만, 또한 동시에 국가라는 논제를 새롭게 부활시키면서 위기의 대한민국을 구할 정치적 여력 및 역사적 책무가 부여될 수 있는 근거도 찾을 있는 것이다. 여기서 국가라는 논제를 부활시키고 주도하기 위해 구체적으로 어떠한 행동이나 정책이 필요한가에 대한 설명이 필요할 것이다.

일단 보수정당은 스스로를 한국 보수의 본류임을 심적으로 자부할 수는 있지만, 군이 보수라는 말을 자신의 정치적 정체성을 규정하는 공식적인 언어로 사용할 필요가 없다. '신보수주의'나 '개혁적 보수'와 같이 대중적 호소력도 미약하고 정치언어로서의 신선함도 없는 용어에 군이 의탁하면서 진보라는 정치적 반대파의 상대적인 관점에서 스스로의 정치적 위상을 상대화할 필요가 없으며, 국가의 현재와 미래를 책임지는 정당으로서의 정체성 및 대중적 이미지를 확고하게 구축해야 한다는 것이다. "새는 좌우의 날개로 난다"는 말은 한국 정치에서 보수와 진보의 균형적 발전을 비유하는 어구로 자주 사용되고 있지만, 어디까지나 그것은 현실이 아니라 비유이자 정치적 수사일 뿐이라는 자명한 사실을 명심할 필요가 있다. 새는 물론 좌우의 날개로 날지만 날개를 움직이게 하여 높낮이와 방향을 결정하는 것은 날개가 아니라 몸통이다. 그 몸통 전체가 바로 국가라면, 국가라는 몸통의 실체 및 생리와 병리를 누가 얼마나 더 깊이, 그리고 더 폭넓게 이해하고 파악하느냐에 따라 국가생활을 주도하는 자와 보조하는 자가 구분된다. 물론 보수정당이 스스로 처한 위기의 극복과 더불어 그러한 주도자가 될 수 있는지 여부도 국가라는 '몸통'의 실체 및 그 생리와 병리를 제대로 파악하는 데 달려 있다.

국가의 존재성에 대한 이해는 사실 전문적인 정치철학자의 연구영역에 속하며 현실의 정치인들이 쉽게 접근할 수 있는 문제는 아니다. 다만 정치인들 사이에는 그러한 문제가 단순히 추상적이고 비현실적인 사변이 아니라 바로 정치현실을 그 근원에서 이해하는 데 필수적이라는 기본적인 사실에 대한 이해의 공감대 정도는 형성되어 있어야 하며, 그러할 경우에만 국가적 문제들에 대해 겸허하면서도 신중하게 접근하는 공통적인 정신적 태도도 함양될 수 있다. 그러한 정치철학적 문제를 논외로 하더라도, 대한민국이라는 국가의 실체를 파악하는 데는 무엇보다 한국 근현대사의 기본적인 흐름에 대한 깊은 성찰이 요구된다는 점이 강조되어야 한다. 역사의식의 문제는 실제로 현재 한국 정치에서 보수와 진보 사이 이념적 대립의 근원이기도 하며, 역사의식에서의 주도는 바로 현실정치의 운영에서의 주도를 의미하는 것이다. 이 문제는 일제강점기에 대한 해석과 관련된 학계에서의 근대화 논쟁과도 연관되고, 한국 보수의 아킬레스건이기도 한 친일문제를 그 근원에서 극복하는 데도 필수적이다.

이 글에서 그 복잡한 문제에 대해 논평하는 것은 큰 의미가 없으므로, 그 문제와 관련된 실천적인 제안을 하는 것으로 대치하고자 한다. 그 제안이란 보수정당은 바로 실용적이고 실천적이라는 이유로 당장 '써먹을 수 있는' 정책 개발에만 몰두하지 말고, 한국 보수의 입장을 대변하는 역사의식의 계발 및 정립이라는 근원적이면서 장기적인 목표를 단계별로 하나하나 실현해나가야 한다는 것이다. 체계적인 역사의식의 정립은 보수적 정체성의 새로운 확립은 물론 일관된 국가정책을 수립하는 데 필수적이며, 동시에 진보 세력의 비판과 공격에 대해 자신감을 가지고 적극적으로 대응할 수 있는 정신적 원천을 마련하는 길이다. 또한 그것은 단순히 한국 보수라는 특정 정파의 문제를 초월하여 대한민국의 역사적 정통성을 역사적 흐름의 실체 혹은 진실과의 조화를 통해 새롭게 정립하기 위해서도 필수적인 과업인 것이다. 이에 대한 자세한 설명은 이 글의 한계를 벗어나므로 간단히 그와 관련된 사례 한 가지가 지적될 필요가 있다. 한때 한국을 당황하게 만든 중국 공산당의 '동북공정'은 단순히 중화주의를 부활하려는 제국주의적 야욕의 산물만은 아니며, 그들 스스로 겪고 있는 국가정체성 문제를 해결하려는 나름대로의 진지한 '프로 정치적' 노력의 산물들 가운데 하나라는 것이다.

대한민국이라는 국가의 존재성 및 역사성과 관련된 그러한 이해와 인식을 기초로 국가운영의 기본 방향 및 원칙을 정립하고, 체계적으로 장단기적인 국가정책을 기획하고 실행에 옮길 경우 보수정당은 국민적 신뢰를 회복하면서 정치적 미래를 기약할 수 있을 것이다. 그러할 경우에만 공권력의 집행에 엄정하고 엄중하고 단호하여, 실추된 국가적 권위를 회복할 수 있으며, 국가재정에 대한 심각한 폐해를 초래하고 도덕적 해이는 물론 인간의 자존감에 대한 모독이기도 한 '퍼주기' 식의 무차별적 평등의 잘못된 이념에 기초한 복지정책을 폐기하고, 엄격한 사회적 형평의 원리에 바탕을 두되 근로의욕을 고취시키면서 나태하고 나약한 삶의 태도로 스스로 책임져야 할 사회적 위치에 있는 사람들에게는 질책과 계도가 수반된 복지정책을 추구할 수 있는 것이다. 또한 그러할 경우에만 현재 진보의 전유물처럼 되어버린 것 같은 인권과 평등과 정의를 보수의 이념으로 전환시킬 수 있는 것이다. 아울러 그러한 노력을 통해 일반 행정공무원과 같이 되어버린 군대의 기백과 사법기관의 강기(剛氣)를 회복시킬 수 있으며, 쓰레기 처리 문제에서부터 주택, 에너지, 교육, 안보 등 대소의 모든 정책적 문제들도 확고하고 일관된 원칙에 입각하여 자신감 있게 추진할 수 있는 것이다. 곧 정치적 현안으로 등장할 개헌 문제도 그러한 차원에서 접근할 경우 '연방제 수준의 지방분권화'와 같이 지방자치라는 개념 자체에 무지하고 역사에 역행하는 시대착오적인 개헌 방안을 이론적으로 압도하여 국민적 지지를

반전시킬 수 있는 결정적인 계기도 마련할 수 있을 것이다.14)

국가통치의 지난함 및 정치의 전문성이 무엇인가에 대한 깨달음이 뒷받침되지 않는 원칙주의는 자유로운 정치적 소통을 막으면서 국가를 고식적이고 경직화된 관료체제로 만든다. 정치적 식견이 뒷받침되지 않는 도덕성과 인간애와 자유의 이념은 현실과 유리된 허구와 위선의 정책을 양산하면서 국가생활을 무원칙과 무책임과 방종으로 치닫게 한다. 정치적 아마추어리즘이 무교양의 치졸하고 그악스런 정치행태와 결합하면서 한국 정치에서 보수와 진보의 파쟁은 국민적 빈축의 대상을 넘어 국가정체성마저 위협하게 된 지 오래다. 이제 한국의 보수와 진보는 국가발전을 위해 무엇이 진정으로 보수되어야 하고 무엇이 진정으로 변화되어야 하는지 국가의 존재성에 대한 성찰과 더불어 국가생활의 미래에 대한 장기적인 관점에서 진정으로 자유롭고 진지한 정치적 소통을 기초로 국가적 사안들을 치밀하게 검토하면서 국가정책들을 결정할 때이다. 그러할 경우에만 보수와 진보는 진정으로 의미 있는 좌우의 날개가 될 것이다. 속물적 보수와 위선적 진보는 투쟁과 야합을 반복하면서 국가발전을 정체시킬 뿐이며, 반동적 보수와 광기의 진보는 이전투구의 싸움 속에서 국가를 쇠퇴시킬 뿐이다.

표면상 권력 장악이라는 번영의 시기에 있는 것으로 보이는 진보정당은 논외로 하고, 위기에 처한 한국의 보수정당에게 대대적인 자기혁

---

14) 이 글에서 자세히 논의될 수는 없으나, 그러한 성격의 지방자치 주장은 지방분권화 자체가 마치 국가목적인 것처럼 이해하는 본말전도의 사고이다. 국가통치 전반의 효율성이 아니라 분권화 자체가 지방자치의 목적이라면 도의 차원을 넘어 군이나 면 또는 리를 독립적이고 독자적인 행정단위로 설정하여 '군 연방', '면 연방', '리 연방' 국가를 구상함이 옳을 것이다. 모든 연방국가들이 지향하는 바가 연방 수준의 정치적 통합을 넘어선 국가적 통합인데, 지방자치의 이름으로 우리나라와 같이 오랜 역사적 과정을 통해 이상적으로 구현된 정치적 통합을 포기하고 다시 삼국시대 이전의 상태로 돌아가자는 것과 비슷한 발상은 사실 희화적이다.

신을 통한 총체적인 변화의 움직임은 아직 보이지 않고 있다. 한 언론인의 지적대로 보수 야당은 "죽은 것도 산 것도 아닌 채로 남아 있는" 것 같다.15) "앞으로 3년이나 남은 국회의원 임기를 즐기자"라든가 "국회의원 그만두고 돌아갈 자리가 있는데" 또는 "국회의원 못하더라도 먹고살 게 있는데"라는 '속 편한' 생각이 현재 많은 보수 정치인들을 지배하고 있는지도 모른다. 사실이 그러하다면 한국 보수 위기의 극복이나 대한민국의 새로운 도약을 위해 그러한 정치인들부터 사라져야 한다. 막스 베버가 말하는 정치에 대한 진정한 "열정"도 없이 "정감윤리"에 따라 정치를 하는 직업 정치인 외양의 "부업 정치인(Beiberufs-politiker)"들부터 퇴출되어야 한다는 것이다. 자기혁신을 통해 현실에 적응하지 못하고 국가발전에 기여하지 못하는 보수정당 또한 철저하게 국민의 응징을 받아 도태되고 소멸되어야 한다. 다만 진정으로 새롭고 강력한 보수정당의 창당을 현실적으로 그리 쉽지 않게 만드는 현재 한국 정치의 상황이 기존의 보수정당에 대해 국민들이 아직도 혹시나 하는 기대를 접지 못하게 하고 있을 뿐이다.

* * *

현재 권력을 장악한 한국의 진보는 적어도 외양상으로는 위기가 아닌 번영의 위치에 있다. 그러나 만약 국민들이 그 '진보적인' 정책의 실체를 제대로 파악하는 순간 그 번영은 곧 쇠락이나 몰락으로 바뀔 수도 있다. '조국 사태'는 그 확실한 조짐이다. 그런데 보수 세력 또한 그 사태의 반작용으로 주어진 일시적인 혜택에 도취되어 그 위기의 근원을 치유하려는 노력을 치열하게 경주하지 않을 경우 국정을 주도하는 세력으로 복귀하기는 쉽지 않을 것이다. 그러한 치유 노력에는 '진보적인 정

---

15) 『조선일보』 8월 11일자, '최보식 칼럼'.

책’의 ‘실체’를 제대로 파악함이 포함되어 있다. 그 ‘실체’의 대강에 대해서는 앞에서 기술한 바 있지만, 세밀한 검토는 별도의 방대한 논의를 필요로 할 것이다. 그런데 앞에서는 또한 한국 보수 위기를 초래한 핵심적인 요인으로서 역사의식의 빈곤에 대해 언급하면서, “단순히 한국 보수라는 특정 정파의 문제를 초월하여 대한민국의 역사적 정통성을 역사적 흐름의 실체 혹은 진실과의 조화를 통해 새롭게 정립하기 위해서도 필수적인 과업”이라는 점을 강조하였다. 그러한 강조에는 역사의식을 주도해온 것처럼 보이는 진보의 역사의식은 역사적 흐름의 실체나 진실과 어긋난다는 점이 암시되어 있다. 현재 집권이라는 번영기에 있는 진보는 정책적인 오류나 시행착오의 문제를 떠나 그 역사의식 자체가 바로 역사적 흐름의 실체와 진실과 배치되기 때문에 곧 위기에 처할 것이라는 점이 다음 제6장의 논제이다. ‘실체와 진실’과 배치되는 역사의식이란 곧 ‘허구와 위선’의 역사의식이기 때문이다. 이 논제는 부분적으로 국가이성 개념을 논의하는 이 책 9장의 논제와 중복되는 요소도 있음을 밝힌다.

제 6 장
진보를 지배하는 허구와 위선의 역사의식

　문재인 정부가 들어서면서 특히 헌법에서 자유를 삭제하려는 개헌을 시도하거나 소위 좌편향 역사 교과서를 중고등학교 국사교육의 교재로 채택하는 정책이 추진됨에 따라, 국가정체성의 위기는 새로운 국면에 접어들고 있다. 진보 측에서 종전까지 소위 '민주주의의 공고화' 차원의 '진보적' 정책의 추진을 넘어 대한민국 국체의 변혁을 시도하고 보수 측에서는 그러한 행동을 자유민주주의 기본질서에 대한 위협으로 간주하면서, 이제 보수-진보의 대립이 지향하는 국가체제의 대립 양상으로 발전하고 있기 때문이다. 이에 따라 정파 간 대립과 갈등은 더욱 첨예해지면서 상대방에 대한 인식도 공존 속의 경쟁상대가 아니라 제거의 대상으로까지 변하고 있다.

　다시 강조하지만, 국가정체성이란 사실 지극히 복잡하고 심원한 개념이다. 그것은 간단히 '국가의 존재이유 또는 국가생활의 근본 목표이자 동시에 그것에 대한 국민적 이해나 자의식'으로 정의될 수 있지만,

---

* 원문은 「한국의 진보, 허구와 위선의 역사의식부터 청산해야」, 『철학과 현실』 (2019년 여름호), 158-187쪽.

그러한 정의는 여러 가지 복잡한 문제의 출발일 뿐이다. 그것에는 필연적으로 국가의 본질이나 이상이 무엇인가라는 정치철학의 고전적이고 영속적인 질문이 포함되며, 그러한 질문에 대한 국민들의 이해 내용과 수준은 무엇이고, 그러한 국민들의 의식세계는 어떻게 형성되고 변화하며, 국가정체성의 위기를 지칭하는 그것의 심각한 분열은 어떻게 발생하는지 등 한 국가의 학문 및 교양의 수준과 정신사 전반에 걸친 방대한 문제들이 함축되어 있다. 여기서 그와 같이 방대한 문제들에 대해 자세하게 논구하기는 어렵다. 그런데 현재 부각되고 있는 국가정체성의 위기 문제가 헌법에서 자유를 삭제하려는 시도와도 연관되어 있다는 사실은 먼저 간단하게라도 헌법의 관련 조항을 검토할 필요성을 제기하는데, 그러한 검토는 헌법 개정이나 역사 교과서의 문제는 일단 헌법을 초월하는 문제임을 밝혀준다.

분명히 자유 이념의 삭제는 헌법 전문(前文) 및 4조에 명시된 "자율과 조화를 바탕으로 한 자유민주주의 기본질서"의 추구라는 국가목표나 37조의 자유와 권리에 대한 조항과 위배됨이 사실이다. 하지만 그것은 동시에 국체에 관한 규정인 헌법 1조의 민주공화국 이념과 주권재민의 원칙 또는 헌법 11조의 법적 평등권을 근거로 정당화될 수도 있다. 평등한 국민 다수의 의사로 개정할 수 없는 헌법 조항은 없으며, 헌법 전문에 표명된 자유민주주의 기본질서라는 국가목표 또한 당연히 변경될 수 있다는 헌법적 논리도 성립할 수 있는 것이다. '좌편향' 교과서의 배포 또한 선거를 통해 국민으로부터 통치권을 위임받은 정권의 정책적 권한에 속한다는 논리로 정당화할 수도 있다. 물론 그러한 헌법 개정의 시도나 그와 같은 교육정책의 결정에 반대하고 저항하는 권리 또한 헌법에 보장되어 있음도 분명하다.

결국 헌법만을 근거로 보수-진보 혹은 좌우 사이의 극심한 대립과 갈등의 실체가 제대로 파악되거나 그 해결방안이 모색될 수는 없다. 더나아가 정파들 사이의 분쟁이 치졸한 '패거리싸움'과 같이 전개되고,

국체개혁에 해당하는 대규모의 헌법 개정안을 발표하면서도 그 이념적 근거에 대한 체계적인 설명조차 없으며, 그 공표조차 대통령이나 법무 장관이 아니라 대통령의 전자결재를 통해 청와대의 일개 수석비서관이 담당하는 등의 행태들, 다시 말해서 정치적 언어와 행동에 요구되는 기본적인 법도와 금도도 사라지고 국가통치행위에 필수적인 의전 절차마저 실종되는 바와 같은 기묘한 양상은 인간성에 대한 탐색마저 요구한다. 그러한 논의와 탐색 또한 이 글의 한정된 공간을 벗어나지만, '역사 전쟁' 혹은 '역사정치'로 불리기도 하는 역사 교과서의 문제는 국가정체성의 문제가 왜 필연적으로 역사의식의 문제를 제기하는지 그 설명을 위한 적절한 단서를 제공한다.

최근 들어 역사 교과서의 문제는 범속한 '밥그릇 싸움'의 성격이 점차 강해지고는 있으나, 본질적으로 보수와 진보가 역사의식을 선점하고 지배하여 정파적 우월성을 확보하기 위한 싸움이다. 그것은 정책적 합리성 차원을 넘어 국가정체성 위기와 직접 관련된 쟁점이라는 것이다. 따라서 그 근저에 있는 역사의식의 대립은 무엇인지, 대립하는 역사의식은 과연 정확한 역사적 사실에 기초하고 있는지, 특히 근현대사와 관련하여 개별적 사실(史實)들에 대한 철저한 탐구에 근거하고 있는지, 그 흐름에 대한 총체적인 인식에 기초하고 있는지 등의 문제들에 대한 철저한 해명은 국가정체성 위기의 극복을 위해 필수적이다. 그런데 그러한 해명을 위한 적절한 제재는 진보정권이라는 현 문재인 정부가 제공하고 있다. 최근의 '건국 100주년' 논란이 그것이다.

1948년 8월 15일은 건국일이 아니며 1919년 임시정부의 수립이 건국의 시점이라는 주장은 문재인 대통령 및 그의 정당이 그들 나름으로 정립한 역사의식의 표현이다. 그것은 정권 장악 전후를 통해 오랫동안 강조되어왔는데, 그 줄기찼던 발언들이 올해 들어 갑자기 사라지면서 '새로운 100년'이란 정치적 수사(修辭)로 대체되더니, 최근 들어서는 다시 대통령의 입으로 '임시정부 수립에 의한 건국' 대신 헌법에 대한민국은 임시정부의 법통을 이어받았으므로 — 그전에는 현행 헌법의 전문(前文)도 읽어본 적이 없었다는 듯 — 그 설립 100주년을 기념하여 임시공휴일 지정을 검토한다는 식의 언사도 등장한 바 있다. 미리 그 축제의 분위기에 도취했는지, 오랫동안 저주의 대상으로 부각시켰던 대한민국의 역사를 갑자기 축복의 대상으로 둔갑시키는 언사마저 등장하면서 국민들을 당혹하게 만들기도 하였다.

한 국가에서 건국의 시점이란 그 국가의 존재성과 관련된 진실로 국가적 차원의 문제이다. 헌법 개정의 경우에서도 그러했지만, 그와 같이 중대한 문제와 관련된 정부당국의 언어행태가 일반인들의 그것과 비슷하게 가볍다는 사실에 일단 사태의 심각성이 있다. 더욱 심각한 것은 그것이 초헌법적 행위라는 것이며, 그와 같은 초헌법적 행위를 이념적으로 정당화하는 논변마저 없다는 사실은 심각함의 차원을 넘어 희화적이다. 공적 언행의 경박성과 공적 논변의 실종이라는 반(反)공공성 및 반(反)정치성이 초헌법적 행위와 결합되어 있는 것이다. 그것은 진보적임은 자처하되 스스로 신봉하는 진보의 이념을 국민들에게 당당하고 체계적으로 설명할 수 있는 지성적 역량이 없음을 고백하는 바와 다름이 없다. 그 점은 한국의 진보가 외면적으로는 이념적 과잉 상태에 있는 것 같지만 실제적으로는 빈곤하다는 사실의 증언일 수 있는데, 한국의 진보가 보수에 대해 갖는 정신적 우월감으로 작동해왔던 역사의식의 경우에도 비슷한 사실이 확인된다.

한국의 진보는 현대 정치사의 흐름, 특히 민주화 투쟁의 과정에서 역사의식을 주도한 것이 사실이다. 그렇게 된 원인들 가운데 하나에는 한국 보수의 빈곤한 역사의식이 있다. 최근 들어 변화의 조짐은 보이지만, 한국의 보수는 오랫동안 반공(反共)이라는 강압적인 이념 혹은 교과서 요약 수준의 자유주의 이념의 표방에 만족하면서 진보의 역사의식에 대한 체계적인 대응은 물론 스스로의 역사적 및 정치적 존재성을 규정하는 역사의식 자체의 중요성조차 제대로 인식하지 못하고 있었다. 그것이 "보수 세력은 존재하되 보수의 이념은 부재"라는 문구로 정리될 수 있는 이념적 빈곤의 주요 측면이기도 하다.[1] 이에 비해 한국의 진보는 '해방 전후사의 인식' 등의 논변을 통해 적어도 외면적으로는 새로운 역사의식의 정립을 주도한 듯이 보인다. 그런데 그러한 역사의식 또한 근본적으로 빈곤하며, "허구와 위선의 역사의식"이라는 이 글 제목의 어구는 그 빈곤성의 압축이다. 논의의 편의상 먼저 그 역사의식의 핵심을 일상적인 언어로 정리할 필요가 있다.

"근현대사의 진행과정에서 우리는 도덕적이었고 근대화를 스스로 추구할 수 있는 역량이 충분히 있었는데도 부도덕한 일본 제국주의의 폭력에 의해 국권을 침탈당하면서 자생적으로 근대화를 추구할 기회를 박탈당했다. 해방 후 한국의 시민사회는 통일과 민주주의를 실현할 충분한 역량을 갖추고 있었는데, 외세와 결탁한 친일독재 세력 때문에 분단이 되고 민주주의의 실현이 지체되었다."

이러한 역사의식은 역사의 흐름을 문명사와 정신사와 사상사 등을 종합하여 총체적으로 파악하지 못하고 역사적 사상(事象)을 특정한 도덕적 관점에서 일방적으로 단죄하고 분식(粉飾)하기 때문에 허구와 위선이며, 우리 스스로 져야 할 망국의 역사적 책임을 타국에 전가하고 일제 식민지의 체험 및 서구 문명의 유입을 통해 이루어진 국가발전을 부인한다는 점에서도 허구이고 위선이다. 아울러 그것에는 한국 근현대사 흐름의 해석에 핵심적인 요소인 국가, 민족주의, 민주주의의 문제를 시민사회(civil society)의 개념과 연관하여 파악하지 못하고, 왕조 − 식민통지 − 민주공화국으로 이어지는 국체변혁의 역사를 시민사회 연속성의 관점에서 이해하지 못한다는 점에서 학문적으로 치명적인 결함이

---

1) 이에 관해서는 앞의 5장에서 한국의 보수에 대해 언급한 내용과 더불어 양승태(2007), 양승태 · 안외순(1999) 참조.

있다. '건국 100주년' 주장은 그와 같은 허구와 위선과 결함의 축약이다. 왜 그러한지에 대한 부분적인 설명은 앞서 1장에서도 제시되었지만, 이 6장에서는 먼저 임시정부 설립과 관련된 역사적 흐름 전반을 민족, 시민사회, 국가의 개념들을 중심으로 접근하면서 '건국 100주년' 주장의 오류 및 그것의 바탕에 있는 역사의식에 어떠한 결함이 있는지 설명하고자 한다.

1. 민족, 시민사회, 국가: '건국 100주년'의 역사의식에 대한 정치철학적 검토

표면적인 문제들만 지적해도 '임시정부 건국론'은 오류이다. 그것은 임시정부에 참여한 주체들 스스로가 말 그대로 정식의 국가가 건설되기 전까지 '임시로' 존재하는 정부라는 점을 표명했다는 자명한 사실과 어긋난다. 그 주장에는 '건국론'에 필수적인 건국의 개념에 대한 제대로 된 설명도 없고, 국가의 성립 및 실존에 필수적인 주권 행사의 주체인 정부의 설립과 그것에 대한 국제법적 인정 문제도 무시하는 경향이 있다. 또한 그것은 반(反)헌법적이다. 현행 헌법의 전문(前文)에 대한민국은 임시정부의 직접적인 연속이 아니라 "법통"이라는 '정신적 정통성'을 계승하여 1948년 정식으로 출범한 국가라는 문구와 배치되고, 제헌헌법 전문에서 "민주독립국가의 재건"이라는 문구와도 상충한다. "민주독립국가의 재건"에서 '재건'이라는 어휘는 1948년의 정부수립을 통해 국가가 '새롭게' 혹은 '다시' 건설되었음을 명시하기 때문이다.[2]

그렇다면 문제는 한국 정치에서 '진보적'이라는 정파에 의해 왜 그와 같이 비논리적이면서 초헌법적이고 반(反)헌법적인 행태가 스스럼없이

---

2) 좀 더 자세한 논의는 양승태, "토론문"(2015년 12월 12일 경복궁에서 개최된 '동북아역사재단' 주최 '국정교과서 학술대회'에서 단국대 한시준 교수의 발표문에 대한 토론문, 이 책의 부록 I 참조), 양승태(2014; 2013) 등 참조.

자행되고 있으며, 그러한 행태의 근본적인 동인(動因)은 무엇인가에 있다. 그러한 동인으로서 보수 측에서 진보의 공통적인 성향으로 일반적으로 제기하는 심리적 성향, 즉 대한민국 번영의 과실은 누리면서도 1948년 대한민국 정부수립의 역사적 의의는 물론 대한민국의 존재 자체를 부정하고 싶은 정파적 심리가 지적될 수 있다. 하지만 심리의 차원을 넘어 그 근저에는 한국 근현대사의 흐름과 관련된 그들 나름의 확신이 있다는 사실이 중요하다. 그것이 바로 "우리 대부분은 착했는데 나쁜 일본과 국내의 나쁜 일부 세력 때문에 식민통치를 겪고 분단되고 근대화와 민주화를 더 일찍 이루지 못했다"는 식의 확신이다. 그러한 확신을 역사의식 차원에서 검토하기 위해서는 위에서 언급한 바와 같이 민족, 시민사회, 국가 등의 개념을 이해하고, 그러한 이해를 바탕으로 한국 근현대사의 흐름을 문명사와 정신사와 사상사와의 연관 속에서 총체적으로 파악하는 노력이 필수적이다. 그것은 역사에 대한 정치철학적 성찰이기도 하다. 한국인의 민족적 자존심에 결정적인 상처를 준 일본의 식민통치는 먼저 그러한 성찰의 대상이 될 필요가 있다.

식민지 상태란 민족적 정서 차원에서는 망국으로 불리는 수치스러운 국가주권의 상실이지만, 통치체제의 차원에서는 한민족의 시민사회를 통치하는 주체가 조선왕조에서 일본의 메이지 정부 및 그 하부기관인 조선총독부의 통치로 대체되었음을 의미할 뿐이다. 당시의 상황에서 한민족 구성원의 대부분은 로마 식민통치 하의 유대인과 같이 디아스포라를 선택하지 않는 한 일본 식민통치체제에 순응하면서 사회경제적 삶을 살아갈 수밖에 없었다.3) 물론 그 일부는 이민이나 정치적 망명 등

---

3) 의병운동과 더불어 일진회(一進會) 등 부일 협력자들의 존재가 증언하듯이, 한민족의 구성원들이 일본의 통치에 소극적으로 혹은 적극적으로 순응 혹은 협력하거나 저항하는 정도는 물론 각 개인의 성향이나 사회 전반적인 정신적 분위기에 따라 달라진다고 할 수 있다. 아울러 타 지역의 국가에 이주한 한민족 구성원들의 경우도 — 일반적으로 '한인사회' 혹은 '교포사회'로 불리는 — 비슷하다. 그들은 민족의식을 잃은 채 해당 국가의 통치체제나 시민사

의 방식으로 한반도 밖으로 이주하여 중국이나 미국이나 러시아 등 다른 국가의 통치 하에서 그 시민사회에 완전히 동화되거나, 그 국가체제나 정부의 정책 또는 정치적 상황이 허용하는 자율성의 범위 안에서 민족적 정체성을 유지하는 가운데 그 시민사회의 구성원으로서 경제-사회-문화적 삶을 영위했음도 사실이다. 여기서 민족은 간단하게 역사적 연속성 속에서 혈연적 및/혹은 문화적 정체성을 공유하는 인간들의 집단으로 정의한다면, 민족 및 국가 개념과 연관되면서 그보다 좀 더 복잡한 개념인 시민사회에 대해서는 좀 더 자세한 설명이 필요하다.

간단히 정의하여 시민사회란 생식(生殖)과 양육을 담당하는 가정이라는 사적인 집단과 국가라는 공적인 통치체제를 매개하는 중간 영역이자 일반적으로 시장이라는 개념으로 설명되는 영역, 즉 재화 및 용역의 생산과 교환이라는 분업활동이 이루어지는 실제적 혹은 가상적 (virtual) 공간을 지칭한다.4) 모든 민족은 — 배타적 영토 및 독자적 주권을 갖는 국가의 형태로 존립하든 그렇지 못하든 — 그것을 구성하는 개인들의 단순한 집합으로 존재할 수는 없으며, 언제나 각각 나름대로 역사적 진화과정을 통해 형성된 시민사회의 형태로 존재한다. 그리고 한 국가 내에서 그러한 분업활동이 얼마나 세밀하게 분화 혹은 전문화되어 있고 통치체제로부터 얼마나 자율성을 갖고 있는지 등은 그 지배체제의 성격, 종교와 문화 등 정신적 전통, 상업이나 산업의 발전 정도

회에 순응하고 동화되거나, 아니면 민족의식을 견지하면서 나름대로 한민족 집단으로서의 자율성과 독자성을 유지하면서 독립운동이라는 주권회복을 위한 운동에 동참하거나 기여하는 정도 또한 개인적 성향의 차이와 함께 해당 지역 한인 지도자의 역량이나 한인사회 조직의 성격이나 한인사회의 정신적 분위기에 따라 달라졌다.

4) 여러 학자나 사상가들의 시민사회 개념에 관한 가장 포괄적인 소개로는 Jean L. Cohen and Andrew Arato(1992)를 추천할 만하다. 그 책에서도 언급하고 있지만, 시민사회 개념에 관한 가장 심원하고 체계적인 철학적 성찰은 일반 인들이 읽기에는 지극히 난해하지만 헤겔의 『법철학』(Hegel 1955)이며, 그 책에 관해서는 이 제6장의 말미에서도 언급 및 인용될 것이다.

등에 따라 무한한 변용을 보인다. 그와 같은 시민사회의 개념은 일제 식민통치 시대에 한민족의 삶의 근본적인 성격뿐만 아니라, '조선조-일제 식민통치-해방과 건국 이후'라는 정치적 변천과정에서 이루어진 역사적 연속성 속의 비연속성 혹은 비연속성 속의 연속성을 이해하는 데 필수적이다. 그러한 이해를 위해서는 방대한 학술적 연구와 검토를 필요로 하지만, 단순화의 위험을 무릅쓰고 조선 후기의 역사를 국가와 시민사회의 관계 차원에서 검토할 필요가 있다.[5]

어쨌든 시민사회의 핵심적인 성격은 한편으로 사적(私的)이며 물질적인 이해관계의 영역과 다른 한편으로 그러한 이해관계에 기반을 두면서도 문화, 교육, 윤리, 종교 등 보편적인 가치나 이념의 추구와 더불어 통치영역에의 관심과 참여라는 공적 행위가 공존한다는 사실에 있다. 이에 따라 그것의 구성원인 시민은 다양한 수준과 방식으로 보편적인 이념이나 문화적 가치를 추구하는 공인이나 문화인으로서의 성격과 함께 사적이고 물질적인 이해관계에 얽매이는 '장사꾼'의 성격을 갖는

---

5) 이와 관련된 연구로서 대표적인 저술로는 이영훈(1988), 이태진(1986) 등 참조. 조선사 연구에서 지배체제와 관련하여 논의되는 사안은 계층 차원에서 대체로 지배층을 구성하는 양반 및 중인 계층, 재화의 생산과 유통을 담당하면서 소극적으로라도 정치사회적 발언권이 허용된 양민계층인 농민, 상민, 공인, 정치사회적 발언권이 전적으로 박탈되고 억압과 착취의 대상인 천민과 노비 계층이다. 그리고 권력구조와 관련해서는 통치 권력을 직접 담당하는 왕 및 왕실과 사대부 계층과 그들의 통치권 행사에 보조적인 역할을 하는 중인계층, 그리고 일종의 재야세력으로서 왕족이나 사대부 계층과 친족 관계와 더불어 정치적 및 사회문화적으로 긴밀히 연관된 사림(士林)의 존재가 핵심적인 요소로 이해된다. 사림의 형성이나 정치적 영향력의 확대과정 또는 그들 사이의 분열과 대립 자체가 '훈구파-사림파'의 대립과 같은 권력투쟁 등을 포함하여 복잡한 역사적 변화과정 속에서 이루어졌음은 잘 알려져 있다. 이 시기에 발흥한 실학(實學)은 당시 조선 지성계 전체에서 지극히 일부에 국한되고 그 실제적인 영향력 또한 지극히 미미했지만 조선 시민사회의 변화에 상응한 지성사적 운동임은 분명하다. 비록 조선조 시민사회에 대한 직접적인 연구는 아니지만 이와 관련된 사실 구명 차원의 연구로서 대표적인 업적으로는 이성무(1995), 정석종(1983) 등의 연구 참조.

다. 시민사회의 그러한 이중적인 성격은 일제 식민통치 시대 한민족 삶의 근본적인 성격뿐만 아니라 '조선조— 일제 식민통치— 해방과 건국 이후'라는 정치적 변천과정 속에서 이루어진 시민사회의 변화 및 연속성을 이해하는 데 필수적이다.

비록 지역적으로는 대체로 경인지역과 왜관(倭館)이 있었던 경상도 남부에 국한되지만, 조선 후기 특히 숙종에서 정조 대에 이르는 100여 년간 조선이 청이나 일본과의 공식적 혹은 비공식적 교역에 힘입어 어느 정도 시장경제가 발전하였음은 비교적 최근의 사회경제사 연구로 확인되고 있다. 시장경제의 발전은 중인이나 상인 계급의 발흥과 더불어 조선조 특유의 사림(士林)이라는 공론영역을 독점하는 정치적 지배층 중심의 시민사회에 변화를 초래했음도 분명하다. 그런데 특히 19세기에 들어서 외척 세도에 의한 왕권의 쇠퇴와 부패구조의 심화, 이와 더불어 홍경래의 난과 같은 조선조 최초의 반체제적 반란 이후 빈번하게 발생한 민란과 사회적 소요, 천주교 및 서학의 유입과 더불어 동학이라는 반체제적 종교이자 이데올로기의 태동과 확산에 따른 주자학적 이념체제의 불안 등은 조선왕정이라는 통치체제와 그 시민사회 사이의 균열이 심화되는 과정이다. 조선조 시민사회의 그와 같은 구조적인 변동의 맥락에서 사림이라는 조선조 특유의 공론영역도 변화하는 양상이 발견될 수 있다. 구한말에 등장하는 만민공동회와 같은 시민운동의 출현이나6) 『한성순보』와 『독립신문』과 같은 대중매체의 등장 등은 그러

---

6) 대체로 모든 사회적 변화가 그러하듯이, 그와 같은 근대적 시민운동의 출현도 그 역사적 기원은 18세기 후반에 처음 등장한 '만인소(萬人疏)'에서 찾을 수 있을 것이다. 1792년 정조의 왕권이 안정적이 된 정치적 상황에서 정치권력에서 오랫동안 소외된 영남 남인 계열의 유생들이 왕의 의중을 읽고 사도세자(思悼世子)의 복권을 촉구한 상소(上疏) 형식 의 집단행동이 그것인데, 그러한 집단행동은 19세기에도 중요한 국가적 혹은 정파적 사안이 발생할 때마다 이어진 것이다. 그러한 집단적 운동의 정치적 성격이나 목적의 변이와 대중적 확산의 맥락에서 만민공동회 운동은 물론 삼일운동 이후 해방

한 변화의 맥락에서 이해될 수 있는 것이다.

19세기 후반의 한국사란 서구 열강들의 침탈 등에 의한 전통적인 중화질서의 붕괴 과정과 결합하여 국가와 시민사회의 균열이 더욱 심화되고 복잡하게 전개되는 시기이다. 특히 1876년의 '개국(開國)' 이후의 역사는 한편으로 조선의 지배체제 및 권력 집단이 스스로의 존속을 위해서 세계사적 변동에 적응하려다 실패한 과정의 정치사이지만, 다른 한편으로는 조선의 시민사회가 외래의 문물에 노출되고 일본과 서구 제국의 정치적 및 사회적 영향력이 확대되고 심화되면서 서구적 자본주의 체제에 서서히 편입되는 과정의 사회경제사이기도 하다. 그러한 역사적 변화의 맥락에서 국가주권의 상실로부터 1919년 임시정부의 수립에 이르는 역사적 변화의 실체도 총체적으로 이해될 수 있다.

조선조라는 지배체제 자체의 구조적 특성이나 그 장기적 존속의 체제 내적 및 외적 배경이 무엇이든, 일단 국가주권의 상실이란 조선의 통치주체들이 그들 나름의 노력에도 불구하고 새로운 대내외적 변화에 제대로 적응하는 데 실패했음을 의미한다. 단적으로 그것은 국가운영의 실패이자 특히 일본과의 국가경쟁에서의 패퇴를 의미하며, 좀 더 근원적으로는 조선조에서 특히 인조반정과 병자호란 이후 통치이념인 성리학이 교조적이 되면서 벽사위도(闢邪衛道), 존주대의(尊周大義), 소중화(小中華) 등의 명분으로 등장한 보수 이데올로기가 분열적 정파의식 및 부패구조의 심화 속에서 새로운 개혁적이고 통합적인 국가이성으로 변환되지 못했음을 의미한다. 그 보수적인 이데올로기는 통치체제의 안정이라는 측면에서 나름대로 '합목적성'은 있지만, 근본적으로 국가가 처한 현실을 위선적인 도덕 이념으로 분식하고 정당화하는 허구적이고 위선적인 이데올로기였다. 병자호란으로 '오랑캐 왕조' 청조에 복속되

후 현재까지 이어진 다양한 대중 집회와 대학생시위 등 시민운동의 역사적 흐름을 파악할 수 있을 것이다. 조선조의 만인소 운동에 관해서는 이수건 (1987) 참조.

는 치욕을 겪은 '문명국' 조선의 왕조는 1876년 일본에 의한 강제적인 개국이 이루어질 때까지 국가와 정권의 안보뿐만 아니라 신문물의 소개나 수입을 청에 의존하면서도, 대내적으로는 문명적, 도덕적 우월성이라는 허구적인 오만으로 청조의 정통성을 부인하고 불의와 부정과 부패 속에 사라진 부도덕한 정권인 명조에 충성하는 이중적인 정책을 추구했다. 그러한 정책의 바탕에 그 보수적인 이데올로기가 있다.7)

그러한 보수적 이데올로기가 조선 후기를 지배하는 정치이념으로 고착되었다는 사실은 지배층과 피지배층을 막론하고 조선 후기의 인간들 일반의 정치의식이나 윤리의식의 바탕에도 위선과 허구가 뿌리내리게 된 계기가 되었음도 부인할 수 없다. 그러한 정치사적 및 정신사적 배경에서 진행된 조선조 시민사회 변동의 맥락에서 일제 식민통치의 역사적 실체가 무엇인지 파악될 수 있다.

다시 강조하지만 한일합방이란 조선왕조의 통치가 일본 정부의 통치로 대체되었음을 의미한다. 이에 따라 한민족으로 구성된 시민사회는 일본 정부의 비호와 후견이라는 정치적으로 유리한 위치에 있는 일본인 시민사회와의 경쟁, 갈등, 융합의 관계 속에서 존속해야 하는 상황에 진입하게 되었다. 그런데 시민사회라는 존재의 핵심적인 요소는 정치권력의 획득을 위한 경쟁이나 투쟁과는 적어도 직접적인 연관성은 없는 생산-교환 활동이나 문화-종교-교육 활동이다. 그러한 활동은 완벽한 전체주의 체제가 아닌 한 통치체제로부터 어느 정도의 자율성을 부여받기 마련이며, 실질적인 국권상실을 의미하는 을사보호조약 체결

---

7) 그와 같이 수구적이면서 허구적이고 위선적인 국가이성의 발현은 대보단(大報壇) 제례에 전형적으로 나타나 있다. 숙종대인 1704년에서 청일전쟁이 일어난 1894년까지 조선의 군주들은 — 계몽군주의 표상으로 간주되기도 하는 정조(正祖)를 포함하여 — 나태하고 황음하여 도덕적으로 결코 칭송될 수 없는 명조의 황제들에게 바로 도덕과 문명의 이름으로 '일편단심'을 맹세하는 '공식적이면서도 비밀스러운' 국가제례를 봉행한 것이다. 대보단의 정치사에 관해서는 계승범(2011)의 훌륭한 개척자적 연구가 있다.

이후 삼일운동이 발생한 시기까지 한국 시민사회가 처한 상황의 실체도 그와 같은 관점에서 이해될 수 있다.

을사보호조약 이후에는 주로 이토 히로부미(伊藤博文) 통감부의 통제 하에서, 한일합방에서 삼일운동까지는 데라우치 마사타케(寺內正毅) 총독과 하세가와 요시미치(長谷川好道) 총독의 소위 헌병통치로 의병운동 등 식민통치체제 자체에 대한 도전행위는 엄격히 탄압받았음은 주지의 사실이다.8) 동시에 한국 시민사회 구성원의 대다수는 철도 부설이나 광산개발이나 토지조사 등 식민통치체제의 경제적 기반을 구축하기 위한 총독부의 기본정책에 저항하거나 저촉되지 않는 한 경제활동의 자유를 누린 것 또한 사실이며, 그러한 가운데 조선조 사림의 사회경제적 기반인 지주제도에 기초한 농업 중심의 경제는 전반적으로 유지되면서도 한국인의 시민사회는 자본주의적 생산-교환 체제로 서서히 변환되기 시작했다. 그러한 가운데 삼일운동부터 중일전쟁이 발발하는 1937년까지, 다시 말하여 일본의 입장에서는 국가적 비상상황을 의미하는 전시(戰時)체제가 본격적으로 가동하여 엄혹한 식민통치가 등장하기까지는 소위 '문화통치'라는 이름으로 한국인 소유 신문사의 창간도 허용하는 등 한국 시민사회의 자율성이 더욱 확대된 시기임은 잘 알려져 있다. 이에 따라 상업 활동도 서서히 확산됨에 따라 한인 소유의 기업들도 창업되고 발전하기 시작하면서 공론영역에도 많은 변화가 발생하게 된다.

한민족 시민사회의 구성원들 가운데 일부는 총독부의 상급 관료 또는 하급 관리가 되어 적극적으로 식민통치체제의 운영에 참여하였으며, 변호사 등과 같이 어느 정도 신분이 보장되고 생활에 안정적인 직업을 가진 식민통치체제의 '준 구성원'들은 그것에 적극적 혹은 소극적으로 순응하거나 비판하거나 저항하였고, 상당한 수의 지식인들 또한 언론이

---

8) 이에 관해서는 대표적으로 정해영(2010) 참조.

나 문화, 종교, 교육 활동을 통해 시민사회의 공론영역에 참여하면서 생계를 유지하거나 나름대로 사회적 지위와 영예를 누리면서 조선조의 사림을 대체하는 새로운 공론영역과 새로운 민족지도층을 형성해나간 것도 — 한국 민주화 운동의 역사에서 '재야'라는 이름으로 시민운동을 주도한 인물들이 정부의 억압정책에서도 '실질적으로는' 그러한 운동을 통해 생계를 유지하거나 더 나아가 사회적 명성을 회득하면서 민주화시대에서 정치적 '출세'의 기반으로 이용한 것과 비슷하게 — 사실이다. 임시정부가 출현하는 1919년이라는 역사적 상황의 정치적 실체는 바로 일본의 식민통치체제에서 이루어진 그와 같은 한민족 시민사회 변환의 관점에서 파악될 수 있다.

2. 임시정부의 등장 및 독립운동사에 대한 정치철학적 이해

식민통치의 시대란 결국 한민족이 국가 차원이 아닌 시민사회 수준의 분업체계를 통해 집단적 삶을 유지한 시기이다. 그것은 또한 주권상실 전 조선조의 통제 하에서 부분적으로 허용되었던 일본과의 경제-사회-문화적 교류가 점차 심화되고 확대되면서 한민족의 시민사회가 일본의 그것에 서서히 융합되는 시기이기도 하다.9) 그러한 교류 속에서 특히 재일 유학생들을 통해 일본의 학문과 문화는 물론 서구의 문물이 한국의 시민사회에 본격적으로 소개되고 유입되었으며, 시민사회 구성원들 각각의 정신적 성향이나 사회적 배경 또는 이념적 지향의 차이에 따라 일본의 통치체제에 대해 소극적 혹은 적극적으로 순응, 협력, 저항, 투쟁 등 여러 형태의 태도와 행동이 나타난 것이다. 민족, 국가, 시

---

9) 전쟁수행의 목적으로 선전한 '내선일체'의 구호가 상징하듯이, 상황에 따라 일본 정부의 정책은 표면적으로라 사회적 통합을 넘어 국민적 통합까지 추진하는 등 그 종속이나 융합의 범위나 강도는 변화하는 양상을 보이고 있음은 사실이다.

민사회 사이의 관계에 대한 그와 같은 거시적 관점에서 건국의 시점 문제와도 직접 관련이 있는 임시정부 수립의 역사적 실체가 무엇인지도 파악될 수 있다.

임시정부의 등장은 삼일운동이 그 결정적인 계기를 제공했다. 삼일운동은 조선의 왕족들은 참여하지 않은 채 한민족 역사상 모든 사회적 계층을 망라한 최초의 거족적인 시민운동이었다. 그것은 곧 한국사에서 왕조시대가 종말을 고하고 임시정부의 헌법으로 명시되듯이 국민 전체가 통치의 주체가 되는 '민주공화국 시대' 개막의 선언이다. 다시 말하여 삼일운동이란 한국의 시민사회가 일제로부터의 독립과 더불어 새로운 국가체제의 건설이라는 역사적 목표를 공개적으로 천명한 사건이다.

그런데 일본 식민통치로부터의 해방이라는 소극적인 차원에서 독립의 의미에 대해 논란은 없지만, 새로운 국가건설이라는 적극적인 차원에서 민주공화국의 구체적 의미가 무엇인가와 관련해서는 당연히 독립운동을 주도하는 세력 사이에 논란이 있을 수밖에 없다. 그것은 궁극적으로 국가의 존재이유나 국가적 이상은 무엇인가 하는 정치철학적 차원의 논의와 더불어 한민족이 처한 대내적인 상황과 세계사의 대세라는 현실 속에서 어떻게 구현할 것인가라는 문제, 바로 왕정체제를 대체하는 새로운 국가정체성의 확립 및 구현이라는 이념적이고 실천적이면서 지극히 복잡한 역사적 과제였기 때문이다. 이에 따라 단순히 무장투쟁에 그치지 않고 장기적 관점에서 독립운동을 추구하는 세력들 사이에서는 '민주공화국'의 구체적 의미, 다시 말하여 새로운 국가생활의 이상 및 그 구현 방법과 관련하여 여러 가지 다른 처방들이 나올 수밖에 없었다. 실제로 1, 2차 세계대전이라는 세계사적 상황에서 한민족의 독립운동은 그러한 국가적 이상과 실천적 처방 사이의 괴리로 인하여 분열과 대립의 양상을 그대로 노정하였다. 그런데 그러한 분열과 대립은 앞 절에서 설명한 바와 같이 이미 조선시대 말기 공론영역의 분열과 대립 속에 예고하고 있었다는 사실이 환기되어야 한다.

아무리 보편적인 내용과 체계적인 형식을 갖춘 정치사상에 이념적 근거를 둔 통치체제라도 그 인적 구성원의 무능과 부패로 인해 그 실제적인 운영이 표방된 이념과 현실적인 관련성이 약화되었을 때, 그 이념에 대한 해석은 더욱 교조적이고 위선적이고 배타적이 되기 마련이다. 그것이 앞에서 언급된 인조반정 이후 등장한 조선 왕정체제의 보수 이데올로기이며, 서세동점의 세계사적 상황에서 국가생활 전반에 대한 개혁이 절실히 요청되는 19세기 후반의 조선조에서 그러한 보수 이데올로기는 위정척사라는 극단적인 수구적 이념으로 변질되고 있었다.

위정척사의 이념은 나름대로 강렬한 도덕적 엄숙주의와 더불어 국권수호의 결기를 갖춘 이데올로기였지만, 동시에 파렴치함을 넘어 피지배자들에 대한 권력자들의 약탈 수준으로 심화된 부패구조 등 국가생활 전반의 심각한 부도덕한 현실은 외면한 본질적으로 위선적인 이데올로기이며, 그와 같이 부도덕한 국가 조선을 '금수(禽獸)와 같은' 서양 국가들은 물론 '청나라 오랑캐'와 구분되는 지구상 유일한 남은 소중화의 문명적이고 도덕적인 국가로 정당화하는 허구적인 이데올로기였다. 그러한 이데올로기가 국가생활 전반을 강력하게 지배할 때 국가의 쇠락을 미연에 방지할 수 있는 개혁이 제대로 이루어질 수는 없었다. 특히 강화도조약을 계기로 조선조 통치체제의 구성원들 가운데 여러 세력이 다양한 방식으로 시도한 개혁방안이 성공할 수 없었던 근본적인 이유도 그러한 체제 내적 원인에서 찾을 수 있다.

조선조 통치체제 내에서는 갑신정변의 경우와 같이 젊은 관료들에 의해 그들 나름의 '구국을 위한' 정치개혁이 시도된 바 있지만, 쿠데타 성공에 필수적인 치밀한 기획의 결여 등 정치적 역량의 부족과 더불어 대외적 여건의 미성숙으로 실패한 것은 잘 알려져 있다. 그 이후에도 갑오경장이나 광무개혁 등의 정치적 개혁 또한 부패구조와 사림이라는 수구적 지배층이자 전통적인 공론영역의 저항으로 실패할 수밖에 없었다. 대체로 1894년 갑오경장 이후에는 전통적 사림을 대체하는 시민사회가 서서히 그 모습을 등장하면서 '아래로부터의 개혁'의 시도가 이루어진 것도 사실이다. 유길준의 군민공치(君民共治)나 이승만의 입헌왕정 등 민주공화국의 맹아라고 할 수 있는 이념들이 점차 구체적인 모습으로 나타나고 그 구현을 위한 만민공동회와 같은 시민운동이 등장한 것도 그 시기이다. 그러한 개혁운동이 지극히 일시적이나마 대한제국의 개혁정책과도 조화를 이룬 것 또한 사실이지만, 무엇보다 자신의 권력 유지에 집착하여 부패한 전제적 왕정체제 전반을 개혁할 정도의 정치적 결단력은 전무한 고종이라는 최고 권력자로 인해 실패할 수밖에 없었다. 이승만의 수형생활이 증언하듯이, 정치적 탄압의 대상이 된 새로운 시민운동은 사회 전체적으로 확산되지 못한 채 망국을 맞이하게 된 것이다.

결국 한일합방 이전에는 한민족의 통치 권력에 의해, 그리고 합방 이후에는 타 민족의 통치 권력에 의해, 민주공화국의 이념이 한반도 내 시민사회의 공론영역에서 적극적으로 논의되고 그 내용에 대한 사회적 합의가 형성될 가능성은 차단되었다고 볼 수 있다. 그러한 역사적 및 정신사적 상황에서 삼일운동이 발생한 것이며, 한국의 시민사회에는 민주공화국 이념의 구체적인 내용에 대한 합의가 이루어지지 못한 채 그 구현의 역사적 당위성만 부과되는 상황이 전개된 것이다. 그러한 역사적 및 정신사적 상황이 삼일운동 직후 새로운 국가 건설을 준비하기 위한 '임시적인' 정부의 설립이나 운영 과정에도 투영됨은 필연적이었다.

앞에서 언급한 대로 삼일운동의 준비와 이어지는 임시정부의 설립 노력이 국내외 한인 시민사회의 지도층을 중심으로 이루어진 것은 식민통치체제의 속성상 필연적이었다. 그리고 그 지도층이 시민사회에서 직접 재화나 용역의 생산 및 교환 활동에 종사하지 않는 공론영역의 인물들, 다시 말하여 직업적인 독립운동가들과 더불어 생업에서 어느 정도 자유로운 종교인, 교육자, 언론인, 변호사, 재일 유학생들을 포함한 청년학생 등으로 구성된 사실 또한 일본 식민통치 하의 한국인 시민사회라는 존재의 속성상 필연적이라고 말할 수 있다. 그리고 '정식적인' 정부의 정신적, 인적, 물적 기반은 시민사회일 수밖에 없는 것과 같이, 법과 정책을 집행할 수 있는 강제적인 수단이 거의 없거나 미약한 임시정부의 활동은 더욱더 시민사회의 자발적인 도움 및 참여와 정신적 지지에 의존할 수밖에 없었음도 당연하다.10) 그 각각의 진정한 실체가 무엇인지에 대한 문제를 떠나서, 삼일운동 직후 한국인 시민사회에 알려지고 그 존재성이 부각된 세 임시정부 각각의 설립과정, 정치적 위상, 상호관계, 존속의 문제에 대한 이해 또한 한민족에게 부과된 민주공화국이라는 이념의 정치사적 및 정신사적 의미와 더불어 한국인 시민사회와의 관계 차원에서 파악될 수 있다.

삼일운동 직후 한국의 시민사회에 알려진 세 임시정부는 그 설립 공표의 시간적 순서에 따라 3월 21일 수립된 블라디보스토크의 '대한국민회의 임시정부', 4월 11일 상해의 '대한민국임시정부', 4월 23일의 한성의 '한성정부'이다. 일단 세 임시정부의 설립이 모두 조선의 왕통을 이어받거나 순종이라는 마지막 황제가 부과한 왕명을 수행한다는 형식이 아니라는 사실이 중요하다. 세 임시정부 모두 '국민대표회의'나 '의정원'이나 '13도 대표의 국민대회' 등 그 명칭의 차이를 떠나 한국인의 시민사회를 대표하는 인물들이 결성했다는 형식을 통해, 다시 말하여 그 정통성의 기반을 한국의 '민' 전체의 의사에서 찾았다는 것이다. 세 임시정부는 곧이어 정파들 사이의 협상 및 조정 과정을 거쳐 같은 해 9월 11일 통합임시정부 헌법의 공포를 통해 단일한 임시정부의 수립에 성공하게 되었다. 그러한 의사의 집약이 민주공화국이라는 임시정부 헌법의 국체 규정이다. 곧 한국의 현대란 조선조와 민족 및 시민

---

10) 모택동이 공산혁명의 수행과정에서 채택하여 널리 알려진 소위 '농촌에 의한 도시의 포위 전략'은 개념적 언어로 표현되지만 않았을 뿐 기본적으로 국가와 시민사회 관계의 중국판 현실에 대한 철저한 인식을 기초로 '공산당 임시정부'가 수립한 합리적 정책으로 평가될 수 있다.

사회 차원에서의 역사적 연속성은 유지되지만 삼일운동이라는 거족적인 시민운동을 전환점으로 '왕조에서 민주공화국'이라는 정치사적 단절이 이루어진 것이다. 그러한 단절이 정통적인 역사의식으로 자리 잡으면서, 그 이후의 한국 정치사란 조선왕조의 부활은 불가능해지고 민주공화국이라는 이념의 구체적인 의미를 온갖 역사적 시행착오 속에서 모색하고 체계화하고 실천해나가는 과정인 것이다. 독립운동은 바로 그러한 역사적 시행착오와 궤적을 같이하며, 그러한 궤적을 떠나서는 임시정부의 행적을 포함하여 독립운동의 역사적 실체를 제대로 파악할 수 없다.

임시정부는 설립된 후 얼마 지나지 않아 좌파와 우파 및 각 파 내부의 대립으로 다시 분열되고, 이에 따라 독립운동도 사분오열되어 남북분단의 민족 내적 요인이자 동시에 해방정국에서 전개된 극심한 정파분열과 대립의 배경으로 작동한다.11) 분산된 독립운동은 각 지역의 한인 시민사회가 속한 국가가 처한 상황이나 그 정부의 정책에 따라 다양한 양상으로 명맥을 유지하거나 소멸되는 양상을 보이게 된다. 경제적으로 안정적이고 자유로운 시민활동이 보장된 미주 지역에서는 한인 시민사회의 지원 속에 미국이라는 국가의 국제정치적 위상을 이용한 외교활동 중심의 독립운동이 전개될 수 있었으며, 한반도와 만주 지역의 독립운동은 일본 정부의 탄압으로 궤멸상태에 빠지거나 지하운동으로 숨어들 수밖에 없었다. 동북아 지역에서는 일본의 군국주의적 팽창과 이에 따른 중일전쟁 및 태평양전쟁의 와중에서 소련의 통치체제에 흡수되거나 중국 공산당의 일부가 되었다. 그나마 장개석의 중화민국 정부에 그 존속과 운영을 의지한 채 산발적이고 소규모지만 독립투쟁을 지속하면서 독립 후의 국가생활을 나름대로 준비한 임시정부가 존재했다는 것은 민족사적으로 다행이었다.

---

11) 이에 관해서는 대표적으로 이현주(2007) 참조.

독립운동의 분열 속에서도 임시정부가 존속했음은 사실이다. 하지만 한민족 전체의 정신적인 구심점이 되어 시민사회의 분산된 역량들을 결집하여 독립운동 전체를 주도하면서 새롭게 건설할 국가의 기본방향을 제시하고 그것을 뒷받침할 제도와 정책을 준비하는 수준의 임시정부는— 일부 우파 독립운동가에 국한된 조직으로서 1930년 상해에서 결성된 한국독립당(韓國獨立黨)은 그러한 준비작업의 필요성에 대한 인식의 소산이지만— 존재하지 못했다. 국내 시민사회의 경우 공론영역을 구성하는 언론계와 교육계와 종교계의 여러 단체와 조직들이 전시체제 하 일본 정부의 극심한 사상적, 정치적 탄압과 통제 속에서 적극적인 저항을 하지 못했음은 사실이며, 그들 대부분은 스스로의 조직의 와해를 감수하지 않는 한 일본의 정책에 협조할 수밖에 없는 상황이 전개되었다. 그것이 국외의 독립운동의 실상과 대비된 일제하 한국 시민사회의 수많은 지도층 인사들에 부과된 역사적 족쇄이고, 그들 모두가 저 세상으로 사라진 지 오래된 지금 문재인 정부가 부활시킨 '친일파 정치'의 '역사적 자원'이다. 독립운동과 친일에 대한 역사적 평가는 그러한 '역사적 자원'에 대한 정확한 평가를 바탕으로 내려져야 한다.

독립운동 자체는 당연히 민족사적으로 칭송되고 국가적으로 찬양되고 고무되고 보훈되어야 한다. 하나의 민족이 주권국가를 지향하는 한 그러한 행위는 절대적 당위이다. 하지만 바로 독립운동 때문에 독립이 가능하게 했다는 식으로 과도하게 평가함은 올바른 역사의식의 형성과도 배치되고, 역사적 공과에 대한 정확한 평가와 일치하는 국가적 보훈의 결정을 통해 고양되는 애국심의 함양도 저해할 수 있다. 친일을 '싸잡아' 매국노나 반민족적 범죄행위자처럼 매도 또는 단죄하는 것 또한 민족사적 정의의 구현이 아니다. 일제의 시대에는 송병준과 같이 진실로 민족반역적인 '부일(附日)' — '친일'과 개념적으로 구분하여 —도배들이 있었던 것이 사실이다. 그러나 그들과 한인 시민사회의 지도자들인 소위 친일인사들은 구분되어야 한다.

친일인사들 대부분은 기본적으로 식민통치체제에 순응하며 활동할 수밖에 없는 구조적 제약 속에 있었다. 일본 식민통치 하의 한반도란 당시의 국제정치적 현실에서는 일본의 영토이며, 그러한 상황에서 일본의 통치행위에 대한 순응은 전쟁이 선포된 상황에서 범하는 적국에 대한 부역행위와는 구분되어야 한다. 그 당시에는 무엇보다 거족적으로 일치단결한 독립운동도 없었고,12) 제2차 세계대전 당시 런던의 프랑스 임시정부나 폴란드 망명정부처럼 항전의 주체가 분명한 것도 아니었다. 그들은 식민통치체제 하에서 나름대로 민족적 이익을 위해 봉사하거나 독립 후의 국가생활을 위해 준비하는 활동을 했으며, 오직 식민통치 막

12) 그 점은 을사보호조약 체결 이후 발생한 의병운동에서부터 확인될 수 있다. 의병운동에는 조선조 정치사회세력 일부가 참여한 것은 사실이나, 한국의 시민사회 전체가 단결하여 지속적인 투쟁을 벌인 것은 결코 아니며, 대체로 삼일운동까지는 일본의 식민통치를 체념적으로 수용한 것은 분명한 사실이다. 을사보호조약이나 한일합방 직후 즉각 망명정부나 임시정부가 출현하지 못한 사실은 그것의 뚜렷한 방증이다. 삼일운동이라는 거족적인 사건의 영향과 더불어 그것에 전후하여 전개된 세계사의 흐름에 편승하여 임시정부도 설립되고 독립운동이 잠시 활발한 적이 있었다. 하지만 그것도 오래되지 않아 자체의 분열과 일본의 탄압 속에 무력해지고 말았던 것이다. 이에 관해서는 고정휴(2000a; 2000b), 김희곤(2004), 노연희(1992) 등 참조. 같은 맥락에서 임시정부의 국제적 위상에 대해서도 언급할 필요도 있다. 일본과 전쟁을 벌이는 상황에서 중국과 미국이 전략적 차원에서 한때 임시정부에 대한 승인을 고려한 사실은 외교문서로 확인되고 있다. 그러나 그러한 승인이 결코 그들의 국가이익이과 합치되지도 않을뿐더러, 독립운동의 분열과 분리될 수 없는 임시정부의 정치적 위상으로 인해 일찍이 그들의 정책결정 대상에서 제외되었다. 중일전쟁과 태평양전쟁의 마지막 국면에서 중국정부는 대 일본전쟁 수행의 일환으로 광복군의 조직에 도움을 주어 독립운동의 기세가 다시 오르기도 했음은 사실이다. 그러나 그 규모가 기껏해야 300-500명 정도의 소규모 대대의 병력으로 실제로 국내에 진공했을 경우 일본군에 몰살당했을 것은 불문가지이며, 중국이나 미국 스스로가 임시정부의 국제적 위상을 높여주어 자신의 외교정책 수행에 걸림돌이 될 수도 있을 독자적인 군사행위를 허락할 가능성도 거의 없었다. 자체 내의 그러한 상황과 더불어 이차대전을 중심으로 전개되는 국제정치의 역학관계에서 독립운동이 민족적 자존심의 충족 차원을 넘어 국권회복에 실질적인 영향력을 발휘할 수는 없었던 것이다.

바지 일본의 엄혹한 전시체제 하에서 자신들이 이끌어가야 할 조직의 생존을 위해 불가피하게 일제와 타협할 수밖에 없었던 인사들이었다. 그러한 인사들을 이제 와서 반민족행위자로 몰아감은 '안전한' 국외에서 생존하면서 "너 왜 국내에 있으면서 저항하여 죽지 않았느냐"고 힐난하는 것과 다를 바 없다. 그것은 반(反)역사적이며 시대착오적인 역사적 평가이자 정략을 앞세운 국가분열 행위이기도 하다. 해방 후의 정계에서 친일인사들에게 '돌을 던질 수 있는' 인물들이 진정으로 다수였다면 좌우 분열도 없었을 것이고, 그 이전에 한국은 일본에 병탄되지도 않았을 것이다.

이제 앞서의 논의 내용을 정리할 필요가 있다. 한국 근대사의 흐름이란 기본적으로 조선조에서 19세기부터 특히 심화되기 시작한 국가권력의 사유화, 부패, 무력화(無力化)와 더불어 공론영역의 쇠퇴와 공인정신의 쇠락에 따른 국가와 시민사회 사이 및 시민사회 내부에서의 분열의 심화과정이다. 그러한 상태에서 한민족 시민사회 구성원 다수에게서 조선조에 대한 충성심이나 일본의 제국주의적 침략에 대한 거족적인 저항을 기대할 수는 없었다. 식민지 상태에서도 그들 다수는 과거의 조선왕조에 대한 향수와 혐오감과 더불어 일본의 선진문물에 대한 배척과 외경이 교차하는 가운데 일본의 식민통치에 소극적으로 저항하거나 순응 혹은 타협하였으며, 경우에 따라서는—특히 식민통치가 시작된 후 태어난 세대들의 경우에는—조선조를 대체하는 새로운 국가적 충성의 대상으로 받아들이기도 했던 것이다. 민족 내부의 그와 같이 복잡한 정치사적 및 정신사적 상황에서 우리는 해방을 맞게 되었다.

그 해방은 결코 우리 스스로의 결집된 민족적 역량과 독자적인 투쟁에 의해 획득한 것이 아니며, 함석헌이 토로한 바와 같이 어느 날 갑자기 우리에게 찾아온 것이다. 그것은 기본적으로 제국주의 일본의 자멸적인 대외정책의 소산이지만, 진실로 오래된 역사적 불운 속에서 처음으로 한민족에게 무엇인가 초월적인 힘이 긍정적으로 작동하고 있었던 것은 아닌지 반신반의할 수밖에 없게 만드는 사건이었다. 어쨌든 일본 패망 당시의 현실에서 그것은 새로운 혼란을 촉발한 다른 요소들의 해방이기도 했다는 점이 중요하다. 그것은 식민통치로 '잠시 억압되었던' 조선조 말 부패구조의 해방이며, 조선조의 오랜 병폐인 파당정치의 해방이기도 했던 것이다. 그러한 역사적 및 정신사적 상황에서 광복이라는 민족적 감격이 곧 국가적 환멸로 변질됨은 일종의 필연이었다. 외세의 개입 여부를 떠나 수많은 정파들의 난립은 권력쟁탈을 향한 무분별한 투쟁으로 이어지고, 결국에는 극심한 좌우의 대립으로 남북 각각이 별도의 정부를 건립하는 분단으로 이어진 것이다. 그나마 남쪽에는 민족 전체적으로 뚜렷하게 부각된 이승만이라는 인물이 있어서 그를 중심으로 정치적 혼란을 극복하고 건국으로 이어지게 되었음은 민족사적 행운이었다.

결국 1945년 8월이란 민족적으로는 '빛을 다시 보는' 시기였지만 국가적으로 새로운 빛이 도래한 것은 아니었다. 외세로부터 해방은 되었지만 스스로 자유로운 존재가 되지는 않았던 것이다. 대한민국의 현대사란 그 국가적인 '빛'이 온갖 부조리와 비극과 시행착오라는 어둠과 찬바람 속에서 서서히 밝아오는 과정이자 국가적 자유를 서서히 형성해가는 과정으로 볼 수 있다. 그러한 '국가적 자아' 형성의 맥락에서 현재의 국가정체성 위기의 극복을 포함하여 대한민국이 나아가야 할 미래의 방향도 모색될 수 있다.

3. 맺는말: 새로운 역사의식의 정립을 향하여

논의의 결말을 위해 비록 난해하지만 앞에서 언급한 대로 시민사회의 개념에 대한 가장 심원하고 체계적인 탐구라고 할 수 있는 헤겔(G. W. F. Hegel) 『법철학』의 개념체계를 원용할 필요가 있다.[13] 한민족의 시민사회는 해방 오래전인 적어도 19세기 중반부터 그 본질적 속성인

'특수성의 결정(die Bestimmung der Besonderheit)'이나 '차별성(Differenz)'의 상태가 바로 국가로서의 의미를 잃어버린 조선왕조 때문에 국가라는 '보편성의 힘(der Macht der Allgemeinheit)'으로 지양되지 못하고 극도로 분열된 상태에 머물러 있었다. 씨족 가문이나 문벌 또는 사회적 혹은 지역적 집단들 사이의 욕구와 이해관계의 차이가 국가 전체 차원의 통합과 번영을 추구하는 정책으로 승화되지 못한 채 극심한 상호 대립의 상태에 머물러 있었다는 것이다. 19세기 후반 이후 전개된 한국 근현대사란 민족적이고 국가적인 불운과 비극과 부조리의 체험 속에서 발생한 시민사회의 분열과 대립을 서서히 개선하고 극복해나가는 국가발전의 과정이었다. 세계사에서 언제나 그러하듯이 국가발전이란 결코 온실 속 화초의 성장이 아닌 것이다. 현재의 국가정체성 위기의 극복은 그러한 관점에서 접근되어야 한다.

현재 국가정체성의 위기는 조선－일제 식민통치－대한민국으로 이어지는 국체의 변혁과정이라는 거대한 변화에 필연적으로 수반될 수밖에 없는 '불편한 진실들'을 '편하게' 볼 줄 알고 솔직하고 겸허하게 인정하는 데서 출발하여야 한다. 인간과 사회 현실의 일부분을 침소봉대하거나 분식 또는 호도하지 않고 그것들 사이의 상호 연관성을 역사의 흐름이라는 동태적이고 전체적인 관점에서 파악할 수 있어야 한다는 것이다. 그러할 때 허구와 위선의 역사의식도 퇴치될 수 있고, 국가정체성 위기의 극복이라는 역사적 과업도 성취될 수 있다.

역사적 현실이란 극복의 대상이지 심리적 망각이나 감정적 폄훼나 도덕적 분식의 대상이 아니다. 자아정체성의 위기를 지칭하는 정신분열증(schizophrenia)이나 편집증(paranoia) 등에 대한 정신분석학의 치유방법은 잘 알려져 있다. 정신과 의사가 무의식에 존재하는 과거의 심리적 억압이나 상흔의 존재 자체를 인정하지 않으려는 환자의 저항을 무

---

13) Hegel(1955), 특히 181절 참조.

릅쓰고 그것들을 의식의 차원으로 드러내어 그 실체를 인정하게 하는 방식이 그것이다. 비록 차원은 다르지만 '국가적 자아' 위기의 극복에도 비슷한 방식이 적용될 수 있다. 심각한 정치적 분열의 근저에는 역사의 진행과정에서 혜택과 피해를 입은 집단 및 그 후예들 각각의 세속적 우월감이나 정신적 상흔에 기인한 편집증이 있기 마련이다. 그것은 보수의 이름으로 기득권에 집착하여 변화 자체를 거부하거나 정치적 무관심 또는 반(反)공동체적인 향락주의적 행태로 나타난다면, 진보라는 이름으로 역사의 실상을 왜곡 또는 호도하거나 체계적이고 면밀한 성찰과 기획이 없이 특정한 미래상에 대해 교조적 혹은 광신적으로 집착하는 행태로 나타난다. 특히 후자는 현재 한국사회를 지배하는 여러 가지 오도된 관념과 정서의 원천이다.

그러한 관념과 정서에는 무엇보다 국가주권 상실의 주범인 고종을 위시한 조선왕조에 대한 부당한 옹호나 그것과의 역사적 연속성에 대한 과도한 집착이 있으며,14) 조선 후기의 시대착오적이고 수구적인 이데올로기인 위정척사 이념의 위선적인 도덕주의와 편협한 민족주의적 감정이 결합된 그악스러운 수준의 '적과 동지 구분'의 감정이 있다. 그것이 일본이란 국가에 대해 갖는 치졸한 수준의 적대감 및 비하의식의 원천이며, 위정척사 사상가들의 유교적 교양과 도덕적 결기는 사라진 채 오직 하급 무인(武人)들의 그악스러운 '깡다구'와 집단적 이기주의의 형태로 잔존하는 북한판 위정척사의 원천이기도 하다. 후자는 남한

---

14) 그러한 집착은 대표적으로 고종에 대해 망국의 역사적 책임을 묻는 대신에 영명한 지도자로 둔갑시키는 일부 역사학자들에게서도 발견된다. 그러한 태도는 정서적 공감은 줄 수 있어도 을사보호조약의 체결과정 상황에 관한 일차 자료인 당시 『고종실록』의 기록과도 배치된다. 그러한 사실(史實)의 문제를 떠나, 그러한 견해는 황제의 무한권력과 더불어 무한책임을 의미하는 황제 전제정이 명시적으로 규정되어 있는 대한제국 헌법인 '대한국 국제'에 규정된 통치체제의 성격과도 배치되며, '을사오적'의 임명권자가 바로 고종이라는 엄연한 사실과도 배치된다.

에서도 잔존하여 '우리 민족끼리'와 '주체'라는 이름으로 민족 전체에서 오직 한 가계만 주체가 되는 기상천외한 우상숭배의 통치체제로 변질된 북한에 대해 품고 있는 기이할 정도로 비합리적이고 비현실적인 친밀감으로 나타난다. 개인이나 집단의 특이한 심리적 성향이나 사회경제적 배경에 따라 그것은 또한 '뒤틀린' 행위나 태도로─니체의 표현으로 'ressentiment'의 형태로─증폭되기도 한다.

그러한 '뒤틀린 파생물들' 가운데는 우리의 삶과 정신 속에 엄존하는 식민시대의 가치 있는 유산마저 역사에서 지우려는 반역사적 시도, 특정 사회집단들의 범속한 이기주의와 결합하여 독립운동과 민주화 운동을 무조건 신성시하려는 태도, 개인적 차원의 도덕관으로 국가행위를 재단하려는 언사 등이 있다. 그것은 경제성장의 과실은 누리면서 그것을 가능하게 한 국가총력적인 정책은 도덕적으로 폄하 또는 경멸하려는 위선으로도 작동하고, 역사적 평가에 맡길 정치적 사건을 사법적으로 단죄하려는 정치적 협량(狹量)으로도 나타난다. 그것은 또한 민주주의의 진정한 이상이 무엇인지 제대로 탐색하지도 못하면서 국가가 직면한 대내외적 환경을 무시한 채 민주주의란 마치 어디서나 의지만 있으면 구현된다는 식의 '민주주의에 대한 우상숭배'의 바탕이기도 하다.

자유당 정권을 이은 민주당 정권의 부패와 무능과 붕괴는 민주주의의 이념과 가치가 시민사회 전체적으로 내면화되거나 확산되지 못한 상태에서 제도적 형식으로만 부과되었을 때 벌어지는 필연적 양상이다. 5·16이란 군사 쿠데타는 비헌정적 방식에 의한 정권교체라는 의미에서는 바람직한 사건이 아니지만, 6·25전쟁 직후 상호 박멸의 좌우대립의 분위기가 지배하는 정신사적 상황에서 마치 하늘이 돕는 듯 여러 가지 우연적인 요소들이 작동하여 성공한 그 쿠데타가 근대화라는 새로운 국가목표의 정립을 통해 말 그대로 '단군 이래 최초'의 경제적 번영을 이룩하게 하는 등 민족사에 거대한 전환점을 가져온 것은 분명한 사실이다. 그러한 역사적 아이러니를 교조적인 민주주의 관념에 얽매어 부정하거나 도덕적으로 단죄하는 것은 상투적인 역사이해의 소산이자 현재의 국가적 삶 자체를 부정하는 반역사적 자가당착일 뿐이다. 무엇보다 쿠데타 발생의 일차적인 책임은 쿠데타 세력이 아니라 당연히 국민이 위임한 국가권력을 제대로 행사하지도 지키지도 못한 민주당 정부의 무능과 부패와 분열에 물어야 한다. "착한 민주당의 정권을 나쁜 쿠데타 세력이 총칼로 빼앗았다"는 식의 역사적 진단은 당시의 정치적 현실에 대한 분식과 호도이자 국가권력의 속성에 대한 무지의 표현일 뿐이다. 이성계가 쿠데타로 정권을 장악했다고 해서 그 이후의 조선왕조가 부정될 수는 없는 것이다.

현재의 문재인 정권은 그 허구와 위선의 역사의식에서 벗어나는 것이 아니라 더욱 깊이 사로잡혀 있다. 쇠망한 조선조 통치체제의 정신적 퇴물인 위정척사 이념의 교조적인 도덕주의와 편협한 민족주의에 사로잡힌 역사의식이 진보라는 이름으로 끊임없이 수구적인 정책들을 양산하고, 불필요한 대내외적 마찰과 혼란을 초래하여 국가이익을 저해하며, 그나마 확보한 국가의 국제적 및 경제적 위상을 추락시키려 하고, 국가정체성의 위기를 조장하며, 급기야 민주주의마저 퇴행시키려 하고 있다. 민주주의는 결코 진보라는 정파의 독점물도 아니고 광신의 대상은 더욱 아니다. 민주화시대라는 현재 대중영합주의를 넘어 대중독재를 부추기는 양상까지 나타나면서, 자유로운 소통과 진지한 토론을 통해 보편적인 진실과 가치를 추구한다는 민주주의 본래의 이상마저 위협받고 있다.

이제 허구와 위선의 역사의식을 청산하고 새로운 역사의식을 정립하면서 국가를 새로운 미래로 인도할 국가이성을 발현시켜야 할 때이다. 역사적 현실을 정면으로 부닥치는 기백이 없는 역사의식은 비겁하고 나약하다. 비겁과 나약은 언제나 도덕을 가장한 부도덕의 출발이다. 진정으로 강한 자는 싸움에 졌을 때 상대방의 강함을 인정하면서 그보다 더 강해지려 노력하는 자이다. 비겁하고 나약한 아이들은 싸움에서 언

어맞고는 상대를 다시 때려눕힐 계획을 세우지 못하고 동네방네 징징
대고 다니면서 "쟤가 나를 때렸대요" 하면서 소란을 피운다. 현재의 우
리 가운데 일부가 혹시나 그러한 아이들의 심리상태에 머물러 있는 것
은 아닌지도 한 번 돌아볼 때이다.

제 III 부

위기의 극복을 향하여

우리는 세계정치를 이끌기를 원한다.
하지만 그것은 오직 지배자민족(Herrenvolk)에게만 가능하다.
여기서 지배자민족이란 범독일이라는 허황된 구호가 아니라,
스스로에 대한 통치를 자신의 손으로 굳게 통제할 수 있는 민족을
의미할 뿐이다.*

— 막스 베버

---

* 1917년 11월 뮌헨에서의 연설문. 원문은 "Wir wollen Weltpolitik treiben,
aber dazu ist nur ein Herrenvolk fähig, nicht ein Herrenvolk im Sinne der
alldeutschen Parvenüphrase, sondern ganz einfach ein Volk, das die
Kontrolle seiner Verwaltung fest in der Hand hält." Wolfgang J.
Mommsen, *Max Weber und die deutsche Politik. 1890-1920*(Tübingen:
Mohr Siebeck, 2004), 291쪽에서 재인용.

이 책 제Ⅲ부에 수록된 글들은 앞의 Ⅰ부와 Ⅱ부에서의 국가정체성 위기의 양상 및 근원에 대한 논의에 이어 그 극복을 위한 '대체적인' 처방들이다. '대체적인' 이유는 그것들에 대한 처방은 세밀한 제도적 개혁안 및 그에 기초한 정책적 제안이 뒷받침되어야 하는데, 이 책에서의 처방은 그 기본적인 방향만 제시하기 때문이다. 물론 처방에 대한 논의가 기술 및 진단의 논의와 별개일 수는 없다. Ⅰ부와 Ⅱ부의 글들에는 이미 그 극복을 위한 처방이 암시되어 있기 때문이다. 그러한 논의과정에서 등장한 정치적 아마추어리즘, 반지성주의적 피로감, 역사의식의 문제 등이란 결국 대한민국이란 국가의 주체인 한국인의 정신세계 저변에 있는 가치관, 인간관, 국가관, 역사관, 세계관 등을 구성하는 요소들이라고 할 수 있으며, 위기의 극복이란 단순히 정권교체나 특정한 법이나 제도의 도입 또는 특정 정책의 시행만으로 끝나는 것이 아니라 언제나 국민들 전체 차원에서 그러한 정신적 요소들의 결함이나 한계에 대한 자각을 요구하기 때문이다. 이 책의 후속편으로 계획하고 있는 『조선에서 대한민국으로』는 결국 한국 근현대 역사 및 정신사의 흐름에 대한 서술 및 설명을 통해 그 자각을 돕기 위한 작업이라고 할 수 있으며, 이 제Ⅲ부의 글들을 통해 제시되는 처방이란 그러한 정신적 요소들 가운데 국가생활의 기초와 관련된 몇 가지 사안에 국한되어 있다. 그것들은 앞의 Ⅰ부와 Ⅱ부의 논의과정에서 간헐적으로 논급된 주제들로서, 차례로 공인정신의 쇠퇴, 한국 정치학의 학문적 위상, 국가이성의 재확립과 관련되어 있으며 각각 7, 8, 9장의 내용을 구성한다.

제7장은 대한민국의 통치주체인 국민이 현재와 같은 분열을 극복하고 통합을 이루면서 '진정한 의미'에서 통치의 주체가 되게 하는 데 '절대적으로 필수적인' 요소로서 요구되는 정신적 소양이 공인의식이며, 그 공인의식이 제대로 그리고 지속적으로 발현하기 위해서는 '교양시민계층(Bildungsbürgertum)'의 존재가 필수적이라는 논제가 제기될 것이다. 제8장에서 논의할 한국 정치학의 학문적 위상 문제는 제4장에서 제기된 '국

가정체성 위기의 궁극적인 책임은 한국의 학문에 있다'는 논제에 대한 해명의 성격을 갖고 있으며, 교양시민계층의 형성의 전제조건인 한국 대학교육의 개혁이라는 거대 주제에 대한 본격적인 논의를 촉발하기 위한 기초적인 작업이기도 하다. 그리고 제9장 논의의 중심 개념인 국가이성은 한국의 학계에 주로 20세기 초반에 활동한 독일의 학자 마이네케 (Friedrich Meinecke)의 저작(Meinecke 1976)을 통해 알려져 있다. 간단히 말해서 국가이성의 재정립이란 바로 국가정체성 위기의 극복을 의미한다. 그 난해한 개념 자체에 대한 설명과 함께, 그것이 앞의 여러 장에서 국가정체성 문제의 핵심적인 요소로 강조한 역사의식의 문제와 어떻게 필연적으로 연관되는지에 대한 해명과 더불어, 대한민국이 현재와 같은 대중영합주의나 대중독재의 위험을 극복하고 민주주의를 한 차원 높게 발전시키기 위해 필수적이라는 논제가 9장에서 제시될 것이다.

제 7 장
공인정신의 함양과 새로운 교양시민계층의 형성

　이 제7장의 주제는 국가정체성 위기의 근원들 가운데 하나로서 공인정신이 쇠퇴하고 있는 현상이다. 그러한 현상은 구체적으로 윤리의식과 책임감의 퇴화 및 지도층에 대한 위화감과 배신감의 팽배, 편법주의와 패거리 문화, 도덕적 해이나 부정부패의 만연 등과 연관되며, 그러한 국가적 병리상태는 "사익(私益)은 사유화(私有化)하되 손실은 사회화"[1]라는 회화적인 '구호'로 집약되기도 한다. 다시 말하여 극단적 이기주의의 만연과 공공성의 부재가 현재 대한민국을 지배하는 '가치관'처럼 되어버린 것이다. 현재의 한국사회는 분명히 공공성 및 공인의식의 퇴화 속에 사회경제 분야는 물론 관료사회나 정당과 시민운동을 포함한 각 분야에서 '해먹기'가 일회성 행위 차원을 넘어 '해먹기 운동'으로 제

　＊ 원문은 2015년 1월 7일 동아일보 주최로 「공공성과 공인, 공인의식과 공적 덕성, 그리고 국가생활」의 제목으로 개최된 학술회의에서 발표된 논문.

　1) 유학 전통의 '선공후사(先公後私)'의 희문(戱文)인 이 문구를 순우리말로 다음과 같이 표현할 수도 있을 것이다. "좋은 것은 나에게, 나쁜 것은 남들에게!"

도화 또는 기득권화되어 있으며, 정치인들이나 고위 관료들의 경우에도 또한 국가관의 부재 속에서 범속한 출세주의와 보신주의와 원색적인 권력욕이 지배하는 양상을 보이고 있다.[2] '5천만 인구에 국민소득 3만 달러'라는 외적 지표에 안이하게 도취한 나머지 국가의 근본이 흔들리고 국가생활의 근간이 서서히 썩어가고 있는 사실을 제대로 파악하지 못하고 있는 것이다.

역사상 존재했다 사라진 모든 강대국의 경우가 현시하듯이, 한 국가의 쇠퇴는 언제나 융성과 번영의 시기에 시작된다. 그 쇠퇴의 기미를 조기에 제대로 포착하고 그 원인을 제대로 파악하면서 국가생활을 새로운 방향으로 이끌 수 있을 때 융성과 번영은 지속될 수 있지만, 그렇지 못하고 쇠퇴의 진전이 구조화될 경우 그 역사는 쇠망이라는 돌이킬 수 없는 방향으로 나아갈 수밖에 없다. 그리고 한 국가 쇠퇴의 근본 바탕에는 한자어 '선공후사(先公後私)' 혹은 '천하위공(天下爲公)' 등으로 대변되는 정신, 곧 국가생활이라는 공공의 목표나 질서의 가치를 사적인 삶이나 사적인 목표보다 우선시하는 정신적 태도인 공인정신의 퇴화가 있다. 국가라는 공공생활 실현의 주체는 바로 공인으로서의 국민이며, 그 공민(公民)에게 요구되는 정신적 자질이나 능력이 공인정신

---

2) 그러한 상황과 관련하여 필자는 한 신문 칼럼에서 다음과 같이 진술한 바 있다. "오늘의 많은 정치인들에게는 국가관이란 말 자체가 생경할 정도이다. 그들에게는 국가관 이전에 공인에게 필수적인 책임감마저 퇴화되어 있고, 언행의 절도와 금도라는 최소한의 공적 범절도 사라지고 있다. '한자리'를 차지 및 유지하기 위한 범속한 출세주의와 보신주의와 원색적인 권력욕이 난무하는 가운데 무책임한 파당적 반목과 그악스러운 언행들이 정치판을 연출하고 있다. 이에 현실정치에 대한 국민적 염증과 혐오감이 심화되면서 국회 무용론 마저 운위되는 상황이 전개되고 있다. … 공인정신의 퇴락은 필연적으로 공무원 기강의 문란과 더불어 사회 각 분야에서 '해먹기'가 판치는 직업윤리의 타락으로 이어진다. 너무나 어이없고 허무하고 안타깝게 고귀한 어린 생명들을 앗아간 세월호 참사의 원인이 오직 그 선주, 선장, 승무원들의 죄업에만 있는 것은 분명히 아니다."(『조선일보』 2014년 5월 12자, '시론', 이 책 부록 II. 7 참조)

이기 때문이다. 이 시대 대한민국에 요구되는 공인정신의 문제는 결국 국가생활의 목표를 위해 사회지도층은 물론 일반 국민들이 추구해야 할 규범과 의무가 무엇이고, 그것들을 어떻게 실천할 수 있으며, 그것의 함양을 위해 사회지도층이나 정부 또는 국가 전체가 수행해야 할 역할은 무엇인가의 질문들에 대한 해명으로 정리된다. 결국 공인정신이란 이 시대 대한민국이 처한 역사적 및 정신사적 상황 전체의 문제이자 동시에 이 시대 대한민국 국민이 수행해야 할 정치사회적 실천의 핵심인 것이다.3)

그러한 질문들을 해명함에 있어서 이 글에서는 먼저 공인정신의 내용이나 지향해야 할 목표를 의미하는 공공성이라는 어휘에 대해 개념사적 개관을 할 것이다. 그러한 개관은 '선공후사'라는 어구에 함축되어 있듯이 공공성이 단순히 사적 욕구와 공적 의무의 관계, 개인의 사적 삶과 사회적 삶, 또는 사적 규범과 공적 규범 사이의 선후 관계나 둘 사이의 대립 혹은 긴장 관계에 국한된 문제가 아니라는 점을 밝혀줄

---

3) 한국 학계에서는 공인정신에 대한 직접적인 논의 대신에 공공성 혹은 공공 영역의 문제가 주로 서양학계 연구의 소개 차원에서 논의되었지만, 그러한 논의를 공인정신의 쇠퇴라는 국가적 병리현상에 대한 진단 및 처방 차원의 논의로 발전시킨 것은 아니다. 서양학계에서 아렌트(Hannah Arendt)나 하버 마스(Jürgen Habermas), 샌델(Michael Sandel) 등을 통해 제기된 'political action', 'Zivilgesellschaft', 'Oeffentlichkeit', 'republicanism', 'communitarianism' 개념 등에 대한 소개 차원의 논의가 주를 이루면서, 그것에 상응하는 한자어 전통의 공(公)이나 공공성(公共性) 개념 또는 '공(公)-사(私)'의 대립 개념 등에 대한 어원론 차원의 고구, 그러한 개념의 역사적 및 사상사적 이해, 현대적 의의에 대한 해석, 또는 그것이 특정 학문 부분이나 사회적 영역에 어떻게 적용될 수 있는지 여부 등의 문제에 탐구에 집중되어 있다고 볼 수 있다. 다시 말하여 공공성의 문제를 공공정신의 쇠퇴라는 한국사회의 병리현상에 대한 진단 및 처방과 아울러 국가생활 전체 차원에서 추구하고 실현해야 할 이상 및 그것의 실현 방안과 연관된 연구는 발견하기 어렵다는 것이다. 물론 공공성에 대한 기존 학계의 그러한 차원의 연구도 별도의 학문적 의의 및 가치가 있으며, 이 글의 논의과정에서도 필요한 맥락에서 직접 인용되거나 논급의 대상이 될 것이다.

것이다. 그러한 해명과정을 통해 공공성의 문제는 한 시대 사회적 삶의 구조와 더불어 한 국가가 처한 역사적 및 정신사적 상황 전체와 연관된다는 사실도 밝혀질 것이다. 다시 말하여 그것은 정치사회적 소통의 진지성에 기초한 공론영역의 활성화와 더불어 시민교육 및 고등교육의 획기적인 변혁 등 국가생활 이상의 새로운 정립과도 연관된 지극히 복합적인 문제라는 것이다. 또한 그러한 해명과정 속에서 공공성을 새롭게 확립하기 위해 요구되는 국가 차원의 정책방향이 무엇인지 제시하게 될 것이다.

1. 공, 공과 사, 공공이라는 말과 개념: 한자어 전통과 서구어 전통

한자어 公共性은 말 그대로 公과 共 두 말에 性이라는 사물의 영속적 요소 또는 본질을 표현하는 말의 결합이다. 公과 共 모두 갑골문(甲骨文)에도 있는 오래된 말이다.4) 먼저 갑골문 公은 본디 옹기그릇을 상형화한 문자인데, 그 의미가 전화하여 조상신에게 제사를 지내는 장소나 그것을 주관하는 족장을 지칭하는 말로도 함께 사용된 것으로 보인다.5) 따라서 公이라는 말의 발생 자체에 사회 구성원 전체가 참여하

---

4) 이하 한자어 어원에 관한 논의는 『說文解字注』; 미조구치 유조(2004); 미조구치 유조 외(2011), 특히 "公私"; 배병삼(2013); 장현근(2010) 참조.

5) 아직 공식적인 연구 논문으로 제기한 것은 아니지만, 중국에서 갑골문을 전문적으로 연구한 학자인 경동대학 한국어교원학과의 박재복 교수의 개인적인 견해에 의하면 公이란 글자는 私의 원형으로서 '스스로를 둘러싼' 형태의 상형문자인 厶 위에 '나누다' 의미의 八 자를 위에 첨가함으로써 '사유물의 분배' 의미를 갖게 된 것으로 해석될 수 있다고 한다. 이에 따라 私 자의 禾 변도 뜻이 아닌 소리의 차용으로 볼 수 있다는 것이다. 필자 개인적으로는 '옹기그릇 설'이 더 타당하다고 판단된다. 왜냐하면 사유물의 분배에 대한 문제는 사유재산의 관념 형성을 전제로 하는데, 그러한 관념의 형성 이전에 공동체적 행사인 제례행위가 선행했을 것이기 때문이다. 박 교수의 견해

224

거나 또는 적어도 공동의 중요한 관심사인 제례행사에 필수적인 제기(祭器)를 지칭하는 말이 그 행위가 이루어지는 장소 및 그것을 주도하는 인물을 지칭하는 언어로 의미가 확대되고 변화하는 과정이 함축되어 있음을 알 수 있다. 이 점은 共의 경우에도 비슷하다. 이 글자도 두 손을 맞잡아 물건을 받쳐 드는 모습의 상형인데, 그것이 뒤에 가서 제사용 희생물을 함께 받들거나 제물을 모으는 의미로 전화한 결과가 현재와 같이 많은 사람들이 함께 소유 또는 사용함의 의미로 정착된 것으로 보인다. 아울러 公이란 말의 대립 개념으로 사용되는 私의 본래 형태는 厶인데, 『설문해자(說文解字)』에는 창힐(倉頡)이 그 말을 "스스로를 둘러싼다는 의미로 그 말을 만들었다고(自營爲厶)"고 기술한 한비자(韓非子)의 해석을 소개하면서 "스스로를 위해 둘러싼 것을 나눈다는 의미로 '公'자를 만든다(八厶爲公)"는 주석을 첨부하고 있다.6) 즉 자신의 것을 타자의 것과 구분하여 경계를 짓는 행동을 지칭하는 것이다.7)

는 용인대학 중국학과의 장현근 교수로부터 간접적으로 전해들은 것인데, 학문적으로 참고할 만하여 여기에 소개하였다.

6) 『說文解字』에 인용된 한비자의 해석이 어원론 차원에서 타당한지 여부에 대해서는 일본 학자들도 의문을 제기하고는 있지만 그 구체적인 문제에 대해서는 논급하지 않고 있다(미조구치 유조 외 2011, 481-482 참조). 필자로서는 公 자가 옹기그릇의 형상이라면 厶 자 또한 그릇의 한 형태를 형상화한 것으로 해석함이 타당하다는 생각이 들며, 후자의 갑골문도 술병 등 그릇의 형태로 읽을 수 있기 때문이다. 다시 말해서 公이 제례용으로서 상단에 장식이 달린 귀한 그릇이라면 厶은 그보다 단순한 형태의 일상생활의 그릇을 형상화한 것으로 해석할 수 있다는 것이다. 위의 각주 5)에서 언급한 바와 같이 '私 = 自營'이라는 추상적인 의미로 발전하기 이전에 '그릇 = 내 것'이라는— 문자가 발생한 청동기시대에 그릇은 특히 귀한 물건일 것이므로— 구체적인 대상과 연관된 소유 관념이 먼저 발생한 것으로 해석함이 타당할 수 있다는 것이다. 참고로 厶와 형상을 공유한 公자와 관련하여 厶를 열매의 형상으로 그 위의 八자를 열매에 칼질하거나 나누는 형상으로 해석한 경우도 있다. 이에 관해서는 배병삼(2013) 및 김언종(2001) 참조. 어쨌든 이 부분은 앞으로 문자학과 더불어 고고학 및 문화인류학 차원에서 종합적이면서 세밀하게 구명할 대상일 것이다.

잘 알려져 있듯이 고대 중국에서 유학의 태동은 춘추시대라는 상황, 곧 주(周)의 봉건질서 및 그것을 뒷받침하는 주례(周禮)라는 공공성이 정치사회적 변화 속에서 현실적으로 제대로 작동하지 못하면서 전쟁의 빈번함 등 인간의 삶 전체가 불안정하고 혼란에 빠지게 된 상황의 산물이다. 앞서 인용한 『예기(禮記)』의 '천하위공(天下爲公)'이라는 문구 자체가 그러한 혼란의 극복 노력을 집약하는 문구이며, 공자의 '극기복례(克己復禮)', '종주정명(從周正名)', '정자정야(政者正也)', '인치(仁治)'의 이념 등은 개인의 사익이나 비합리적 감정이 지배하는 현실정치를 변혁하는 새로운 정치질서의 형성을 통해 공공성을 새롭게 확립하려는 노력에 다름 아니라고 말할 수 있다. 아울러 묵자(墨子)가 '상동(尙同)'의 개념을 통해 이익추구를 인간의 보편적 성향으로 파악하면서 정치적 권위의 설립과 그 정당성의 근거를 공통된 이익의 추구에서 찾음과 동시에 정치적 혼란의 원인도 그것의 상실에서 찾은 것은 사(私)를 공(公)의 기반으로 파악한 정치적 사고로 이해할 수 있다.8) 이와 대비되어 법가(法家)의 전통은 '공-사'의 관계를 엄격한 선후 또는 상하 종속의 관계로 파악한 것으로 잘 알려져 있다.9) 공공성 개념과 연관된

---

7) 또한 私는 본디 벼(禾)를 지칭하고 후대에 가서 현재의 의미를 갖게 되었다고 하는데, 그러한 의미 변화는 벼가 자신에게 가장 중요한 것이자 재화로서 사회경제적 가치의 척도로 사용되게 된 상황이 문자에 투영된 결과로 보인다.

8) 이러한 묵가(墨家)의 입장은 명대(明代)에 이탁오(李卓吾)와 황종희(黃宗羲) 등을 통해 욕망을 인간의 자연적 본성으로 사(私)를 인간의 마음으로 파악하는 관점에서 새롭게 부활된다고 할 수 있으며, 비슷한 관점은 한국 사상사의 경우 실학파 이익과 정약용, 19세기에는 최한기 등을 통해 사회개혁의 근거로 제시된다. 명대의 그러한 공사관에 관해서는 미조구치 유조(2004, 27-34) 참조. 한국 사상사의 경우는 김봉진(2006), 백민정(2012) 참조.

9) 법가(法家)의 그러한 관점에 대한 기술로는 대표적으로 蕭公權(1998), 특히 351-369 및 407-421 참조. 그것은 특히 순자(荀子)의 제자인 한비자(韓非子)의 다음 문구에 축약되어 있다. "법령을 수립하는 것은 그것으로 사사로움을 폐하려는 까닭이다. 법령이 행해지면 사적인 도는 폐기된다. 사사로움이란

비슷한 사상사적 변화의 양상은 서양의 경우에도 발견된다. 그리고 그 변화의 기본적인 흐름 및 그에 수반된 번역과정에서 발생한 미묘한 어의(語義)상의 변화는 이 시대에서 공공성과 권력정치 또는 국가통치와의 관계에 대한 일상적인 관념의 역사적 배경을 이해하게 하면서 공공성의 새로운 확립을 위한 기본적인 방향이 무엇인지 암시한다.

결국 공과 사의 구분 및 그러한 구분을 개념적으로 정형화한 '공-사' 대립 개념의 출현은 자신만의 것과 다른 사람들과의 공동의 것을 구분하게 된 의식이 발현하고 사회적 관념으로 정착한 결과라고 할 수 있다. 다시 말하여 公과 共이란 말의 발생 자체에 이미 인간들의 삶에서 개인의 영역을 초월하여 다른 인간들과 공유하면서 동시에 공통적으로 지킬 만한 어떤 것의 존재가 사회적으로 인지되고 그것의 보존에 대해 묵시적으로나 명시적으로 사회적 합의가 이루어진 상황을 내포하고 있는 것이다. 어원상으로 公과 共은 본질적으로 동일한 의미를 갖지만 의미의 변천과정 속에서 그 공통적으로 지킬 만한 것의 어떠한 측면에 강조점이 놓이는가에 따라 의미상의 차이가 나타나게 된 것으로 볼 수 있는 것이다. 즉 公이 공동의 질서나 가치 또는 그러한 질서와 가치를 적극적으로 보호하고 운영하는 통치행위의 주체나 그와 관련된 행위가 수행되는 공간에 대한 수식어로 주로 사용되었다면, 共은 그러한 질서나 가치가 공간적으로 편재(遍在)하거나 구성원들에 의해 공유된 상태를 수식하는 언어로 사용되어온 것이다.[10] 결국 두 말의 결합어인 公共

법을 어지럽히기 때문이다(夫立法令者以廢私也, 法令行而私道廢矣. 私者所以亂法也)."(『韓非子』'詭使'편)

10) 전자의 예는 『시경』에 이미 나타나는데, 춘추전국시대 제후를 지칭하는 용어로 잘 알려져 있고 현재에도 公道, 公義, 公平 등의 예에서 확인할 수 있다. 후자의 예 또한 『시경』, 『서경』, 『논어』, 『맹자』 등에서 나타나고 현재에도 共同이나 共和의 용례를 통해 확인된다. 그러한 용례에 관해서는 장현근(2010); 미조구치 유조 외(2011), "公私"; 미조구치 유조(2004), 특히 53-55 참조.

이란 두 측면이 분리될 수 없다는 사실에 대한 재인식의 결과로 해석될 수 있으며, 이에 따라 한대(漢代)에 이르러 공공이란 말은 법(法) 또는 국가정책이나 제도의 의미로 이해되고 있었던 듯하다.11)

공공성 즉 공공(公共)의 본질 또는 핵심적인 의미가 이와 같이 파악될 경우 공과 사가 반드시 대립이나 갈등의 관계로 이해될 이유는 전혀 없다. 공공성이란 타인과 공유하고 함께 지킬 만한 어떤 것이라는 정의 자체가 이미 그것은 개개인의 것에도 속한다는 사실을 내포하고 있으며, 나아가 두 영역이 분리될 수 있다고 해서 둘이 반드시 대립이나 갈등의 관계에 있을 필연성도 없는 것이다. 전자의 존재 자체가 후자를 통해 가능할 수 있고 후자를 떠나서는 존속되거나 보호받지 못할 수 있으며, 후자 또한 전자에 의해 형성되고 보존되며 전자의 의식과 행위를 통해 구체적인 형태로 나타나고 사회적 현실성을 갖게 된다. 한자어 전통에 나타난 공공성 개념의 그러한 성격은 서구 학계에서의 공공성 관련 논의와도 일치한다.

일반적으로 한자어 공공성에 상응하는 서양 언어는 라틴어 명사 'populus'에서 파생한 형용사 'publicus'에서 유래한 영어의 'publicity', 'publicness' 또는 프랑스어 'publicité' 등이며, 이 어휘들이 독일어로는 18세기에 'Oeffentlichkeit'로 번역된 것으로 알려져 있다.12) 일반적으로 '인민'으로 번역되는 라틴어 'populus'는 본디 성인 집단을 지칭하

---

11) 이에 관해서는 장현근(2010) 참조. 장 교수는 이와 관련하여 『예기(禮記)』 '禮運' 편의 유명한 구절 "큰 도가 행해지니 천하는 공적인 것이 되었다(大道之行也, 天下爲公)"에 대한 한대(漢代) 정현(鄭玄, 127-200)의 "公은 共과 같다"는 해석, 그리고 고문헌에서 公共이란 말이 처음 등장하는 것으로 알려진 사마천의 『사기(史記)』 '張釋之馮唐列傳'에서 "법이란 천자가 천하와 公共으로 누리는 것입니다. 그와 같은 법을 이제 더욱 중시해야 함에도 백성들 사이에서는 신뢰를 얻지 못하고 있습니다(法者天子所與天下公共也, 今法如此而更重之, 是法不信於民也)"의 구절을 인용하고 있다.

12) 서양에서 publicity란 말의 어원 및 의미 발전에 관한 간략한 기술로는 Habermas(1990, 54-57) 및 Rinken(2002) 참조.

는 말이며,13) 이 말이 로마시대에는 어린이와 여성 및 노예를 제외한 평민과 귀족의 성인 모두를 포괄하는 로마 시민 전체를 지칭하는 말로 사용된 사실은 잘 알려져 있다. 이에 따라 특히 로마 공화정 시기에는 'publicus'란 말이 특정 개인이나 특정 계층에게만 귀속되거나 그러한 이익과 구분되어 로마 시민 전체에 속하는 것 또는 공동선이나 공공이 익을 지칭하는 형용사로서 사용되었으며, 바로 그 말 자체인 'res pub-lica'가 'civitas'와 구분되어 윤리적 공동체로서의 '국가'를 지칭하게 되고, 아울러 서양인들에게 'republic'이란 말이 오랫동안 계층들 사이의 조화와 균형 속에서 공공선이 실현되는 이상적인 국가의 대명사로 사용된 사실도 그러한 역사적 배경과 연관되어 있다. 특히 후자의 용법이 정착하게 된 결정적인 지성사적 계기는 로마 공화정 말기 정치생활의 부패 및 사회경제적 불평등의 심화와 공공윤리 및 도덕의 타락 등 시민적 삶 전체에 만연한 공공성 타락의 원인을 분석하면서 그것의 회복을 통해 전통적 공화정의 부활을 모색한 키케로(Cicero)의 저작들이라고 할 수 있다.14)

---

13) 이 말은 실제로 성인으로서의 신체적 특징과 더불어 정신적으로 성숙한 상 태를 하는 라틴어 형용사 'pubes'가 어원이며 그것의 명사형이 'pubertas'이 다. 참고로 후자에서 유래한 영어 'puberty'는 현재 정신적 성숙을 지칭하는 'maturity'와 구분되어 주로 육체적 성숙의 의미로만 사용됨은 잘 알려져 있 다. 인류역사에서 언제나 반복되는 비극이나 아이러니의 근원들 가운데 하나 는 육체적 성숙과 정신적 성숙, 성인됨의 법적 요건과 정신적 성숙이 반드시 일치하는 것은 아니라는 사실에 있다. 이 정신적 성숙성의 문제에 대해서는 다음 3절 논의의 중심이 될 것이다.

14) 그러한 저작들 가운데 대표적인 것이 제목에 그대로 반영된 *De Re Publica* (Cicero 1928)이다. 역설적인 것은 이 저작은 로마의 현실정치가 그의 이상 과는 반대로 삼두정치가 시작된 후에 강요된 시간적 여유 및 좌절감 또는 절망감 속에서 저술되었다는 사실이다. 이 점은 동양의 공자나 서양의 플라 톤, 근대의 마키아벨리 등 위대한 정치사상가 등의 저술 작업에 일반적으로 발견되는 현상이다. 스스로 구상한 정치적 이상의 실현이 현실적으로 불가능 하다는 체념 속에서 천재적 지식인의 창조적 사유가 빛을 발하게 되는 역설

결국 서양의 경우에도 공공성의 문제는 중국이나 한국의 사상사적 전통과 마찬가지로 국가생활 전반을 통해 추구하는 공동체적 가치, 즉 정치적 삶의 영위와 추구를 떠나 파악될 수 없음을 의미한다. 다시 말해서 '공공성(공공적인 것) = 정치성(정치적인 것)'이라는 등식이 성립하며, 공공성의 논의 자체가 국가생활 또는 정치적 삶의 본질에 대한 논의를 떠나 불가능하고, 후자의 문제를 떠나 전자의 실현 모색은 무의미하다는 것이다. 이 점은 로마인들의 일상적인 언어생활에도 반영되어 있다. 공공성에 관한 글들에서 자주 인용되는 사실이지만, 라틴어에서 'res publica'와 대비되어 '사적인 것'을 뜻하는 'res privata'란 중요한 가치의 향유가 박탈된 상태를 의미한다.15) 본디 로마인들에게 공적인 삶이 아니라 사적인 삶에만 관심이 있는 사람은 순 우리말로 표현하여 '덜떨어진' 인간을 지칭하는데, 이 점은 로마에 학문과 문화를 전파하고 서양에서 정치철학을 탄생시킨 고대 그리스인들의 정신세계에 이미 오래전에 확고하게 자리 잡은 관념이었다. 그 정신세계의 핵심은 'polis' 및 그에서 파생한 'politikos(political)' 등의 어휘들에 반영되어 있다. 다시 말해서 'publicus = politikos'의 등식이 성립한다는 것이다.

문제는 언어사 및 이에 수반된 개념사 차원에서 그 등식은 근대에 이르러 더 이상 성립하지 않는다는 사실에 있다. 다시 말하여 현재의 공공성과 관련된 어휘는 라틴어의 'publicus'에서 유래한 반면, 그리스어에서 유래한 영어의 'politics'나 'political' 등이 현대에 이르러는 공공성의 이념이 아니라 대체로 권력 장악 목적의 부도덕한 술수가 판치는 영역이나 행위를 지칭하는 의미가 좀 더 부각된 것이다.16) 다시 말

이다.

15) 'privata'는 결핍된 상태를 의미하는 'privatus'에서 파생한 형용사이다.

16) 이러한 사실은 언어사 또는 개념사 차원에서 좀 더 자세한 고구가 필요한 부분이기도 하다. 이와 관련하여 발표자는 서양 중세에서 토마스 아퀴나스의 동료이자 아리스토텔레스의 『정치학』을 최초로 그리스어에서 라틴어로 번역한 모에르베케(Willem van Moerbeke)가 'ta politika(things political)'를

하여 도덕적인 인간 또는 공인의식 즉 공공적 가치나 이념 또는 국가관
에 투철한 인간이 권력투쟁의 정치영역과는 양립하지 않는다는 관념이
오랫동안 서구의 근대세계를 지배해온 것이다. 이러한 사실은 공공성의
본질 및 그것과 정치권력과의 관계를 이해하는 데 핵심적인 사안이므
로 좀 더 부연설명이 필요하다.

공인으로서의 '시민(politēs)'과 구분되어 사적인 것에만 관심을 가진
인간을 지칭하는 그리스어 'idiotēs'가 고대 그리스 세계에서는 오랫동
안 경멸적인 의미로 — 그 말에서 유래한 영어 'idiot'와 같이 — 사용된
사실은 잘 알려져 있다. 그것은 투키디데스가 『역사(Historia)』에서 기
록한 유명한 페리클레스의 장례연설에 압축적으로 표현되어 있다. 즉
아테네 시민에게는 '사적인(oikeiōn, 말 그대로는 '가정적인' 혹은 가사
에 관계되는)' 것들에 대한 관심(epimeleia)과 '정치적인(politikōn)' 것
들에 대한 관심이 언제나 공존하며, '정치적' 활동을 하지 않는 인간은
'점잖은(apragmonos)' 사람이 아니라 '쓸모없는(achreios)' 사람으로 간
주된다는 것이다.17) 이 점에 대해서는 현대 학계에서 공공성 담론의 주
도자라고 할 수 있는 하버마스도 다음과 같이 부연한다. "여기서 문제
되는 것은 그리스에 원천을 두고 로마를 통해 각인되어 우리에게 전해
진 범주이다. 제대로 형성된 그리스 도시국가에서 자유민들이 공유한
(koine) 폴리스(polis)의 영역은 각 개인에게 고유한(idia) 오이코스 영
역과 엄격히 분리되었다. 공공생활, 즉 비오스 폴리티코스(bios polit-
ikos)는 아고라(agora)라는 시장에서 이루어졌지만 특정 공간에 한정된

'publica'로 번역하지 않고 그리스어 원어 그대로 사용하여 'politica'로 — 이
에 따라 영어 'politics'가 탄생하게 된 — 번역한 사실을 주목할 필요가 있다
고 생각한다. 아마도 그에게는 『정치학』의 상당 부분을 차지하고 있는 현실
정치의 설명 내용들이 라틴어 'publicus'나 'res publica'와는 어감에서 차이
가 나거나, 아니면 당시의 부패하고 혼란스러운 정치적 현실을 'publicus'라
는 어휘로 규정하기는 어렵다고 판단한 결과가 아닌지 추측된다.

17) *Historia* book II-xv-2.

것은 아니었다. 공론장은 협의나 재판의 형태를 띨 수도 있는 대화(lexis)나 전쟁수행이나 전투놀이 등 공동의 행위(praxis)로 구성되었다."(하버마스 1993, 56)[18]

결국 동서양 공통적으로 공공성 실현의 장은 국가생활 즉 고대적 의미의 정치적 삶을 통해 구현된다는 인식과 더불어 사적인 욕구가 공적 가치를 훼손한다거나 사적인 영역이 공적인 영역을 침범하거나 두 영역이 혼재함은 도덕적으로 잘못된 것이라는 인식이 지배적이었다고 할 수 있다. 그런데 문제는 구체적 현실이나 특정한 역사적 상황에서 실현되어야 할 공공성의 구체적 내용이 무엇인가는 결코 간단히 그 답이 주어지지 않는다는 사실에 있으며, 아울러 특정한 현실적 상황에서 무엇이 공적이고 무엇이 사적이며 그 둘의 영역이 구체적으로 어떻게 구분되는가의 문제 또한 그리 간단하지 않다는 점에 있다. 다시 말해서 고대 그리스 철학에서 출연한 '자연(physis)과 인위(nomos)'의 대립 개념과 마찬가지로, '공과 사'라는 대립 개념 또한 공과 사 각 개념의 상호관계를 통해 규정된다는 추상적인 원리만 제시할 뿐 그 상호관계나 구체적인 의미나 내용, 즉 각각의 영역에 귀속되는 구체적인 사물이나 가치가 무엇인지는 특정한 국가가 처한 역사적 또는 정신사적 상황 전체에 따라 결정된다는 것이다. 그럼에도 불구하고 분명한 것은 절대적으로 순수하게 사적인 것이나 영역 혹은 행위란 존재하지도 않지만, 설사 그러한 것이 존재한다면 바로 그 이유 때문에 굳이 공통적인 담론이나 쟁점의 대상이 될 실질적인 이유를 처음부터 배제한다는 것이다. 그것은 개개인만의 사적이고 비밀스럽고 은밀한 영역에 숨겨져 있는 것으로 그 존재성을 충분히 실현할 수 있는 것이다.

이 점은 이미 오래전 바로 개개인의 자연권 이념, 곧 국가질서 및 정치적 삶에 선행하는 개인의 사적인 삶의 본원적 또는 존재론적 우선성

---

18) 필자의 번역.

을 토대로 정치철학적 사유를 가장 포괄적이고 일관되게 체계화하여 서구 자유주의 전통의 토대를 확립한 홉스(Thomas Hobbes)를 통해 제시되었다는 사실은 역설적이다. 현대 정치철학에서 발현된 공공성의 논의들은 바로 그 자유주의적 사고에 내재한 인간관에 대한 비판이나 그것의 발현과정과 역사적 맥락을 같이하면서 발전한 자본주의적 사회구조의 변화 맥락에서 공공성 개념의 실체를 밝히거나 그것의 왜곡에 대한 비판의 차원에서 제기되고 발전되어왔기 때문이다. 그 문제는 공공성 이념에 함축된 실천적 의미를 밝히는 이 글의 목적 차원에서 새롭게 정리할 필요가 있다.

2. 사적 영역의 공적 결정성과 공인정신의 문제

위에서의 논의에도 불구하고 사회적 현실 속에서 공과 사의 관계는 대립과 갈등의 관계로 나타나고 일반인들의 관념 속에 그러한 관계를 당연한 것으로 이해함 또한 일반적이다. 다시 말해서 공적인 것에 대한 헌신이나 기여가 사적인 것에 대한 희생이나 개인적 손해로 간주되고 사적인 이익의 추구 특히 그것의 극대화는 으레 공적 질서 및 가치의 훼손을 초래하는 것으로 간주됨이 일상적인 관념이다. 공적 가치의 우월성이 공식적으로는 강조되고 그것을 위해 희생한 인물이 공적 가치의 표상으로서 국가적 찬양의 대상이 되는 경우에도 인간들의 실제적인 관념이나 구체적인 사회적 삶 속에서는 공개적으로 표명지는 않더라도 그러한 행동을 약지 못하고 영리하지 못한 행동으로 은근히 믿는 이중적인 태도가 지배하는 경우도 많다.19) 아울러 시대나 상황에 따

---

19) 그러한 이중적인 태도는 플라톤이 『국가(Politeia)』 1권의 유명한 소크라테스와 트라시마코스 사이의 논쟁에서(348c-d) 후자가 정의를 '착함(euētheia)'으로 불의를 '똑똑함(euboulia)'으로 규정하는 진술들을 통해 전형적으로 보여주고 있다. 참고로 '착함'과 '똑똑함'은 필자의 번역이며, 『국가』에 대한

라서는 사적인 것 자체가 신성한 것으로서 공적인 것으로부터 분리됨이 당연하고 국가권력으로부터 보호되어야 할 적극적인 가치로 인정되는 정신사 및 지성사의 흐름도 나타나는 것이다.

왜 그러한 사태가 나타나게 되었는지에 대한 역사적 및 정신사적 기술과 설명 그리고 그것의 본질에 대한 해명은 사실 지극히 복잡하고 방대한 진술을 요구하는 거대한 문제이다. 다만 그와 같은 거대한 문제의 근본 성격을 간단히 축약하고 단순화한다면 다음과 같이 정리될 수 있다. 동서양 공통적으로 정치철학의 탄생 자체가 그러한 문제들에 대한 해명 노력의 결과이며, 정치사상사에서 새로운 정치철학의 등장도 공공성 및 '공-사'의 관계에 대한 기존 사상체계의 설명이 현실과 유리되거나 변화하는 현실을 제대로 설명할 수 없는 정신적 및 지성사적 상황의 산물이라는 것이다. 다시 말해서 정치철학의 발생과 변천 및 발전, 이에 수반된 국가와 사회 또는 국가와 개인과의 관계에 대한 정치적 관념의 변화나 발전, 그리고 그러한 변화에 의해 야기되고 또한 그것을 야기하는 현실정치의 대립과 갈등이란 공·사 관계의 기존질서가 흔들리거나 혼란에 빠지면서 국가생활 자체가 흔들리고 혼란에 빠지게 상황을 공공성에 대한 새로운 정립을 통해서 극복하려는 노력의 표현인 것이다. 왜 그러한지 일단 공과 사의 관계에서 원초적인 성격을 갖는 사적이란 것의 실체가 과연 무엇인지부터 먼저 구명할 필요가 있다.

미리 결론적으로 말해서 순수하게 사적인 것이란 존재할 수는 있지만 그 존재성은 오직 사회적 차원에서만 규정되고, 공공성의 기준에 의

대표적인 한국어 번역자인 박종현 교수는 전자를 '고상한 순진성'으로 후자를 '훌륭한 판단'으로 번역한 바 있다. 박 교수의 번역은 그 어휘의 의미를 정확하게 전달하기 위해 노력한 결과이다. 하지만 그러한 번역은 원문의 한 어휘를 두 어휘로 대체했다는 점에서 일단 바람직하지 않으며, 플라톤의 그 고전적인 저작은 일상적인 대화의 상황에 빗대어 가능한 한 순수 그리스어를 사용하여 철학적 탐구를 진행한 결과이므로 가능한 한 일상적인 순 우리말로 번역함이 좀 더 타당한 것으로 판단된다.

해서만 그 존재성이 사회적 논란이나 논의의 대상이 되며 그 가치가 결정될 수 있다는 것이다. 다시 말해서 사적인 영역의 존재 자체가 이미 그것과 구분되는 공적인 영역을 전제하고, 각각의 인간이 사적인 것으로 자의적으로 규정하더라도 그 자체가 실제적인 효력은 없고 사회라는 다른 인간들의 인정 속에서만 실제적인 존재성을 갖는다는 것이다. 근대 정치사상사 맥락에서 이 점에 대한 고전적인 논급은 앞에서 언급한 바와 같이 홉스에서 나타난다. 그는 『리바이어던(Leviathan)』의 "국가를 약화시키거나 해체에 이르게 할 수 있는 것들(Of those things that weaken, or tend to the dissolution of a commonwealth)"이란 제목의 29장에서 그러한 논급을 한 바 있다. 즉 선과 악에 대한 판단을 각 사인들에게 맡기거나, 본질적으로 그것과 동일한 사안으로서 일반적으로 사적 영역의 핵심으로 간주되는 양심의 순수성은 누구나 가질 수 있지만 바로 그 이유 때문에 그것 자체가 사회적 논란거리는 되지 못한다. 양심의 존재가 문제가 되는 것은 그것이 사회적 영향을 미칠 때이고, 그것에 따른 행동이 다른 사람에게 피해를 주거나 국가를 혼란에 빠트릴 경우 당연히 "공적 양심(public conscience)"인 법의 제재 대상이 된다는 논리이다(Hobbes 1957, 특히 211-212 참조).

여기서 홉스가 말하는 '공적 양심'이란 공공성의 다른 표현에 지나지 않을 것이다. 그런데 그러한 관점은 『리바이어던』(1651) 출간 후 200여 년이 지나 출간되어 현대 자유주의 이념의 고전처럼 간주되는 밀(J. S. Mill)의 『자유론(On Liberty)』(1859)에서 강조한 '사상의 자유' 이념 또는 현대의 자유민주주의 국가에서 헌법 조항을 통해 보호하는 '양심과 표현의 자유' 이념과 배치된다는 오해를 불러일으킬 수 있다. 따라서 그에 관해서는 좀 더 부연설명이 필요하다.

현대세계에서 양심의 자유나 사상의 자유가 인류 보편의 가치로 정립하게 된 것은 자연권의 이념을 각 개인의 실존적 행위 차원으로 확대한 결과이다. 즉 인간을 지배하는 초월적이고 보편적인 정의가 존재한다는 믿음의 표현인 자연법의 이념을 대체하여 그 자연법을 해석하는 주체로서 존엄한 존재인 인간 자체에 정의가 내재한다는 믿음의 표현인 자연권 이념을 인간성의 본원적 요소이자 각 개인의 정체성을 구성하는 핵심적 요소인 양심과 사상의 영역으로 적용된 결과라는 것이다. 그러한 이념이 법적으로 제도화되어 오늘과 같은 인권의 시대를 열게 되었고, 존엄한 인간 개개인의 은밀하고 고귀한 사생활 또한 사회적 및 공공적 삶의 출발이자 그것을 구성하는 핵심적인 요소이므로 국가적으로 보호되어야 할 대상이라는 관념의 출현 또한 같은 맥락에서 이해될 수 있다. 그런데 그러한 사실 자체에 사적 행위나 사적 영역이란 공공성 및 공적 영역에 의해서만 규정된다는 명제가 내포되어 있다.

일단 자연권 이념이 그와 같이 보편적인 가치로 정립되게 된 것은 인류역사의 태초에 갑자기 이루어진 것이 아니라 중세적 세계관 및 인간관에서 근대적 세계관 및 인간관으로의 이행이라는 오랜 역사적 및 사상사적 변화와 발전 과정의 산물이라는 자명한 사실이 환기되어야 한다. 다시 말해서 자연권 이념의 발생 및 발전 자체가 한 개인 단독으로 이루어진 독창적인 사고의 산물이 아니라 여러 지식인들 사이의 '사회적' 논의에서 공적 담론으로 확대되고 공적으로 제도화되는 과정의 결과이다. 마찬가지로 사적인 영역은 그 자체로 보호될 수 있지도 않거니와 그 존재성 자체가 그것이 보호될 만한 가치가 있다는 공적 담론의 대상이 되고 공적으로 제도화되는 과정 또는 정치사회적 인정투쟁의 산물인 것이다.[20] 아울러 일반적으로 순수하게 사적으로 인정되는 요소나 고유한 사적 영역으로 간주되는 가정 내의 문제들도 그 자체가 사적인 것이기 때문이 아니라, 그러한 요소의 중요성을 사회적으로 인정

---

20) 비록 헤겔 철학에 대한 전체적인 이해가 아닌 부분적인 해석의 산물이지만 호네트(Axel Honneth)의 유명한 인정투쟁(Kampf um Anerkennung) 개념은 그러한 과정의 실체에 나름대로 통찰을 제공하는 것은 분명하다. Honneth (2010) 참조.

받거나 입법을 통해 공권력에 의해 보호될 만한 영역으로 인정받기 때문이다. 이와 관련해서는 몇 가지의 예를 들어 설명하는 것으로 충분할 것이다.

인간의 모든 생리적 활동은 분명히 다른 사람이 참견할 수 없는 그의 신체 내부에서 발생하는 사적인 행위이다. 그러나 그 활동은 결코 신체 내부에 국한되어 있지도 않거니와 타인과 관련하여 독립적으로 이루어지지는 않는다. 그것은 일차적으로 신진대사라는 자연세계 전체 및 다른 생명체와의 교류를 통해 이루어지기 때문에 필연적으로 타인과의 영향력 관계 속에서 발생하는 본질적으로 공동체적인 행위일 수 있다.21) 한 개인이 먹고 배설하는 행위는 무조건 사적인 행위로 보호되는 것이 아니라 그것이 공공생활에 미치는 나쁜 영향이 없거나 무시할 수 있는 정도라는 공적 판단의 결과인 것이다. 산속에서의 방뇨행위는 식물에 시비(施肥)하는 행위로 고무될 수도 있으나, 동일한 행위가 대로 한복판에서는 비윤리적 행위로 처벌의 대상이 되는 것이다. 가정 내의 활동이나 가족 구성원 사이의 행위는 사적 영역에 속하는 것으로 사회적 간섭의 대상이 아니라는 것이 일상적인 관념이지만, 현대에도 가정폭력의 문제는 공적 사안으로 공적 규제의 대상이 된다. 효(孝)는 가정생활의 덕목이지만 그것이 공적 질서의 근간으로 인정되는 조선시대에는 불효가 공권력에 의한 엄중한 제재의 대상인 것이다. 이발하는 행위는 일반적으로 사적인 행위이지만 갑오경장의 단발령의 사례와 같이 경우에 따라서는 거대한 국민적 저항의 요인도 되는 공적 질서의 중요한 일부가 될 수 있는 것이다.

결국 인간의 모든 활동은 언제나 사적인 측면과 공적인 측면이 공존할뿐더러, 일반적으로 사적인 요소로 간주되는 정신세계나 사상 또는 취향도 근본적으로는 한 사회의 역사성, 즉 그 문화적 및 정신사적 전

---

21) 이 점에 관해서는 매킨타이어(MacIntyre 1999 참조)도 자신의 공동체적 덕윤리(virtue ethics) 개념을 확장하고 심화하는 과정에서 논의하고 있다.

통이나 가치관 또는 교육이나 사회적 소통체계 등 역사적으로 형성되고 변화하는 공공적 삶의 질서의 산물이다. 사적 행위 및 영역은 공적 영역과의 관계 및 공공성의 차원에서 그 존재성 자체가 규정되고 그것에 대한 보호나 간섭 여부가 결정된다. 그러므로 개인적 자유의 신성함을 명분으로 사적인 삶 또는 사적 영역을 신성시하거나 그것이 공적 영역이나 공공성에 대해 우선한다는 논리는 성립하지 않는다. 그리고 사적인 행위나 사적 영역에 대한 공권력 또는 공적 영역의 보호나 간섭이나 개입 여부 자체가 논란의 대상은 아니다. 무엇을 위한 보호이고 무엇을 위한 간섭인가가 논란의 대상이고 공공성 문제의 핵심이자 정치적인 것들 및 행위의 본질인 것이다. 그런데 현대사회에서 '정치적'이란 말은 권모술수나 음모 또는 위선적 언사 등을 떠오르게 하는 등 그리 긍정적인 의미를 갖고 있지 않으므로 '공공성 = 정치성' 등식의 성립 근거에 대해서는 좀 더 부연설명이 필요하다.

고대 동서양 사상의 일부에서도 공적인 문제에 대한 관여나 국가생활에의 참여가 언제나 바람직한 것으로 받아들여지지 않은 것도 사실이다. 그리스 세계에는 중국의 전국시대 양주(楊朱)가 제기한 현실도피의 개인주의적 위아(爲我)사상에 여러 면에서 비견되는 사상이 존재했다. 크라테스(Kratēs)와 디오게네스(Diogenes) 등의 견유학파(Kynikos)의 사상이 그것이다. 로마에서도 제정시대에 이르러서는 키케로와 비슷하게 스토아철학의 깊은 영향을 받은 세네카(Seneca)도 그들 견유학파와 비슷한 사상을 제시한 바 있다. 즉, 그는 공적 생활에의 참여를 중요하게 여기면서도 동시에 개인적 영혼의 순수성을 보존하기 위한 현실도피적인 은거나 명상의 삶을 강조하였으며, 같은 맥락에서 근대의 자연권 및 시민사회의 이념을 예고하듯 국가권력이 침해해서는 안 되고 적극적으로 보호해야 할 개인의 권리나 사적 영역의 존재를 설파했던 것이다.22) 역사적 상황에 따라 언제 어디서나 발생했고 또한 발생 가능한 중국의 전국시대와 같은 정치적 혼란과 도덕적 타락의 시기에는 그러한 현실에 대한 절망감이나 환멸감 속에서 지식인들이 극단적인 현실도피나 전반적인 현실부정의 태도를 취하는 지식인이 출현할 수 있다. 바로 양주(楊朱)나 견유학파의 예가 그들에 해당한다. 그러한 태도가 타락한 현실에서 벗어나 자신의 도덕적 순수성이나 정신적 자유를 지키려는 자의식의 반영임은 분명하다. 그러나 그것이 실제로는 자기부정적인 허위의식의 일종이라는 사실이 강조될 필요가 있다.23)

일단 인간으로서의 탄생과 성장에서부터 지식인으로서 그러한 문제제기나 철학적 주장을 할 수 있는 지적 능력의 함양 자체가 사회적 분업체계를 떠나서는 가능하지 않다는 사실이 환기될 필요가 있다. 사물 및 인간의 삶에 대해 자신이 그와 같은 철학적 성찰을 할 수 있는 지성적 능력을 갖추게 한 교육은 물론이고, 지식인으로서의 활동을 가능하게 하고 도덕적 순수성이나 사고의 자유를 지키며 살아갈 수 있게 만든 것은 그가 속한 공공질서 및 사회적 분업체계라는 현실인 것이다.24) 다

---

22) 세네카 사상의 그러한 성격 및 기독교 초기 교부(敎父)철학과의 유사성에 관해서는 Sabine(1973), chap. 11의 고전적인 서술을 참고.

23) 지식인들의 그러한 태도는 현실적으로 국가권력 또는 공공영역의 부패 정도가 심각하여 새로운 개혁의 가능성이 불가능하다는 좌절감 또는 그러한 상황에서의 적극적인 정치참여란 결국 자신마저 부패 또는 타락시킬 것이라는 도덕적 판단한 결과로 해석될 있다. 맹자의 혹독한 비판의 대상인 양주(楊朱)의 위아(爲我)사상을 대표하는 문구로『맹자』에 인용된 "拔一毛而利天下, 不爲"(盡心章 上)도 양주가 보기에 공권력이나 공적 질서의 이름으로 오직 사적 이익만을 도모하는, 속된 말로 '민나 도로보데스(みんな泥棒です)'의 세상에 대해서는 자신의 어떠한 조그마한 기여도 결국은 '나쁜 놈들 도와줄 뿐'이라는 식의 판단을 혹독한 야유의 형식으로 표현한 것으로 해석될 수 있을 것이다. 그러나 현실세계란 모두 착한 사람 또는 모두 도둑놈들로만 구성된 것은 아니며, 현실 자체에 새로운 변화의 가능성이 잠재해 있다는 사실에서 그러한 태도의 자기도취적 성격이 있다.

24) 이와 관련하여 헤겔의 '불행한 의식(das unglückliche Bewusstsein)'이라는 개념이 참고될 만하다. 그는 현실에 대한 두 가지 태도를 정신현상학 차원에서 구명한 바 있는데, 각각 스토이시즘과 시니시즘으로 명명된 태도이다 (Hegel 1970, 163-177). 전자가 현실에 대해 일방적으로 초월하는 태도를 통

시 말하여 비록 극심하게 부패하고 타락했어도 자신의 '순수한' 사적 영역을 가능하게 한 것도 나름대로 존재하는 공공적인 질서 또는 공공 영역의 존재인 것이다. 이 세계에는 아무리 부패하고 부도덕한 사회라도 완벽하게 부패하고 부도덕한 사회는 존재하지 않으며, 아무리 극심한 정치적 혼란기에도 개인들의 기본적인 삶을 가능하게 만드는 사회적 분업체계는 유지되고 있는 것이다. 역설적이지만 전국시대와 같은 상황에서 인간성 및 사회질서의 본질에 대한 깊고 새로운 성찰을 통해 인류 지성사의 발전에 획기적으로 기여한 인물들의 출현도 가능했던 것이고, 승리 아니면 죽음이나 굴종일 수밖에 없는 절박한 상황에서 하나의 물건을 만들더라도 완벽함을 위해 삶의 에너지 모두를 불사르는 장인정신도 적극적으로 고무되고 발현되는 것이다.

정치적 삶이란 결국 설사 아무리 부패하고 도덕적으로 타락한 시대라도 그러한 삶 속에도 존속하는 인간 보편의 가치를 발굴해내고 발전시키면서 새로운 삶의 가능성 및 미래에 대한 새로운 희망을 추구하는 노력이라고 할 수 있다. 한 시대에 '정치적인 것들'이 설사 타락과 부패의 상징일 수 있어도, 어떠한 방식이든 사적인 삶을 넘어 공적인 문제에 대한 적극적인 관심 및 국가생활에의 능동적인 참여라는 의미의 정치적 삶은 인간이 인간다운 삶을 살기 위한 기본 조건인 것이다.[25] 특히 지식인들에게는 그러한 인식을 토대로 일반인들을 정신적으로 이끌어야 할 소명이 부과되어 있는 것이다. 다만 공공성에의 헌신이나 정치 참여가 반드시 공직에의 진출행위에 국한되지는 않는다는 점이 다시 강조되어야 한다.

해 사고의 자유 또는 순수성을 지키려는 정신세계를 지칭한다면, 이와 대비되어 후자는 개개인의 생각이란 모두 상대적이므로 현실세계의 모든 분열이나 갈등은 무의미하기 때문에 개의치 않는다는 식의 태도로 자신의 초연함을 지키려는 정신세계를 지칭한다.

25) 이 점은 아렌트가 *The Human Condition*(Arendt 1958)에서 제기한 기본 논제이기도 하다.

소극적인 방식이지만 공직참여를 거부하는 행위를 통해 잘못된 현실에 대한 나름대로의 저항의사를 표출하는 행위를 통해 공공성의 실현이나 회복에 나름대로 기여할 수도 있다. 특히 공권력의 부패가 구조적으로 심화되어 있거나 무능함이나 나태함이 공직사회 전체를 지배하는 상황에서 공직에의 참여는 공공성의 이상을 실현하는 기회가 아니라 부패구조를 존속시키는 역할에만 그칠 수 있다. 그러한 상황에서는 공공성의 실현을 위한 적극적인 행동 차원에서 전반적인 체제변혁을 위한 정치활동을 수행하거나 또는 체제 내적 차원의 개혁운동에 헌신할 수 있으며, 경우에 따라서는 백년대계 차원에서 수행하는 개혁운동 차원에서 또는 인간 삶의 모든 비극적 문제에 대한 근원적이고 진정한 해결을 모색한다는 차원에서 학문과 교육이라는 '공공'활동에만 전념할 수도 있는 것이다. 다만 그러한 방식의 공공활동과 공공적 삶의 존재가치 자체를 부정하는 차원의 극단적인 현실도피나 외면은 엄연히 구분되는 것이다.

지식인으로서의 그러한 실천적 소명의식은 중국에서는 앞에서 기술한 바와 같이 유가나 법가의 사상을 통해 나타나며, 서양에서는 플라톤의 거대한 정치철학을 통해 고도로 승화되고 종합된 형태로 체계화되어 나타나 있다. 또한 그 점은 플라톤을 숭배하고 저술 작업의 형식이나 내용 면에서 귀감으로 삼았던 키케로의 저술에 구체적으로 진술되어 있기도 하다. 즉 도덕성이나 윤리적 이상에 대한 논의를 고상한 것으로 여기면서 현실정치를 비속하고 부도덕한 영역으로 경멸하는 태도에서는 공공성의 확립 등 국가생활의 진정한 이상의 추구는 불가능하다는 것이었다.26) 아울러 그러한 인식은 이론 형성의 역사적 및 사상사

26) 이와 관련하여 특히 Cicero(1928), book III, chap. iii에 제시된 다음의 견해를 참조. 간단히 정리하자면, 삶의 원리에 대해서(de ratione vivendi) 설파하는 인물은 위대하지만 그들이 진리와 덕을 가르치는 선생으로 인정될 수 있는 것은 오직 '통치술(ratio civilis)'과 '인민에 대한 교육(disciplina pop-

적 배경이나 그 성격과 내용 또는 실천적 강조점은 각각 다르지만 현대 서양 학계에서 부활하고 있다. 즉 공공성 및 공론 형성의 문제와 이에 필연적으로 수반되는 소통의 문제를 일생 동안 탐구해온 하버마스 (Jürgen Habermas)를 비롯하여, 아렌트(Hannah Arendt), 샌델(Michael Sandel), 페티트(Philip Pettit) 등의 공화주의(republicanism), 매킨타이어(Alasdair MacIntyre)와 테일러(Charles Taylor) 등의 소위 공동체주의(communitarianism)에 관한 논의를 통해 고대적 공공성의 이념은 현대라는 역사적 및 사상사적 맥락에서 새롭게 부각되고 있는 것이다.27) 한국 학계에서의 공공성에 대한 관심 및 논의도 그들의 영향 하에 나타난 것으로 볼 수 있다.

현대의 서구 학계에서 그러한 주장이나 이념이 나타나게 된 역사적 및 사상사적 상황이나 계기 또는 그 직접적인 지성사적 맥락에 대한 자세한 설명은 별도의 지극히 복잡하고 방대한 논의를 요구한다.28) 그것은 하버마스의 경우와 같이 자본주의적 생산구조에 의해 왜곡된 공론형성구조를 인간해방의 관점에서 보편적인 의사소통구조로 대치하려는 노력의 표현이기도 하며, 아렌트의 경우와 같이 20세기 전체주의 체제의 비극을 통해 드러난 근대 정치의 근원적인 문제를 진정한 의미에서의 정치적 삶의 회복을 통해 극복하려는 지적 모색의 결과이기도 하고, 공화주의나 공동체주의의 경우와 같이 근대의 자유주의적 정치사상이

---

ulorum)'에 대한 지식을 경멸하지 않고 함께 통달할 경우라는 것이다.

27) 이들의 주장들은 여러 저술들을 통해 개진되었고 한국 학계에도 이미 광범위하게 소개되어 있다. 각 학자의 저술 가운데 대표적인 저술 하나만 소개하면, Arendt(1958), Sandel(1996), Pettit(1997), MacIntyre(1981), Taylor (1989) 등을 들 수 있다.

28) 지은이 개인적으로는 서양학계에서 출간된 이들 사상가들에 대한 수많은 연구논문이나 소개서들에도 불구하고 아직 그들 업적의 정치철학사적 의미나 사상사적 위치를 구체적이면서도 총체적으로 조망하고 기술한 저작은 아직 없다고 판단한다.

신성한 개인적 권리의 명분으로 고립화되고 원자화된 개인의 존재를 정당화하면서 편협한 이기주의를 조장하고 전통문화나 공동체적 삶의 가치를 퇴색시키는 가운데 국가생활이 대중영합주의 또는 분파적이고 분열적인 정치에 지배받는 상황의 근원에 대한 성찰의 산물이기도 하다. 어쨌든 공공성 및 공-사의 문제에 관한한 그들의 논의 내용은— 과도한 단순화의 위험을 감수하고 말한다면— 다음의 네 가지 진술로 정리될 수 있을 것이다. 첫째, 공과 사를 대척적인 관계로 파악하거나 사적인 영역과 공적인 영역이 상호 배타적으로 분리될 수 없다. 둘째, 사적인 삶의 존재성 자체나 그 영역은 공적인 질서 및 공공성의 개념에 의해서만 규정될 수 있다. 셋째, 사적인 삶의 가치뿐만 아니라 그것에 따르는 쾌락도 단순히 그 자체에 폐쇄적으로 탐닉하는 경우가 아니라 그것이 얼마나 공공성에 기여하는가에 따라 결정된다. 넷째, 각 개인의 진정한 정체성(identity) 또는 사적 영역의 진정한 가치도 단순히 사적 욕망에의 집착이 아니라 사적 영역을 초월한 사회적 가치나 공공적인 것에 대한 헌신을 통해 형성되고 확립될 수 있다.29)

바로 그러한 문제의 해명 차원에서 공공성의 발현이나 확립을 위한 사회적 조건이 무엇이고 국가권력이 그것을 위해 시행할 정책의 내용

---

29) 일단 현재의 시점에서 위의 진술들이 그들 서구 학자들의 입장을 정확하게 정리한 것인지 여부는 문제로 남겨둘 필요가 있다. 그 문제에 대한 정확한 해명은 위에서 열거한 서구 학자들의 저술들 모두를 직접 참고하고 구체적으로 인용하는 방식을 통해서만 가능할 것이기 때문이다. 하지만 그것은 또 다른 방대한 논의를 요구하는 작업이며, 이 발표문에서 수행할 성격의 작업은 아니다. 다만 그들 스스로나 그들의 사상에 대한 연구자들도 공공성과 관련된 그들의 이념을 앞의 진술들과 같이 명시적이고 체계적으로 정리한 논문이나 저작은 아직 없다는 사실이 그것들 나름의 학술적 의의를 갖게 한다. 그리고 반드시 서구 학계의 연구업적에 의존하지 않더라도 우리의 사유 전통에 내재한 공공성 이념을 토대로 위의 진술들이 성립할 수 있다는 점도 중요하다. 참고로 발표자는 한 졸저에서(양승태 2010, 특히 5-6장 및 '맺는 말' 참조) 부분적이나마 개인 및 국가 정체성 문제를 위의 진술들 차원에서 나름대로 논의한 바 있음을 밝힌다.

이 무엇인가의 실천적 문제도 접근될 수 있다. 이와 관련하여 바로 개개인의 사적인 삶의 활동의 핵심이자 개인적 정체성 형성의 요체인 생산 활동에서의 장인정신이나 직업윤리라는 가치가 어떻게 국가생활에서의 공공성과 공인의식 및 공덕 이념의 바탕이 될 수 있는지 설명할 필요가 있다.

3. 장인정신과 직업윤리, 시민과 공인, 그리고 공인정신

앞의 논의를 통해서 순수한 사적 행위나 사적 영역은 존재할 수 없다는 점을 설명하였다. 인간의 모든 행위나 사고는 타인이 대치할 수 없는 자신만의 육체나 정신을 통해 발현된다는 의미에서 사적이다. 그러나 그러한 육체적 행위나 정신활동은 필연적으로 자연이라는 타자 전체 및 사회와 국가와 인류라는 타인 전체와의 교류와 영향을 통해서 형성되고 적극적이든 소극적이든 또는 긍정적이든 부정적이든 그것에 영향을 끼친다는 의미에서 사회적이고 공공성의 내용 및 문제를 함축하고 있다. 이 점은 일반적으로 공공성과는 연관되는 사적 행동으로 또는 공공영역과는 관련이 없는 사적 영역으로 간주되는 일반인들의 생업 또는 직업 활동을 예를 들어서도 설명될 수 있다.

아담 스미스(Adam Smith)가 오래전『국부론』1권의 "분업을 일으키는 원리에 대하여"라는 제목의 제2장에서 그 후 자주 인용되는 유명한 문구들을 통해 설파했듯이,30) 인간의 분업체계는 그것이 가져올 풍요(opulence)를 미리 예측하는 지혜가 미리 발동되어 이루어진 것도 아니고 인간 상호간의 호의(benevolence)나 인간애(humanity)에 기초해서 이루어진 것도 아니다. 각 개인의 자기애(self-love)와 자기 이익의 추구가 그 바탕에 있다. 우리가 식사를 할 수 있게 된 것은 푸줏간 주인이

---

30) Smith(1976), book I, chap. ii "Of the Principle which gives occasion to the Division of Labour" 참조.

나 빵집 주인이 우리에게 호의를 갖고 있어서가 아니라 그들이 돈을 벌어 잘살겠다는 이기적 욕구의 결과인 것은 분명하다. 이 점은 로크(John Locke)가 자연상태에 존재하는 자연권으로서의 소유권 개념을 정립했을 때 이미 사상사 차원에서 예견되었지만, 아담 스미스의 위의 논리나 그의 지적 후예들이 강조한 것은 분업체계라는 사회적 질서의 성립 및 운영을 가능하게 하는 자연스럽고 근원적인 동력이란 개인적이고 사적인 이기심이라는 것이다.

그러한 논리는 현재에 이르기까지도 자유주의 이념의 근간을 구성하면서 사적인 욕구나 영역이 보호받아야 될 자연법적이자 공리주의적 정당화 근거로 작동하고 있다. 그런데 아담 스미스 및 그의 지적 후예들이 스스로 의식하든 의식하지 못했든, 그와 같은 사적 영역 보호의 주장 속에는 이미 사적 영역을 초월하고 그것에 우선하는 공공적 영역의 존재가 전제되어 있다는 사실이 중요하다. 왜냐하면 스미스의 위의 진술 자체가 사적인 이기심을 바탕으로 움직이는 사적 영역 자체가 무조건 바람직하고 신성하기 때문에 보호받아야 한다는 논리는 아니기 때문이다. 그것은 사회적 분업체계라는 사적인 것을 초월한 공공적인 존재가 원활하고 효율적으로 작동하기 위해 후자가 고무되고 보호받아야 한다는 논리인 것이다. 다시 말해서 그와 같은 '사적 영역 신성성'이란 '사적 영역의 공적 결정성'의 다른 측면에 지나지 않는다는 것이다. 그런데 스미스의 진술과 관련하여 또 다른 중요한 사실은 사회적 분업체계의 근원이자 동력으로서 사적 이기심이 사회적 분업체계라는 현실에서 실제로 작동하는 양상 또한 원자화된 개인이 고립적이고 배타적으로 자신만의 사적 욕구를 추구하는 행위는 결코 될 수 없다는 것이다. 이 점이 특히 개인의 행동과 공공성의 관계의 실체를 이해하는 데 중요하다. 그것을 설명하기 위해 스미스도 예로 든 빵집 주인의 경우를 살펴보기로 한다.

빵집 주인이 빵을 만들어 시장에서 파는 생계 활동에서는 먼저 '빵 만들기'라는 기술의 습득과 관련된 나름대로의 다양한 지식과 경험이 요구되며, 그러한 지식과 경험의 전수와 습득 행위 속에 이미 빵집 주인이라는 사적인 인간이 바로 그 사적인 활동이 존재하기 위해 필연적으로 귀속될 수밖에 없는 그를 초월한 공적 질서가 있다. 그것은 보다 더 맛있고 품질 좋은 빵을 만들기 위해 삶의 모든 열정과 에너지를 투입하여 끊임없이 노력하는 빵집 주인의 장인정신이며, 그러한 장인정신은 '빵 만들기'라는 기술만이 아니라 모든 기술과 운동과 예술과 학문 활동 나아가 공직을 포함하여 모든 직업 활동에 관통하는 정신적 질서이다. 다시 말하여 모든 직업윤리의 핵심인 것이다. 그와 같은 장인정신은 빵집 주인의 경우 일단 현실적으로 시장에서 다른 빵집 주인들과의 경쟁에서 승리하기 위한 필수적인 조건들 가운데 하나이다. 그러한 정신이 없이 생산 활동을 하는 장인이나 타인과의 신용이라는 공공적 가치를 지키지 못하는 상인은 일시적으로 돈을 벌 수 있어도 결코 안정된 가업을 이루거나 성공한 기업인은 될 수 없다. 오직 돈 벌기만을 목적으로 불량식품 등 불량품을 만들어 팔아먹거나 사기성의 상업행위를 하는 것은 처음부터 '공공의 적'으로서 논외의 대상이지만, 끊임없이 품질의 개선을 위해 노력하지 않고 '대충대충' 또는 '적당히' 남들이 일반적으로 만드는 수준의 생산에 만족하는 개인 또한 사회의 발전이라는 공공성의 발현에 창조적으로 기여하지는 못하는 것이다. 그런데 그것은 단순히 그러한 차원을 넘어 한 개인이 자신의 유한한 삶에 영속적인 의미를 부여하는 요소이자 삶 자체를 보람 있고 의미 있게 만드는 필수적인 요소이고 개인적 정체성을 구성하는 핵심적인 요소이기도 하다.

이 점에 대해서는 앞에서 여러 차례 논급한 고대 그리스의 'technē' 개념 및 영문학자 트릴링(Lionel Triling)이 제기한 진실성(sincerity)과 진정성(authenticity) 개념과도 연관되어 있는데, 장인정신이란 결국 육체적 쾌락 등과 같이 자신의 사적 존재에 국한된 가치를 초월하는 어떤 보편적인 가치의 실현에 삶의 목표를 두고 그것에 삶의 에너지를 투사하고 헌신하는 인생관을 지칭한다. 그러한 인생관이 단순히 작업장의 영역을 넘어 직업 활동 전반을 지배하는 가치관으로 확장될 때 직업윤리로 승화되어 보편화된다. 장인정신의 그러한 성격이 바로 오래전 고대 그리스인들이 정립한 '기예(technē)'라는 개념의 핵심적인 의미이다. 그것의 이상은 히포크라테스(Hippokratēs)의 유명한 "인생은 짧고 기예(예술)는 길다(Ho bios brachys, hē de technē machrē)"라는 지극히 단순하면서도 심원한 어구에 축약되어 있으며, 플라톤 정치철학의 기반을 구성하는 개념이기도 하다.31) 또한 근대 서양에서 그와 같은 직업윤리의 등장 및 확립은 오래전 베버(Max Weber)가 유명한 『프로테스탄트 윤리와 자본주의 정신(*Die protestantische Ethik und der Geist des Kapitalismus*)』에서 직업윤리(Berufsethik) 및 직업인(Berufsmensch) 개념을 통해 근대적 가치관의 핵심적인 요소로 제시한 바 있다.

그런데 장인정신 및 직업윤리에는 분명히 공공성의 요소가 내재해 있지만, 그것 자체가 공공성의 완성이나 완성된 형태의 공인의식은 아니라는 사실이 중요하다. 다시 말해서 장인정신 및 직업윤리는 작업장이나 직장의 영역을 넘어서 정신적 외연을 확장하고 내용을 심화할 때만 국가생활 전반 차원의 공인의식으로 성숙 및 발전할 수 있다는 것이다. 이와 관련하여 더욱 중요하고 특히 강조되어야 할 것은 이 점이다. 장인정신이나 직업윤리의 성숙 및 발전에 기초하지 않은 공인의식은 지배층의 이익이나 기존의 국가권력을 정당화하는 이데올로기로 작동할 뿐이라는 것이다. 그것은 진정성이 없기 때문에 오직 권력 쟁취 자체가 목적이 되는 인간들이 허구로 내세우는 이념이 될 경우가 많으며, 공인으로 갖추어야 할 진정한 덕성이나 도덕적 의무감으로 체화되어 발현되거나 보편적인 국가관이나 역사의식으로 승화되어 나타나기는

---

31) 플라톤 철학의 이러한 성격에 대해서는 오래전 그루베(G. M. A. Grube)가 탁월하게 정리한 바 있다. Grube(1980; 첫 출간은 1935), 특히 chap. 6 "Art", 179-215 참조.

어렵다는 것이다. 다만 장인정신이나 직업윤리는 자신의 사적인 삶의 근본 목표를 타인과 공유하거나 사회적으로 인정되는 가치의 실현에 둔다는 차원에서 '어느 정도' 공공성을 지향하는 요소가 내재하지만, 그것에 수반되는 이윤 추구의 동기 및 목적은 언제나 공공성의 실현을 제약하는 요소로 작동할 수 있다는 사실이 주목되어야 한다. 이 점은 비록 장인정신이나 직업윤리 문제를 중심적인 논제로 다룬 것은 아니지만 간단하게나마 하버마스의 '부르주아적 공공성(bürgerliche Oeffen-tlichkeit)' 개념과 연관하여 설명할 필요가 있다.

하버마스의 경우 근대의 부르주아적 공공성이 배태되고 형성되는 과정은 간단히 말하여 봉건시대를 지배하는 공공성으로서 그의 용어로 표현하여 '상징적 공공성(repräsentative Oeffentlichkeit)'이 무력화되고 해체되는 과정이다.32) 다시 말해서 특정 지역에 국한되고 폐쇄적이며 의전과 행사 중심의 공공성이 부르주아 계급의 생산 및 상업 활동의 확산을 통해 점차 약화되는 과정에서 부르주아의 공공성이 태동하고 발전하게 된다는 것이다. 장거리 무역의 출현 등 봉토의 경계를 넘어 확

---

32) Habermas(1990), 특히 1-3장 참조. 여기서 자세하게 논의할 수는 없지만 같은 책, 1장 2절의 논제인 'repräsentative Oeffentlichkeit'란 용어의 번역 문제에 대해 언급할 필요가 있다. 국내의 번역본이나 관련 연구 저술들은 그것을 '과시적 공공성'으로 번역하고 있는데, 그것은 독일어 'repräsentative'란 수식어에 내포된 핵심적 의미를 전달하려고 고심한 결과인 것은 분명하다. 그러나 그러한 번역은 의미의 과도한 전달이라고 판단된다. 물론 봉건시대 말기에 이르러는 영주들이 그 흔들리는 지위나 정통성을 보완하려는 의도에서 공동체적 행사에 과시적인 요소를 더욱 강조하고 있음은 사실이다. 그러나 봉건체제에서 특정 가계란 단순히 사적인 존재가 아니라 지배체제 자체를 'repräsentieren', 즉 '대표하고' '상징하는' 공적 존재이기 때문에 그들의 사적 존재 자체가 공공성이라는 사실이 강조되어야 한다. 그들 가계 중심의 화려하고 장엄한 의전이나 행사는 그 지배체제의 속성상 당위적이고 필수적인 요소이지 단순히 과시용은 아닌 것이다. 조선조의 치밀한 의례 규범은 물론 식사와 성행위 등 왕의 모든 '사적인' 활동이 공적 통제나 감시의 대상이었던 이유도 같은 맥락에서 이해될 수 있다.

산되는 생산이나 상업 활동이 효율적이고 원활하게 이루어지기 위해 증대되는 정보와 뉴스의 공급의 필요성 등이 신문과 잡지 등 공공매체의 등장을 촉진한다. 그러한 역사적 변화과정에서 부르주아들이 경제활동의 안정성을 권력자로부터 보장받기 위한 요구는 후자에 대한 일방적인 호소나 투쟁 또는 간접적인 풍자나 야유의 형태가 아니라 인쇄매체를 이용하여 일반 공중을 향해 호소하는 합리적 담론이나 공개적인 논변의 형태가 서서히 정착되면서 '공개적으로 결정된 공공성(publizistisch bestimmt Oeffentlichkeit)'이 상징적 공공성을 대체하게 되는 것이다. 또한 그러한 역사적 과정 속에서 사적 영역(Privatsphäre)이 법과 제도를 통해 공적으로 보호받아야 할 대상으로서 등장하게 되는 결정적인 계기가 이루어지며,33) 그와 같은 자율적인 사적 영역의 등장과 궤를 같이하여 '자발성(Freiwilligkeit)', '교양(Bildung)', '사랑(Liebe)' 등의 각 개인의 내면적 가치가 상업 및 생산 활동의 자유의 다른 표현인 소유욕과 더불어 인간성을 구성하는 보편적인 요소로 정립하게 되는 것이다.

결국 서구 근대사란 사적인 개인에 내재하는 그와 같은 가치들의 보호와 신장이 공공성의 핵심적 요소로 일반화되고 법적으로 규정되고 제도화되는 과정이며, 의회주의의 성장과 발전 및 이에 수반되는 언론, 출판, 집회, 결사의 자유의 활성화 형태로 발현되는 공론장의 정치적 발전 및 제도화의 궁극적 목적 또한 그러한 공공성 이념의 실현으로 귀착되는 것이다. 그런데 바로 공공성 실현의 핵심인 자발성이나 교양의 확산 또는 사랑의 보호라는 목적 자체가 결코 그 의미가 자명하지도 않거니와 개개인들이 사인으로서 각각 추구하는 그러한 가치들은 추구

---

33) 그의 표현으로 "공중과 연관된 사생활의 제도화(die Institutionalisierung einer Publikumsbezogenen Privatheit)" 또는 "사회 내에서 공적 관련성을 갖게 되는 사적 영역(öffentlich relevant gewordene Privatsphäre der Gesellschaft)"의 등장이다.

행위 자체에서만이 아니라 그것에 대한 해석에서 언제나 갈등과 대립이 일어날 수 있다는 사실이 중요하다. 그러한 사실 속에 공공성의 실현 또는 공공영역을 주도하는 주체가 일상적인 사인이 될 수는 없는 근본적인 이유가 있다. 즉, 사적 영역은 공적 영역에 의한 보호의 대상은 되어도 그 자체가 공공성을 구성하는 것은 아닌 것이다.

결국 사적 개인들의 진지한 장인의식을 통해 발현되는 생산이나 상업 활동은 인간의 의식주 생활에서 추구되는 실용적 가치의 실현에 기여하는 차원에서 공공적인 요소는 있지만, 그 자체가 각 개인들의 사적인 가치나 이상 또는 직능영역들 사이에 발생할 수 있는 갈등과 충돌을 조정할 수 있는 차원의 공공성은 아닌 것이다. 개인들이 공공성의 주체가 되려면 단순히 사인들의 집합이 아니라 '이성적 공중(rational public)'이 되어야 하는 것이다. 이성적 공중이란 자신의 사적 이익에 대한 계산이나 판단 차원을 넘어서 사회 전체, 나아가 국가생활 전반에 대해 성찰하고 판단할 줄 아는 지적 능력을 갖춘 인간 집단이다.

루소에 나타난 'bourgeois(시민)'와 'citoyen(공민)'의 분리에서 출발하여 근대 정치철학사에서 이 점에 대한 체계적인 설명의 단초 및 대강은 칸트가 이미 제공하고 있고, 하버마스도 그를 원용하면서 자신의 공공성 논의를 전개한 바 있다.[34) 그 핵심은 간단히 다음과 같이 정리될 수 있을 것이다. 공공성 논의의 주체는 이해타산이나 개인적 욕망의 실현을 위한 수단을 모색하는 수준의 '이성의 사용(私用, Privatgebrauch)'과는 근본적으로 다른 차원인 '이성의 공적 사용(der öffentliche Gebrauch der Vernunft)' 능력을 요구한다. 후자의 능력이 바로 칸트가 계몽의 목표이자 그것의 주체가 될 수 있는 정신적 요건으로 집

---

34) Habermas(1990), 4장 "Burgerliche Oeffentlichkeit: Idee und Ideologie(부르주아적 공공성: 이념과 이데올로기)"에서 특히 13절 "Publizität als Prinzip der Vermittlung von Politik und Moral(Kant)(정치와 도덕의 중재 원리로서의 공개성)" 참조.

약한 '성숙성(Mündigkeit)'이다. 그러한 정신적 성숙을 갖춘 인간이 부르주아와 구분되는 공민(citoyen)이다. 그러한 공민들의 존재를 통해 '사악(私惡, private vices)'은 '공덕(公德, public virtues)'으로 전환될 수 있고, 정치와 도덕이 일치하는 사회적 조건이 이루어질 때 인간의 삶의 보편적 상태인 '세계시민적 상태(weltbürgerlicher Zustand)'에 도달할 수 있는 것이다.

칸트 이후 전개된 서구의 근대 정치사는 의회주의의 강화, 선거권의 확대, 다양한 언론매체의 등장과 확대 등으로 공론영역이 활성화되고, 이에 따라 국가생활을 통해 구현된 공공성의 이상이나 구현 방법이 공론영역에서의 소통행위를 통해 자유롭게 논의되고 법제화되는 과정이라고 볼 수 있다. 다른 한편으로 그 역사는 동시에 대중정치의 확산에 따른 정치의 범속화와 대중영합주의의 등장, 특정 정파의 당파성이 공공성 자체로 또는 특정 계급의 이해가 공공이익으로 동일화되거나, 또는 더 나가가 특정 계급을 역사적 주체로 동일시하는 계급정당 또는 혁명정당의 출현에 의한 전체주의적 공공성의 독점 현상, 정치권력에 의한 여론조작 가능성의 증대, 거대 자본이 장악한 언론 기업의 등장이나 광고 산업의 팽창에 따른 언론의 상업화 등 공론장의 편향이나 공공성의 왜곡이 빈번하게 나타난 시기이기도 하다.35) 이에 따라 19세기 이후 전개된 서구 근대 정치사상사의 주요 흐름 또한 헤겔(G. W. F. Hegel), 밀(J. S. Mill), 토크빌(Alexis de Tocqueville), 그린(T. H. Green) 등의 정치사상가들을 통해 그러한 공론장의 편향 및 공공성의 왜곡을 시정하면서 공공성의 인성론적 근거에 대한 정치철학적 탐색이나 공공성의 확립을 위한 제도적 장치 또는 정책적 대안을 제시하려는 노력의 역사로 이해될 수 있으며, 그러한 노력이 20세기 후반에는 하버마스라는 한 학자가 보여준 일생 동안의 학문적 여정 및 업적에 압축되

---

35) 그러한 과정에 대한 개척적인 연구이자 고전적인 설명으로는 Habermas (1990), 특히 5-7장 참조.

어 있다고 볼 수 있다.

현재의 대한민국이 당면하고 있는 공공성 및 공인의식의 위기의 실체에 대한 철저한 이해 및 그 극복이라는 실천적 목적의 제대로 된 수행은 물론 서구 근대사의 그러한 과정 및 서구 학자들의 업적에 대한 세밀한 검토 및 이해가 필요하다. 아울러 그것은 공공성이란 개념의 실체에 대한 정치철학적 탐구와 더불어 하버마스가 서구의 공공성 문제와 관련하여 수행한 바와 같은 연구를 한국 역사 및 정신사 전체의 흐름, 특히 근현대 역사 및 정신사의 총체적인 흐름 속에서 연구함도 필수적이다. 그러한 연구를 통해서 공공성의 문제가 현재의 상황에 이르게 된 역사적인 변화 맥락을 구명할 수 있음과 동시에 그 극복 방향에 대한 모색도 가능한 것이다. 그와 같은 거대한 작업은 한국의 학계가 앞으로 수행해야 할 장기적인 과제로 남겨둘 수밖에 없을 것이다. 다만 장기적으로 실현 가능한 방안이라도 그 실현을 위해 단초가 되는 방안이나 그것을 향한 기본적인 방향은 제시해야 한다. 이 글은 후자 차원의 실천 방안을 제시한다는 목적으로 공공성 이념을 구현하는 주체인 공민(citoyen, public person)의 정신적 자질인 공덕을 구성하는 핵심적 요소인 성숙성(Mündigkeit) 및 교양(Bildung), 그러한 공민들의 존재를 지칭하는 교양시민계층의 문제 등을 앞에서 논의한 장인정신을 중심으로 설명하면서 현재 대한민국에서 요구되는 공덕의 확립을 위한 실천적인 방안을 도출해보고자 한다.

4. 맺는말: 법치국가의 확립, 그리고 사회 전반적인 장인정신의 회복을 향하여

플라톤의 『국가』에서 '올바름(dikaiosynē)'의 문제는 '올바른 인간(ho dikaios)'으로 귀착되듯이, 모든 윤리적 이념의 실천의 문제는 그 윤리적 이념의 담지자이자 행동의 주체인 인간의 문제로 귀착된다. 공공성의 경우도 같다. 공공성과 관련된 모든 문제들은 결국 그 실천의 주체인 공인의 존재 문제로 귀착된다. 공공성이 무엇인가를 알거나 적어도 알기 위하여 탐구하고 그것의 실현을 위해 행동하는 주체가 바로 공인이며, 그 공인에게 요구되는 정신적 자질 및 성정이 공덕이고, 그 공덕의 구체적 행동양식이 일반적으로 말하는 '노블리스 오블리주'이기 때문이다. 그렇다면 현재의 대한민국에서 공공성을 새롭게 구현하기 위한 실천적 논의의 핵심은 바로 이 시점 및 공간에서 논란이 되는 공공성 위기의 핵심이 무엇이고, 그것의 새로운 확립을 위해 요구되는 공인의식 및 공덕의 구체적 내용이 무엇이고, 그것의 새로운 양성이나 함양을 위해 요구되는 제도적 장치나 정책적 대안은 무엇인지의 문제로 환원된다. 이러한 맥락에서 일단 즉각적으로 실현 가능한 조치가 추상 같은 법치의 확립이다.

그 근본적인 원인이 무엇인지의 문제를 떠나 공공성의 위기가 논란이 되는 표면적인 양상은 많은 공익이나 공공질서 또는 경우에 따라서는 법적 규정마저 무시하거나 파괴하면서 사적인 이익 추구를 앞세우는 현상이며, 그러한 현상이 사회 지도층이나 국가생활을 주도하는 공직자 및 정치인들에게도 파급되어 있다는 사실이다. 그러한 양상에 접하여 제기되어야 할 근본적인 물음은 이것이다. 그러한 행위가 과연 진정으로 자신에게 이익이 되느냐는 것이다. 그러한 물음에 대한 답은 그렇지 않다는 것이다. 그러한 답은 일견 위선적인 도덕적 훈계로 느껴질 수도 있지만, 실제로도 그러하다는 사실이 중요하다. 최근의 대형 사고나 사건들의 발생에서 보듯이 공적, 사적 영역을 불문하고 '해먹기'가 판치는 공공성의 퇴락 상황에서는 국가의 존립 자체가 위험에 빠질 수 있을 뿐만 아니라, 언제 어디서 자신에게 불행이 다가올지 모르는 가운데 삶 자체가 불안해지는 것이다. 그것은 바로 모든 사람에게 손해가 되는 상황인 것이다.

문제는 "모든 사람들이 해먹는데 나만 손해 볼 수는 없다"는 개개인들의 현실적인 계산과 판단을 바로 현실적으로 무시할 수 없다는 사실에 있다. 그러한 현실적 교착 상황을 극복하기 위한 행동의 출발은 현실의 변화를 직접 주도할 수 있는 권한이 부여된 공권력을 지휘하는 고위 정치인 및 공직자이다. 부패 문제는 차치하고, 그러한 정치인들과 공직자들에게도 공인의식과 공덕이 결여될 수 있다. 그러나 그러한 교착된 상황을 타개할 수 있는 강력한 주체 또한 그 정치인들과 공직자들이다. 특히 오늘의 대한민국과 같이 다원주의라는 명분으로 사회 전체 및 공론장이 양보 불가능한 이해관계가 충돌하는 장으로 변할 때 그 혼란을 극복하기 위한 공공성의 판단 주체는 공권력일 수밖에 없는 것이다. 다만 그 공권력의 주체가 공공성의 본질이 무엇인지 파악할 수 있는 능력이 있을 때 공공성의 실현은 담보될 수 있다. 따라서 그들이 공공성의 본질에 대한 명확한 인식 및 공덕이 체화된 행동양식을 기초로 국가생활을 이끌어가는 것이 일단 바람직하다. 그러나 자유민주주의 체제에서 그들이 그러한 직위에 있게 한 기본적인 동인은 일반 다수 국민들의 지지와 선택이므로, 그들 또한 후자의 공공성 이해 수준을 크게 벗어나기 어려운 구조적인 한계가 있다. 다만 공공성 확립의 기초는 추상같은 법치의 확립에 있는데, 그것은 결코 구조적인 문제가 아니다. 그것은 공권력을 행사하는 자, 특히 국가 공권력 행사 전체를 관장하고 독려하고 그 방향과 성격을 결정하는 대통령의 강력한 의지에 달려 있을 뿐이다. 무엇보다 공권력에 의한 법의 집행이 모든 국민들에게 개인적으로 혼자만 당하는 것이 아니라는 점이 수긍되도록 일관성과 엄격성이 있을 때 쇠락해진 공권력의 권위도 회복될 수 있다.

따라서 특히 민주화시대 이후 서서히 진행되면서 오늘의 상황에 이르게 된 법치 및 공권력 권위의 추락 상황과 그에 따른 공공성 위기의 일차적인 책임은 공권력 행사의 궁극적 주체들인 역대 대통령들과 현재의 대통령에게 있다. 자유롭고 진지한 의견교환을 방해하는 '떼법' 등 폭력적 행위에 대한 엄단을 통한 공권력의 확립이 새로운 공공성과 공인의식 형성의 출발인 것이다. 다만 위에서 언급한 대로 공권력의 주체들이 그러한 지위에 있게 만든 기본적인 동인은 다수 일반 국민의 공공성에 대한 인식 수준 및 공인의식의 내용에 있으므로, 법치의 확립을 안정적이고 영속적으로 만드는 기본 조건으로서 일반 국민들의 공인의식을 순화, 발현시키고 공덕을 함양하기 위한 궁극적인 방안의 모색이 필요하다. 물론 그것의 모색 및 실현은 장기적 접근을 요구하므로, 그러한 방향으로의 모색을 위해 먼저 해결해야 할 일차적인 정책적 과제가 무엇인지도 당연히 제시할 필요가 있다. 다시 말하여 공공성과 관련된 자유민주주의 체제의 그와 같은 구조적 한계를 근원적으로 극복하는 방안이 모색되어야 한다. 칸트가 말하는 시민적 성숙성 개념 및 그와 연관된 교양 및 교육의 문제는 이와 관련하여 논의될 필요가 있는데, 그러한 시민적 교양 및 교육의 핵심적인 요소로서 앞에서 논급된 장인정신, 즉 삶과 밀착된 교육이자 깨달음으로서의 배움의 원천인 장인정신의 문제를 깊이 성찰할 필요가 있다.

칸트가 말하는 시민적 성숙성의 핵심적 요소는 그가 특히 『실천이성비판』을 통해 설파한 실천적인 이성 능력, 곧 스스로의 이성 능력에 의거하여 스스로 합리적으로 판단하고 행동할 줄 아는 정신적 능력과 그러한 능력을 뒷받침하는 정신적 소양으로서의 교양이다. 그러한 의미의 교양은 그것을 지칭하는 독일어 'Bildung'에 함축되어 있듯이 형성되는 것이지 주입되는 것이 아니다. 오직 스스로 깨닫는 과정에서 형성된 지식과 소양으로서의 교양만이 진정으로 살아 있고 실천력이 있는 지식이며, 그와 같은 교양은 또한 한 번 형성되었다고 완성되어 정체된 상태에 머무는 것이 아니라 끊임없이 그 스스로의 한계를 넘어 새로운 자기발전을 추구하는 본질적인 성격이 있다. 그러한 교양의 추구가 시민적 삶에서 일상화될 때 공공성의 구현뿐만 아니라 공인의식의 발현과 시민들 및 공인들의 공덕도 함양되고 일상화될 수 있는데, 그러한 교양 형성의 요체로서 장인정신에 대해 언급하면서 이 글을 맺는다.

지은이는 국가정체성 문제의 해결을 위한 기본적인 요건으로서 장인정신의 함양을 강조한 바 있는데,36) 그 논리는 그대로 공인정신의 문제로 적용될 수 있다. 국가정체성 문제의 인간적 요소는 바로 공인의 존재이기 때문이다. 그 점을 좀 더 설명하기 위해서는 앞에서 여러 차례 언급된 영문학자 트릴링(Lionel Trilling)의 진실성(sincerity) 및 진정성(authenticity) 개념과 플라톤의 진지성(spoudē, seriousness) 개념을 중심으로 자유민주주의 국가에서 요구되는 시민적 덕목에 대해 논의한 지은이 저작의 한 대목을 인용할 필요가 있다.

"대한민국은 국가체제로서 자유민주주의를 표방하고 있다. 그것이 옹호하는 핵심적인 가치들 가운데 하나는 개인이나 집단의 자유로운 의사표현이다. 개인이나 집단들 사이의 자유로운 의사소통을 통해서 최선의 합리적인 공론이 형성되고, 그와 같이 형성된 공론이 국가정책을 결정하는 데서 국가생활의 이상이 실현될 수 있다는 믿음이 표현의 자유라는 가치의 바탕에 있다. 그런데 … 자유로운 의사표현이 바람직하고 옹호할 만한 가치가 되기 위한 전제조건은 각 개인들이 스스로 제대로 아는 것과 모르는 것을 구분할 줄 알고 여러 다른 사람들의 의견들 가운데 최선의 것을 선택할 수 있는 판단력을 갖추는 것이다. 문제는 그러한 판단력 자체도 누구에게나 쉽게 부여된 정신적 자질은 아니라는 데 있다. 따라서 각 개인이 그러한 판단력을 갖추고 있는지 여부에 앞서서 요구되는 도덕적 규범이 바로 진정성이라고 할 수 있다. 왜냐하면 진정성은 스스로의 판단력 자체를 진지하게 성찰하면서 그것과 조화를 이룬— 곧 다른 사람의 시선이나 집단 심리 또는 고착되거나 위선적으로 표방된 가치나 이념에 지배받지 않는 — 의사결정을 내리는 데 필수적이기 때문이다."(양승태 2010, 439-440)

---

36) 양승태(2010), 436-442 참조.

결국 트릴링의 진실성과 진정성 그리고 플라톤의 진지성이 자유민주주의가 진정으로 실현되기 위한 기본적인 덕목이라고 할 수 있다. 현재 한국사회에서 공공성 및 공인정신의 쇠락도 그러한 덕목의 상실에서 찾을 수 있다. 사적 혹은 파당적 이익을 그악스럽게 추구하면서 그러한 행동을 스스로 제대로 이해하지도 못하는 이념들로 분식하고 있는 사실 자체에 그러한 덕목의 빈곤이 있다. 다만 그러한 덕목이 이 시대에 장인정신이나 프로 근성이 있는 젊은이들에게서 가치관으로서 정착되고 점차 사회적으로 확산되고 있는 사실이 바로 공공성 위기 극복의 정신적 원천이 될 수 있다. 자신의 작업에 대한 진실성과 진정성과 진지성이 없이 탁월한 장인정신이 형성될 수 없고, 탁월한 장인정신이 없이 창조적이고 정교한 생산품은 만들어질 수 없다. 그러한 덕목이 없이 기업 활동에서 건전한 직업윤리가 작동할 수 없으며, 그리고 장인정신과 직업윤리가 내면적으로 체화되지 않은 상태에서 사회나 국가생활에서 건전한 공인의식이 발현될 수 없을 것이다.

그럼에도 장인정신이나 직업윤리 수준의 진지성은 국가 차원에서 공인의식 및 공덕이 발현되기 위한 필요조건이기는 해도 충분조건은 되지 못한다. 그러한 덕목이 발현되기 위해서는 국가생활의 목표가 무엇이고, 특정의 현실 상황에서 공공적 가치의 실현에 필요한 정책이 무엇인지의 문제들과 관련된 깊은 지식이 있어야 하기 때문이다. 또한 그러한 지식은 갖추지 못하더라도 적어도 누가 그러한 지식을 갖춘 인물인지 판단할 수 있거나, 스스로 국가정책을 기획하지 못하더라도 여러 다양한 정책들 어떠한 정책이 타당한지 평가할 수 있는 능력을 다수 시민들이 갖추거나, 소수의 교양시민계층이 그러한 방향으로 여론을 이끌 수 있어야 국가생활에서 공공성의 실현이 가능할 수 있는 것이다.

결론적으로 그러한 지식과 소양과 판단력이 공덕의 핵심적 요소이다. 그러한 공덕은 범국가 차원에서 장인정신 및 직업윤리가 생활화되어 있고, 그러한 정신적 토양 위에 공론을 이끌어갈 수 있는 교양시민계층이 형성되고, 그들이 주도하는 교양시민문화가 활성화될 경우에 국가생활의 동력으로 작동할 수 있다. 그러기 위해서는 사회 전체 차원에서 독서문화가 정착되어야 하며,37) 공론장의 소통과정을 주도할 지식인들이 바로 지성적 권위와 더불어 공인으로서의 사명의식을 가져야 하며, 언론인들도 인터넷 문화를 주도할 수 있는 정신적 품격을 갖추어야 한다. 사회 전체가 그와 같이 성숙된 정신적 분위기를 이룰 경우 사회 지도층이 공적 가치의 실현을 주도하고 공적 의무의 수행을 선도하는 '노블리스 오블리주'는 자연스럽게 구현된다. 그런데 그러한 시민적 교양문화 및 집단의 형성을 근원적이고 장기적으로 뒷받침하는 것은 초중등 교육이라는 시민교육이며, 그러한 시민교육을 주도할 의무와 책임은 대학에 있다. 한국의 대학은 과연 그러한 공공적 의무의 수행에 충실한지 반문할 때이다.

현재 한국의 대학은 대학교육의 핵심인 자유로운 사고 능력의 함양이 아니라 일방적 지식의 전달이나 틀에 박힌 사고체계의 전수를 실용적이고 실천적인 교육이라고 믿는 풍토가 지배하고 있다. 한국 대학의 그러한 상황에 대한 철저한 자기반성이 없이 공공성의 확립은 요원하다. 따라서 대학의 개혁이 공공성의 확립을 넘어 국가개혁의 출발이다. 그런데 대학교육의 개혁에 대해 논란을 벌이기 이전에 우리는 과연 대학 교육이 무엇인지 아는지 반문해야 한다. 그리고 그 더 이전에 교육이 무엇인지 아는 것이 얼마나 어려운 것인지는 제대로 깨닫고 있는지부터 반문할 필요가 있을 것이다.

---

37) 이러한 맥락에서 근대 서구에서 시민적 교양문화가 발전하게 된 사회적 배경에는 시민들의 독서문화를 확산시킨 많은 독서회(Lesegesellschaft)의 존재가 환기되어야 한다.

이 7장의 논의는 결국 한국 교육, 특히 한국 대학교육의 문제로 귀착되었다. 한국의 대학교육은 아직도, 교수의 엄격한 비판과 질정이라는 통제 하에서 이루어지는 질문과 토론을 통한 지성적 사고훈련이 아니라 고등학교 과정에서도 바람직하지 않은 주입식 교육이 그 대강이었다. 다시 말하여 한국의 대학교육은, 학생들 스스로 의문을 품게 하고 스스로 문제를 제기하게 하고 탐구하게 하는 과정을 통해 스스로 깨달아가면서 스스로의 정신세계를 형성해가는 교육을 제대로 시행하지 못한 채 현재에 이르렀다. 그러한 교육적 상황이 '질문 행위' 자체가 지성적 사고 능력의 발전 혹은 더 나아가 인간성의 함양에 필수적이라는 — 유대인의 정신적 전통에서 "질문할 줄도 모르는 바보"라는 어구에 집약되어 있듯이 — 사실이 사회적으로 인지되지 못한 원인이라고 할 수 있으며, 이에 따라 교과서적이고 단편적인 지식의 일방적 주입이나 편향적인 독서에 의존한 특정한 지식체계의 일방적인 습득을 앎의 전부로 믿는 인간들을 오랫동안 많이 배출하게 된 것이다.

여야나 보수-진보를 막론하고 현재 한국의 정치인들은 한국 교육의 그러한 오래된 교육적 적폐의 산물일 수 있으며, 그러한 사실이 앞에서 언급한 바와 같이 정치적 행위라는 이름으로 반(反)정치적인 행위가 벌어지는 현재 한국 정치의 근본적인 원인일 수 있다. 또한 그러한 교육적 적폐가, 수년 전 외국 대통령과의 기자회견에서 한국 기자들이 별도의 질문 기회를 주겠다는 특별한 호의를 받고도 그 특혜를 '무시하는' 언론 역사상 희귀한 사태가 벌어지게 된 근본적인 원인일 수 있다. 그러한 교육적 상황에서는 무엇보다 단편적이고 획일적인 사고에서 벗어나 스스로의 눈으로 세계와 인간을 바라볼 줄 알고 스스로의 사고를 통해 사물을 이해하고 사회적 문제들에 대해 독자적으로 판단할 줄 아는 지도자도 나타나기 어려우며, 그러한 지도자의 출현 없이 대한민국이 현재와 같은 국가적 위기를 극복하기는 어렵다.

결국 국가정체성의 위기 및 국가적 위기의 극복은 대학교육의 개혁, 특히 교양시민계층 양성 교육의 핵심인 인문사회교육의 획기적인 개혁을 논의하지 않고는 이론적으로나 실천적으로나 무의미하다. 물론 대학교육의 개혁이란 거대한 과제로서 바로 거대한 논의를 요구한다. 다음 제8장은 한국학계에서 그와 같은 거대한 담론의 촉발 및 발전을 위한 기초적인 논구로서 한국 정치학의 문명사적, 사상사적, 지성사적 위상에 관해 개관할 것이다.

이 책의 여러 곳에서 언급했듯이 현재의 한국 정치학계는 국가정체성의 위기 문제는 물론 국가라는 논제 자체에 학문적 관심이 거의 없다. 그러한 학문적 무관심은 미국 정치학의 특이한 관점에 지배를 받아 국가 논제를 독일 공법학 전통의 유물로서 진정한 의미에서 '사회과학적' 정치학의 대상이 아니라는 식으로 간단히 치지도외하는 태도나 역사의식의 문제를 정치학과는 무관한 역사학계에 국한된 문제로 간주하는 태도 등에 기인한다. 그러한 태도는 역사의식의 문제가 왜 필연적으로 국가이성의 문제로 연관되는지조차 제대로 인식하지 못하는 상황으로 발전해 있다. 그것은 한국 정치학이 한국 정치의 가장 근원적이고 절박한 문제에 대해 학문적으로 관심이 없다는 이율배반을 의미한다. 그러한 이율배반이 나타나게 된 근본적인 이유는 일단 한국 정치학이 독자적인 사유체계 및 개념세계를 창출하지 못한 채 오랫동안 서구 학문, 특히 미국 학자들의 사유체계에 지배를 받으면서 거의 모든 학문적 개념을 미국 학계에서 수입하여 연구를 수행해온 사실에서 찾을 수 있다. 이에 따라 학문의 제왕이자 제왕의 학문인 정치학이 그 학문적 본령을 제대로 수행하지 못한 채 사회과학의 하나로 왜소해지고, 학문적 전문성을 추구한다는 명목으로 부분적이고 지엽적인 문제에 집착하여 중요한 국가적 논제를 제대로 해명하지 못하는 상태에 이른 것이다. 결국 현재와 같은 국가정체성의 위기나 국가적 위기의 근본적인 책임은 한국의 정치학에 귀착할 수도 있는 것이다.

다음 제8장은 한국 정치학의 그러한 학문적 상황 및 위상을 19세기 후반 이후 동북아에서 본격적으로 진행된 문명사적 변환의 차원에서 개관하려는 — 본격적인 연구가 아니라 — 시도이다. 다시 말해 현재와 같은 한국 정치학의 학문적 위상이 한국 근현대 역사 및 정신사의 흐름과 어떠한 관계 속에서 형성되었는지 개관하면서, 한 국가의 정치학은 국내외의 정치현실을 단순히 객관적으로 연구하는 행위가 아니라 그 정치현실 자체를 구성하는 가장 근원적인 요소라는 점을 설명할 것이다. 그러한 설명을 통해 국가정체성 위기의 극복을 위해서는 한국 정치학의 새로운 정립을 요구한다는 논제를 제기하며, 그것은 한 국가의 정치학의 수준이 그 국가이성 및 정치현실의 수준과 품격을 결정한다는 논제를 제기하는 제9장의 논의로 이어지게 된다.

제 8 장
한국 정치학의 재정립

오래전 학계뿐만 아니라 일반인들 사이에서도 관심을 불러일으켰던 헌팅턴(Samuel P. Huntington)의 '문명충돌론'(Huntington 1996a)은 여러 가지 비판에도[1] 불구하고 학술서로서 적어도 다음의 기본적인 덕목은 갖고 있다. 일단 세계사적 상황을 진단함에 있어 지적 졸속성은 범하지 않았다는 사실이 그 하나이다. 그 점에서 그는 후쿠야마(Fukuyama 1992)와 구분된다. 후쿠야마(Francis Fukuyama)는 구소련권의 붕괴라

---

* 원문은 「문명충돌의 정치와 정치학」, 『한국정치학회보』 제46집 2호(2012), 97-116쪽. 이 논문은 영문으로 번역되어 "The Politics and Political Science of the Clash of Civilizations: A Preliminary Study of the Intellectual Identity of Korean Political Science"라는 제목으로 Kang, Jung In ed., *Contemporary Political Thought in Search of a Post-Eurocentric Approach* (Lanham: Lexington Books, 2014), 87-106쪽에 수록되어 있다.

1) 헌팅턴의 이해와는 달리 문명이란 경계가 명확하지도 않으며, 문명 내부에 언제나 다양성이 존재하고, 문명들 사이에는 언제나 대화가 존재하기 때문에 갈등이 필연적일 수 없다는 것이 지금까지 제기된 비판의 대체적인 내용으로 정리될 수 있을 것이다. 그의 문명충돌론에 대한 비판에 관해서는 대표적으로 Huntington(1996b) 및 Fox(2005) 참조.

는 역사적 사건이 일어난 지 3년도 지나지 않아 그것을 서구 자유민주주의 및 자본주의의 최종적 승리로 간주하면서 이 세계에 영원한 질서가 도래했다고 과감하게 단정한 바 있다. 후쿠야마와는 달리,[2] 헌팅턴은 새로운 세계사적 사태의 전개에 대해 좀 더 신중하게 4년이라는 좀 더 많은 성찰의 시간을 할애하는 지적 신중함이 있었기 때문에 나름대로 참신한 주장을 제기할 수 있었던 것이다. 즉, 그는 냉전 이후 전개된 국제질서를 영원한 질서의 새로운 도래가 아니라 문명 사이의 충돌 또는 문화적 정체성 사이의 갈등이라는 인류역사에 지속적이면서 '정상적인 상태(a normal state of affairs)'에 회귀한 것에 불과하다는 주장을 제기했던 것이며, 학문적 타당성 여부를 떠나 학계뿐만 아니라 일반인들에게도 적어도 현 세계를 새로운 시각에서 바라볼 계기를 주고 새로운 논쟁을 자극한 덕목을 가질 수 있었던 것이다. 다른 하나의 덕목으로는 슈펭글러(O. Spengler)와 토인비(A. Toynbee)의 저작 이후 오랫동안 서구 지성계의 관심 영역에서 사라졌던 문명의 문제를 새로운 차원의 학술적 쟁점으로 부각시킨 점을 지적할 수 있다. 그것을 통해 현대 정치학의 논의의 지평을 확장시킨 것은 분명하며, 특히 문명들의 비교 및 그것들의 성장과 쇠퇴 중심의 과거 문명론의 시각을 벗어나 문명충돌이라는 문화 및 종교적 정체성의 갈등 문제를 국제정치의 시각에서 설명하려한 시도 자체가 학문적 가치를 갖는다고 할 수 있다.

그러한 덕목들에도 불구하고 헌팅턴의 문명충돌론이 제기한 새로운 관점이 과연 새로 전개되는 세계질서의 실체, 특히 국제정치의 핵심적 주체인 국가와 문명 간의 관계 문제를 제대로 파악했는지 여부와 관련하여 근본적인 의문이 제기된다. 그는 국제정치학의 전통적인 현실주의를 비판하면서(Huntington 1996a, 33-35), 문명이란 근본적으로 국가의 경계를 초월하여 작동하면서 한 국가의 정책을 궁극적으로 결정하는

---

2) 헌팅턴 스스로도 그의 이름을 거명하면서 조화로운 신세계의 도래에 대한 낙관(euphoria)과 환상(illusion)을 비판한 바 있다(Huntington 1996b, 31-32).

힘이라고 파악하고 있다. 하지만 스스로 문명의 핵심으로 제시한 사회문화적 가치 및 정체성의 유지나 보존 또는 변화의 문제가 과연 국가라는 지배질서 또는 권력질서의 존재를 떠나서 파악될 수 있는지는 의문이다. 일단 사회문화적 가치 및 정체성 문제는 바로 정치사회적 공간을 떠나 생각할 수 없고, 그러한 가치나 정체성이 제도화된 형태인 정치사회질서는 새롭거나 이질적인 문명에 대한 자발적인 수용이나 배척 또는 강제적인 동화 등의 끊임없는 교류와 상호작용의 역동적인 변증법적 관계를 통해서 스스로를 끊임없이 변화나 발전을 하는 존재이며, 그러한 변증법적 상호작용 및 역동적인 변화의 핵심에 국가권력이 존재한다면, 국가의 존재를 떠나 문명충돌의 실체는 제대로 파악될 수 없을 것이기 때문이다.

한 국가를 지배하는 문명은 외래 문명에 접하면서 그것을 구성하는 요소들을 무분별하게 수입하면서 잡탕의 문명으로 변질될 수도 있고, 그것을 주체적이고 능동적으로 수용하면서 스스로의 전통 문명을 승화, 발전시킬 수도 있으며, 그것에 대해 폐쇄적이고 배척적인 태도가 지배하는 가운데 자기변용을 이루지 못하고 정체된 상태에 빠질 수도 있다. 그리고 한 문명이 자기변화를 통한 발전의 길을 택하는지, 또는 일방적 흡수나 배척을 통한 소멸이나 정체의 길을 선택하는지는 바로 사회문화적 정체성을 관리하는 궁극적인 주체인 국가권력이 어느 수준의 '문명적 식견' ― 앞으로 설명되겠지만 그 '문명적 식견'이 그 국가의 정치학 자체이다 ― 을 소유하고 있느냐에 달려 있는 것이다. 예를 들어 헌팅턴이 서구 문명과 특히 대립시킨 현재의 이슬람 문명권의 국가들 모두가 서구 문명에 저항하는 것이 아님은 잘 알려져 있다. 그들 국가들 사이에 존재하는 서구 문명에 대한 이해나 대응 방식의 차이는 종교가 권력구조에 편입된 정도 및 세속화의 정도와 아울러, 궁극적으로 이슬람이라는 종교의 본령에 대한 해석 등과 관련된 개별 국가권력의 지적 수준이나 정신적 성향의 차이를 떠나서 설명할 수 없는 것이다. 그것은 결국 문명의 충돌 또는 접합의 양상이란 외래 문명을 접하는 국가가 스스로의 문명에 대한 이해나 자부심의 정도를 포함하여 공통적으로 지향하는 이념이나 가치관의 문제를 떠나, 다시 말하여 국가정체성의 문제를 떠나 제대로 설명할 수 없음을 의미하는 것이다.[3]

결국 간단히 말하여 문명충돌은 정치현상이자 정치학의 양상인 것이다. 그런데 바로 이 점에서 헌팅턴의 저술 속에 흥미로운 요소가 발견된다. 그 자신도 실제로는 문명 또는 문명충돌과 국가정체성의 문제를 다루고 있으면서도, 문명충돌과 국가정체성의 관계를 명시적으로 개념화하지는 못하고 있다는 사실이 그것이다.

헌팅턴은 앞의 저작을 출간한 후 8년이 지나 미국의 국가정체성 위기 문제를 다룬 새로운 저작을 간행하였다(Huntington 2004). 그 책에서 그는 앞의 저작에서 제기한 문화적 정체성 및 종교적 정체성 문제를 중심으로 미국의 국가정체성 위기 문제를 설명하고 있다. 그 핵심은 이질적인 문화나 종교를 가진 이민자들이 대폭 증가하면서도 그전의 이민자들과는 달리 미국의 전통적인 '청교도 문화'에 동화되지 않음에 따라 미국 전체가 이질적인 문화와 종교들 사이의 갈등의 장이 되어버린 데 있다. 그리고 헌팅턴은 그 점이 단순히 미국에만 국한된 문제가 아니라 유럽의 국가들에도 해당하는 문제로서 서구 문명의 공통적인 현상이라는 것을 문명충돌의 저작에서 이미 지적했던 것이다(Huntington 1996a, chap. 12). 그것은 국가 간 전쟁이나 외교적 갈등이 수반되지만 않았을 뿐 본질적으로 서구 국가들이 겪는 문명충돌의 현상에 다름 아닌 것이다. 그러므로 미국 내에서 벌어지고 있는 문명충돌에서 헌팅턴이 미국 국가정체성의 위기를 발견했다면, 그는 그 문제를 당연히 좀

---

3) 국가정체성 개념 자체에 대한 자세한 논구는 양승태(2010), 특히 제1부 참조. 복잡하고 심오한 개념을 간단히 정리할 수 있다면, 국가정체성은 국가라는 집단의 '자기규정성(Selbstbestimmung)'이며, 그러한 자기규정성은 공통적으로 추구하는 가치나 이상을 떠나 존재할 수 없다는 것이다.

더 보편적인 시각에서, 다시 말해서 그가 앞의 저작에서 논의했던 세계사 및 국제정치적 차원의 문명충돌론 시각에서 다루어야 했던 것이다. 그런데 기이하게도 그는 그러하지 않았다. 그는 미국의 국가정체성 문제를 다룬 저작에서 세계사적 문명충돌의 주제에 대해서는 언급조차 하지 않았던 것이다.

문명충돌과 국가정체성에 대한 헌팅턴 연구의 그러한 한계에도 불구하고, 그의 저작들이 정치학자로서의 소업을 나름대로 진지하게 수행하려는 노력의 결과임은 분명하다. 한 국가가 외래의 문명과 충돌하면서 고유의 국가정체성이 위기에 봉착했을 때, 전통적인 정체성의 우월성에 대한 확신 속에서 그것을 그대로 유지하려는 노력을 통해서이든 또는 새로운 정체성을 정립하는 노력을 통해서이든, 직면한 국가정체성의 위기를 극복하기 위한 해결책의 모색은 그 국가의 정치학에 주어진 시대적 소명이자 정치학자에게 주어진 최고의 소업일 것이다. 문명충돌이라는 세계사적이면서 국제 및 국내 정치의 모든 요소를 포괄하는 현상에 대한 탐구와 이해와 더불어 국가가 나아가야 할 새로운 비전을 제시하는 작업처럼 체계적이고 광범위하며 심원한 정치학적 지식을 요구하는 문제는 없을 것이다. 그것은 곧 정치학 연구의 본령이자 그 국가의 정치학 수준 그대로인 것이다. 또한 진정한 의미의 정치학자라면 문명충돌의 현장에서 단순히 수동적인 관찰자나 연구자로 남을 수는 없을 것이다. 만일 그가 문명충돌이 국가생활에 미칠 장단기적인 영향을 판단하면서 국가생활의 새로운 이상과 미래를 제시하고, 그것에 상응하는 새로운 국가체제를 기획하면서 국가정체성을 이념적으로나 제도적으로 새롭게 정립하는 노력을 통해서 현실정치가들을 정신적으로 지도할 경우, 그는 진정한 의미의 정치적 주체, 즉 진정한 의미에서의 정치가이자 정치학자일 수 있는 것이다. 고대의 모세나 솔론 등 역사상 위대한 정치체제 기획가들이란 바로 국가정체성의 위기를 극복한 위대한 정치가들이자 위대한 정치학자의 원형인 것이다. 따라서 헌팅턴이 서구 문명 및 미국의 입장에서 나름대로 정치학자의 소업을 수행했듯이, 한중일 삼국의 정치학자들에게는 동아시아 문명의 입장에서 공동으로 직면한 문명충돌의 문제를 해명해야 할 문명사적 소업이 있는 것이다. 그 공동의 문명사적 과제가 무엇인지부터 간단하게나마 해명할 필요가 있다.

헌팅턴도 문명충돌을 역사의 정상적인 상태로 규정했듯이, 문명충돌과 국가정체성의 문제는 이 시대에 처음 등장한 것은 아니다. 19세기 중반 동아시아 지역에까지 도달한 서구 열강의 세력 팽창은 한중일 삼국이 공통적으로 직면한 정치사적 과제이자 동시에 문명사적 과제였다. 특히 한중일 삼국에는 이슬람 문명이나 힌두교 문명 등의 다른 국가들과는 달리 신화나 종교의 차원을 넘은 통치 이데올로기이자 나름대로의 치밀한 이론적 체계성을 갖춘 주자학이라는 정치학이 ─ 그것이 왜 정치학으로 간주되어야 하는지 그 논거는 이 글에서 설명될 것이다 ─ 존재했다는 사실이 중요하다.

전통적인 정치학의 존재는 일단 필연적으로 문명충돌이라는 정치현상에 대해 나름대로 이론적으로 설명하고 체계적으로 대응하는 시도나 그와 관련된 내부적인 논쟁을 유발하기 마련이다. 그런데 더욱 중요한 것은 충돌의 상대방인 서구 문명에는 별도의 정치학 전통이 있으며, 그러한 문명충돌을 통해서 새로운 문화 및 윤리적 가치관이나 국가관에 기초한 정치질서가 부과 또는 도입되는 과정 또한 필연적으로 두 정치학 전통 사이의 충돌을 유발하는 것이다. 정치학의 충돌이라는 공통의 문명사적 사태에 직면하여 한중일 각국의 지식인들이 상대방의 이질적인 정치질서 및 그것의 바탕에 있는 이질적인 이념들에 대한 이해 내용의 차이를 비롯하여, 그것들에 대한 거부나 수용이나 비판 등 대응하는 방식의 차이, 그러한 차이가 현실정치인들의 행동을 통해 국가정책 등 현실정치에 반영되는 역사적 시차 등이 현재까지 이어지는 동아시아 삼국이 직면한 산업화와 민주화의 문제 또는 근대화와 전통 문화 사이의 긴장관계 문제 등 국가정체성 문제와 관련된 차이들의 원인이라고 할 수 있다.4) 그렇다면 문명충돌의 시점에서 한중일 삼국의 정치학자들은 어떠한 수준의 정치학적 소업을 수행했으며, 그러한 소업의 수행은 어떠한 역사 및 지성사적 연속성 속에서 현재까지 이어지는 동아시아 삼국의 국가생활 속에서 잠재적 또는 현재적(顯在的)으로 작동하고 있는지 구명할 필요성이 제기된다. 그러한 구명과 관련하여 한국의 경우에는 유길준이란 지식인이 논의의 초점으로 등장할 필요가 있다.

서세동점기 한국의 지식인인 유길준(俞吉濬, 1856-1914)은 서구 문물을 적극적으로 수용하려는 문명 개화론자이자 서양 정치학을 한국에 처음으로 소개한 인물이다. 그의 서양 정치학 소개는 단순히 외래 정치학 서적의 번역 또는 번안 행위라는 일회성의 사건이 아니다. 그것에서는 현재까지 지속되는 문명충돌과 국가정체성 문제의 원형이 발견된다. 유길준에 대한 그러한 차원의 이해는 중국과 일본의 경우에도 근대 역사 및 지성사 흐름의 근본적인 성격을 이해하는 데 여러 가지 시사점을 줄 수 있다. 왜 그러할 수 있는지 물론 좀 더 자세한 설명이 요구될 것이며, 문명이란 말 자체의 의미에 대한 검토와 더불어 문명충돌에 담긴 정치학적 의미를 좀 더 깊이 고찰할 필요가 있다.

1. 문명 및 정치학이라는 말과 개념, 그리고 문명충돌의 정치학

문명이란 말은 본디 한자 문화권에도 있었지만,5) 전통적인 의미는 거의 사라지고 현재는 주로 영어 'civilization'의 번역어로 사용되고 있

---

4) 중국과 일본을 포함하여 세계 여러 나라가 겪고 있는 정체성의 위기에 대해서는 Huntington(2003, 3-33) 참조.

5) 예를 들어 『주역(周易)』에도 문명이란 단어는 여러 곳에 등장하는데, 예를 들어 明夷卦에 나오는 "明入之中 明夷 內文明而外柔順"에서 문명은 마음을 밝게 한다는 뜻이다. 그리고 『서경(書經)』 舜傳에서 "濬哲文明"란 말은 문덕의 빛남을 뜻한다.

다.6) 그런데 여기서 일단 먼저 주목할 점은 'civilization'이란 말은 라틴어 'civis' 및 'civitas'의 형용사형인 'civilis'에서 유래했지만 정작 라틴어에는 그런 말— 예를 들어 'civilitatio' 같은 형태의 말— 이 없다는 사실이다.7) 아울러 'civilization'이란 말의 역사에 대해서 지금까지 가장 포괄적인 서술을 제시한 언어학자 벤베니스트(Émile Benveniste)는 이 말의 등장 자체가 이 세상에 대한 새로운 모습을 담고 있는 단어의 출현을 의미한다고 진술한 사실도 주목된다(벤베니스트 1987, 479). 즉, 새로운 'civilization'이란 단어를 출현시킨 서양이나 그 말을 수입하여 '문명'이란 번역어를 조어한 동양 모두가 각각의 정신사적 전통에서의 일탈과 더불어 세계관적인 변혁이 내포되어 있다는 것이다.8) 그러한 사실의 의미에 대한 해석과 관련하여 벤베니스트의 이어지는 설명을 좀 더 참작할 필요가 있다.

벤베니스트는 먼저 페브르(Lucien Febvre)를 인용하면서, 그 단어의 현대적 용례는 1776년 이전에는 발견되지 않음을 다음과 같이 부기한

---

6) 그러한 과정에는 후쿠자와 유키치 등 메이지유신 시대의 학자들의 역할이 있다. 메이지유신 당시 일본에서는 'civilization'이 처음에는 '禮儀'와 '交際'로 번역되었다가 점차 '문명개화' 내지 '문명'이란 말이 정통적인 번역어로 자리 잡게 되었다는 것이다. 이에 관해서는 김석근(2000, 97-98) 참조.

7) 참고로 라틴어 'civilitas'는 그리스어의 'politikē', 즉 정치학에 해당한다. 영어 'civilization'에 가장 가까이 상응하는 라틴어는 'humanitas'라고 할 수 있으며, 이 라틴어의 출현과 관련된 로마 지성사는 동양에서 서구 문명의 수용에 내포된 지성사적 의미의 요체를 파악하는 데 많은 시사점을 준다. 잘 알려져 있듯이 이 말은 군인 국가였던 로마가 지중해 세계를 제패는 했지만 문화적으로 열등했던 로마인들이 스키피오 서클을 중심으로 일어났던 그리스 문화를 배우자는 선진 문명 수용 운동의 과정에서 발생한 말이다. 결국 문명화의 핵심은 무엇이 '참다운 인간적인 삶' 또는 '좋은 삶'인가의 문제로 귀착된다. 그 시사점이 동아시아 문명에 갖는 함의는 이 글의 논의과정을 통해 해명될 것이다.

8) 벤베니스트가 'civilization'이란 말의 역사를 다룬 제28장의 제목 자체가 "Civilization이란 단어의 역사에의 기여"이다.

다. 그 말은 1704년 형법의 사례를 민법의 사례로 변환시키는 법을 지칭하는 용어로 처음 등장하였지만, 현대적 의미로 나타난 최초의 사례는 스코틀랜드학파의 인물들인 퍼거슨(Adam Ferguson)의 *An Essay on the History of Civil Society*(1767), 밀러(John Millar)의 *Observations concerning the Distinction of Ranks in Society*(1771), 스미스(Adam Smith)의 *The Wealth of Nations*(1776)에서 일반적으로 사용되고 있다는 것이다. 프랑스의 경우에는 현대적 의미의 'civilization'이란 말이 이들 영국 학자들보다 앞서 1757년에 출간된 미라보(Marquis de Mirabeau)의 *L'Ami des hommes ou traité de la population*에서 처음 발견되며, 18세기 후반에 이르르는 프랑스 혁명의 분위기와 함께 이 말의 사용이 보편화되었다는 것이다. 물론 이러한 사실들에서 본원적인 중요성을 갖는 문제는 그와 같은 언어학적 기원을 갖는 'civilization'이란 말의 현대적 용례 자체에 내포된 개념적 의미가 무엇이냐는 것이다. 이러한 문제에 대한 궁극적인 해명은 언어학의 영역을 넘어선 사상사 또는 개념사적 논의의 대상이며, 앞으로 이 글에서도 부분적이나마 시도되는 작업이다. 그런데 벤베니스트는 여러 문헌들에 나타난 다양한 용례들을 정리하면서 나름대로 일반적인 의미들을 추출하고 있으므로 먼저 그 내용을 참조할 필요가 있다.

벤베니스트의 연구에서 먼저 주목할 언어학적 사실이 있다. 프랑스어나 영어 공통적으로 프랑스 혁명 이전에는 동태적인 '행위(acte)'의 뉘앙스를 갖는 '-zation' 어미로 끝나는 어휘의 수가 극히 적었다는 것이다.9) 'civilization'이란 말의 출현 이전에 'civilité(예절)'라는 말은 있었는데, 그러한 정태적 어감의 어휘로는 라틴어 'civilis'로 묘사 및 연상하는 상태가 점차 확산 및 심화되는 당대 정치사회적 삶의 동태적인 상황을 표현하기에는 충분하지 않은 데서 'civilization'이란 말의 등장

---

9) 그것은 'civilization'을 포함하여 'fertilization'이나 'thésaurization(축재)' 등 몇 개가 있을 뿐이라는 것이다(벤베니스트 1987, 486).

이 이해될 수 있다는 것이다. 그것은 곧 이 말의 등장이란 "인간의 삶 전체가 누추함과 야만성에서 벗어나 끊임없이 향상되고 개선된다"는 관념이 한 어휘로 규정되면서 그 개념적 실체가 드러남을 의미하는 것이다. 이와 관련하여 벤베니스트의 말을 직접 인용할 필요가 있다.

"… civilization의 때늦은 출현을 해명하기 위해 인간과 사회에 대한 전통적인 개념 내에서 이 단어가 함축하고 있었던 변화들과 그 개념의 참신성을 고려해야만 한다. 최초의 야만성으로부터 사회를 이루고 있는 인간의 현재의 상태에 이르기까지, 우리는 보편적이고 점진적인 발전, 느리게 진행된 교육과 개화의 느린 과정, 한마디로 말해 질서정연한 지속적인 진보를 찾아볼 수 있다. 그러나 이러한 상태를 표현하기에는 정태적인 용어인 civilité는 불충분했으며, 따라서 그 의미와 지속성을 총체적으로 규정하기 위해서는 civilization이란 용어가 진실로 필요했던 것이다. 이는 사회에 대한 역사적인 시각이었을 뿐만 아니라 문명의 진화에 대한 단호히 비신학적이고 낙관적인 해석이었다. 그런데 이러한 문명의 진화는 때로는 이를 주장하는 사람들도 모르는 사이에, 그리고 미라보를 포함한 몇몇 사람들이 종교를 문명의 제일 요인으로 꼽고 있음에도 불구하고 점차 확실히 드러나고 있었다."(벤베니스트 1987, 486-487)

따라서 문명은 본질적으로 '문명화'와 동일하며,[10] 인류 전체가 얼마

---

[10] 이 점에 대해서는 마루야마 마사오도 후쿠자와 유키치의 『문명론의 개략』에 대한 해석학적 연구를 수행하는 과정에서 지적한 바 있다. 같은 문맥에서 그는 타동사를 명사화한 유럽 언어가 일본어로 번역되는 과정에서 동태적인 의미가 정태적인 의미로 "응고되는 현상을" — 'organization'을 조직이라고 번역함으로써 하나의 조직을 이미 완성된 것으로만 받아들이거나, 'government'를 정부라고 번역함으로써 "결정의 부단한 과정이라는 측면이 떨어져 나가"는 현상과 같이 — 지적하고 있는데(마루야마 마사오 2007, 97 참조), 이 점은 대체로 일본 학자들의 번역어를 수입하여 서양 학문의 용어들을 정착시킨 한국어의 경우에도 해당된다.

나 더 야만성을 벗어나 지적으로 계몽되고 더 '잘 살게' '되어가고' 있는가 하는 삶의 이상이 실현되는 과정에 대한 다른 표현에 불과한 것이었다. 이에 따라 오랫동안 서구 언어에서 — 적어도 슈펭글러(Oswald Spengler)나 토인비(Arnold Toynbee)를 통해 '문명들'에 대한 연구가 부각되기까지 — 'civilization'은 인류 전체의 진보를 지칭한다는 의미에서 단수로 사용되었지 복수로 사용되지는 않았던 것이다.11) 문명이란 말의 개념이 그와 같이 이해될 때, 각각 다른 문명들은 한편으로 진정으로 완성된 문명을 향한 진보의 과정으로 이해된다. 특정한 개별 문명은 문명 자체가 아니라 얼마나 그것에 접근해 있느냐의 차원에서 이해되어야 한다는 인식이 이미 문명이란 말의 태동 속에 함축되어 있는 것이다. 문명 개념에 대한 그러한 이해는 또한 개별적인 문명들을 모두 미완성의 문명으로 파악함을 의미하며, 각각을 완성된 문명으로부터 일탈되어 있거나 그보다 열등한 — 그 일탈이나 열등 정도의 차이를 떠나 — 상태에 있으면서 각각 자체 내에 지양하고 극복해야 할 많은 요소들을 함유하고 있는 것으로 간주함을 의미하는 것이다. 실제로 문명이란 용어 및 개념을 탄생시킨 서구의 바로 그 18세기에 루소(J. J. Rousseau) 등을 통해 본격적으로 진행되는 신흥 부르주아 문명에 대한 비판은 서구 문명 자체 내에서 문명이나 문명화 개념에 내포된 그와 같은 이중성에 대한 인식이 형성되고 있음을 보여주는 예인 것이다.

잘 알려져 있듯이, 루소는 부르주아 계층이 주도하는 상업화 및 도시화에 따른 삶의 편리함의 증대, 그리고 이에 수반하여 누추하고 '촌스러운' 삶과 대비되는 'civility'의 확산 과정에서 좋은 삶, 즉 삶의 바람직한 상태가 아니라 반(反)자연주의적 삶 또는 물질적 탐욕에 수반한 허위와 허식 등 인간성의 타락을 읽고 있었다. 그것은 곧 문명이란 어휘를 창조한 스코틀랜드학파의 학자들이 새롭게 등장하는 부르주아 사

---

11) 프랑스어에서는 현재도 그러하다고 한다. 이에 관해서는 Velkley(2002) 참조.

회를 자연적인 것이자 바로 'civil society'로서 'civility'를 실현하고 심화 및 확산시키는 첨병으로 간주한 태도와 대비된다. 또한 그것은 유럽의 지식인들이 'civilization'이란 어휘로 규정한 특정한 역사적 현상의 다른 측면에 대한 인지이자 그것의 실체가 직관적인 느낌과는 달리 지극히 복잡한 것임을 새롭게 인식하기 시작한 징표라고 할 수 있다. 그리고 루소 등 서양 근대 지식인들의 지적 원천인 서양의 고대 정치철학이란 간단히 말하여 진정으로 '잘 사는 것(euzein)' 또는 '행복(eudaimonia)'이 무엇이며 그것들을 구현하는 진정한 삶의 질서로서 국가체제(politeia)가 무엇인가를 구명하기 위한 노력의 결과라는 사실을 고려할 때, 그들의 그러한 인식은 서양 정치사상사의 맥락에서 이미 충분히 예견되었던 것이다.

문명의 개념이 그와 같이 파악될 때, 문명이 정신적 가치 및 질서의 총체를 지칭하는 문화와 개념적으로 구분될 이유는 없다. 그리고 문명충돌이란 특정한 가치관이나 관습이나 문화나 종교와 국가체제 또는 지배질서를 포괄하는 자신의 삶의 질서를 당연하거나 최선의 삶의 질서로 믿는 사람들 집단 사이의 갈등이며, 특히 한 집단이 그것과 다른 삶의 질서를 살아가는 사람들에게 자신의 삶의 질서 전체 또는 그 일부를 강요할 경우에 나타나는 현상으로 규정될 수 있는 것이다. 따라서 그 갈등의 심도나 강요의 정도는 개별 문명의 성격이나 그것을 영위하는 사람들이 스스로의 문명에 대해 갖는 자신감이나 집착의 정도에 따라 달라질 수밖에 없다. 문명들의 접촉이 반드시 문명들 사이의 충돌과 갈등으로 나타날 필연적인 이유는 없는 것이다. 문명 및 문명충돌의 본질에 대한 이러한 이해는 한중일 삼국의 근대 역사 및 지성사의 흐름을 새롭게 이해하는 데도 도움을 준다.

앞서 언급했듯이 문명충돌은 단순히 이 시대에 국한된 국제정치적 문제가 아니다. 근대 세계의 문명충돌은 잘 알려져 있듯이 서구 국가들의 비서구 지역의 존재에 대한 소위 '지리상의 발견'과 더불어 전개되기 시작한 중상주의 및 제국주의적 팽창의 세계사적 결과일 뿐이다. 대부분의 비서구 국가들은 역사적 시차를 두고 서구 문명과의 다양한 충돌을 경험했던 것이며, 그 문명충돌의 구체적 양상이나 갈등의 정도는 위에서 언급된 척도에 따라 달라질 수 있었던 것이다. 비서구 지역의 근대사란 그러한 문명충돌에 수반하여 전개된 정치사회적 변환의 역사에 다름 아니다. 한중일 동아시아 삼국의 근대사도 물론 그러한 세계사적 전개과정에서 예외가 아니었다. 다만 앞에서 강조했듯이 이 지역의 문명충돌은 다른 지역의 문명충돌과는 달리 동아시아 정치학 대 서구 정치학의 충돌이라는 요소도 포함되어 있다는 사실이 주목되어야 하는 것이다. 왜 그러하고 그 의미가 무엇인지 기존의 모든 학문적 논의나 쟁점을 떠나 정치학이란 말 자체의 의미에 대한 탐색을 통해서 확인할 필요가 있다.

2. 정치학이라는 말과 개념

잘 알려져 있듯이 정치학이란 말은 본디 전통적인 한자어 체계에 있지는 않았으며, 대체로 현재 동양 삼국의 학술 용어가 그러하듯이 명치시대 일본의 지식인이 수행한 서양 학술 용어에 대한 번역 작업의 결과물 가운데 하나이다.[12] 그러나 동양의 지성사 전통에서도 서양의 'politics'에 상응하는 개념은 분명히 존재했다.[13] 그것은 한자어 '政'자

---

12) 영어 'politics'를 '정치' 및 '정치학'으로 번역한 사람은 메이지시대 일본 학자인 西周로 알려져 있다. 이 글을 통해서 설명되듯이 '政'자 자체에 '다스림(治)'의 의미가 이미 내포되어 있을 뿐만 아니라, 절대적인 것은 아니지만 일자일의의 한자어 기본 원칙에 비추어볼 때도 '政治'란 말은 전통적인 한자어가 아님을 암시한다. 실제로 중국에서 1897년에 출간된 『思想敎育』이란 문헌에는 아리스토텔레스의 『정치학』을 『政學』으로 번역하면서 '西名(서양 명칭으로)', '波立特(politics의 사음어)'이라고 부기한 바 있다. 이에 관해 조사해준 용인대학교 중국학과의 장현근 교수에게 감사드린다.

의 발생 및 의미 변화와 그 궤를 같이한다.

한자어 '政'은 음성소와 의미소를 겸한 '正'과 의미소인 '攵'이 결합한 회의문자이다.14) '正'자는 갑골문에도 나타나 있다. 그것은 일반적으로 장소를 형상화한 '一'과 식물의 뿌리나 인간의 발을 형상화한 '止'의 결합으로서, 인간이 언제나 머무르고 돌아가야 할 곳인 집이나 마을을 지칭한 것으로 해석된다. 그러한 감각적 의미가 추상화되어 『서경(書經)』 요전(堯典)의 "이정중동(以正仲冬)"이나 『시경(詩經)』의 "정월번상(正月繁霜)"과 같이 '처음'이나 '바탕'의 의미를 갖게 되었고, 그러한 의미가 더욱 발전하여 '바르다' 또는 '마땅하다'의 의미를 갖게 된 것 같다. '攵'자는 갑골문에서도 회초리 모양을 형상화한 것으로 나타나 있다. 따라서 '政'이란 말은 본디 회초리 또는 채찍 등의 물리적 수단을 통해서 처음이나 바탕에서 이탈한 상태를 되돌려 바로잡는다는 의미를 가지며, 이 점 역시 예를 들어 『서경』 순전(舜典)의 "준기와 옥형으로 살펴 칠정을 고르게 하다(在璿璣玉衡 以齊七政)"에서 '政'자의 의미에서 확인된다.15) 지극히 오랜 시간에 걸친 복잡한 과정을 간단히

---

13) 잘 알려져 있듯이, 아리스토텔레스의 『정치학』은 본디 다른 학문과 배타적으로 분리된 학문영역을 지칭하는 말이 아니며, 'ta politika(things political)', 즉 정치적인 것들에 대한 체계적인 탐구를 의미할 뿐이다. 그것은 특히 인간의 'ēthos', 곧 삶의 방식 및 이상에 대한 탐구인 윤리학의 완성이며, 그러한 지적 완성의 시도 안에 권력이나 정치체제의 문제를 포함하여 인간의 공동체적 삶과 관련된 모든 문제들이 포섭되었던 것이다. 그것은 현대 미국의 정치학에서처럼 윤리 문제뿐만 아니라 다른 사회현상들과 독립된 정치현상이 — 대체로 권력 쟁취와 관련된 현상만을 — 별개로 존재한다는 가정에서 출발한 연구가 아닌 것이다. 정치적인 것들에 대한 사유로서의 유길준의 서양 정치학 도입과 관련된 이 글의 논의를 통해서 다시 확인되겠지만, 현대의 미국 정치학을 정치학 자체로 파악하면서 그것과 다른 세계관이나 다른 인식론적 체계에 기초한 정치적 사유를 비(非)정치학 또는 불완전한 또는 잘못된 정치학 정도로 파악하는 것은 사고의 독단이나 어리석음 이외의 다른 것이 아니다.

14) 이하 한자 어원에 관한 논의는 『說文解字』 참조.

표현한다면, 그와 같이 바로잡는 행위가 바로 '다스림'16)의 행위이고, 그러한 '다스림'의 행위가 씨족장, 부족장, 왕 등 권력의 주체에 대한 명칭의 변화와 더불어 공간적으로 확대되고 제도적으로 체계화되는 과정이 인류 초기의 정치사라고 할 것이다.

또다시 지극히 오랜 시간에 걸친 복잡한 역사적 변화의 과정을 단순화할 필요가 있다. 회초리나 채찍 또는 인간들에게 고통을 주는 여러 다른 수단들을 통한 다스림의 역사는 오래 지속되었을 것이다. 그러나 그러한 처벌 수단의 존재에도 불구하고 인간들이 쉽게 '바로잡히지' 않는 상황의 전개와 함께 처벌의 주체인 다스리는 자들 또한 '바로잡힌' 인간들이 아닌 상황이 계속 전개되었고, 이에 따라 좀 더 구체적으로 형벌 규정이 명문화되고 그것을 바탕으로 더욱더 정교하고 강하게 인간에게 고통을 가하는 수단의 발전을 통한 '다스림'의 역사 또한 오래 지속되었을 것이다. 그러한 과정이 인류역사에서 중국의 은(殷) 문명과 메소포타미아 문명으로 대표되는 청동기 시대에 해당된다고 할 것이다.17) 바로 시장경제의 확산과 함께 "물질적 탐욕이 보편화되고, 부의 편중 및 사치와 향락과 각종 범죄가 나타나며, 거대한 국가권력을 정점으로 하는 사회적 계층 질서가 형성되고, 성문법 체계가 갖추어지며,

---

15) 이 문장은 『서경』 가운데 가장 난해한 문장 가운데 하나로서 오랜 해석학적 논쟁의 대상이다. 여기서는 채침(蔡沈)의 주석에 따라 '在'자를 '살피다'의 의미로, '칠정(七政)'은 일월(日月)과 오성(五星: 수성, 금성, 화성, 토성, 목성)의 운행이라는 자연법칙과 조화로운 정치를 의미하는 것으로 이해했다. 채침은 오성은 각각 仁(木), 禮(火), 信(土), 義(金), 智(水)를 지칭하는 것으로 해석했는데, 일월에 대해서는 채침 자신이 명확하게 언급하지는 않았다. 추측하기에 그것은 '양과 음' 및 '군왕과 신하(백성을 포함하여)'를 지칭하는 것으로 해석될 수 있을 것이다.

16) 안재홍(安在鴻)은 한국어의 숫자 '다섯'은 '모두 살게 하다'는 뜻의 '다사리'와 그 어원이 같으며, 그것에는 우리의 정신사 고유의 '다스림'의 원리가 표현되어 있음을 밝힌 바 있다. 이에 관해서는 정윤재(1999, 25-29) 참조.

17) 청동기 시대의 역사 및 문명적 성격에 관해서는 Drews(1993) 참조.

각종 살인 무기가 발달하고 전쟁이 일어나는 등, 현대에 이르기까지 존속하면서 마치 인간의 삶에 필수적인 것처럼 된 요소들이 대체로 구비된 시기"인 것이다(양승태 2006, 99).

그런데 중국의 경우 춘추시대와 같이 그러한 다스림의 역사가 한계에 부닥쳤을 때, 다시 말해서 입법과 행형을 통한 '다스림'이 인간의 삶을 '바른' 상태로 되돌아가게 하지 못하는 상황이 오래 계속되었을 때, '다스림'의 외양에 대한 집착에서 벗어나 그것의 본질로 돌아가려는 노력이 나타나게 됨은 정신사적 필연이라고 할 수 있다. 즉 '다스림'이란 본질적으로 '바름' 자체이고, 입법과 행형은 그것의 수단에 불과하며, 인간의 삶이 바른 상태를 유지하는 데 그 실천적 목적이 있다는 사고의 출현이 그것이다. 바로 공자의 "정자정야(政者正也)"라는 선언에 압축된 그의 사상이 그러한 정신사적 전환을 대변한다고 할 것이다.18) 그것은 곧 인간의 사고가 인간들의 삶이 보여주는 외양들에 대한 일반화의 수준을 넘어서 삶의 근본적인 질서에 대한 탐구, 이와 더불어 인간들의 삶에 언제나 따라다니는 수많은 어리석음과 비참함과 관련하여서도 그것들을 이용하여 세속적인 목적을 실현하는 수준의 실천이나 그것들에 대한 대증적 처방 수준의 해결책 제시가 아니라 근원적 처방을 통해서 해결하려는 시도, 다시 말해서 인간의 삶 및 정치생활에 대하여 새로운 차원의 지적 탐구 및 실천이 이루어지고 있음을 의미한다.19) 그것은 그 내용이나 체계성 및 세계관이나 인간관의 차이를 떠나 서양에서 소크라테스, 플라톤에 의한 정치철학의 등장이나 정치적인 것들에 대한 탐

---

18) 『논어』 '顔淵' 편, "季康子問政於孔子 孔子對曰 政者正也 子帥以正 執敢不正."

19) 단순화의 위험은 있지만 예(禮)에 의거한 인간정신의 순화 및 교육이념과 덕(德)에 의한 통치이념을 근간으로 하는 공자의 사상은 그러한 새로운 정신사적 전환의 구체적인 내용을 이룬다고 할 것이다. 『논어』 '爲政' 편의 다음 문구는 공자의 그러한 사상을 압축적으로 표현한다고 할 수 있다. "子曰 道之以政 齊之以刑 民免而無恥, 道之以德 齊之以禮 有恥且格."

구로서 정치학이란 말을 만들어낸 아리스토텔레스의 학문적 태도와 근본적인 면에서 차이는 없는 것이다.[20]

물론 그러한 탐구나 실천의 결과가 얼마나 체계적이고 문제의 근원에 대한 해결에 이르고 있으며, 의도한 목표에 얼마나 근접했느냐는 별개의 문제이다. 그것은 각 민족이 국가생활이 요구하는 상황적 필요성이나 정신사적 전통 또는 지성사적 축적의 깊이에 따라 달라질 수 있다. 그리고 그와 같은 탐구가 역사적으로 얼마나 발전하면서 현재에 이르렀는지는 광범위한 차원의 지성사적 평가의 문제이자 동시에 서양의 비슷한 전통과의 비교 대상이기도 하다. 어쨌든 자명한 사실은 정치학이란 바로 '다스림' 및 '다스림의 질서'에 대한 이성적 탐구이자 체계적인 사유라는 것이고, 정치학이란 말이 처음부터 어떤 고정된 지식체계를 지칭한다고 믿는 것은 바로 사유의 변화 및 발전 가능성에 대한 부정이자 특정한 학문체계에 대한 맹신 이외의 다름이 아닐 것이다. 특히 정치학이란 말이 존재하지 않았다고 해서 정치에 대한 학문이 존재하지 않았다고 믿는 것은 언어에 대한 우상숭배, 즉 베이컨(Francis Bacon)이 말하는 '시장의 우상(idola fiora)'에 지나지 않는다.

결국 유학이란 중국 문명 속에서 이루어진 '좋은 삶' 및 삶의 질서의 이상에 대한 체계적인 탐구의 결과로서 윤리학을 자체 내에 포섭한 정치학이다. 그와 같이 정립된 학문체계가 역사적 시차를 두고 한국과 일본 두 나라로 전파되면서 각국 나름대로의 독자적인 형태의 유학으로 발전하였으며, 각국의 권력구조나 사회체제의 현실 속에서 변화나 왜곡을 겪으면서 통치 이데올로기로 작동했고, 그러한 이상과 현실의 관계

---

20) 이러한 맥락에서 강조되어야 할 점은 플라톤이나 아리스토텔레스 모두 정치철학(philosopia politikē)이란 말을 직접 사용한 것은 아니라는 사실이다. 그들 모두 명시적으로 언급하지는 않았지만, 그들에게 정치생활에 대한 탐구는 철학의 일부가 아니라 철학의 완성, 즉 학문적 탐구의 최종적 단계라고 할 수 있는 것이다.

가 변증법적 상호작용 속에서 각국의 특수한 역사 및 정신사적 변화를 전개하는 과정이 동아시아 삼국 문명사의 요체라고 할 수 있다. 일반적으로 '유교 문명'이라고 할 때, 그 핵심은 좋은 삶의 질서에 대한 모색이나 이상화가 일찍부터 신화나 종교의 차원을 벗어나 학문적 탐색의 차원에서 이루어졌다는 사실에서 찾을 수 있으며, 그러한 학문의 존재는 서양 이외의 문명에서는 찾을 수 없는 것이다.21) 그것이 바로 19세기 중반에 서구 문명과 접하고 충돌의 양상을 겪게 되었다고 할 수 있다. 특히 세계 다른 지역에서의 문명충돌이 대체로 이질적인 종교나 문화들 사이의 충돌이었던 것에 비해, 이 지역에서는 그러한 성격과 함께 전통 학문 및 전통 학문에 기초한 통치 이데올로기가 서구 문명과의 충돌의 정신적 주체였다는 사실이 중요한 것이다. 다시 말하여 이 지역의 문명충돌은 다른 지역과 달리 전통적인 정치학에 그 정당성의 기반을 둔 정치질서와 서구의 근대 정치학에 그 정당성의 기반을 둔 정치질서의 충돌이었던 것이다. 바로 그렇기 때문에 이 지역의 문명충돌은 한편으로 국가정체성의 위기와 더불어 지성사적 정체성의 문제로 이어졌지만, 다른 한편으로 그것에는 학문적 종합을 통한— 이슬람 문명과 서양 문명 사이의 관계와 같이 폭력적 갈등이나 일방적 동화의 형태가 아니라— 새로운 문명적 승화의 가능성이 잠재되어 있는 것이다.

이러한 맥락에서 서양 정치학을 소개한 유길준의 존재는 한국이 겪

---

21) 알 파라비(Al-Farabi)나 이븐 시나(Ibn Sina) 등 이슬람 문명이 배출한 정치 철학자들은 근본적으로 그리스 정치철학의 연속성에서 이해될 수 있을뿐더러, 그러한 지적 전통도 결국은 독단적인 이슬람 신학의 '세속적' 영향력에 의해 소멸되었으므로 이슬람 문명의 정치학을 운위하기는 어렵다. 중국 문명에서 유학의 탄생은 그 구체적인 내용이나 성격은 다르지만 어쨌든 정치의 문제를 신화와 종교의 차원이 아니라 이성적으로 접근했다는 점에서 서양에서 그리스 문명을 통해 이루어진 '신화에서 로고스(from myth to logos)'의 이행에 해당된다. A. G. 그래함(2001)은 도(道) 개념의 생성 및 발전을 중심으로 고대 중국 지성사의 그러한 측면을 서술한 바 있다.

은 문명충돌의 핵심적인 쟁점으로 등장한다. 본디 유학자인 그가 서양 정치학을 접하는 태도 및 그것을 수용하고 소개하는 방식이나 이해 수준은 그 이후에 전개된 한국 정치학의 발전뿐만 아니라 한국 현대 정신사와 지성사의 방향을 예고하고 있으며, 그것은 더 나아가 한중일 세 나라에서 전개된 현대 정신사와 지성사의 흐름을 비교 차원에서 이해하고 평가하는 데도 의미 있는 관점을 제공한다. 한중일 삼국의 근현대사는 서구의 충격과 '강요된' 개화라는 공통의 세계사적 운명을 공유하고 있다. 앞에서 언급했듯이 각국은 그러한 충격에 어떻게 대응하고 어떠한 형태 및 성격의 개화를 추구했는지에 따라 비슷하면서도 각각 다른 내용의 근현대사의 흐름을 보여주었다. 각국은 규모의 차이는 있지만 공통적으로 내전의 체험을 겪었으면서도 새로운 국가통합 또는 분단으로 나아갔으며, 병합과 전쟁이라는 상호 갈등의 시대를 거치면서 각각 다른 역사적 시차를 두고 산업화를 성공적으로 수행하고 있다. 그리고 더욱 중요한 점은 각국이 현재 공통적으로 국가정체성의 위기를 겪고 있으면서 새로운 국가정체성 확립의 정신사적 과제를 안고 있다는 사실이다.22)

개화라는 이름의 외래 문명과의 충돌 및 수용 과정이란 근본적으로 기존의 국가정체성이 외부의 충격에 의해서 변화를 강요받으면서 새로운 국가정체성을 모색하는 계기로 — 그것이 새로운 국가정체성의 확립으로 나아가는지 여부를 떠나 — 작동하기 마련이다. 그러한 과정에는 또한 언제나 필연적으로 기존의 정신적 전통이 그 수용의 주체로 작동하기 마련이지만, 그 주체성이 발휘되는 정도는 그 전통 자체의 지성적 깊이나 체계성의 정도에 따라 달라질 수 있다. 한중일 각국은 유학이라는 공통적인 정신적 전통이 있지만, 동시에 그것이 각 국민들의 정신세계에서 전통으로 작동하는 힘은 유학 자체의 발전 내용이나 이데올로

---

22) 중국과 일본을 포함하여 세계 여러 나라가 겪고 있는 국가정체성의 위기에 대한 간략한 소개 및 설명으로는 Huntington(2003, 3-33).

기로서의 성격 또는 토착 종교 등 다른 정신적 전통들과의 관계에 따라 달라지기 마련인 것이다. 조선조에서 오랫동안 정통적인 이데올로기로 작동했던 주자학 교육을 받은 유길준이 서양 정치학을 수용하는 태도 나 이해 방식은 따라서 단순히 한국 근대 지성사에 국한된 문제가 아니 며, 그와 같은 한중일 삼국의 근현대 역사 및 정신사의 흐름을 심층적 으로 이해하는 데 중요한 실마리를 제공한다. 그의 존재는 무엇보다도 유학이 각국의 정신사 및 역사에 어떻게 작동했느냐의 차이와 더불어 각국에서 현재진행형의 과제로 등장한 새로운 국가정체성 확립 문제와 도 연관되는 것이다. 왜 그러한지 다음 절에서 유길준의 문명개화사상 을 중심으로 좀 더 구체적으로 설명할 필요가 있다.

3. 유길준과 주자학적 정치학의 전통, 그리고 서양 정치학 수용의 문명사적 문제

논의의 편의상 여기서 다시 문명충돌이라는 정치 및 정치학의 근본 문제를 정리해보자. 한 국가가 문명충돌에 접했을 때, 그 외래의 문명 이 어떠한 이질적인 다스림의 질서이고, 그러한 다스림의 질서에 대해 서 외래 문명을 전파하는 인간들은 어떠한 내용의 지식 및 도덕 체계를 갖고 있으며, 그러한 지식 및 도덕 체계는 그것에 상응하는 자신의 지 식 및 도덕 체계와 어떠한 차이가 있는지에 대한 지적 성찰의 내용과 수준이 바로 그 국가 정치학의 내용과 수준이라고 할 것이다. 그리고 그러한 차이에 나타난 지성 및 도덕성의 상대적 우월성 또는 열등성 문 제에 대한 판단과 비판적 자기성찰을 통하여 얼마나 스스로의 지식 및 도덕 체계를 발전시켰느냐에 문명충돌을 겪은 국가가 지향해야 할 정 치학 발전의 요체가 있을 것이다. 유길준의 서양 정치학 소개 행위에는 과연 그러한 노력이 있느냐의 문제가 제기되어야 하며, 아울러 중국이 나 일본의 지식인들은 어떠했는지 비판적으로 검토할 필요가 있는 것이다. 다시 말하여 서양 정치학의 소개는 단순히 외래 문명의 한 학문 분야를 자신의 토착 문명에 도입하는 문제가 아니라 문명충돌 정치의 핵심이자 문명충돌에 대한 정치학적 이해의 핵심인 것이다. 유길준의 서양 정치학 소개는 이러한 맥락에서 역사 및 지성사적 중요성을 갖는다.

유길준은 일단 현재의 많은 한국 정치학자들에 의해서 한국에 서양 정치학을 도입한 인물로 간주되는 인물이다. 즉 한국 정치학의 출발을 유길준에 의한 서양 정치학의 도입에서 찾는다는 것이다.23) 그런데 그러한 견해의 바탕에는 '서양 정치학 = 정치학'이라는 관점이 있다. 그리고 중요한 점은 그러한 관점의 단초가 바로 유길준이 서양 정치학을 이해하고 수용하는 태도 속에 이미 나타나 있다는 사실이다. 다시 말해서 현재 한국 정치학자들의 사고를 지배하는 서구중심주의적 학문관은 이미 그들이 학문적 시조로 간주하는 유길준에게서 나타나 있는 것이다. 그런데 유길준은 물론 어느 날 갑자기 하늘에서 떨어지듯 구한말에 출현한 사람은 아니며, 바로 구한말이라는 역사적 맥락, 즉 서구 문명과의 충돌이 심화되고 있는 조선조의 역사 및 정신사적 상황 속에서 태어나 교육받고 성장하고 연구하고 활동하면서 스스로의 정신 및 지성 세계를 구축한 사람이다. 그는 조선조의 전통 학문이자 정치학인 주자학의 지적 전통에서 교육받고 성장한 사람인데, 그와 같은 정신적 배경을 가진 학자가 서구의 새로운 학문을 접하면서 스스로의 지적 전통에 대한 반성적 성찰을 기초로 그것을 비판적으로 수용하지 못하고 외래의 학문을 문명성의 전부로 일방적으로 받아들이는 태도를 보여주고 있는 것이다. 서구 문명에 대한 그의 수용방식이나 태도가 바로 지성사적 차원의 해명을 요구하는 것이다. 여기서 먼저 유길준이란 인물 및 그의 사상에 대해서 기존의 연구를 기초로 개관할 필요가 있다.

---

23) 대표적으로 이홍구(1986), 김학준(2000) 참조.

구한말 대표적인 사상가로 간주되고 있는 유길준이란 인물의 생애와 정신세계, 그리고 그의 학문 및 정치사상에 대해서는 이미 다각도로 연구되어왔다.24) 그는 한국인 최초의 일본 및 미국 유학생이자 서구 세계를 직접 방문하고 견학하면서 그것의 문물을 소개한『서유견문(西遊見聞)』의 저자이며, 개화사상을 전파하기 위한 다양한 문필활동과 함께 개화파의 일원으로서 정치활동에도 참여한 인물이고, 일본에 의한 국권 상실 이후에는 흥사단(興士團)의 창설25) 등 교육계몽 운동가로서 활동한 인물이다. 특히 서양문물과 학문의 습득 및 소개와 관련하여 유길준은 일본의 개화사상가인 후쿠자와 유키치(福澤諭吉)를 직접 사숙함과 아울러 그의 사상에서 많은 영향을 받았으며,『서유견문』에는 한편으로 그 자신만의 시각과 견해도 제시되어 있지만,26) 많은 부분이 후쿠자와 유키치의 저작인『서양사정(西洋事情)』에 의거한 것이라는 사실도 잘 알려져 있다. 그리고『서양사정』과 함께『문명론의 개략(文明論之槪略)』과『학문을 권함(學問のすすめ)』에 잘 집약되어 있듯이, 후쿠자와 유키치가 일본의 개화 및 문명화의 핵심을 서양 학문의 발전적 수용 — 일방적 모방이 아닌 — 을 통한 일본인들의 지덕(智德)의 증진에

---

24) 유길준의 생애에 대한 대표적인 전기로는 유동준(1987) 참조. 그의 족적에 기초하여 그의 개화사상 전반을 정리한 연구로는 정용화(2004) 참조. 그리고 그에 관한 국내외 연구 문헌들에 대한 간략한 소개로는 김학준(2000, 7-11) 참조.

25) 유길준이 창설한 흥사단은 1907년에 창설되어 1911년 해산되었으며, 현재의 흥사단은 1913년 미국에서 안창호가 창설하여 현재까지 존속되고 있다. 이에 관해서는 정용화(2004, 107) 참조.

26) 예를 들어 청국과의 전통적인 조공관계가 새로운 만국공법 체계에서 주권국가 사이의 대등한 관계가 공존하는 체제를 주장한 '양절체제론(兩截體制論)', 서구 문물에의 일방적 종속을 경계한 '실상개화(實狀開化)'와 대비되는 '허명개화(虛名開化)'의 개념 — 후자 성격의 개화를 추구한 인물들에 대해서 그가 "개화의 병신"이란 강력한 표현으로 비판한 점이 인상적이다 — 등이 그것이다.

서 찾은 것처럼, 유길준의 전 생애에 걸친 개화운동의 핵심 또한 서양 문물 및 학문의 소개를 통해서 조선을 새롭게 문명화시키는 노력에 있다고 할 수 있다.

그런데 유길준의 그러한 노력에는 이중적인 요소가 발견된다는 사실이 주목되어야 한다. 그가 서양 문물을 소개하는 태도에는 위에서 언급한 바와 같이 절충적이면서도 나름대로의 주체적인 시각과 견해가 나타나 있지만, 그가 서양 정치학을 소개하는 방식에는 일방적인 수용의 태도가 지배하고 있다는 사실이다. 먼저 그러한 태도와 관련된 사실들을 기존의 구한말 역사 및 조선 사상사에 대한 연구 업적을 토대로 간략히 정리하면 다음과 같다.27)

서구 문명이 유교 문명과 충돌이 일어나는 19세기 말 조선 지성사의 맥락에서 유길준의 출현은 당연히 서구 문명에 대해 그보다 앞선 조선의 지식인들의 관점이나 수용 여부 및 방식과 관련된 흐름의 맥락에서 이해되어야 한다. 그리고 그러한 관점이나 수용 여부와 관련된 조선 말기 지식인들이 보여준 반응의 차이는 나름대로 오랫동안 독자적인 세계관 및 지식체계를 갖춘 한 문명이 이질적인 세계관 및 지식체계를 가진 새로운 문명을 접할 때 거의 필연적으로 기대할 수 있는 반응의 양상들을 보여준다. 물론 개별적인 지식인에 따라 정도의 차이는 있지만, 외래 문명에 대한 전면적인 거부, 부분적인 거부나 부분적인 수용, 그리고 전면적인 수용의 태도들이 그것이다. 조선 말기의 경우 잘 알려져 있듯이 위정척사(衛正斥邪), 동도서기(東道西器), 문명개화(文明開化)로 규정되는 이념들이 각각의 경우에 해당한다.28) 즉, 조선 후기 권력

---

27) 대표적으로 최창규(1972), 이광린(1979), 강재언(1983), 금장태(1984), 노대환(2005) 참조.

28) 잘 알려져 있듯이 위정척사 및 동도서기의 이념은 일본의 경우 존황양이(尊皇洋夷)와 화혼양재(和魂洋才)의 이념, 중국의 경우 중체서용(中體西用)에 해당한다.

의 주체였던 노론(老論) 세력의 화이관(華夷觀)을 대변하여 서양 문명의 존재 자체를 부정하면서 전통적인 유교 문명 전체를 그대로 보존하려는 이항로(李恒老)−최익현(崔益鉉)−유인석(柳麟錫)으로 이어지는 보수파의 입장, 서양의 기술은 수용하되 유교적 도덕질서 자체가 이미 문명의 완성을 의미하므로 서구 문명을 수용한다는 의미의 개화라는 이념 자체를 거부하는 신기선(申箕善)과 김윤식(金允植) 등 절충파의 입장, 일본의 근대화 과정에 깊은 영향을 받아 오류이라는 기본적인 전통적 윤리질서는 유지하되 서구 문명을 모델로 국가를 전반적으로 개조하려는 김옥균과 박영효 등 개화파들의 입장이 각각의 이념을 대변한다.

여기서 유길준의 그러한 문명개화의 이념에 대해 검토하기 전에 일단 한국 현대사의 진행과 관련하여 확인되어야 할 사실이 있다. 위정척사 이념의 주창자들이 보여준 적과 동지의 엄격한 구분 속에서 나름대로 깊은 애착의 대상인 기존의 국가체제를 수호하려는 강력한 강기(剛氣) − 국가생활의 영위에 필수적인 요소들 가운데 하나이자 적어도 지배체제의 혜택을 받은 한 국가의 지도층 인사라면 당연히 갖추어야 할 덕목인 − 는 일반인들의 존경의 대상이 되었을지라도, 그 이념 자체는 당시 불가항력적으로 전개되는 서구 세력의 조선 진출 및 서구 문물의 유입에 직면하여 − 적어도 서양인들이 '금수(禽獸)'는 아니라는 사실이 인정될 수밖에 없었으므로 − 현실적으로는 곧 설득력 없는 무력한 이념이 되어 점차 사라져갔다는 것이다. 이에 비해 동도서기 이념은 위정척사 이념보다는 현실 타협적인 성격의 것으로서 후자보다 좀 더 생명력을 갖고 있었지만, 시간이 지나면서 명시적이고 체계적인 이념으로서의 성격은 퇴화하고 단지 윤리적 관행의 형태로만 잔존하게 되었다고 볼 수 있다.29) 즉, 서양의 문물을 수용하고 혜택은 누리면서도 관혼

---

29) 이에 관해서는 앞으로 좀 더 체계적으로 연구할 필요가 있다. 한국 학계에서 위정척사나 동도서기 이념의 형성에 대해서는 지금까지 나름대로 많은 연구

상제의 의례 등 전통적인 유교의 행위규범은 묵수하는 — 적어도 철저히 기독교적 세계관에 세뇌된 사람들을 제외하고는 — 사회문화적 관행의 형태로만, 즉 왜 그러한 관행을 준수해야 하는지 그 이념적 근거에 대한 의식적이고 체계적인 탐색이나 정당화 노력 없이 잔존해 왔다는 것이다. 이 점은 유교적 전통을 어느 정도 벗어나 국가개혁을 추구한 다른 이념들, 즉 동학(東學)의 경우나 신채호—박은식—정인보로 이어지는 단군 민족주의 이념의 경우에도 해당된다.30) 문명개화의 이념은 그러한 이념들과 대비된다. 유길준은 바로 그러한 개화파의 후계자로서 개화파 정치인이자 운동가인 동시에 새로운 개화의 이념을 정립한 인물로서 역사적으로 뿐만 아니라 지성사적으로도 현재에 이르는 연속성을 갖고 있는 인물이라는 점이 중요하다.

　유길준을 통해서 개화파의 이념은 단순히 일본의 서구화 과정에 대

가 있으나, 그것의 쇠퇴나 소멸 또는 여러 가지 형태로 변용되어 지속되는 과정 및 그 원인들에 대한 연구는 찾아보기 힘들다. 이 점은 곧 이어 언급될 동학이나 단군민족주의의 경우에도 해당된다. 이것은 근대 한국사상 연구의 근본적인 문제라고 할 것이다. 그런데 그러한 차원의 사상사적 연구가 없이는 지금의 현실의 역동성을 그 근원에서 이해할 수 없으며, 사상사 연구가 오래 전에 '흘러간' 사상에 대한 감상이나 회고 수준에 머무를 수밖에 없다는 점에 근본적인 문제가 있다.

30) 동학운동은 그 개혁적 성격에도 불구하고 그것을 새로운 정치이념으로 승화, 발전시키지 못하고 천도교라는 새로운 종교단체의 결성으로 그쳐 지금까지 이어져오고 있다. 필자는 단군민족주의를 새로운 역사관을 기초로 새로운 국가건설을 기획한 체계성을 갖춘 가장 참신한 이념으로 평가한다. 다만 그것은 서구의 자유주의나 사회주의에 대한 좀 더 세밀한 이해 및 비판적 수용을 통한 국가건설의 구체적인 새로운 청사진의 제시에는 실패했다고 볼 수 있다. 이에 따라 그것은 건국 후 단기연호 제정의 이념적 기초를 제공하는 수준의 역할에 그치면서, 국가생활을 주도할 수 있는 구체적인 정치적 이념으로 작동하지는 못했던 것이다. 물론 각각의 이념이 현실정치에서 지속적인 생명력을 갖지 못한 이유에 대한 구체적이고 체계적인 해명은 앞으로의 연구과제이다. 참고로 단군민족주의의 현재적 의미에 대해서는 필자가 연호 사용의 문제와 관련하여 논구한 바 있음을 밝힌다. 양승태(2010, 7-9장) 참조.

한 답습 차원을 벗어나 나름대로의 체계성과 구체성을 갖게 된다는 사실이 일단 주목된다. 그의 최초의 저작인 『서유견문』은 개화를 위한 모방이나 참고의 주요 대상인 서양 문물의 구체적인 양상에 대한 소개서로서, 무엇보다도 문명개화의 구체적인 진행 방향이나 내용을 일반인들에게 제시했다는 점에서 김옥균 등 정치적 실천 위주의 개화파 선배들과는 구분된다. 그의 사상과 행동은 근대화의 맥락에서만이 아니라 지성사의 맥락에서 연속성을 갖고 있다. 서양의 과학기술 등 '기(器)'만이 아니라 정치사회적 제도나 문화와 학문 등 서양의 '도(道)'도 수용함으로써 조선을 '문명개화'하겠다는 유길준의 문명관 및 국가관은 역사적 연속성 속에서 현재 한국의 정치사회적 현실 속에서 실제로 작동하고 있는 이념들의 토대라는 사실이 중요하다는 것이다. 다시 말하여 그의 문명개화 이념은 이후 일제강점기를 지나 해방 후 현재에 이르기까지 여러 가지 수정과 변용 및 이념적 분파작용을 거쳐 자유주의와 사회주의의 분화 등 남북 분단의 이념적 동인으로도 작동하였으며, 남한에서는 국가통치의 기본방향을 결정한 자유주의 정치이념 및 근대화론의 지성사적 기원이기도 한 것이다. 그와 같은 한국 근대의 역사 및 지성사적 연속성의 중심에 유길준의 서양 정치학 소개가 있다. 유길준을 통해 소개된 서양 정치학은 서양의 학문들 가운데 한국에 최초로 체계적으로 도입된 학문분야일 뿐만 아니라, 그러한 소개과정 자체가 단순히 한 학문분야의 도입을 넘어서 동서양 문명충돌에 내포된 지성사적 의미의 핵심적인 요소라는 것이다. 왜 그러한지 설명이 필요하며, 그러한 설명과 관련하여 먼저 그가 『서유견문』 제14편에서 "개화의 등급"이란 소제목으로 나름대로 정립한 문명개화의 이념을 검토할 필요가 있다.

그는 개화를 단순히 서구 문물의 도입이나 모방으로 생각한 것은 아니다. 서양에서 문명 개념의 발전과 같이 그는 개화를 "인간 세상의 천만 가지 사물이 지극히 선하고도 아름다운 경지에 이르는 것"을 의미하는 것으로 정의한다. 그것은 곧 문명개화란 특정 문명의 수용이나 모방 또는 추종으로 달성될 사안이 아니며, 궁극적으로 인류사회 전체가 궁극적으로 그 실현을 위해 끊임없이 추구해야 할 삶의 질서의 완성을 의미한다는 것이다. 이에 따라 유길준은 문명개화의 상태 또는 수준을 '미개, 반개, 문명'의 등급으로 나누면서, 당시의 조선은 반(半)개화의 상태에 있으며, 서양은 비록 완전하지는 않지만 조선보다 상대적 우위의 문명개화 상태에 있으므로 그것을 수용하면서 조선은 문명개화의 길로 나아가야 한다고 주장한 것이다.[31] 그러한 주장을 개진하면서 유길준이 특히 강조한 점이 문명개화의 주체적 추진이다.

"개화의 등급"에 대해서 논의하는 『서유견문』의 같은 장에서 유길준은 문명개화의 좀 더 구체적인 내용을 여섯 개의 항목으로 제시하고 있는데, 각각 행실, 학술, 정치, 법률, 기계, 물품의 개화이다(유길준 1971, 제1권, 395-396). 여기서 행실의 개화를 제외한 개화들의 의미는 일단 상식적으로— 물론 정의된 내용들 하나하나의 개념적 의미를 제대로 천착하기는 어렵지만— 쉽게 이해될 수 있는 것들이다. 즉 학문의 연구를 통하여 만물의 이치를 밝히고, 국가통치를 바르게 하면서 국민들을 태평하고 행복하게 하며, 법의 집행을 공평하게 하여 국민들에게 억울한 일이 없게 하고, 기계를 편리하게 다룰 수 있게 하며, 물품을 제대로 정밀하게 만들어 국민들의 후생에 이바지함이 각각의 개화인 것이다. 그런데 행실의 개화에는 나름대로 특별한 의미가 있다. 그의 정의를 그대로 옮기면, "五倫의 行實을 純篤히 하야 人이 道理를 知한 즉 此는 行實의 開化"라는 것이다. 그것은 곧 오륜의 실천을 통해 구체화되는 유학 전통적인 예의 이념을 깨닫고 준수하는 것에 문명개화의 요체들 가운데 하나가 있다는 주장인 것이다. 다시 말하여 유학적 예의 질서는 서구 문물의 도입이라는 변화와는 무관하게 보존해야 할 불변

---

[31] 이 점은 『서유견문』에서 뿐만 아니라 1883년에 쓴 것으로 알려진 『세계대세론』에서(『유길준전서 III』 33쪽) 인류를 개화의 정도에 따라 '야만, 미개, 반개, 문명'으로 분류하면서 비슷한 주장을 개진한 것이다.

의 가치라는 것을 의미하며, 실제로 그의 논의는 유학적 예의 질서를 영구불변이자 인류 보편의 자연법적 질서로 간주하는 입장을 명확히 보여준다. 즉 행실의 개화는 "세계 만국을 통하여 동일한 규모로 천만 년 장구한 세월을 거치면서도 변하지 않았지만, 정치를 비롯한 여러 가지의 개화는 시대를 따라 변하였으며, 지방에 따라 달라졌다"는 것이다 (유길준 1971, 제1권, 398). 유길준의 그러한 문명개화의 이념은 서구 문물의 도입이 그것에 대한 일방적인 모방이나 종속이 아니라 그것을 제대로 이해하고 조선의 전통에 내재한 인류 보편의 가치를 보존하면서 추구한다는 주장으로 연결된다. 즉 지혜로서 개화할 경우에만 그것을 온전하고 폐해가 없게 실현할 수 있으며(같은 책, 399-400),[32] 그러한 개화만이 "허명(虛名)의 개화"가 아닌 "실상(實狀)의 개화"이고, 그러한 개화만이 "개화의 노예"나 "개화의 병신"이 아니라 "개화의 주인"으로서 주체적인 개화를 수행할 수 있다는 것이다(같은 책, 400-404).[33]

유길준의 문명개화의 이념은 결국 지혜롭고 주체적인 서양 문물의 도입을 통해 서양 문명의 일방적인 모방이나 추종이 아니라 국가생활의 진정한 이상을 추구하겠다는 사상의 표현으로 정리될 수 있다. 그것은 주체적인 지성활동을 통해 타국의 문물을 이해하고 능동적으로 수

---

32) 『서유견문』에서(유길준 1971, 제1권, 399-400) 그는 "지혜에 의한 개화"를 "용단(勇斷)에 의한 개화" 및 "위력(威力)에 의한 개화"와 대비시킨다. 후자 둘의 의미에 대해서는 상세한 설명은 하지 않고 있으나, 대체로 통치자의 결단이나 강압에 의한 개화로 해석될 수 있다. 어쨌든 후자 들은 각국의 사정에 따라 필요할 수도 있으나 전자에 비해 폐단이 많다는 것이 유길준의 견해이다.

33) 유길준의 그러한 주체적인 개화의 이념은 『서유견문』의 다음 진술에 잘 집약되어 있다. "그러나 지나친 자는 아무런 분별도 없이 외국의 것이라면 모두 다 좋다고 생각하고, 자기 나라 것이라면 무엇이든 좋지 않다고 생각한다. 심지어는 외국 모습을 칭찬하는 나머지 자기 나라를 업신여기는 폐단까지도 있다. 이들을 개화당이라고 하지만, 이들이 어찌 개화당이랴. 사실은 개화의 죄인이다."(유길준 2004, 399)

용함으로써 스스로의 국가생활을 개선하고 발전시키려는 의도의 표명인 것이다. 그것은 결국 정치학이라는 학문의 이념이 동서양 문명충돌이라는 특수한 역사적 상황 속에서 교과서적 수준의 간결하고 단편적인 진술들로 표현된 것에 불과하다. 그의 문명개화 이념이란 바로 그의 정치학 이념 자체인 것이다. 그 스스로 그 점을 의식하든 하지 않았든, 그의 문명개화 운동의 주관적 측면은 그의 정치학적 사고의 발전인 것이며, 이에 따라 그의 정치학적 사고가 서양 정치학의 체계적인 소개로 나아가게 됨은 그의 문명개화 이념의 필연적 귀결이자 문명충돌이라는 역사적 상황의 필연적 결과인 것이다.

일단 동서양 문명의 충돌이라는 사건 자체가 국제정치적 현상일뿐더러, 조선 말기의 지식인에게 그것은 무엇보다도 국가체제의 존속이나 개혁이라는 정치학 본령의 문제도 함축하고 있다. 서구 정치학 지식의 습득 여부를 떠나 그것은 곧 당대의 지식인에게 절박한 현실로서 진지한 지식인이라면 누구에게나 치열한 탐구의 대상인 것이다. 따라서 문명개화 이념의 필연적 귀결일 뿐만 아니라 당대의 정치적 현실에 대한 체계적인 이해를 위한 수단으로서 좀 더 '문명화된' 정치학 지식에 대한 습득 노력 및 이해의 심화는 지성사적 필연이며, 따라서 서구 정치학의 소개는 단순히 한 학문분야의 도입 차원을 넘어선 역사 및 지성사적 필연인 것이다. 다만 그러한 습득이나 이해의 심화 노력이 구체적으로 어떻게 이루어졌고 어떠한 학문적 발전을 이루었는지에 대한 검토는 당연히 지성사적 연구의 영역인 것이다. 이와 관련하여 그의 정치학적 사고 발전의 궤적을 일별할 필요가 있다.

정치학적 사고의 발전 과정으로서 그의 문명개화 운동은 그의 첫 논고인 「중립론」과 최초의 저작인 『서유견문』에서 이미 예견되어 있었다. 1885년 저술된 「중립론」은 청, 러시아, 일본 삼국의 보장에 의한 조선의 중립을 통한 주권 유지의 방책을 제시한 한국 최초의 국제정치학 논문으로 간주될 수 있으며,[34] 1887년 집필이 완성되고 1895년 출관된 『서유견문』 전체는 국가나 정치의 문제만이 아니라 조세제도를 포함한 행정체계에서부터 지리, 교육, 문화, 습속, 기술 등 서양의 문물 전체를 당대의 조선인들에게 알리면서 조선을 문명개화시키기 위한 목적에서 저술되었던 것이다. 따라서 「중립론」과 더불어, 『서유견문』 제3-6편에서 각각 "邦國의 權利 / 人民의 敎育", "人民의 權利 / 人世의 競勵",35) "政府의 始初/政府의 種類 / 政府의 治制", "政府의 職分" 등의 제목 하에서 주권, 권리, 정치체제 개념들을 중심으로 서양 국가들의 정치 제도 및 이념들을 비록 교과서 수준이지만 나름대로 상세하게 설명한 것, 그리고 1896년 2월의 아관파천 사건을 계기로 그가 참여한 갑오개혁의 정부가 붕괴하고 유길준이 일본으로 망명한 뒤 이루어진 유럽 최근세사 관련 저술들에 대한 번역 작업36) 등등은 서양 정치학 소개 노력의 일부이자 자신의 정치학적 사고를 발전시키는 과정에 해당하는 것이다. 비록 대부분이 번역 작업의 결과지만, 그러한 과정의 미완성의 결정체가 바로 미완성의 저술로서 1907년 천도교 기관지인 『만세보(萬歲報)』에 그 일부가 최초로 게재된 그의 『정치학』이라고 할 수 있다.

유길준의 『정치학』의 집필 시기 및 그 내용에 대해서는 이미 기존의 연구에 충분히 밝혀져 있지만, 이 글의 논의 전개를 위해 여기서 간단히 정리할 필요는 있다.37) 그것은 국가 존립의 환경과 관련된 자연 및

---

34) 이 논문의 저술 배경 및 내용에 대한 소개와 해설로는 김학준(2000, 26-38) 참조

35) "인세(人世)의 경려(競勵)"에서 '인세'는 '인간세상'을 '경려'는 'competition'의 번역어로서, 현대어로는 '사회적 경쟁'으로 번안할 수 있다.

36) 그것들은 크리미아전쟁, 보불전쟁, 폴란드 쇠망, 이탈리아 독립과 관련된 일본 학자들의 저술들에 대한 번역 작업이다. 이에 관한 간략한 소개로는 김학준(2000, 60-61) 참조.

37) 그것은 독일의 정치학자인 라트겐(Karl Rathgen)이 동경대학에서 강연한 내용을 정리하여 출간한 책을 유길준이 다시 한국어로 번역했다는 것이며, 그 책의 일관된 이론은 독일의 정치학자인 블룬츨리(Johann Kasper Bluntschli)

인구학적 지식, 국가의 기원과 국가권력의 범위, 국가체제의 분류와 각 체제의 정당성의 근거에 대한 교과서적 논의들을 소개한 것이다. 그러한 서술에서도 유길준은 『서유견문』에서와 같이 단순한 소개에 그치지 않고 자신의 견해를 피력한다. 대표적으로 그는 모든 국가에 적용될 수 있는 절대적으로 좋은 국가체제란 존재하지 않으며 각국의 문명 수준에 적합한 국가체제가 있음을 주장한다. 그러한 맥락에서 그는 『서유견문』에서 이미 주장한 바 있는 세습군주제의 보편성, 즉 그것은 "만대에 고칠 수 없는 대법"이라는 논리를 다시 확인한다. 그것은 조선 왕정체제의 유지 속에서도 문명개화가 가능하다는 믿음의 소산이거나 기존의 정치질서와의 현실적 타협이라고 할 수 있으며, 『서유견문』에서 피력한 군민공치(君民共治)의 옹호 논리가 『정치학』에서는 입헌군주제의 옹호 논리로 그 형태만 변화한 것에 불과한 것이다.

결국 유길준의 『정치학』 집필은 새로운 문명화된 국가생활을 영위하기 위한 기본적인 지침서를 그 문명개화 모방의 대상인 서구 문명이 국가생활과 관련된 지식들을 체계화한 결과인 '정치학'이란 학문에 대한 소개를 통해서 당시의 조선인들에게 제공하기 위한 목적에서 이루어진 것으로 해석될 수 있는 것이다. 아울러 그것에서는 문명개화를 추구하는 유길준의 기본적인 입장, 즉 서양 문물의 도입을 통한 문명개화를 추구하되 스스로의 정신적 주체성을 잃어버린 채 서구 문물의 외양들에 대한 일방적인 동경과 종속을 경계하는 태도도 확인된다. 여기서의 의문은 그가 표명한 주체적인 문명개화의 노력이 진실로 어느 정도로 주체적이며, 문명의 충돌 속에서 새롭고 승화된 문명의 창조라는 문명 충돌의 이상을 어느 정도나 구현하고 있느냐에 있다. 즉 외래의 문명을 받아들이되 그것을 자국의 문명을 새롭게 승화, 발전시키는 계기로 삼았는지의 여부에 있는 것이다. 그러한 의문에 답은 부정적이다. 그 기

의 국가 유기체설이라는 것이다. 『정치학』에 관한 전반적인 소개로는 김학준(2000, 60-83) 참조.

본적인 이유는 다음과 같다.

바로 문명개화의 한 요소로서 '행실의 개화'와 관련된 그의 주장에 나타나 있듯이, 유길준 자신은 주자학 교육을 받은 사람이자 주자학적 가치관의 근본적인 요소는 보존하고자 한 사람이다. 그리고 '행실의 개화'가 대표하는 주자학적 가치관은 주자학적 정치의 이념과 분리할 수 없으며, 주자학적 정치이념이란 근본적으로 주자학적 정치학의 다른 이름이다. 그렇다면 서양 정치학의 소개 및 수용을 통한 문명개화 노력이 '개화의 병신'의 양산이 아니라 진정으로 주체적인 정신의 함양이라는 목적에 부합하려면, 서양 정치학을 단순히 교과서적으로 소개하는 작업을 넘어 그것의 근거를 비판적으로 검토하는 작업은 물론이고, 무엇보다도 그것을 주자학적 정치학의 이념과 비교하면서 둘 사이의 유사성과 차이성을 세밀히 논구하는 노력이 요구되는 것이다. 그런데 유길준에게서는 그러한 노력이 전혀 발견되지 않는다는 것이다. 바로 그 점에서 그의 문명개화 이념의 근본적인 지성적 한계를 발견할 수 있다. 그렇다면 당시 조선 최고의 지식인에게 왜 그러한 사고의 한계가 나타났는지 바로 지성사적인— 결코 개인적 차원의 지능 문제가 아니라면 — 설명이 필요할 것이다.

유길준의 '행실의 개화'에 나타난 보편적 예의 질서의 문제는 이러한 맥락에서 다시 논의의 초점으로 등장한다. 그것은 결국 유길준 스스로는 정치학으로 자각하지 못한 주자학적 정치학과 서양 정치학의 충돌이며, 주자학적 정치학자가 서양의 정치학을 접하는 지적 태도 및 이해의 수준과 관련된 문제이다. 아울러 그것은 유길준과 동시대의 중국과 일본의 유학자들은 비슷한 상황에 처하여 어떠한 반응을 보였는지의 문제와 관련된 동아시아 삼국 전체의 근현대 지성사의 흐름과 연관된 문제이기도 하다. 물론 이 문제에 대한 철저한 해명은 거대한 작업을 요구하며, 이 글의 다음 '맺는말'은 그러한 작업을 수행하기 위한 필자 나름의 원초적인 구상을 제시하는 자리가 될 것이다.

4. 맺는말

앞에서 설명했듯이 유길준에게 오륜으로 표현되는 유학적 예의 질서
는 인간이라면 누구나 지켜야 할 영구불변의 자연법적 질서이다. 어떠
한 문명이든지 그 문명의 바탕을 이루는 자연법적 질서는 존재하기 마
련이다. 그런데 그러한 자연법적 질서는 독단적인 종교가 아닌 한 그
자체로 정당화되는 것은 아니며, 이 세계의 존재론적 근거나 불변의 인
성(人性)에 대한 나름대로의 체계적인 탐구에 그 정당성의 기반을 둔
다. 그리고 그러한 탐구의 주체와 결과가 바로 여러 위대한 문명이 배
출하고 발전시킨 철학자와 철학인 것이다. 중국의 주자학은 물론 독단
적인 종교가 아니며, 잘 알려져 있듯이 소위 원시 유학에 비체계적으로
제시된 예의 질서를 주역(周易)이라는 중국 전통의 자연철학과 불교의
인성론을 참고로 철학적으로 체계화한 노력의 결과이다. 따라서 유길준
이 조선을 문명개화하겠다는 목적으로 추구한 서양 문물의 도입 속에
서도 옹호 및 보존하려는 오륜이라는 유학적 예의 질서는 그것 자체로
서 독립적으로 존재하거나 정당화되는 것은 아니며, 주자학적 존재론과
인성론의 토대 위에서 어떠한 '다스림' 및 '다스림의 질서'가 바람직하
고 옳은 것이냐의 문제에 대해 나름대로 체계적으로 해명한 주자학적
정치학의 일부인 것이다. 여기에 유길준이 서양 정치학을 소개하는 태
도에 근본적인 문제가 발견된다.

유길준이 『서유견문』이나 『정치학』 등을 통해서 소개한 서양 정치
학의 이념이나 지식들, 특히 문명개화의 핵심으로 강조한 자유나 평등
과 권리의 개념들이나 입헌주의 등은 잘 알려져 있듯이 서양의 근대 정
치사상이 발전한 결과이다. 그 모든 이념이나 지식들의 근간이 되는 것
은 자연권 ― 유길준의 표현으로 "천연(天然)의 통의" 또는 "무계(無
係)의 통의" ― 이념이다.38) 잘 알려져 있듯이 그것에는 독단적인 믿음
과 전제가 바탕에 있다. 즉, 개인은 신관이나 교회 등 신적 권위를 부여

받은 다른 사람이나 집단을 매개하지 않고 신과 직접 소통할 수 있는 독립적이고 자유로운 존재이며, 이에 따라 사회나 국가의 성립 이전에 개인이 존재한다는 믿음과 전제가 그것이다.

물론 독단적인 믿음이나 전제가 반드시 오류는 아니다. 그리고 근대 서양 정치사상이 추구하는 목표로서 '이성이 지배하는 인간 존중의 문명화된 질서'라는 이상 자체를 부정할 이유는 전혀 없다. 그러나 표방되는 이상이 바람직하다고 해서 그 이상 자체의 성립 근거가 되는 세계관이나 인간관 및 그것을 뒷받침하는 이론들도 자동적으로 타당함을 보장하는 것은 아니다. 하나의 이상이 말 그대로 '이(理)로운 상(想)'으로서 공상이나 환상 또는 망상이 되지 않기 위해서는, 그것의 근거가 되는 세계관이나 인간관을 구성하는 개념적 요소들의 타당성이 입증되어야 한다. 잘 알려져 있듯이 실제로 19세기 후반의 서구 지성사 및 정치사상사는 자유주의가 정치사회적으로 제도화되고 대중들의 의식 속에 가치관으로 내면화되고 외연적으로 확대되는 과정이기도 하지만, 동시에 바로 대중사회의 인간들에 대한 문학적 및 심리학적 통찰의 심화와 더불어 자유주의적 이성 개념 및 인간성 이념의 허구성에 대한 정치철학적 논박의 역사이기도 한 것이다.

물론 외래 문명의 다른 세계관 및 다른 인간관에 입각한 '새로운' 개념에 접했을 때 그 근거에 대한 철저한 비판적 성찰은 천재적인 철학자나 수행할 수 있는 소업일 수 있다. 그러나 유길준과 같이 전통적인 주자학 교육을 받은 탁월한 학자라면 주자학 체계와 그러한 인간관은 과

---

38) 『서유견문』 제4편 "인민의 권리" 참조. 이미 여러 연구를 통해서 잘 알려져 있듯이 individual, freedom, right 등의 서구어들은 후쿠자와 유키치를 비롯한 메이지유신 시대의 일본 학자들이 번역하는 데 고심한 말들이다. 예를 들어 'right'는 '통의', '직분', '權利', '權理', '權義' 등 다양한 번역 시도가 있었다(김석근 2000, 90-94 참조). 물론 그러한 번역상의 고심은 단순히 용어 선택의 문제가 아니라 개념 자체에 대한 이해 노력의 결과이다. 문제는 그 이해가 어느 정도의 수준에 있는가이다.

연 양립할 수 있는지 정도의 의문을 제시하면서 서구 정치학에 대해 나름대로 비판적으로 접근하는 태도 정도는 당연히 기대될 수 있다. 무엇보다도 자기수양을 통한 인간성의 완성을 지향하는 주자학적 덕(德) 개념의 존재는 유교 문명의 전통 속에 서양의 자연권 개념 및 자연권적 평등 이념의 근거에 대해 비판적으로 접근할 수 있는 지적 계기가 잠재적으로는 이미 충분히 준비되어 있었다고 볼 수 있다. 그런데 유길준에게 그러한 태도는 전혀 보이지 않는 것이다. 앞에서 이미 언급한 바와 같이, 그는 스스로의 고귀한 전통을 보존하려는 태도 없이 서구 문물의 외양에 도취하는 '개화의 병신'들을 비난했다. 그것은 곧 자신의 문명, 곧 자신의 정신적 전통과 문화에 입각하여 다른 문명을 비판적으로 수용하지 못하는 주체성 없는 문명개화 방식에 대한 비판적 태도의 표현이었다. 문제는 진정으로 주체적인 문명개화란 바로 참고나 모방의 대상이 되는 외래 문명의 지적 근거에 대한 깊은 탐색이 없이는 불가능하다는 데 있으며, 그러한 탐색의 핵심에 스스로의 정치학에 근거하여 외래 문명의 정치학을 비판적으로 검토하면서 스스로의 정치학을 승화, 발전시키는 데 있는 것이다.

유길준의 서양 정치학 수용은 분명히 그러한 수준의 작업에 해당하지는 않는다. 그것은 한편으로 한국 근대 지성사에서 서양 정치학이 정치학 자체로 잘못 각인되면서 주자학적 정치학은 종언을 고하는 결정적인 계기로 작동한다. 그를 계기로 주자학은 현실정치를 이해하고 그것을 변화시키는 지적 주체로 더 이상 작동하지 않는 지나간 학문적 유물이 되어간다. 그러한 지성사적 상황은 그를 이어 서양 정치학 소개의 작업을 수행한 인물들에게서도 지속된다. 즉, 안국선(安國善, 1878-1926)과 안확(安廓, 1884-1946) 등 일본의 대학에서 직접 정치학을 전공하면서 유길준보다 서양 정치학을 좀 더 포괄적이고 체계적으로 소개하고, 그러한 정치학적 지식을 토대로 나름대로 한국의 현실에 대한 설명과 비판을 시도한 학자들 또한 유길준의 그러한 근본적인 한계를 극복하지는 못한 것은 물론 오히려 '서구중심주의'의 경향이 더욱 뚜렷하게 나타남을 발견할 수 있다.39) 그리고 그러한 지성사적 상황은 해방 후 현재까지도 지속되고 있는 것이다. 이제 '서구 정치학 = 정치학'의 등식은 '미국 정치학 = 정치학'의 등식으로 대체된 가운데, 주자학적 전통을 포함하여 동양의 한자 문화권에서 나름대로의 지적 심원함 및 체계성에 기초하여 발전된 정치적 사유는 정치학이 아니라 오직 과거의 '사상'일 뿐이며, 그것은 현실정치에 대한 이해나 지식과는 무관한 지적 교양의 대상일 뿐이라는 믿음이 많은 정치학자들의 생각을 지배하고 있는 것이다. 한국의 정치학에서는 주자학 자체를 발전시키고, 그와 같이 발전된 주자학을 토대로 정치현실을 분석하고 현실정치를 변화시키는 노력은 완전히 사라졌다고 해도 과언이 아닌 것이다.40)

---

39) 이들의 '발전된' 서구 정치학 이해에는 유길준과 달리 서구중심주의의 경향이 더욱 뚜렷해진다. 이들의 지적 업적에 대한 개괄적 소개 수준의 연구로는 양승태·안외순(2007) 참조. 여기서 말하는 'orientalism'이란 잘 알려져 있듯이 사이드(Edward W. Said)의 개념에 기초한 것으로서(Said 1978), 동양 세계에 대한 연구에서 서구 학계의 제국주의적으로 편향된 시각을 동양의 학자들 스스로가 의식하지 못한 채 수용하는 태도를 지칭한다. 강정인은 오리엔탈리즘의 지배를 받는 한국의 그러한 상황과 관련된 다양한 측면 및 관련 사실들에 관해 개괄적으로 정리하는 가운데(강정인 2004, 특히 1, 8, 9장), 정치사상 측면에서 독창적인 사상의 부재를 한국 학계뿐만 아니라 인도나 중국 및 일본을 포함한 동양학계 전반의 사항임을 지적한 바 있다(같은 책, 19-20).

40) '미국 정치학 = 정치학'이라는 믿음이 한국 정치학계에서 광범위하다는 점은 역설적이게도 한국 정치사상 전공자의 연구 논문을 통해서 확인된다. 배병삼의 논문(배병삼 2003)이 그것인데, 그 논문의 기본 논지는 "정치학의 대표적인 분과로서 정치사상학은 정약용, 국제정치학은 박지원, 비교정치학은 최한기 등 조선 후기의 몇몇 학자들에게서 각각 그 기원을 찾을 수 있다"는 것이다. 즉, 한국의 지성사적 전통 속에서도 현대 정치학의 맹아를 발견할 수 있다는 것이다. 다시 말해서 이미 조선시대에도 정치학이라는 자랑스러운 학문적 전통이 존재했다는 주장을 제기한 것이다. 앞의 논의를 통해서도 강조한 바와 같이 한국의 지성사 전통에도 정치학의 맹아가 있음은 동서양의 차이를 떠나 인간적 삶의 본질상 당연하다고 할 수 있으며, 그러한 점을 확

물론 문명의 충돌 과정에서 하나의 문명이 다른 문명의 실체를 제대로 이해하는 데는 오랜 시간의 지적 노력이 필요하며, 그러한 이해 노력 자체가 이질적인 문명들이 융합하거나 상대에 대한 인식 속에서 스스로를 발전시키는 과정의 중요한 부분이기도 한다. 그러나 적어도 장구한 세월 동안 독자적이면서 심오한 학문적 정체성을 유지해온 문명의 탁월한 학자들이 다른 문명의 학문에 접하여 스스로의 학문을 포기하고 일방적으로 수용하는 태도는 분명히 지성사적 설명을 요구하는 것이다. 왜 그러한 지성사적 상황이 발생하게 되었는지, 다시 말하여 무엇이 그들로 하여금 그와 같은 태도를 갖게 했는지, 그들 스스로 의식하지 못한 믿음이나 독단적 전제 등과 관련하여 조선조 주자학의 학문적 내용 및 통치 이데올로기로서의 성격 등이 깊이 탐구되어야 하는 것이다.

그런데 여기서 그러한 문제가 과연 한국의 근대 지성사에만 국한된

인하려는 위 논문 저자의 진지한 학문적 태도는 나름대로 평가할 만하다. 그러나 그 논문에서는 일단 지적 체계성 및 정체성 면에서 논란의 대상이자 상호 범주적 경계가 불투명한 현대 미국 정치학의 하위 분야에 대한 상투화된 분류를 '정치학의 대표적인 분과'로서 당연하고 자명한 사실로 받아들이고 있는 무비판적 태도가 발견된다. 즉 한국에도 독자적인 정치학이 존재했다는 주장을 입증하기 위한 시도에 역설적이게도 미국 역사 및 정신사가 특이하게 반영된 현대의 미국 정치학을 정치학 자체 또는 정치학의 이상형으로 당연시하는 믿음이 그 바탕에 있는 것이다.

참고로 미국의 한 지성사 연구가(Ross 1991)는 미국 정치학을 포함한 미국 사회과학 자체가 미국인 특유의 역사의식 및 국가적 이데올로기의 반영이라는 사실을 바로 미국 지성사 맥락에서 설득력 있게 서술한 바 있다. 즉, 미국 사회과학은 '미국 예외주의 이데올로기(the ideology of American exceptionalism)', 다시 말해서 미국의 공화정이나 자유방임적 경제란 유럽이나 다른 대륙의 국가들의 역사에서는 예가 없는 새로운 현상이라는 믿음이 그 바탕에 있다는 것이며, 이에 따라 미국의 사회현상은 미국인들 삶의 태도 및 정신의 원천인 유럽의 역사 및 정신사적 맥락을 떠나서도 설명가능하고 그 자체가 자연과학적 일반화의 대상이라는 '학문적 신념'을 낳게 했다는 것이다.

것인지 반문할 필요가 있다. 중국에서 아편전쟁, 일본에서 '흑선(黑船)' 내항, 한국의 병인양요 이후 동양 삼국의 역사 및 지성사는 서세동점에 직면하여 스스로의 문명 및 국가정체성을 어떻게 지키면서 새로운 역사적 변화에 대처할 것인가의 문제에 대한 해결과 해명 노력의 역사라고 할 것이다. 그러한 역사가 동양 삼국에서는 기개에 찬 행동하는 지식인, 온몸으로 당시의 역사적 현실을 고뇌한 사상가들을 배출했다고 할 수 있다. 한국에서는 유길준이 그러한 인물이며, 중국에서는 엄복(嚴復)이나 강유위(康有爲)와 양계초(梁啓超), 일본에서는 후쿠자와 유키치 등이 대표적인 인물들이다. 그런데 과연 중국과 일본의 선구적 지식인들은 유길준의 그러한 한계를 넘어 진정으로 서양 학문의 비판적 극복을 통해 스스로의 전통적 학문을 승화, 발전시키려는 노력을 제대로 수행했는지 반문할 필요가 있다.

동아시아 지역에서 문명충돌이 발생한 지 150여 년이 지났다. 최근 들어 21세기가 동아시아의 세기가 될 것이라는 주장을 하는 학자들이 많이 나타나고 있다.[41] 그것에는 유교 문명이 서양 문명에 대한 대안이 될 것이라는 믿음이 있다. 필자도 근본적으로는 그렇다고 믿는다. 특히 유학적 전통의 '예의 질서' 이념은, 점차 독단적이 되고 화석화되어 인간의 존엄성의 고양이 아니라 개인들의 무분별한 욕망이나 몰염치를 정당화하는 이데올로기로 변질되어가는 서구의 개인주의적 인권 이념에 대한 대안이 될 수 있다고 믿는다. 그러나 유학적 예의 질서 이념을 실제적으로는 '비례(非禮)'의 봉건적 착취나 강압적 국제질서를 정당화하는 이데올로기로도 변질시켰던 과거 동아시아 문명의 사회구조적 요인이나 역사 및 정신사적 변화 과정에 대한 깊은 고구와 더불어, 서양 정치학의 전통에 대한 철저한 이해 및 유학의 전 체계에 대한 철저한 반성적 성찰을 통해 유학의 새로운 혁신을 모색하지 않을 경우, 그러한

---

41) 예를 들어 Little et al.(1989), Mahbubani(2008).

믿음은 바로 단순한 믿음의 영역에 영원히 머무를 수밖에 없을 것이다.

그 새로운 변화의 모색은 서양의 근대 정치학 또는 현대 미국의 정치학이 서양 정치학의 전부는 아니라는 자명한 — 현재의 정치학자들에게는 자명할 수도 있지만 유길준이나 후쿠자와 유키치나 강유위 등에게는 결코 자명할 수 없었던 — 사실에 대한 인식에서 출발하여야 할 것이다. 그러한 인식과 관련하여 일단 서양의 근대 자유주의 정치철학의 자연권 이념, 가치상대주의, 현인(賢人) 개념의 실종 등을 비판한 리오 스트라우스(Leo Strauss)를 참고할 필요가 있다.42) 특히 서양의 근대성에 대한 그의 비판의 원천인 서양 고대의 정치철학은 결국 유교적 인간관 및 윤리관과 상통한다는 — 스트라우스 스스로 의식했는지 여부를 떠나 — 사실이 중요하다. 아울러 최근 서양학계의 소위 공동체주의(communitarianism)는 유교적 사유에 내재한 인류 보편의 가치를 간접적으로 확인해주는 것이다. 물론 스트라우스의 근대성 비판이나 현대의 공동체주의가 유학의 정치적 사유에 내재한 보편적인 가치를 자동적으로 입증하는 것은 아니다. 그리고 동서양의 정치철학 또는 정치학의 종합은 천재적인 철학자의 소업이자 오래 시간에 걸친 사유의 고뇌를 요구하는 지난한 작업일 수 있다. 다만 동서양을 막론하고 학문은 본질적으로 고정된 체계가 아니라 본원적인 불안정성과 역동성 속에서 끊임없이 변화 및 발전하는 사유체계임을 전제할 때, 그러한 노력만이 동아시아 문명의 새로운 정체성을 확립하면서 21세기 인류 문명의 발전에 진정으로 기여하는 길이라고 할 것이다.

일본은 일찍이 서구 문물을 수용하여 오래전에 서구적 발전을 재현하였으며, 20세기 후반에는 한국이 그 길을 성공적으로 답습했고, 현재의 중국은 서구적 민주화의 부정 속에서 서구적 산업화를 성공적으로 추구하고 있는 도정에 있다. 그와 같은 역사적 과정이 동아시아 삼국에

---

42) 대표적으로 Strauss(1959; 1953) 참조.

의한 새로운 세계역사의 주도를 운위할 수 있는 상황에 이르게 한 것이
다. 그럼에도 불구하고 아직 동양 삼국의 문명은 서양의 문명을 대체할
독자적인 새로운 문명을 창조하지 못한 채 문명사적으로는 아직도 서
양의 변방에 머무르고 있다. 그것은 곧 동아시아 문명이 과거 문명의
한계를 극복한 새로운 문명적 정체성을 확립하지 못하고 있음을 의미
한다. 물론 서양 문명의 한계를 극복한 새로운 문명의 창출은 이 시대
이 지역에 부과된 세계사적 의무라고 할 수 있으며, 그러한 세계사적
의무의 지성적 주체는 세계 문명들 가운데 유일하게 서양 문명을 대체
할 수 있는 정신사적 잠재력과 지적 전통을 갖춘 동아시아 삼국의 정치
학이 되어야 하는 것이다. 그런데 현재 동아시아 삼국의 정치학은 과연
그러한 문명사적 과제를 수행하고 있는지 스스로에게 반문해야 한다.[43]

최근에 『기타 잇키(北一輝)』의 전기를 쓴 마쓰모토 겐이치(松本健
一)는 주변과 중심 관계에 내포된 정신사적 의미에 대해서 나름대로의
통찰력 있는 진술을 한 바 있다. 사도(佐渡) 섬이라는 변경에서 출생한
기타 잇키의 심성에는 독립심과 소외감이 공존하는 숙명이 있었으며,
중앙에 대한 동경과 선망이 독립심과 조화를 이룰 때 변경은 중심을 압
도하는 새로운 변화의 지원지가 될 수 있다고 진술한 바 있다(마쓰모토
겐이치 2010, 17-18). 그것은 변방 문명의 후진성을 새로운 중심 문명
으로 승화시킨 '창조적 변방성'으로 규정될 수 있을 것이다. 그런데 마
쓰모토의 견해는 사도 섬이라는 한 예를 과장한 측면도 있다. 인류역사
전체의 흐름이 바로 중심 문명과 변방 문명 사이의 상호작용이자 '창조
적 변방성'이 창조력이 쇠진한 중심 문명을 대체하는 과정이라고도 할

---

43) 일본 정치학자들에게 존숭의 대상인 마루야마 마사오가 이룩한 학문적 업적
의 탁월성은 필자도 당연히 인정한다. 하지만 그의 업적은 일본 정신사에 내
재한 보편적인 요소를 구명하면서 그것들을 승화시키는 방안을 모색하는 수
준의 연구에는 이르지 못했다고 평가한다. 그는 근대 서구 정치학의 개념들
을 차용해 일본 정치사상사 연구에 적용하는 수준을 근본적으로 벗어나지
못했다는 것이다.

것이다. 일본사에 한정할 경우에도 명치유신의 본거지인 사쓰마번(薩摩藩)이나 조슈번(長州藩)도 그 경우에 해당되며, 한국사의 경우 신라의 삼국통일, 고대 그리스 문명의 등장, 진(秦)의 중국통일, 로마의 지중해 세계 통일도 '창조적 변방성'의 성공 사례로 볼 수 있다. 어쨌든 변방이 중심을 압도할 수 있는 가능성은 변방의 학문이 그 '변방성'을 철저히 자각하면서 중심의 학문을 비판적으로 극복하려는 노력 속에서 찾을 수 있을 것이다. 현재 동아시아 삼국의 정치학자들은 서구 학문에 대한 스스로의 학문적 '변방성'을 '중심성'으로 혁신시킬 수 있는 문명사적 과업을 각각 어떻게 수행하고 있는지 궁금하다.

* * *

이 책의 여러 곳에서 강조하여왔지만, 정치학의 본령은 국가정체성 및 국가적 위기 상태에서 그 위기의 실체를 진단하고 그 극복을 위한 처방을 제시하는 데 있다. 국가정체성의 극복은 새로운 국가목표를 설정하고, 그러한 목표와 합치되는 제도의 설립이나 정책의 추진으로 완성될 것이다. 그런데 국가목표의 설정은 단순히 특정 목표를 일방적으로 제시한다고 되는 것은 아니다. 그러한 목표 설정은 국가라는 존재의 본질에 대한 이해와 더불어 특정 국가가 처한 역사적 상황의 실체에 대한 탐구를 요구한다. 그러한 이해 및 탐구 행위의 주체를 지칭하는 개념이 국가이성이다. 다음 9장은 국가이성이라는 개념 자체에 대한 설명과 함께 그 개념을 중심으로 현재 국가적 위기의 극복을 위한 제안들이 검토될 것이다.

제 9 장
국가이성의 재형성

이 마지막 9장을 시작하기 위해서는 앞의 1장과 6장으로 돌아갈 필요가 있다. 제1장은 먼저 중고등학교 검인정 국사 교과서 문제가 촉발한 근현대사의 해석과 관련된 역사학계 내부의 대립은 여러 가지 면에서 안타까움의 대상이라는 점을 피력하였다. 무엇보다 그것은 대한민국이라는 국가의 정체성 및 국가체제의 정당성, 즉 국가의 존재성과 관련된 역사의식의 문제임에도 불구하고 냉철하고 진지한 학문적 대화가 아니라 정치적 파당 사이의 대립 양상으로 나타나기 때문에 그러하다는 것이다. 제6장에서는 오랫동안 한국 현대사의 역사관을 주도한 진보정파의 역사의식을 허구와 위선의 것으로 비판한 바 있다. 이 9장은 그와 같은 역사의식의 한계 및 대립을 넘어 새로운 역사의식을 정립하면서 국가의 새로운 미래상 및 국가전략을 제시하는 궁극적 주체로서 국가이성의 문제를 논의한다. 따라서 그 논의 내용은 앞의 1장과 6장의 내용을 보완하는 의미가 있다.

* 원문은 「역사의식과 국가이성: 한국 근현대사 해석 논쟁에 대한 정치철학적 진단 서설」, 『한국정치학회보』 제48집 1호(2013), 241-260쪽.

어쨌든 국가이성에 대한 논의는 한국 정치학에 부여된 고유의 학문적 과제이다. 한국 근현대사의 해석과 관련된 역사의식은 선거나 정당활동 등 일상적인 정치생활의 근본을 이루기 때문이다. 바로 역사의식의 내용을 중심으로 학문적으로 뿐만 아니라 현실정치에서 대립과 갈등을 야기하고 있다는 사실 자체가, 그 문제가 단순히 역사학에 국한된 것이 아니라 경험적 정치학 연구의 대상이자 정치철학적 연구의 대상이라는 점을 증언하는 것이다. 이 점을 좀 더 구체적으로 설명하기 위해서는 먼저 앞의 1장의 다음 문장을 다시 인용할 필요가 있다.

"물론 역사학자의 역사의식뿐만 아니라 한 개인의 역사의식의 내용과 수준 또한 지극히 다양할 수 있다. 그것은 자신의 통속적 이익을 특정 역사적 사실을 기초로 옹호하는 수준의 관념에서부터, 현실정치의 근원에 대한 나름대로의 깊은 탐색이나 진지한 성찰을 토대로 역사의 흐름을 체계적으로 파악한 역사관, 나아가 역사에서 인간성의 근원이나 사회적 삶 또는 국가생활의 본질을 통찰하고 철학체계로 구축한 위대한 역사철학이나 정치철학의 형태 등으로 나타날 수 있다. 어쨌든 여기서 중요한 점은 이것이다. 내용상의 질적 차이를 떠나 역사학자의 역사의식은 바로 국가생활의 목표나 실현방법과 관련된 정치철학적 사유를 떠나서는 제대로 형성될 수 없다는 것이다. …

현재 국사학계의 갈등과 대립의 쟁점으로 부각된 산업화나 민주화의 개념적 의미는 결코 자명한 것도 아니고, 그러한 쟁점은 그 의미의 문제에 국한된 것도 아니다. 그것은 세계사나 문명사 차원에서 근대화 자체가 무엇인가의 문제와 더불어 한국에서의 근대화란 무엇을 의미하는가의 문제, 한국 근현대사 흐름의 근본적인 실체가 무엇인가 하는 한국인 역사의식의 문제이자 한국인이 영위하고 추구해야 할 국가생활의 가치나 이상이 무엇인가와 연관된 정치철학적 문제인 것이다."(이 책, 47-48쪽)

그런데 안타깝게도 정치학계는 그 문제가 마치 정치학과는 무관한 역사학계 또는 교육행정의 영역에만 속하는 것처럼 학문적 관심 밖에 머물고 있다. 이 9장의 목적은 국가이성 개념을 중심으로 한국 근현대 사의 실체와 관련된 역사의식의 정치철학적 의미를 해명하는 거대한 작업을 위한 서설 격의 연구로서, 한국 근현대사의 근저에 있는 정신사, 사상사, 지성사의 흐름을 개관하는 데 있다. 그것은 한국이나 서구 정 치학계에서 오랫동안 현실정치의 분석 차원에서는 거의 논의되고 있지 않은 국가이성 개념의 실체 및 학문적 중요성을 새롭게 조명하고 복원 하려는 노력의 시도이기도 하며, 그러한 시도를 통해서 최근 역사학계 의 대립과 갈등을 정치철학 차원에서 근원적으로 해결할 수 있는 방안 에 대한 모색이기도 하다. 좀 더 구체적으로 말하여 국가이성 개념을 중심으로 한국 근현대사의 기본적인 흐름과 관련된 역사학계의 핵심적 인 쟁점인 '내재적 근대화론' 대 '식민지 근대화론'의 대립의 실체를 정 치철학적으로 해명함과 아울러, 그러한 해명의 연속성 속에서 친일문제 등 현재 대한민국의 정치현실을 지배하고 있는 국가정체성 문제의 역 사적 및 정신사적 기원을 해명함이 목적이다. 그런데 그러한 작업과 직 접 관련된 기존의 연구문헌이 거의 없기 때문에 이 글의 기술 내용이나 성격이 불가피하게 한국 근현대 역사 및 정신사 전반에 대한 거대한 조 망의 성격을 갖게 됨을 먼저 밝혀둔다. 월린(Sheldon Wolin)이 오래전 에 정치철학사 전반에 대한 서술의 학문적 의미와 관련하여 말한 바와 같이(Wolin 1960, v), 역사적 조망 자체가 정치적 지혜는 아니지만 적 어도 그것의 전제조건이자 한 국가가 처한 곤경의 본질을 드러내는 데 가장 효과적이기 때문이다.

일단 논의의 핵심을 구성하는 국가이성이란 개념부터 검토할 필요가 있다. 사전적 정의에 의하면, "국가이성이란 특정한 정치적 상황에 따 른 필요나 요건을 충족한다는 명분으로 개인적 권리들이나 도덕률과 관계없이 수행되는 정부 행위의 동기이다."[1] 이 사전적 정의에서 핵심 인 정부 행위의 '동기'라는 말 자체가 인식과 판단 등 인성론적으로 복잡한 개념 내용을 전제로 한다. 그리고 '특정한 정치적 상황'이 어떠한 근거에서 개인적 권리들이나 도덕률을 초월한 정부의 행위를 정당화하는지 여부 또한 해석상 논쟁의 대상이며, 그 의미가 결코 자명한 것이 아니다. 즉 그와 같은 사전적 정의란 국가이성이란 말에 대한 일상적 이해 수준을 축약한 것에 불과한 것이다. 결국 국가이성이란 개념의 실체에 대한 파악은 그와 같은 일상적 의미 수준을 넘어 그 개념의 창출 및 발전 과정을 설명하는 개념사적 접근을 요구한다.

1. 국가이성에 대한 개념사적 개관

현재 한국에서 이해되는 국가이성이란 말은 한국정신사 고유의 전통이나 동양사상의 전통에서 유래 또는 발전한 개념어가 아니다. 그것은 서구 언어의 어휘인 'reason of state', 'ragion di stato', 'raison d'etat', 'Staatsräson' 등의 번역어이자 서구 정치학에서 수입한 개념이다.2) 그런데 중국 정치사상의 전통에서는 이미 오래전에 그와 비슷한— 물론 같은 것은 아니다 — 개념이 춘추시대 법가(法家)의 전통, 특히 전국시대 한비자(韓非子)의 군주(君主) 및 법(法), 세(勢), 술(術) 등의 개념들을 통하여 정립되어 있었다. 실제로 그것은 중국의 전국시대나 이탈리아의 르네상스 시기와 같이 동서양을 막론하고 국가나 공국들 사이에 사생결단의 투쟁이 벌어지는 혼란기의 산물이다. 그러한 혼란기에는 사소한 잘못된 정책이라도 국가나 공국을 멸망으로 이끌 수 있기 때문에, 어설프고 형식화된 도덕이념이나 고착된 관념 등의 '겉멋'에 집착하는

---

1) "a motive for governmental action based on alleged needs or requirements of a political state regardless of possible transgressions of the rights or the moral codes of individual persons." *Merriam Webster Dictionary*.

2) 그 학문적 수입의 원산지는 독일이므로 이 글에서 원어는 'Staatsräson'이란 말을 사용하기로 한다.

방식으로는 통치의 목표가 제대로 성취될 수 없다는 사실에 대한 절박한 현실 인식이 그러한 개념들로 표출된 것이다. 그럼에도 불구하고 한국의 학계는 서양 학문의 수입을 통해서 그 개념과 관련된 역사 및 현실에 대한 인식이 이루어지기 시작했던 것이다. 어쨌든 의문의 대상은 그 지적 수입이라도 제대로 이루어졌는지 여부이다.

국가이성이란 말에서 state라는 말 및 개념과 동양에서 국가라는 말 및 개념 사이의 상응 문제와 관련된 복잡한 논의는 차치하더라도,[3] 'Räson'이란 말을 쉽게 '이성'으로 번역한 것은 그 어휘 및 그와 비슷한 다른 서구 언어들에 함축된 다양하고 복잡한 의미를 일률적으로 단순화시킨 것이다. 특히 국가이성이란 번역어는 역사 및 사상사적 맥락에서 형성된 그 개념의 원초적 의미를 왜곡시킬 수도 있다는 사실이 주목되어야 한다.

일단 '이성'이란 말은 동양 학문 및 언어의 전통에서 최고의 정신적 기능을 지칭하는데, 'Räson'이란 말 자체는 '이성'이기 이전에 원초적으로 '따지고' '계산하고' '판별하는' 정신의 기능을 지칭한다. 그리고 'Staatsräson'이란 개념이 발생한 역사 및 사상사적 맥락에서도 그것은 '국가를 통해 발현되는 이성'이 아니라 국가통치자가 통치자로서의 자신의 '지위나 영지'를[4] 보존하기 위한 '계산', '책략'들을 의미한다. 실제로 그 어휘 및 개념을 학문적으로 부활시키고 부각시킨 마이네케 (Friedrich Meinecke)의 기념비적 저작인 *Die Idee der Staatsräson in der moderne Geschichte*(Meinecke 1976)에 저자가 제목에서 '국가이성'이란 말에 상응하는 'Staatsvernunft'란 말 대신에 프랑스어 'raison'

---

3) state와 국가라는 말과 개념 및 두 개념 사이의 관계에 대해서는 양승태 (2010), 특히 3장의 논의 참조.

4) 이것이 'state'라는 말의 원초적 의미이기도 하다. 'reason of state'에서 'reason'이 앞으로 설명할 의미를 갖게 됨은 'state'란 말의 원초적 의미가 그러하기 때문이기도 하다.

을 변형하여 직접 사용한 이유도 그러한 역사적 및 사상사적 맥락을 고려한 점에 있을 것이다.

따라서 순수하게 역사적 맥락만 고려할 경우 'Staatsräson'은 '국가방략' 또는 '국가책략'으로 번역함이 타당하다. 실제로 한국의 근대사에서는 황준헌(黃遵憲)의 『조선책략(朝鮮策略)』이 바로 그러한 개념 내용과 관련된 현실정치의 사례이기도 하다.5) 그리고 그러한 번역어가 서양 근대 정치사상사에서 '문자화되기에 앞서(avant le lettre)' 마키아벨리에 의해 창안된 그 개념 내용을 최초로 명확하게 규정한 것으로 알려진 보테로(Giovanni Botero, 1540-1617)의 개념 정의와 조화를 이루기도 한다.6) 그것은 키케로(Cicero)가 플라톤과 아리스토텔레스로 대표되는 고대 정치철학의 이상을 나름대로 정리한 개념이자 바로 국가이성이란 말에 가장 상응하는 어휘인 'ratio di politica(정치이성)'에 대한 대립 개념이다. 따라서 두 어휘는 외양만 비슷할 뿐 다른 개념 내용을 갖는 것이다.7) 그런데 바로 그 점에 하나의 역설이 있다.

---

5) 원제는 『私擬朝鮮策略』. 잘 알려져 있듯이 그것은 일본 주재 청나라 공사관의 참사관이었던 황준헌(黃遵憲)이 수신사 김홍집(金弘集)에게 써주어 고종에게 바쳤다는 책자이다. 이 책자가 당시 보수파와 개화파 사이 국론 분열을 촉발했다는 사실도 이 글의 주제와 관련하여 의미가 깊다. 앞으로 이 글에서 역사적 맥락에서의 'Staatsräson'은 '국가책략'이란 말보다 좀 더 포괄적인 의미를 갖는 '국가방략'을 번역어로 사용될 것이다.

6) 그의 정의가 일반적으로 그 개념에 대한 표준적인 정의로 인정되는데, 그것을 인용하면 다음과 같다. "Reason of state, he wrote, is the knowledge of the means appropriate to establish, maintain, and enlarge a state, defined as 'firm empire (dominio)' over a people." Viroli(1992, 490, Notes 2)에서 재인용. 이와 관련하여 독일에 이 개념을 소개한 법학자 클랍마르(Arnold Clapmar, 1574-1604)가 그것을 'arcana dominationis(지배의 비밀)'로 번역한 사실도 참고가 된다. 독일에서 그 개념의 수용 역사에 관해서는 Dreitzel (2002) 참조.

7) 이에 관련하여 앞에서 인용된 연구가는 다음과 같이 정리한다. "The presence of the term 'reason' in both definitions does not imply a conceptual affinity. Rather, it signals another important difference. In the definition of

'국가방략'의 개념적 의미 자체를 좀 더 깊이 검토할 경우, 그리고 위에서 언급된 바와 같이 그러한 개념을 사상사적으로 부활시킨 마이네케의 저술 의도나 실제적인 논의 내용을 검토할 경우,8) 그것은 필연적으로 '국가이성', 곧 '국가를 통해 발현되는 최고의 정신적 기능'의 의미로 사용되어야 할 필연성과 당위성이 있다는 사실에 그 역설이 있다. 다시 말하여 고대 키케로의 '정치이성'과 근대의 '국가방략' 두 개념을 승화 및 발전하여 종합한 개념으로서의 '국가이성'이 정립될 수밖에 없고 또한 그렇게 되어야 한다는 것이다. 또한 그와 같이 정립될 때 서구 역사 및 사상사적 맥락에서는 잘못된 번역어인 '국가이성'이란 말이 대한민국의 역사 및 사상사적 맥락에서 개념적으로 새롭고 유용하게 정립될 수 있으며, 국가이성에 대한 그와 같은 새로운 개념 규정을 통해 현재의 대한민국이 지금까지 추구한 국가방략을 넘어서 진정한 국가생활의 이상 및 그것의 실현방법을 새롭게 모색하는 계기가 될 수 있다.

왜 그러한지에 대한 자세하고 체계적인 설명은 별도의 방대한 개념사적 논의 및 이성 개념 자체에 대한 철학적 검토를 요구한다. 따라서

---

politics, reason stands for the Ciceronian reason — the recta ratio — which teaches us the universal principles of equity that must govern our decisions in legislating, counselling, ruling, and administering justice. In the case of reason of state, reason has an instrumental sense, meaning the capacity to calculate the appropriate means of preserving the state."(Viroli 1992, 476)

8) 1924년에 초판이 출간된 이 저작은 마이네케가 제1차 세계대전 종전 직후 저술 작업을 시작한 것으로 추정되며, 1908년 출간된 *Weltbürgertum und Nationalstaat* 및 1918년 출간된 *Preussen und Deutschland*에서 개진된 견해 및 주장의 발전선상에서 이해될 수 있다. 즉 그 철학의 진정한 실체를 떠나, 그 나름으로 이해한 칸트로 대변되는 독일 자유주의의 범 세계주의에 함축된 현실정치 이해의 '순진성'과 또한 그 나름으로 이해한 헤겔로 대표되는 프러시아 국가주의의 '편협성'을 극복한 국가생활의 이상을 제시하려는 시도로 파악될 수 있다.

이 글에서는 한정된 목적상 마이네케의 그 기념비적 저작의 저술 배경이나 저자 자신이 직접 표명한 의도, 특히 그 저작의 '서론'에 제시된 'Staatsräson' 개념의 본질에 대한 논의와 제3부 "근대 독일의 마키아벨리즘, 이상주의와 역사주의"의 제목으로 헤겔, 피히테, 랑케, 트라이치케 등을 중심으로 'Staatsräson' 개념이 독일의 정신사적 맥락에서 작동한 흐름과 관련된 기술 내용을 토대로 간단히 설명할 필요가 있다.

마이네케 스스로는 명시적인 철학적 개념 분석을 통해 새로운 국가이성의 개념을 정립하지는 않았다. 하지만 그가 앞의 기념비적 저작을 통해 서술하고 설명한 'Staatsräson' 개념의 역사적 발전과정이란 바로 'Staatsräson'에서 'die Vernunft des Staates'로의9) 개념적 승화, 발전이다. 그것은 곧 부국강병이나 영토 확장 등 국가라는 이름으로 집단적으로 행해지는 세속적 이익 추구의 주체인 'Staatsräson'을 개념적으로 승화, 발전시키는 것이다. 여기서 승화, 발전이란 세속적 국가 이익 추구의 부정이나 포기가 아니다. 그러한 차원을 넘어 국가만이 추구할 수 있고 실현시켜야 할 당위성이 있는 정의와 행복 등 보편적인 이상과 가치 추구의 주체가 되는 국가이성의 존재를 개념적으로 인식하고 발전시킴을 의미한다.

마이네케가 'Staatsräson' 개념을 중심으로 마키아벨리 정치사상을 재해석하면서 서구의 근대 역사 및 정치사상사를 재구성한 작업은 그가 직접 목격한 19세기 서구의 국제정치를 지배했던 '현실주의 정치

---

9) 그는 'Staatsvernunft'란 용어 대신 이 표현을 단 한 곳에서 사용하고 있는데 (Meinecke 1976, 1), 위에서 언급한 바와 같이 치밀한 개념 분석의 결론으로 제시한 것이 아니라 암시 수준의 표현이다. 철학적 논의로는 충분하지 않지만, 피히테와 헤겔의 '이성국가(Vernunftstaat)'에 대한 그의 논의도 결국은 자연법과 개인적 자유의 조화로 귀착된다고 할 수 있다. 그것은 곧 '인권'이란 말의 본래적 의미인 개개인을 통해 발현되는 '자연법(Naturrecht)'을 무시하지 않으면서 개개인의 욕구와 비합리적 목적에 의해 왜곡되지 않는 국가 차원의 보편적 정의나 행복이 실현된 국가생활에 대한 모색일 것이다.

(Realpolitik, political realism)' 또는 '권력정치(Machtpolitik)', 곧 '국가이익(Staatsinteresse)'을 위한 국가 간의 무한 투쟁 양상의 이념적 원천을 마키아벨리에서 발견한 데서 시작되었다. 그리고 'Staatsräson'에서 발전하여 19세기 권력정치를 통해 절정에 이른 근대 정치사가 'Staatsräson'이란 말 자체가 무의미해질 정도로 권력과 이익추구의 무한 각축장이 되어버린 정치적 상황이 그가 저술하게 된 직접적인 계기이기도 하다(Meinecke 1976, 481 참조). 그와 같은 역사적 및 정신사적 상황의 귀결이 바로 제1차 세계대전에서 패전한 독일이 처한 국가적 상황이었다.

그 역사적 상황의 실체는 외형적인 국가이익의 추구 및 국력의 일방적 행사가 초래한 국가생활의 파탄이다. 그리고 그 파탄의 근원은 마이네케가 '서론'에서 언급한 바와 같이, 국가생활의 두 필수적인 요소를 높은 차원에서 중재해야 할 국가의 기능이 제대로 작동하지 못한 상황이다. 그러한 기능의 주체가— 그가 직접 표현하지는 않았지만— 서양 근대 정치사를 지배했던 '국가방략'으로서의 'Staatsräson'을 넘어서 국가를 통해 작동하고 실현되어야 할 최고의 정신적 기능으로서의 '국가이성'인 것이다. 그의 표현으로는, "국가생활의 높은 곳에는 힘(Kratos)과 도덕(Ethos), 권력충동(Machttrieb)에 따른 행동과 윤리적 책임에 의거한 행동을 매개하는 하나의 다리, 바로 'Staatsräson'이 있으며, 그것은 합목적적인 것, 유익한 것, 신성한(heiligvoll) 것, 그리고 국가가 국가란 존재의 최고 상태에 도달하기 위해 그때그때(jeweils) 해야 할 바가 무엇인지에 대한 탐색(Erwägung)이다."(Meinecke 1976, 5) 그것은 간단히 말하여 국가가 세속적 이익 계산의 주체에서 도덕적 판단의 주체로 승화, 발전함을 의미하는 것이다. 따라서 마이네케에게 국가이성이란 결국 보편적 도덕률인 자연법과 실제적인 역사적, 정치적 삶 사이에서 언제나 발생하는 불가피한 긴장과 대립을 대승적으로 극복하는 주체이다. 따라서 그의 학문적 작업 또한 고대적 'ratio di politica'와 근대적 'Staatsräson'을 변증법적으로 종합하려는 노력이라고 규정될 수 있을 것이다.

유럽 근현대사의 비극은 궁극적으로 '국가방략'이 '국가이성'으로 승화되지 못한 데서 찾을 수 있다. 그것은 마이네케로 하여금 기념비적 저작을 저술하게 만든 제1차 세계대전 패전국 독일이 처한 역사 및 정신사적 상황의 근원이기도 하지만, 패전국과 승전국의 차이를 넘어 제2차 세계대전을 통해 범세계적으로 확산된 비극의 원천인 것이다. 국가방략이 국가이성으로 승화되지 못할 때 부국강병이라는 국가번영의 수단이 국가의 목적 자체로 전도될 수 있으며, 그와 같이 전도된 상황의 존속을 국가의 존속 자체와 동일시함에 따라 국가 또는 바로 국가이성의 이름으로 비이성적 행동을 넘어 온갖 추악하고 부도덕한 행위가 정당화되는 상황이 전개되었던 것이다. 물론 제2차 세계대전 이후 전개된 국제정치사의 흐름이 '어느 정도는' 경험적으로 반증하듯이, 그러한 상황이 모든 국가가 벗어날 수 없는 절대적인 숙명은 아니다. '국가방략'으로부터 '국가이성'으로 승화 가능성 자체가 그와 같이 전도된 상황의 극복 가능성도 제시하는 것이다. 그리고 그것이 제1차 세계대전 후의 세계사적 상황에 대한 마이네케의 '묵시적' 진단이라고 할 수 있다.

자신의 소업을 역사학자의 역할에 국한시켰기 때문인지 그 이유는 확인할 수는 없으나, 마이네케 스스로는 국가이성 개념의 발전에 대한 역사적 성찰에 집중한 나머지 도덕과 힘 또는 보편적 윤리와 현실 사이의 궁극적 조화라는 그와 같은 이상의 개념적 실체나 그것의 실현과 관련된 법이나 제도 또는 정책 등 실천적 방안 자체를 더 이상 깊이 탐구하지는 않은 것 같다. 그가 새롭게 설정한 국가이성의 기능이라고 할 수 있는 '합목적적이고 유익하고 신성한 것에 대한 탐색' 또한 아직 구체성이 결여된 추상적인 제안에 머무른 것이다.

그런데 마이네케가 미완성의 상태로 남겨놓은 학문적 과업, 즉 국가이성의 개념적 실체에 대한 구체적이고 체계적인 해명, 그리고 그와 같이 해명된 개념 내용에 근거하여 설정된 이상들의 구체적인 실현 방안에 대한 탐구란 정치철학이란 학문적 소업 전체라고 할 수 있다. 따라서 그러한 작업은 앞으로 계속 추구해야 할 방대한 과업이다. 다만 이 글의 목적상 국가이성에 대한 작업적 정의를 내릴 필요는 있기 때문에, 비록 아직도 추상적인 차원이지만 그것을 다음과 같이 규정할 수 있을 것이다. 즉, '국가이성이란 제한적 합리성과 더불어 비합리적 충동이나 탐욕이 지배하는 국가생활의 현실을 좀 더 보편적인 합리성 및 윤리적 이상에 접근하게 하는 국가 총체적인 능동적 정신'이라는 것이다.

개인적 차원에서 이성이란 스스로를 규정하고 계산하고 판단하는 기능을 발휘하면서 행동하는 정신적 주체이고, 그러한 이성 능력은 누구에게나 동일하게 주어져 있는 것이 아니라 천차만별의 차이가 있다. 마찬가지로 국가이성은 국가라는 인간 집단의 성격 및 행동 방향을 규정하고 결정하는, 다시 말하여 국가방략을 결정하고 수행하는 국민 전체적인 정신 능력이다. 그것은 바로 국가주권 행사의 성격과 방향을 결정하는 정신적 능력이기 때문에, 기존의 국가정체성을 적극적 또는 소극적으로 보지하거나, 능동적으로 변화시키거나, 다른 성격이나 내용의 정체성을 새롭게 확립하는 국민 전체 차원의 정신 능력이기도 하다. 따라서 한 국가의 각 부분들은 그 부분이 지향하는 목표를 추구하는 데 최고의 합리성에 도달할 수 있으나, 국가 전체 차원에서는 비이성적인 상태에 머무를 수도 있다. 한 부분에 한정된 합리성의 제고나 극대화가 국가생활 전체를 비합리적으로 만들 수도 있다는 것이다. 그리고 개인의 이성과 마찬가지로, 국가이성이라는 집합적 정신 능력의 성격이나 실제적인 기능의 질적 수준 또한 국가에 따라 천차만별일 수 있다.10) 그것은 한 국가가 공식적으로 표방한 이데올로기 또는 국가종교의 내용과 성격에서부터, 그 이데올로기를 지적으로 뒷받침하는 지식인 집단

---

10) 국가이성이란 용어를 사용하지는 않았지만, 국가정체성 문제에 대한 이러한 차원의 논의는 양승태(2010), 특히 1부 참조

의 지적 수준과 소통 방식, 지식인 집단과 권력 집단 또는 일반 국민과 관계, 그것이 공식적으로 해석되는 방식 등등에 따라 수많은 변용이 가능한 것이다. 국제법상 동등한 주권국가라도 그 주권 행사의 내용이나 성격 또는 그 보편성의 수준은 전혀 다를 수 있는 것이다.

국가이성에 대해 그와 같이 접근할 때 한국 근현대의 역사 및 정신 사와 국가이성의 관계를 체계적으로 이해할 수 있게 된다. 아울러 그와 같이 접근할 때 한국 근현대의 역사 및 정신사의 역동적인 흐름 전체, 나아가 현재의 역사의식의 분열에 따른 국가정체성 위기의 문제도 제대로 파악할 수 있게 된다.[11]

2. 국가이성과 한국 근현대사의 해석 문제

사실 마이네케가 서양 근대 정치사 및 정신사의 발전 맥락에서 성찰한 국가방략 및 국가이성의 문제는 한국인들에게는 학문적 이해 대상 또는 쟁점이기 이전에 근현대에서 실제로 겪은 역사적 체험의 근원이다. 그 역사적 체험의 핵심은 일본을 비롯한 강대국들이 국제정치 무대에서 국가이익을 위한 무한 경쟁이라는 합리적이면서 동시에 비합리적인— 그렇기 때문에 제한적인 합리성을 갖는— 국가방략을 추구하는 과정에서 한국은 일방적인 희생물이었다는 사실에 있다.[12] 그러한 역

---

11) 이 글에서 충분히 논의할 주제는 아니지만, 국가이성의 문제에 대해 그와 같이 접근할 때 최근의 정치현실에서 한국의 국가적 화두가 된 '국민행복'이라는 이상의 실체나 '강소국' 또는 '중강국'이라는 정치적 수사의 의미도 좀 더 명확해진다고 생각한다. 앞으로의 논의의 대상이기도 하지만, 미리 참고로 말하자면 'Staatsräson'의 개념을 명시적으로 정립한 앞서 언급된 보테로(Botero)도 존속에 적합한 국가의 양적 규모와 관련하여 베니스를 예로 들면서 "중간국의 더 큰 지속 가능성(die grössere Haltbarkeit der mittleren Staaten)"이란 표현을 제시한 바 있음을 지적할 필요가 있다(Meinecke 1976, 79 참조).

12) 앞에서 언급된 황준헌의 『조선책략』은 그 외교적 책략 여부를 떠나 그러한

사적 체험과정은 한편으로 쓰라리면서도 한심하고도 안타깝기 때문에 희비극적이다. 다른 한편으로는 그러한 역사적 체험 속에서 '근대화'라는 국가생활의 새로운 역사적 변환이 시작되었고, 그러한 역사적 변환 속에서 한국은 제2차 세계대전 후 60여 년 사이에 전개된 세계사의 무대에서 소위 '산업화와 민주화를 동시에 이룩하고 피원조국에서 원조국으로 변환하는 데 성공한 유일한 국가'라는 국제적 위상에 이르게 된 것이다. 따라서 한국의 근현대사는 세계사에서 가장 극적인 역사적 아이러니의 예이기도 하다. 그 아이러니의 핵심에는 바로 국가이성 문제와 직접 연관된 근대화라는 이념이 있다.

잘 알려져 있듯이 근대화는 제3공화국이 설정한 국가목표였다. 그것은 국가의 구체적인 미래상과 실현 전략을 적극적으로 설정하고 공식적으로 표명한 것이므로 한국 근대사에서 국가이성의 능동적 작동이 표면화된 첫 사례이다.13) 그것은 근대화 추진 세력의 지식세계, 가치관, 판단 등이 국가이성으로 작동한 예라는 것이다. 여러 가지 논란이 있을 수 있고 여러 가지 역사적 우여곡절과 명암이 있었지만, 제3공화국이 근대화의 이름으로 산업화를 추구한 결과가 오늘 대한민국이 도달한 국가적 위상임은 분명하다. 그 과정에는 야당 및 일부 사회세력이 추구한 소위 민주화 투쟁을 억압한 측면도 있다. 그러나 정도의 차이는 있지만 비스마르크의 독일이나 메이지시대 일본 등 어느 국가에서나 역

상황에 처하여 제대로 된 국가방략을 수립하지 못하는 조선 조정에 대한 나름대로의 안타까움도 있다.

13) 별도의 방대한 논의를 요구하지만, 간단히 말하여 조선조의 건국은 단순히 전통적인 왕조 교체가 아니라 불교 국가에서 유교 국가로의 국가정체성의 대전환을 통해 국가이성을 새롭게 정립한 사례이다. 앞으로 이 글의 논의를 통해 설명되겠지만, 조선조의 쇠망은 조선 중기 중국에서 청조의 등장, 서학의 유입, 병자호란 등 역사적 상황의 전환에 능동적으로 대처하면서 주자학적 국가정체성을 새롭게 변혁시키고 발전시키지 못한 점, 즉 국가이성의 새로운 형성 및 작동에 의한 새로운 국가정체성 확립의 실패에 그 근본 원인이 있다고 할 수 있다.

사적 변환의 시기에는 지식세계, 가치관, 판단이나 정치사회적 배경이 서로 다른 집단들 사이에서 그 변환의 성격이나 방향과 관련된 이념적 및 정치사회적 갈등은 있기 마련이다. 그리고 뚜렷한 국가목표를 확신을 가지고 추구하는 정치세력은 다소 무리한 방법을 동원해서라도 그러한 갈등을 극복할 수 있어야 국가목표의 달성에 성공할 수 있음도 사실이다. 여기서는 특히 제3공화국부터 제5공화국까지에서 표출된 그 갈등의 구체적 양상이나 성격 그리고 그 갈등의 극복 방식에 대해서는 논의를 유보하고, 그것에 함축된 국가이성의 문제에 초점을 맞추기로 한다. 그것은 바로 국가이성으로 작동한 근대화 추진 세력의 지식세계, 가치관, 판단 등의 역사 및 정신사적 성격 문제이다.

일단 제3공화국의 근대화 추진 세력은 일본의 식민지 시대에 식민지 정부가 직접 양성한 관료집단과 그 시대에 사회적으로 양성된 금융인과 기업인들이었다. 그들은 구한말과 일제강점기 초기에 독립운동을 주도한 세력과는 달리 대체로 일제강점기가 시작될 시기 전후에 태어나 젊은 시절 대부분을 일제강점기에서 보낸 사람들이다. 그들은 식민지 교육을 받았고, 식민통치를 국가생활로 영위한 사람들이다. 그들에게 조선은 태생적으로 애착의 대상도 아니지만, 성장하면서 근대 국가가 무엇인지 어느 정도 인식한 사람에게는 전적인 부정의 대상일 수도 있었다. 부패하고 무능한 조선조에 대한 반감이 일제강점기에 적극적인 민족의식 및 국가의식의 고양을 저해한 결과가 친일문제의 근원이라고 할 수 있다. 동시에 그들은 일본의 근대화 과정에 매료되고 그들의 식민지 통치과정 속에서 국가운영과 기업운영의 실제적인 노하우를 배운 일종의 엘리트이자 전문가 집단이다.

그들 집단은 일본 식민통치의 수혜자이기도 하지만, 근대 국가 및 사회의 운영이 어떻게 이루어져야 하는지에 대해 그 운영의 현장에서 직접 구체적이고 실제적인 지식을 습득한 인물들이며, 개인에 따라서는 소극적이나마 독립 후의 국가운영에 어떻게 기여할 것인지 나름대로 고민한 사람들이기도 하다. 그러나 그들에게는 독립운동에의 의지가 태생적으로 약할 수밖에 없었으며, 어쨌든 식민통치의 수혜자이기 때문에 친일파라는 비판에서 자유로울 수는 없다. 다만 그들은 근대화에 대한 의식이나 민족의식 자체가 없이 일본의 식민통치에 적극적으로 협력하거나 또는 아예 동화하면서 오직 가문과 개인의 세속적 영달만을 추구한 민족 반역적인 부일 협력자들과는 구분된다. 그리고 그들 부일세력은 대체로 제1공화국의 몰락과 더불어 대한민국 역사의 무대에서 사라졌다고 볼 수 있으므로, 대한민국 국가이성의 역사 및 정신사적 현재성과 관련된 논외에서는 일단 제외될 수 있다.

친일의 비난을 받는 근대화 추진세력은 어쨌든 국망(國亡) 이후 여러 방식으로 국권회복을 위해 노력하면서 새롭게 건설될 국가의 모습이 무엇이 되어야 할 것인가에 대해 진지하게 고민하고 나름대로 구상한 인물들과는 구분된다. 그러나 그들 독립운동 세력은 바로 그들이 수행한 독립운동의 제약 때문에 근대 국가운영의 실천적인 지식을 습득할 기회가 없었으며, 그들의 근대 국가에 대한 이해 또한 대체로 서양의 국가이론이나 정치사상에 대한 개론 수준의 지식에 머물러 있었던 것이 사실이다. 어쨌든 현재 한국 정치에서 국가정체성의 위기를 운위할 정도로 심각한 보수와 진보 대립은 두 세력에 대한 역사적 평가에 있어서의 대립에 기초하며, 또한 그러한 역사적 평가 속에 대한민국 국가이성 문제의 근원도 발견할 수 있다.

국가이성의 발전 차원에서는 물론 두 집단이 화해 및 융합하여 국가건설의 이상을 정립하면서 새로운 국가목표를 설정하고, 독립 후에는 서로가 협력하여 국가를 조화롭게 운영함이 가장 바람직했을 것이다. 그리고 그것이 국가통치의 실제적인 효율성 면에서도 가장 바람직했을 것이다. 그러나 그것은 단지 희망일 뿐이다. 그러한 융합이나 조화는 독립운동과 식민통치에의 참여라는 두 행위 자체의 모순 때문에도 물론 불가능하며, 한국 근현대의 역사 및 정신사의 기본적인 흐름 속에서 두 세력이 출현하게 된 배경과 그들 각각이 갖는 위치와 명분의 대립 때문에도 실질적으로 불가능했다는 점이 중요하다. 그리고 그러한 위치와 명분의 대립은 그들 사이의 인간적 성향의 차이에도 반영되어 있다. 과도한 일반화의 오류를 무릅쓰고 간단히 표현하여 그것은 이념인과 실용인의 차이라고 할 수 있다. 그런데 이념과 실용은 본질적으로 대립의 관계가 아니다. 이념이 구체성이 결여되어 교조적인 추상성에 머무른 불완전한 이념이거나, 실용의 현실적인 효과나 영향이 시공간적으로 한정된 대상에 머무르는 불완전한 실용일 때 둘 사이는 대립의 모습으로 나타날 뿐이다. 한국의 역사에서는 이념인과 실용인이 정치적으로 첨예한 대립의 형태로 나타났다는 사실 자체에 한국 근현대 역사 및 정신사의 실체가 반영되어 있다. 그 점을 설명하기 위해서는 간략하게나마 한국 근현대 역사 및 정신사에 대한 새로운 개관이 필요하다.

조선 후기에 이르러 국가생활의 대외환경은 급변하고 대내적 상황은 구조적으로 악화되고 있었는데, 당시 노론 중심의 지배층 및 그들의 정신세계를 지배한 '수주자주의(守朱子主義)'의 성리학은 성리학적 사유 자체를 고착화시키고 전통적인 유교적 국가 이성 및 정체성에 집착하게 만들었다. 이에 따라 유교적 국가이성은 스스로에 대한 변혁을 통해서 국가생활의 획기적 변화와 발전을 추구할 있는 정신적 동력을 갖지 못하였다.14) 실제로 주자학 체계를 보완하면서 새로운 국가이성의 정립에 필요했던 법가(法家)와 관련된 저작들이 노장사상(老莊思想)의 저작들과 함께 조선시대에는 법적으로 금서는 아니었지만 실질적으로 공론영역에서 논의가 배제되어 있었다는 사실이 주목되어야 한다. 조선 후기에 들어 일부 소론이나 남인 계열의 학자들이 관자(管子)나 노자(老子)를 주자학에 대한 수정 또는 보완의 차원에서 논의한 바 있지만,15) 그들은 결국 사문난적으로 몰리거나 송시열 중심의 '수주자주의'

---

14) 이에 대한 정치사상사 차원의 논의로는 양승태 외(1999) 참조.
15) 대표적으로 박세당과 정약용이 그들이다. 필자의 조사로는 조선조에서 노장

를 표방하는 노론과의 권력투쟁에서 패배하여 통치운영에서 배제되었던 것이다. 대한민국 국가이성의 문제는 실제로 그러한 역사 및 지성사적 연속선상에서 이해되어야 하기 때문에 그것에 관해서는 앞으로 이 글에서도 다시 논급될 것이다.

어쨌든 국가이성 재정립 실패의 결과는 잘 알려져 있듯이 '메이지유신(明治維新)'이라는 이름의 변혁으로 나름대로 새로운 국가 이성 및 정체성의 확립을 기초로 국가쇄신 및 부국강병에 성공한 일본에 의한 국권피탈이다. 비록 여러 가지 역사적 우여곡절의 결과이긴 하지만, 한국이 일본에게 주권을 피탈당하게 됨은 역사적 필연에 — 절대적이고 기계적인 필연이 아니라 — 해당한다. 국가운영의 상태나 국가적 역량이나 국민정신 면에서 조선보다 상대적으로 비교가 안 될 정도로 우위에 있었던 당시 일본의 국가 상태를 고려하고,16) 바로 앞에서 언급한 '힘의 정치' 및 부국강병을 위한 국가방략의 무한정한 추구가 자연스럽고 당연한 국제질서로 간주되었던 당시의 세계사적 상황, 그리고 특히 러일전쟁 직후 전개된 동아시아의 국제정치 상황 등을 고려할 때 그러하다.

19세기 후반의 조선은 부국강병과는 전혀 상반되는 총체적으로 빈곤하고 무능한 국가, 무엇보다 본디 국가생활의 합리성과 도덕성의 구현

사상이나 법가 사상 관련 문헌들의 '실질적' 금서 상황의 기원 및 전개와 관련된 체계적이고 구체적인 지성사적 연구는 아직 없는 것 같다. 한국 사상 연구가들은 대체로 그러한 사실을 전제하고 연구나 논의를 진행하는 것으로 보인다. 다만 조선 후기에 노자와 관자가 일부 유학자들에 의해 논의된 사실에 대한 간략한 정리로는 심경호(2007) 참조.

16) 이에 관해서는 일단 조선과 일본에 대한 영국의 시각에 한정되어 있고, 서술이나 설명에 보충할 것도 많으며 조금 거친 점은 있으나, 박지향의 『일그러진 근대』(박지향 2003)는 무엇보다 한국사를 보는 시각을 세계사의 관점에서 파악하려는 시도라는 점에서 학문적 의의가 있고 참고할 만하다. 그리고 구한말에서 일제강점기 국제정치사에 대해서는 구대열(1995)의 탁월한 서술이 있다.

을 지향한 이념이자 명시적으로 표방한 국가이성 및 국가정체성에 해당하는 주자학 이념과 '예(禮)의 질서'가 실제로는 비합리성과 위선과 부패의 이념적 원천으로 작동했던 국가였다. 그러한 국가가 인접한 신흥강국 일본에 강점당하고 병합되게 된 것은 적어도 당시의 세계사적 상황에서는 역사적 필연이라는 것이다. 그런데 한국에서 국가이성의 문제와 관련하여 중요한 점이자, 현재까지 이어지는 한국 근현대의 역사 및 정신사 흐름과 관련해서, 그리고 현재 한국 정치에서 보수와 진보의 대립의 국가정체성 위기와 관련해서도 중요한 점은 그러한 국망(國亡)의 역사를 바라보고 해석하는 기본적인 시각이다.

　일본의 식민통치와 관련된 근대화 논쟁을 떠나서,17) 한국에서는 일

17) 소위 '자생적 근대화론'과 '식민지 근대화론' 사이의 대립이 그것이다. 그러한 논쟁에 관해서는 이영호(2011) 및 김인걸(1997) 참조. 이 글에서 그 논쟁과 관련된 나름대로의 방대한 논쟁에 대해 자세하게 논의할 수는 없을 것이다. 다만 그 논쟁이 주로 식민지정책의 구체적인 결과나 통계수치에 대한 해석을 중심으로 이루어지고 있는 점의 한계에 대해서는 간단하게나마 지적하고 지나갈 필요가 있다.
　일단 일제통치가 근대화의 기반이다 또는 아니다 하는 논쟁은 학문적으로 본원적인 중요성은 없다. 국가의 주권은 잃었지만 한국 민족 및 사회는 존속했고, 식민통치라는 상황 자체가 일본 정부가 시행한 정책의 목적이나 의도 여부를 떠나 당시 한국사회로 하여금 근대화된 일본의 제도나 문물의 영향에서 벗어날 수 없었음은 분명하다. 따라서 일본의 식민통치 기간 경제사회적 지표들이 실제적으로 어떠했느냐를 떠나, 일본의 식민 통치 시기에 서구화 및 자본주의화가 본격적으로 시작되었음도 분명하다. 다만 그러한 성격의 근대화라도 그 수용 정도는 농촌과 도시, 지배층과 피지배층, 농촌의 지주와 도시의 상공업자의 차이 등 지역이나 신분 또는 직능에 따라 극단적인 거부에서 적극적인 수용까지 달라진 것이다. 아울러 그러한 연구에는 통치의 주체인 일본이라는 국가 또는 정부의 성격 변화를 반드시 고려해야 한다. 제국주의 국가의 식민지 정책은 상대 민족을 보는 근본적인 시각, 식민통치의 기본 목적, 언제나 가변적인 국가상황에 전체에 대한 고려에 따라 끊임없이 그 성격이 변할 수 있는 것이다. 일본이 한국을 영구 병합하려는 의도는 분명하지만, 그 통치의 성격과 내용은 일본 정부 내의 정신적 분위기나 국가적 환경에 따라 변화했으므로, 일본의 식민정책을 바로 일본 자체의 국가책략이나

본의 식민통치를 바라보는 지배적인 시각은 그것을 타국의 주권에 대한 비윤리적 침탈행위로 간주하는 것이다. 일상적인 어구로 표현하여, "나쁜 놈들이 착한 우리를 괴롭히고 못살게 굴었다"는 식의 논법이다.18) 만일 일본이 조선 후기에 나름대로 싹트기 시작한 '자생적이고 내재적인' 근대화 역량이 발전할 수 있도록 호혜평등과 선린우호의 차원에서 정신적으로 물질적으로 도와주었다면, 그것은 한국과 일본의 관계문제를 떠나 국가관계의 이상을 구현한 세계사적 사건일 것이다. 그러나 그것은 당시의 상황에서는 물론 있을 수 없는 일이고, 지금도 실현 불가능한 요원의 이상일 뿐이다. 그리고 설사 개개인들은 설령 착할지라도 조선이라는 국가는 착하지도 않았고, 착함이 못남을 정당화하지도 않는다.

조선 후기에는 분명히 자생적 근대화 또는 근대 자본주의의 맹아로 간주될 수 있는 사회경제적 변화가 있었고,19) 기존체제의 변화를 통해 국가생활의 발전을 모색한 지식인들이 있었음은 분명한 사실이다. 그러

국가이성 관점에서 좀 더 총체적으로 설명할 필요가 있는 것이다. 예를 들어 일본이 주도한 농지개혁이나 토지조사사업, 산업시설, 교육, 금융, 교통·통신 등 사회간접자본의 설치 등은 조선에 대한 효율적인 착취의 목적도 있으나, 자신의 영토에 병합된 지역과 국민을 나름대로 합리적이고 효율적으로 통치하기 위한 국가정책의 관점에서 볼 필요도 있다. 다시 말해서 일본의 의도와는 무관하게 일본의 식민통치는 한국의 근대화를 촉진시켰다는 역사적 아이러니의 관점에서 일제강점기의 역사를 이해할 필요가 있는 것이다. 또한 일본이 한국 문화 자체에 대한 말살을 통해 한국 민족 자체를 없애려는 시도는 전쟁 수행이라는 '비정상적'인 정책상황의 산물이기도 한 것이다.

18) 이 글의 논지와 직접 연관되지는 않지만, 그와 같은 '역사관'의 형성에는 한국의 역사 교육이 — 서울대학교의 역사 교육이 국사학과, 동양사학과, 서양사학과로 나누어져 있는 상태가 압축적으로 대변하듯이 — 한국사를 세계사의 맥락 및 관점에서 제대로 이루어지지 않은 점에도 원인이 있다.

19) 경제적 측면에서는 대표적으로 김용섭(1984), 서구 시민계급의 형성에 비견될 수 있는 중인층의 형성에 관해서는 정옥자(2002) 참조. 아울러 조선의 과거제도는 중국 및 베트남의 그것과 함께 가장 오래된 '근대적인' 인사행정 제도이기도 하다. 이에 관해서는 우드사이드(2012)의 흥미로운 통찰이 있다.

나 그러한 수준이나 성격을 갖는 변화의 맹아는 역사적 변화의 요구에 직면한 모든 지배체제에서 언제나 존재한다. 자본주의의 맹아는 청동기 시대에도 존재한 것이다. 문제는 그러한 변화가 개인들이나 일부 사회 세력의 차원을 넘어 국가 전체 차원에서 모색되고 추구될 수 있는지 여부이다. 19세기의 조선조는 분명히 그와 같은 모색과 추구에 실패한 정권이다. 자생적인 근대화의 맹아는 당시의 지배체제와 상충되었을뿐더러, 스스로 표방한 성리학 이념이나 '예의 질서'의 이상이 오히려 국가 권력의 사당화(私黨化)에 의한 착취와 비인간적 무례를 정당화하는 이데올로기로 작동하고 있었던 위선적이고 부패한 정권이 그러한 과업을 수행한다는 것은 구조적으로 불가능한 것이다. 그리고 설사 내재적이고 자생적인 변화의 단초가 있더라도, 그것이 실제로 국가 전반의 변화와 개혁으로 이어지려면 지배층 전반 자체에 새로운 변화의 분위기가 형성되어야 하고, 그것을 주체적으로 추진할 수 있는 이념과 실천력을 갖춘 정치세력이 형성되어 있어야 한다. 조선조의 개혁세력은 결코 그와 같은 성격의 정치세력은 아니었다.[20]

---

20) 이와 관련하여 최근 국사학계 일부에 나타난 고종의 개혁의지를 긍정적으로 평가하는 견해에 대해 언급할 필요가 있다. 대표적으로 이태진(2011; 2007; 2000; 1998), 한영우(2001) 등의 논지가 그것이다. 물론 고종이 특히 대한제국 시기에 나름대로 서구 문물을 받아들이면서 국정개혁을 주도하고 국권의 수호를 위해 노력한 것은 사실이다. 그런데 그것은 자신의 '소유물'을 필사적으로 잃지 않으려는 일반인의 노력과 본질적인 차이는 없다. 그것은 권력자라면 당연히 취할 수밖에 없는 태도이며, 그러한 노력도 기울이지 못하는 권력자는 권력자도 아니다. 기본적으로 고종의 개혁은 자신의 왕권이 보존될 수 있다는 조건에서 추진한 것이고, 개혁에 필수적으로 요구되지만 왕권 자체에 조금이라도 위협이 되는 정책은 결코 추진하지 않았다는 사실이 중요하다. 그리고 당시에 왕권의 보존과 국가개혁을 동시에 추진할 수 있으려면 비상한 카리스마 및 지혜와 더불어 경우에 따라 잔인성과 교활함을 능수능란하게 발휘할 수 있는 고도의 정치적 책략을 갖춘 인물이 있어야 했다. 그런데 고종은 그러한 인물이 못된다. 그는 평화 시에는 성군이 될 수도 있는 인물이나 국가적 위기 상황에서 그것을 타개할 수 있는 지도자는 되지 못한

결론적으로 19세기 말의 세계사적 상황에서 한국은 국가의 변혁이 아니라 유지라도 할 수 있을 정도의 국가이성과 국가방략을 구비하지 못한 조선왕조라는 정권이 지배했던 국가였으며, 갑신정변이나 만민공동회의 실패가 보여주듯이 쿠데타나 혁명을 통해서 그 왕조를 대체하고 새롭게 국가를 변혁하여 존속시킬 수 있는 수준의 대체적인 정치세력도 부재한 국가였다. 시대적 상황이 요구하는 변혁을 통해 스스로를 존속시키고 발전시킬 수 있는 역량이 없이 총체적으로 부패한 국가는 일단 무너지는 것이 역사적으로 필연이고, 경우에 따라서는 그 국가의 역사적 장래를 위해서도 바람직할 수 있다. 그리고 국가가 무너졌을 때 민족정체성마저 잃어버리고 자신을 지배한 국가에 쉽게 동화되어 사라질 민족이라면, 처음부터 국가생활을 영위할 자격도 없는 민족이기 때문에 세계사에서 사라지는 것이 당연하다. 구한말과 일제강점기의 역사가 보여주듯이, 국권상실의 과정이나 타국에 예속된 사회적 삶 속에서는 바로 스스로의 사회적 삶 자체를 주체적으로 영위할 수 없기 때문에 나타나는 여러 가지 치욕스럽고 비극적 상황들이 연출될 수밖에 없다.[21] 그러나 그러한 역사의 과정 속에서 역사적 현실을 직시하면서 자기변혁을 통해 새로운 국가건설을 준비할 수 있는 민족만이 세계사에서 존속할 수 있고 존속할 만한 가치가 있는 민족인 것이다.

비록 민족사적 과오에 해당하는 분단을 포함하여 여러 가지 복잡한 역사적 우연 및 필연과 함께 운명까지도 작동한 결과이지만, 한국 민족은 일단 식민통치를 벗어나 국제법상 공인된 새로운 국가를 설립했다

다. 그 스스로가 왕조의 보존이 아니라 왕궁의 재정을 위해 매관매직을 서슴지 않은 인물이었음은 잘 알려져 있다. 그리고 당시 왕이나 지배 엘리트들은 획기적인 국가개혁을 추진할 수 있는 의사도 능력도 없었고, 갑신정변이나 만민공동회의 실패가 보여주듯, 그들을 대체하여 변혁을 추진할 만한 사회세력과 정치집단도 존재하지 않았다.

[21] 그러한 상황이 한국의 근대문학에 투영된 모습에 관해서는 최정운(2013), 특히 제3장 "신소설의 인물들과 그들의 세상" 참조.

는 점만으로도 일단 세계사에서 존속할 만한 민족이라는 점을 '공식적으로는' 입증한 것 같다. 문제는 '공식적 입증'의 실상이다. 다시 말하여 대한민국의 출현은 단순히 국제법상 주권을 되찾았다는 소극적 의미의 국권회복을 넘어 스스로의 국가생활의 이상을 주체적이고 능동적으로 추구할 수 있다는 적극적 차원의 국권회복도 의미하는가의 문제이다. 이 문제가 바로 현재의 맥락에서 제기되는 국가이성 문제의 핵심이다.

국망 이후 국가이성의 문제와 관련하여 한국 근현대 지성사에 부여된 과제는 다음 네 가지로 정리될 수 있을 것이다. 첫째, 국망의 원인에 대한 깊은 역사적 및 정신사적 성찰이다. 그것에는 통치 이데올로기로서 성리학에 대한 비판적 검토와 조선조 통치체제의 문제, 사회경제적 구조 등에 대한 연구가 포함될 것이다. 특히 성리학 자체에 오류가 있는지 또는 그것에 대한 조선 주류 학자들의 이해에 해석상의 오류가 있는지, 아니면 조선 후기의 지배층이 성리학은 내세우되 실제적으로는 그 이념과는 무관하게 국가를 운영했는지 여부에 대한 철저한 반성적 성찰이 요구될 것이다. 둘째, 당시 한민족이 직면한 대내외적 현실에 대한 철저한 이해이다. 이것에는 한민족을 지배하고 있는 일본이라는 국가에 대한 체계적인 탐구에서부터 세계사의 흐름 및 당시의 국제정세에 대한 탐구가 주요 과제일 것이다. 셋째, 이미 구한말부터 황제주권론에 대한 대안으로 제기되기 시작한 공화나 민주 등의 이념을 비롯하여, 국가 및 주권 개념 자체를 비롯하여 정의, 인권, 자유, 평등, 행복 등 국가생활의 목표 또는 이상과 관련된 이념들의 실체에 대한 학문적 탐색이다. 넷째, 그러한 학문적 탐색을 토대로 바로 국가책략의 차원에서 국권회복의 방안에 관한 전략의 수립, 이와 더불어 국권회복 이후 영위할 국가생활을 통해서 구현할 그러한 이상들에 접근하기 위해 현실적으로 실현 가능한 구체적인 제도 및 정책들에 대한 모색이다.

그런데 일제강점기와 해방 직후의 역사와 정신사 또는 지성사의 흐름을 개관할 경우, 그러한 성찰과 탐색과 모색이 과연 제대로 이루어졌는지 여부에 대한 답은 부정적이다. 왜 그러한지에 대한 자세한 설명 또한 별도의 방대한 작업을 요구하지만, 여기서도 그와 관련하여 단정적으로 말하게 할 수 있는 한 가지 역설은 있다. 바로 그 역설이 현재 대한민국이 직면한 국가이성 문제의 해명에 중요한 단서를 제공한다.

3. 국가이성과 일제 식민지 시대의 지성사적 의미

만일 위에서 언급된 그와 같은 과제들을 제대로 수행할 수 있는 지적 역량이 국망 후의 한민족에게 이미 구비되어 있었다면, 한국은 국망이 아니라 이미 오래전에 근대 국가로 성장하여 동아시아의 중추적인 위치에서 국제정세를 주도하고 있었을 것이다. 그 점이 바로 역설적이다. 다시 말하여 국가이성 자체의 지적 빈곤이 국망의 가장 근본적인 원인이었고, 지적인 체계성을 갖춘 새로운 국가이성의 형성은 바로 상당 기간의 지성적 성숙과정을 필요로 하기 때문에, 그와 같은 과제들을 제대로 수행하기는 현실적으로 불가능했다는 것이다. 이러한 논리는 마치 조선조의 학문 전체를 부정하는 듯한 인상을 줄 수 있으므로, 오해를 피하기 위해서라도 좀 더 부연설명이 필요하다.

앞에서 지적한 조선조 통치체제 문제의 다른 측면이고 여러 가지 지극히 복잡한 역사 및 정신사적 배경에 대한 설명을 필요로 하지만, 간단히 말하여 조선 후기의 통치질서를 지배했던 주자중심주의는 이성의 자기발전에 필수적으로 요구되는 새로운 사상, 지식, 세계관을 주자학이라는 거대한 체계 내에 흡수하여 그것 자체를 더욱 보편화하려는 노력을 차단시켰다. 그것은 주자학 자체의 고착화를 의미한다. 통치 이데올로기의 그러한 고착화 속에서 예의 질서라는 국가 차원의 도덕적 이상은 실질적으로 형해가 되어가고 있으며, 이에 따라 그것은 지배층의 배타적 가족중심주의를 바로 예의 이름으로 옹호하는 사회적 윤리 차원의 기능밖에 수행하지 못하였다. 이와 더불어 조선 중기 이후 새로 유입되기 시작한 서학은 물론이고, 근본적으로 유학의 지류인 양명학(陽明學)마저 배척하는 지성적 외양의 반지성적 학문풍토가 지속되었다. 세계사적으로 유례가 드문 지식인 국가 조선의 그러한 반지성적 풍토는 학문적 발전 역량을 소진시키고, 그러한 지적 역량의 빈곤 상태는 국가이성의 빈곤 상태를 지속시킨 것이다. 그러한 과정에서 조선의 지배층이자 교양인 집단인 양반층은 점차 국민적 존경과 신뢰를 잃게 되어 위선과 탐욕의 집단으로 비아냥거림과 혐오의 대상으로 전락하였다. 그러한 지배층이 국가 위기 상황에서 국론을 결집하면서 그것을 타개할 수 있는 국가방략 추진의 주체가 될 수는 없는 것이다.

결국 조선조 국가이성의 빈곤이 조선조 쇠망의 가장 근본적인 원인이라고 할 수 있다. 그리고 그러한 빈곤으로부터는 어느 날 갑자기 벗어날 수 있는 것이 아니라 오랜 기간의 학문적 온축을 통해서만 벗어날 수 있다는 점이 중요하다. 그러한 온축이 사회적으로 확산되어 정신적 소양을 축적한 시민적 교양 집단이 형성되어 국민들로부터 정신적으로 신뢰를 받을 때, 그리고 그러한 정신적 분위기를 국론으로 결집시킬 수 있는 정치적 역량을 가진 정치집단 및 지도자가 출현할 때, 새로운 국가이성이 형성되고 작동할 수 있는 것이다. 따라서 구한말과 국망 후 비록 서구의 새로운 학문이나 사조나 이념들이 소개되고 유입되었다고 하더라도, 그것들의 실체를 제대로 깊이 파악하면서 새로운 국가생활의 이념을 독자적으로 정립하기에는 조선 후기 학문 자체의 지적 역량이 부족했다고 볼 수 있다. 물론 이 시기에 신채호, 조소항, 안재홍 등 나름대로 깊은 식견과 통찰력을 가지고 국가생활의 미래를 독자적으로 구상한 인물들이 있었던 것은 사실이다. 그러나 그들의 사상에는 조선 왕조 체제의 부활을 도모하는 소위 복벽(復辟)주의와 더불어 당시 서구에서 유입된 온갖 이념들에 따라 중구난방으로 제기되었던 주장들을 대승적으로 종합한 새로운 국가이념을 창출하기에는 세계관적 포괄성이나 개념적 엄밀성 및 체계성 면에서 부족한 점이 많았던 것이 사실이다.

그러한 창출이 이루어지려면 무엇보다도 먼저 당시의 전통 사상이자 지적 유산인 유학에 대한 비판적 성찰이 필요하다. 그리고 그러한 비판적 성찰을 기초로 서구 사상 및 서구 정치학의 유입을 통해 접하게 된 근대 국가의 주권 개념 자체를 비롯하여 공화나 민주 등의 이념, 그리고 주권, 정의, 인권, 자유, 평등, 행복 등의 이념들 자체에 대한 철저한 정치철학적 분석과 그 정치사상사적 배경에 대한 깊은 이해가 필요하다. 그런데 당시의 지성사적 상황에서 그러한 수준의 지적 능력이 발휘되기를 기대하기는 어려운 것이다. 그리고 설사 천재적인 사상가가 등장하여 당시의 다양한 사상들을 종합한 새롭고 획기적인 이념을 제시했더라도, 조선 후기에 이미 심화된 부패구조 속에서 '체화된' 공적 담론행위의 반지성적 비진지성은 — 필자는 정약용(茶山 丁若鏞)을 그러한 수준의 천재적인 사상가로 간주하지는 않지만 비슷하게나마 그가 처했던 삶의 역경이 증언하듯이 — 그를 외면하거나 경우에 따라서는 바보로 만들었을 가능성도 있다. 중국의 모택동(毛澤東)이나 일본의 후쿠자와 유키치(福澤諭吉)는 천재적인 사상가는 아니지만, 역사적 전환기의 중국과 일본에서 나름대로 국가이성의 변혁과 새로운 국가정체성의 확립에 결정적으로 기여한 인물들임에는 틀림없다. 그런데 만일 그와 같은 인물이 한국에 출현하였을 경우 그가 과연 중국과 일본에서와 같이 국가적 인물로 부각되었을지 의문이다. 아마도 '혼자 잘난 체한다'는 비아냥거림의 대상이 되었을 가능성이 크다.

어쨌든 역사의 우여곡절을 거쳐 대한민국은 탄생했고, 그것이 표방한 국가생활의 이상은 헌법을 통해 '민주공화'로 규정되었고, 현실정치 속에서 그것은 대체로 '자유민주주의'로 동일시되었다. 문제는 헌법 제정 과정에서도 정작 그 헌법의 근본 토대인 공화나 민주 또는 자유민주주의라는 이념의 실체에 대한 진지한 학문적 검토나 치열한 논쟁이 있지는 않았다는 사실이 주목되어야 한다.22) 그것은 결국 국가의 새로운 탄생을 준비하거나 직접 그 탄생 과정에서 그 국가의 존재성 및 그 체제의 성격과 내용을 결정하는 이념들의 의미가 마치 자명한 것처럼 받아들인 것과 같다. 그러한 사실은 건국 당시 한국의 정치학 수준을 고려할 때 당연히 예상된 결과이기도 하다. 그런데 그와 같은 태도가 중요한 점은 단순히 국가통치와 관련된 가치나 이념의 실체에 대해 당시 정치인들이 비반성적으로 이해했다는 사실을 의미하기 때문만은 아니다. 필자는 대한민국 국회의 역사 전체적으로 지적 소양이나 교양 수준 면에서 제헌국회의 의원들은 이후 어느 대의 국회의원들보다 가장 높았다고 생각한다. 그럼에도 그들조차 국가통치와 관련된 보편적인 가치나 이념의 실체에 대한 이해도가 그 정도였다는 사실이 중요하며, 그러한 이해 수준은 현재까지 지속되고 있다는 사실 속에 현재 대한민국이 당면한 국가이성 및 국가정체성 문제의 근원을 찾으면서 그것을 새롭게 정립하는 방향이 모색될 수 있다는 것이다.

일단 그러한 이념들의 실체에 대한 철저하고 진정한 이해는 일생을 탐구해도 제대로 도달하기 어렵다는 사실이 환기되어야 한다. 그리고 기본적으로 그러한 이해는 현실정치인들이 아니라 정치철학자의 소업이기도 하다. 하지만 어떠한 제도나 법이나 정책이라도 그 윤리적 정당성이나 타당성은 물론이고 그 궁극적인 효율성도 그러한 보편적 이념

---

22) 이러한 사실에 대해서는 헌법학자들의 다음과 같은 진술을 참고할 필요가 있다. " '공화국'은 우리사회의 식민화와 동시에 소멸된 그 '대한제국'에 대한 당연한 역사의 부정이며, 또한 정치적 기본질서에 있어서의 그 자유민주주의는 미군의 진주에 오는 당연한 결과였다. 바로 그러한 까닭에 제헌헌법의 제정과정에 있어서는 그 논의의 대상은 대체로 권력구조, 경제질서, 그리고 상의(常議)적 의미의 기본권이었고, 가장 기본적인 공화국, 국민주권, 정치적 기본질서 등에 대해서는 거의 언급이 없었다. 그것은 이러한 사항 등은 그 당시의 정치적 상황에 의해서 그 스스로가 자명한 것으로 전제되었기 때문이었다."(한태연 외, 1988, 41)

에 비추어 탐색될 수밖에 없다. 그렇지 않을 경우 국가통치행위는 결국 타국의 그것들에 대한 끊임없는 모방에 그치거나, 아니면 언제나 국민의 일시적 욕구에 지배되어 국가적 문제들에 대해 대증요법 수준의 정책대응밖에 하지 못하는 포퓰리즘에서 벗어나지 못하게 되며, 이에 따라 국가가 장기적으로 추구할 목표를 정립하지 못하면서 국가정책이 일관성을 잃은 채 표류하게 됨은 필연인 것이다. 그러한 상황에서 교육이 표류하게 됨 또한 필연이다. 플라톤의『국가』가 고전적으로 현시하듯이, 확고한 교육이념은 인간성에 대한 깊은 통찰과 더불어 국가생활의 이상에 대한 심원한 이해가 요구되기 때문이다.

국가생활 전반의 정신적 빈곤 속에서 표출되는 정파들의 차이란 진정한 의미의 이념적 차이가 아니라 권력쟁취를 위해 표면적으로 내세우는 명분의 차이일 뿐이며, 이에 따라 오직 권력 쟁취만을 위한 무한 투쟁이 현실정치를 지배하게 되어 국가정체성의 위기가 출현하게 된 것이다. 그러한 맥락에서 나타나는 국가정체성의 위기란 진지한 이념적 모색의 결과에 따른 대립, 분열이 아니라 각 정파의 이념적 정체성 자체가 제대로 확립되지 못한 데 따른 정체성 부재의 위기인 것이다. 그리고 그러한 정신사적 상황의 근본 원인은 결국 근현대사의 해석과 관련된 역사의식의 문제로 귀착된다. 바로 일제강점기에서 현재에 이르기까지 국권피탈의 근본 원인에 대한 반성적 역사의식의 빈곤, 즉 근현대사에 철저한 정신사적 및 지성사적 반성의 부재가 현재까지 이어지는 국가이성의 빈곤 및 국가정체성 위기의 근본 원인인 것이다.

여기서 앞에서 인용된 마이네케의 진술을 다시 인용할 필요가 있다. 국가이성이란 바로 "국가란 그 존재의 최고 상태에 도달하기 위해 그때그때(jeweils) 해야 할 바가 무엇인지에 대한 탐색(Erwägung)"이다. 그 탐색의 기준이 바로 앞서 제시한 보편적 이념들이다. 문제는 보편적인 이념들이란 그 의미가 자명하다거나 또는 현실과는 무관한 추상적 또는 형이상학적 어휘들에 불과하다는 수준의 비반성적 사고가 — 특히 이명박 정부에서는 실용주의라는 이름으로— 현재 한국의 국가통치 및 정신적 상황 전반을 지배하고 있다는 사실이다. 그러한 사실은 곧 현재 대한민국의 국가이성이란 바로 사물에 대한 총체적인 인식을 기초로 종합적인 판단력을 행사하는 이성 능력이 빈곤한 상태에 있음의 증언인 것이다. 물론 그러한 정신적 상황은 극복 불가능한 운명은 아니다. 다만 그러한 상황을 극복하여 국가이성을 새롭게 정립하려면 먼저 한국 학계, 특히 정치학부터 비상한 노력이 필요하다. 그 노력의 핵심은 위에서 적시한 바와 같이 국망 이후 국가이성의 문제와 관련하여 한국 근현대 지성사에 부여되었지만 그 수행이 방기된 과제들을 철저하게 수행하는 데 있을 것이다. 그러한 과업 수행의 핵심적인 내용이 무엇인지 간략히 언급하면서 이 9장을 맺을 필요가 있다.

4. 맺는말

현재 대한민국 사회의 여러 개별 분야들에서는 나름대로 최고의 합리성을 추구하고 있고 실제로 발현되고 있기도 하다. 사회 각 분야에는 프로 정신과 장인정신에 입각하여 자신의 소업을 성실하고 치열하게 추구하는 사람들이 늘어나고 있으며, 그러한 사람들의 존재를 통해 사회적으로 새로운 정신적 분위기가 형성되고 있음이 사실인 것이다.23) 세계 최고 수준의 자연과학자, 예술가, 운동선수, 기업 등의 등장이나 소위 한류의 출현들이 그 대표적인 증표들이다. 그러나 그러한 부분적 합리성이 국가 전체 차원의 합리성을 반드시 의미하지는 않는다는 사실이 중요하며, 바로 그러한 점에서 현재 대한민국이 직면한 어두운 실상들의 근원을 찾을 수 있다.

사회를 지배하는 진지하고 성실하고 치밀하고 치열한 장인정신이나

---

23) 이에 대한 좀 더 자세한 진술은 양승태(2010, 436-442) 참조.

프로 정신은 새롭고 획기적인 국가이성의 형성에 필수불가결한 사회적 토대이다. 장인정신과 프로 정신을 통해 발현되는 성실성과 진지성의 완벽주의는 개인적 차원에서는 자신의 한계에 대한 자각을 의미하고, 사회적으로는 자신이 종사하는 기예의 한계에 대한 자각을 의미한다. 그것은 곧 자신이 모르는 것이 무엇인지를 제대로 알면서 겸허하게 타인의 의견을 경청하고 타인과 자유롭고 진지하게 소통하면서 타인으로부터 배울 줄 아는 정신적 태도 및 능력이 형성된 상태를 지칭한다. 그러한 정신적 태도와 능력으로부터 진정한 교양 — 고대 그리스인들이 'paideia'로 부른 교양으로서 겉치레 수준의 예의나 객체화된 지식들을 많이 말고 있다는 의미의 교양과 구분되는 — 이 형성된다. 그러한 진정한 교양의 형성이 국가생활에서 '그때그때' 발생하는 국가적 문제들을 보편적 이념 차원에서 해석하고 판단하면서 여론을 주도할 수 있는 교양인 층의 형성의 바탕이다. 그러한 교양인 집단이 사회적으로 형성되어 그들의 정신적 영향이 정치사회적으로 발휘될 때 자생적이고 자주적이면서 바람직한 정신세계를 갖춘 국가이성의 형성이 가능하다. 그리고 그와 같은 국가이성이 작동할 때, 국가생활을 통해 추구할 보편적인 이상들에 대해 진지한 성찰이 가능하고, 그러한 성찰을 통해서 '그때그때' 국가적 문제의 실체를 파악하고 '그때그때' 최적의 국가 방략이나 책략 또는 정책을 제시할 수 있게 되는 것이다.

대한민국은 박근혜 정부의 출범과 더불어 '국민행복'을 시대적 과제로 내건 바 있다. 어떠한 정파라도 그러한 구호 자체를 반대할 이유는 없을 것이다. 다만 그러한 과제의 실천에 서구 복지국가들의 실패 사례는 당연히 참고되어야 한다. 그들의 체험을 축약한 '착한 성장, 똑똑한 복지'의 구호에[24] 함축된 의미를 당연히 깊이 참고하고 검토해야 한다. 그것은 일단 국가재정의 일방적 지출을 복지와 동일시할 때 초래한 국

---

24) 『조선일보』 2013년 1월 28일자.

가적 폐해에 대한 경험적 사례들이다. 그런데 진정한 복지가 무엇이고, 복지의 다른 표현이라고 할 수 있는 국민 전체 차원에서의 행복이 무엇인가는 동서양을 막론하고 위대한 정치철학자들이 일생에 걸친 성찰을 통해 해명을 추구한 이상이다. 인류 지성사에서 백 년에 한 번 나타날 정도의 지성세계를 갖춘 그들이 일상적 의미의 행복을 몰랐기 때문에 그러한 과제에 일생 동안 고심한 것은 아닐 것이다. 그것은 삶의 목적이 무엇이고 그것과 개인의 행복과는 어떠한 관계가 있는가의 문제를 포함하여, 통치력의 행사에 언제나 기준이 되는 정의와의 조화 문제, 교육이나 국방 등 국가생활의 다른 부분과의 우선순위 문제, 장단기 국가발전의 전략이 무엇이 되어야 하는가의 문제들에 대한 해명 등 국가생활의 이상과 현실을 종합한 총체적인 국가이성 능력의 발휘가 요청되는 것이다. '국민행복'이란 보편적 이념들은 결코 직관적으로 쉽게 이해될 수 있는 것이 아니며, 특히 그것들을 오직 정치적 구호로만 생각하고 권력쟁취나 정치적 지위를 유지하기 위한 수단으로 삼는 정신적 성향에서는 그것들에 대한 진정한 이해는 영원히 불가능한 것이다.

개인의 삶에서도 그러하지만, 국가생활에 있어서 하나의 문제에는 언제나 또 다른 문제들이 수반된다. 국가통치의 대상인 사회적 삶의 모든 영역은 유기적이고 총체적으로 연관되어 있다. 국가생활에 대한 총체적 관점이 없이 하나의 문제를 그 문제 자체에만 국한된 일시적인 해결 방안의 제시로 해결되었다고 만족할 때, 국가생활은 이성이 아니라 합리성의 외양으로 나타난 반(反)이성 또는 '얼치기' 이성이 지배하게 되는 것이다. 그러한 정신적 상황은 또 다른 형태의 '우물 안 개구리'이다. 그 비유는 국제정세의 변화에 눈을 감고 능동적으로 대처하지 못한 조선 후기 우리의 선조들을 비하하는 말이기도 한데, 그들은 의도적으로 그렇게 한 것이 아니다. 본질적으로 국가 차원의 이성 활동이 통치체제의 구조적인 제약 때문에 정체되어 있었기 때문에 그러한 상황이 지속된 것이다. 현재의 대한민국에는 분명히 그와 같은 성격의 구조적인 제약은 없다. 그럼에도 불구하고 만일 우리 자신이 외국 특정 학문의 개념체계에 대한 비판적이고 치밀한 검토 노력을 등한시한 채, 스스로 그것에 우리 자신의 사고를 일방적으로 의탁하거나 구속되어 있어 우리의 현실을 우리 자신의 눈으로 제대로 볼 수 없는 정신적 상황에서 벗어나지 못하고 있다면, 그러한 상황 또한 또 다른 '우물 안'이 아니겠는가.

맺는말

새로운 시대, 새로운 정치인의 출현을 대망(待望)하며

세상에 대해 지극히 성실한 사람만이 그 큰 줄기를 다룰 줄 알며,
그 근본을 세울 줄 알고, 그 변화를 알 수 있으니,
그러한 사람 말고 누구에 의지하겠는가?[1]

―『중용(中庸)』

　대한민국이 현재 겪고 있는 국가적 위기의 양상, 근원, 극복과 관련하여 제시된 이 책의 여러 논의들을 마무리하기 위해 다시 '들어가는 말'에서 제기된 '국가정체성의 위기와 국가의 위기, 논변의 실종과 인간성의 위기'의 논제로 돌아가보자. 국가의 위기는 국가정체성 위기의 외양이고, 국가정체성의 위기는 정치에 합리적인 논변의 상호작용이 사라짐에 따라 국민 전체 차원에서 겪고 있는 인간성 위기의 다른 측면이라는 것이다. 그런데 인간성의 문제는 국가적 위기의 진단과 관련된 논의에 근원적인 문제일 뿐만 아니라 그것을 극복하기 위한 실천적 차원의 논의에서도 필수적이라는 점이 중요하다. 대한민국이 새로운 국가로 나아가기 위해 갖추고 추구할 제도나 정책의 모색 이전에 그러한 제도나 정책의 성공 여부를 결정하는 가장 근원적인 요소는 인간성의 문제이기 때문이다. 이와 관련하여 먼저 인간성이라는 동서양 철학사 보편의 거대한 주제 자체에 관해 간단하게나마 언급하고 지나갈 필요

---

1) 원문은 "唯天下至誠 爲能經綸天下之大經 立天下之大本 知天地之化育 夫
焉有所倚."

가 있다.

인간성이란 말은 영어로는 일반적으로 'humanness', 'human nature', 'human essence' 등으로, 혹은 인간의 본질적인 요소가 성정으로 드러나는 측면을 지칭하는 표현으로서 'human virtue'나 'human character' 등으로도 번역될 수 있다. 그것은 말 그대로 인간이란 존재에 내재되어 있는 본원적인 자질이나 능력 혹은 성정을 의미한다. 중요한 점은 그러한 자질이나 능력이나 성정은 어디까지나 인간에게 잠재적으로 주어진 것이지 인간으로 태어났다고 해서 자동적으로 구현되는 것은 아니라는 사실이다. 유학(儒學)이나 고대 그리스 철학은 그러한 잠재력을 각각 덕(德)이나 아레테(aretē)로 명명하면서, 그 구현에 필수적으로 요구되는 수기(修己)나 자기극복(enkrateia)의 노력을 공통적으로 강조하고 있다는 점은 그러한 사실의 확인이다. 인간이란 어떤 고정된 객체가 아니라 자기성찰이나 자기극복의 훈련과정을 통해 스스로의 존재에 내재한 보편적인 요소의 발현 및 완성을 지향하는 존재라는 것이다. 성(誠)과 경(敬) 또는 'sophrōsynē(맑은 정신 속에서 나타나는 절제와 겸허를 지칭하는 심오한 말)' 등과 같은 개념어로 표현되는 바와 같이, 그러한 과정에서는 사물이나 인간에 대한 진지하고 열성적이고 진솔하고 겸허한 태도를 요구한다는 점에서도 고대의 유학과 고대 그리스의 도덕철학은 공통적이다. 인간이란 스스로에 내재한 잠재력을 발현시키면서 스스로의 인격을 변형시키고 완성해나갈 수 있는 존재이며, 그러한 잠재력의 구현 여부나 구현의 정도에 따라 인간의 사유 및 행동은 천사에서 악마까지 무한한 다양성이나 무한한 가능성을 현시할 수 있다는 것이다.2)

---

2) 인간의 사유 및 행동이 현시할 수 있는 무한한 다양성 및 가능성에 대한 압축적인 표현은 루소와 칸트와 괴테 등 당시의 저명한 지식인들이 칭송하기도 한 18세기 영국의 시인 포프(Alexander Pope)의 유명한 이행 연시(couplets)인 "An Essay on Man"에 대표적으로 나타나 있다고 볼 수 있다. 그 시의 서두가 특히 자주 인용되는데, 그 부분만을 참고로 소개하면 다음과 같다.

일상적인 언어생활에서 접하는 '위대한 인간성', '인간성의 승리', '인간성의 타락', '인간성의 실종' 또는 순우리말로 '됨됨이가 괜찮은 사람' 혹은 '막돼먹은 사람' 등의 표현들은 그러한 근원적인 사실에 대해 일반인들이 나름대로 인지한 결과라고 볼 수 있다.

대한민국이 겪고 있는 국가적 차원에서 나타나는 인간성의 위기는 물론 한국인이라는 인간 집단 전체 차원에서 표출되는 인간성의 위기이다. 개개인 차원에서는 지혜롭고 진실하고 진지하고 겸허한 인간성의 소유자가 많을 수 있지만, 그러한 사실이 국가적 차원에서 발현되지 못하고 인간성의 다른 저급한 요소들이 국가생활 전체를 지배하고 있음을 의미하는 것이다. 따라서 한국인 전체의 사유 및 행동을 지배하는 인간성이 무엇이고, 그렇게 된 원인은 무엇인지 밝히는 것이 중요하며, 그러한 관점에서 검토의 초점이 되어야 할 것은 국가운영의 현실적 주체인 정치인들의 사유와 행동이다. 국가적 차원에서 발현되는 인간성은

"Know then thyself, presume not God to scan,
The proper study of Mankind is Man.
Placed on this isthmus of a middle state,
A Being darkly wise, and rudely great:
With too much knowledge for the Sceptic side,
With too much weakness for the Stoic's pride,
He hangs between; in doubt to act, or rest;
In doubt to deem himself a God, or Beast;
In doubt his mind or body to prefer;
Born but to die, and reas'ning but to err;
Alike in ignorance, his reason such,
Whether he thinks too little, or too much;
Chaos of Thought and Passion, all confus'd;
Still by himself, abus'd or disabus'd;
Created half to rise and half to fall;
Great Lord of all things, yet a prey to all,
Sole judge of truth, in endless error hurl'd;
The glory, jest and riddle of the world."

일단 그들 정치인들의 언행을 통해 나타나며, 무엇보다 집권세력 및 그들을 대표하는 대통령의 언행 속에 국가적 위기와 직접 연관된 인간성 위기의 실체가 드러나기 때문이다.

이 책의 여러 곳에서 언급된 바와 같이 현재 한국 정치는 인간성의 저급한 요소들이 정치적 행동이라는 이름의 패거리 다툼의 형태로 다양하게 표출되고 있다. 체계적이고 합리적인 논변과 진지한 대화는 사라진 지 오래이며, 그 자리를 우격다짐식의 주장, 품격이 없는 언쟁, 경박한 '재잘거림', 상스러운 구호, 야비한 비아냥거림, 거친 아우성의 언어들이 채우고 있다. 허구와 위선이 많은 정치인들의 정신세계를 구성하고, 탐욕이나 불법을 넘은 무법이 많은 일반인들 행동의 동인이 되고 있다. 그나마 국가통치에 대한 진정성이 어느 정도라도 있으면서 권력의지를 가진 정치인들이 사라진 빈자리를 공인의식이 없는 상업적인 인간이나 소통능력이 없거나 종합적으로 사고할 줄 아는 판단력의 존재 자체가 의심스러운 인간들이 채우고 있으며, 그들을 이용하여 고위 공직을 차지하겠다는 범속한 출세주의나 그악스러운 권력욕에만 충만한 지극히 통속적인 정치인들이 넘쳐나고 있다. 그러한 사태가 벌어지고 있는 근원적인 이유가 무엇인지 규명할 필요가 있다.

앞에서 이미 언급한 바 있듯이, 일단 이 시대에 그러한 인간성을 가진 인간들이 유독 많이 태어나서 그와 같은 사태가 벌어진 것은 결코 아닐 것이다. 수백 년 혹은 수천 년에 한 번 나올까 말까 한 천재적인 인물은 말 그대로 하늘이 보낸 존재로서 모든 시대에 그 출현을 기대할 수는 없다. 실제로 그리스 고전시대의 아테네나 18세기 독일에 등장한 많은 천재적인 지식인들이나 예술가들의 존재는 말 그대로 하늘의 뜻에 돌리지 않고는 헤아릴 수 없는 신비스러운 현상이기도 하다. 하지만 범용한 인간들의 경우는 물론이고 일반적으로 수재로 불리는 탁월한 예술가나 지식인 또는 일반적으로 똑똑하다거나 빼어나다는 인간들은 어느 시대 어느 장소에도 대체로 비슷한 수와 비슷한 비율로 출현하기 마련이다. 의미가 감각적으로 와 닿게 조금 상스런 말로 표현하자면, '좋은 놈'과 '나쁜 놈' 혹은 '똑똑한 놈'과 '모자란 놈'은 어느 시대나 비슷한 비율로 태어나기 마련이다. 특히 고착되고 폐쇄적인 신분제도나 엄격한 계급제도로 인해 머리 좋고 똑똑하게 태어난 사람이 태생적인 신분이나 계급 때문에 사회적으로 출세하는 것이 원천적으로 봉쇄당하는 국가가 아닐 경우 사람들은 대체로 각자의 능력이나 자질에 상응하는 사회적 위치나 직분을 부여받기 마련인 것이다.

조선시대의 신분제가 오래전 사라지고 자본주의적 경쟁이 사회운영의 원리로 정착되어 사회 각 분야에서 장인정신과 프로의식이 발현되고 있는 대한민국의 이 시대 역시 그러하다. 세계적인 예술인, 연예인, 스포츠스타, 자연과학자, 공학자 등의 출현이나 '월급쟁이 신화'라는 어구를 대변하는 인물들의 존재나 IT 산업 등에서의 새로운 재벌의 등장 등은 그러한 상황의 증언이다. 그런데 자본주의 경제체제를 전제로 하는 자유민주주의 체제에서 정치영역은 자본주의적 경쟁관계가 작동하는 다른 사회영역과 다를 수 있다는 사실이 중요하다. 정치영역에서는 장인정신이나 프로의식이 발현하지 않거나 '프로 정치'나 '프로 정치인'이라는 이름으로 정치가 오히려 그 반대의 방향으로 변질될 수 있다는 것이다. 그 점에 대해서는 특히 이 책 2장, 4장, 7장 등에서 대중영합주의, 정치적 아마추어리즘, 공인정신 등의 개념으로 이미 설명한 바 있으며, 그러한 설명 과정에서 특히 막스 베버가 부업 정치인(Beiberfspolitiker)과 구분하여 제기한 직업 정치인(Berufspolitiker)의 개념에 대해서도 논급한 바 있다. 이 '맺는말'에서는 그 점에 대해 인간성의 차원에서 좀 더 구체적으로 논구하기로 한다.

* * *

정치인이란 정치를 직업으로 갖고 있는 사람이다. 그런데 일반적으로 직업에서 성공하거나 출세하는 방법은 직업이 요구하는 목표에 자기 자신의 모든 것을 던져 헌신하는 데 있다. 그것이 예술에서는 자신의 삶과 예술을 일치시키거나 경우에 따라 예술 자체의 구현을 위해 다른 모든 것을 무시하거나 희생시키는 예술지상주의의 형태로도 나타나며, 일반적인 기술에서는 장인정신으로, 운동에서는 프로의식으로 나타나며, 일반적인 경제활동의 영역에서도 그 직업의 전문성에 따라 예술이나 기술 영역과 비슷한 수준의 장인정신이 요구될 수 있으며, 일반 회사의 직원일 경우 대체로 가정생활에는 희생이 따를 수 있으나 회사의 목표와 자신의 삶의 목표를 일치시키면서 회사를 위해 노력할 때 직장에서 성공할 수 있을 것이다. 현실정치의 영역에서는 이 모든 것이 반대로 나타날 수 있다.

현실정치에서 정치인이란 다른 직업이 없이 정치권력을 획득하고 유지하기 위한 행동을 부업이 아닌 본업으로 수행하는 사람들이다. 대의민주주의 정치체제에서 정치권력을 획득하고 유지하는 행동이란 곧 대통령이나 국회의원 등 선출직 공직에 취임하여 국가통치권 행사에 직접적으로 참여하는 권한을 — '정치적' 시민단체나 언론기관들이란 여러 형태의 제도적 장치나 영향력 행사를 통해 '간접적으로' 참여하는 권한을 행사하는 집단이라면 — 쟁취하고 유지하기 위한 행동이며, 그러한 행동의 도전 목표에 최고위 공직인 대통령직이 — 내각책임제의 경우 국무총리직이 — 있을 것이다. 따라서 현실정치에서 프로란 일단 그러한 목표에 도달하기 위한 방법에 통달하여 성공한 사람들을 지칭할 수 있으며, 일반적으로 정치적 협상이나 권모술수에 능하다거나 대중선동이나 선전활동 또는 거리의 투쟁에 강하다는 평을 듣는 인물들이 그러한 경우에 해당할 수 있다. 그런데 그러한 성격의 '프로 정치인'이 권력 획득의 궁극적인 목적인 국가통치에서도 진정한 프로라면 가장 바람직하겠지만, 현실에서는 대체로 그 반대일 경우가 많다는 사실이 정치인이란 존재의 이해를 복잡하게 만든다.

국내 정치판에서 대중적 여론의 동향에는 동물적일 정도로 촉각이 발달되어 있고 정당이나 정파의 행태나 정치판의 판세를 읽는 데 '일가견'이 있어 권력투쟁에는 '프로'인 인물은 자주 발견된다. 그러나 그들은 문명사나 세계사의 흐름 전반에 대한 소양 자체가 없음은 물론 국내의 사회경제적 현실이나 국가안보 또는 국제정치의 현실에는 전적으로 무지한 경우가 많다 그들은 국내에서의 권력투쟁에는 '씩씩하고' 유능하지만 국제정치 차원의 권력투쟁에는 비겁하고 무력할 수도 있다는 것이다. 간단히 말하여 권력 획득의 과정에서는 프로지만 권력의 행사에는 아마추어 혹은 딜레탕트일 수 있는 것이다. 그러한 정치인들이 다수를 점하는 정치판에서는 특히 대중들의 정서가 광분 상태에 빠지거나 합리적인 사고가 마비되는 극단적인 상황이 발생할 경우 그들 가운데 특히 광적인 이념에 빠지거나 정권의 획득이라면 무슨 짓이든 할 수 있는 권력욕에 광분한 인간이 정권을 장악할 수 있다. 특이한 상황에서는 나르시시즘에 빠진 치기어린 인간이나 순우리말 비어인 '또라이'라는 말이3) 적절히 표현하는 인간성을 가진 사람도 대중의 열광적인 지

---

3) '또라이'라는 말은 추측건대 '똘똘한 아이'의 준말인 것 같다. 어른이지만 아이로서의 똑똑함 수준에 머무른 사람을 지칭하는 말일 수 있다. 다시 말해서 부분적인 계산속을 발휘하거나 교과서적 원칙에 집착함에 따라 개별적으로 발생하는 상황에 대해 종합적인 사리판단을 못하여 어리석은 행동을 하면서도, 스스로의 정신적 한계를 몰라서 스스로를 똑똑하고 잘났다거나 도덕적이라고 믿는 부류의 인간을 지칭하는 말이라는 것이다. 욕설에 가까운 비어지만 나름대로 인간성에 대한 통찰을 담고 있다. 각각 다른 역사적 상황에서 구상되어 각각 다른 차원의 복잡한 의미의 차이가 있지만, '또라이'라는 말에는 세르반테스의 돈키호테, 노신(魯迅)의 아큐, 유길준(俞吉濬)의 '개화의 병신'에 비견될 만한 인간성에 대한 통찰이 잠재되어 있다. 즉, 변화의 시대에 과거의 이상이나 새로 유입되는 사조의 의미를 전체적으로 파악하지 못하여 그것들의 특정한 측면이나 부분적인 요소에 집착하는 인간의 문제를 함축하고 있다는 것이다. 이 책의 논의과정에서 정치인의 자질로서 여러 차례 강조했던 경륜과 식견을 갖춘 인물이자 이 시대가 요구하는 새로운 인물은 바로 '정치적 또라이' 같은 인물과 대척점에 있을 것이다.

지를 받아 정권을 장악할 수도 있다. 다시 말하여 자기도취에 빠져 공인정신은 물론 타인에 대한 배려의식 자체가 없는 인간도 그와 비슷한 수준의 인간성을 갖거나 그것이 반영된 정책에 동조하는 대중들의 지지를 받아 정권을 장악할 수 있다. 언어와 영혼이 겉돌기 때문에 일관된 자신만의 언어세계가 없어 상황에 따라 말이 달라지거나 모순된 말들조차 내면적 저어감이나 별다른 수치심 없이 발설하는 인간, 특정한 교과서적인 도덕률이나 '착한 행동'에 대한 타인의 찬사에 집착하는 허황된 도덕주의나 공허한 윤리의식에 빠진 인간, '좋은 게 좋다는 식'의 안이하고 '속편한' 무원칙의 원칙을 '행동준칙'이라고 설정하여 행동하면서 스스로를 인격적으로 원만하고 사회적으로 건전하다고 믿는 인간, 종합적인 판단력 자체가 결핍하여 상황 전체의 의미를 파악하지 못하고 어설픈 현실인식을 하거나 주위에 있는 정서적으로 편한 사람들의 말만 믿고 '대충대충' 행동하는 인간, 경우에 따라서는 '또라이'라는 비어가 어울리는 그러한 인간들도 바로 그러한 수준의 인간성에 매혹되는 대중들의 지지를 받아 최고위 공직에 등극할 수 있는 것이다. 바로 그 점에 다수 국민의 지지 여부에 권력의 향방이 결정되는 자유민주주의 정치체제 운영의 어려움과 복잡함이 있다.

결국 자유민주주의 체제 운영의 요체는 권력 회득과 권력 행사 두 측면 모두에서 프로일 수 있는 인물이 정치인으로 성공하여 국가통치자로 선출되는 데 있을 것인데, 그것이 결코 쉬운 과업이 아니라는 사실이 중요하다. 일단 그러한 인물이 국가통치자로 등장하기 위해서는 먼저 일반 국민들이 대체적이라도 국가를 통치한다는 것이 얼마나 어려운 소업인지를 깨닫고, 국가의 통치란 권력투쟁과는 다른 차원의 정치라는 점을 인식하는 것이 필수적이기 때문이다. 그리고 그러한 깨달음과 인식이란 어느 날 갑자기 이루어지는 것은 아니라는 사실이 그러한 과업의 성취가 어려운 이유이기도 하다. 그러한 깨달음과 인식은 어린 시절부터 교육과정을 통해 사물과 인간에 대한 진정한 이해란 어렵고 오랜 시간이 걸리는 과업이라는 사실 자체를 하나하나 체득해나가는 과정을 통해서만 이루어지는 것이다. 그러한 교육과정에는 스스로 사고하고 판단하는 훈련의 요체인 읽기와 쓰기의 훈련에서부터, 예술 교육을 통해 아름다움을 직접 체험하면서 영속적이고 보편적인 세계가 무엇인지 체험하게 함과 동시에 장인정신이 무엇인지도 깨닫게 해주며, 체육 교육을 통해 자신보다 강한 자에 승복하면서 더 강하게 되기 위해 노력하는 태도의 함양이 요구된다. 특히 대학교육에서는 스스로 의문을 품고 그러한 의문을 스스로의 탐구로 해결하는 훈련을 통해 지성적으로 사고한다는 것이 무엇인지, 고전교육을 통해 인간과 사물의 실체를 제대로 파악하고 총체적으로 이해한다는 것이 무엇인지를 깨닫게 함으로써 삶에 대한 겸허함과 경외감을 갖도록 함이 중요하다. 모든 국민들이 그러한 수준의 대학교육을 받는 것이 불가능하다면, 그러한 교육을 받은 국민들이 앞의 7장에서 설명한 바와 같이 교양시민계층을 형성하여 국민들의 정신세계를 인도하는 역할을 수행할 수 있을 때 자유민주주의는 성공할 수 있는 것이다.

현재 한국 정치의 병리현상이나 국가정체성 및 국가적 위기의 근저에는 바로 그러한 교육이 오랫동안 제대로 이루어지지 못한 교육적 적폐가 있다. 보수와 진보 진영의 인사들에게서 표면적으로 인간성이나 가치관의 차이를 느끼게 요소들이 있는 것이 사실이지만,4) 그러한 차

---

4) 그러한 차이에 관해서는 오래전 미국 학자인 커크(Russel Kirk)의 *The Conservative Mind*(Kirk 1960; 초판은 1953)가 제시한 보수주의의 여섯 요소가 참고할 만하다. 자연권에 대한 자연법 우위나 초월적 혹은 올바른 질서의 관념, 문명화된 사회에서 질서와 계급의 존재나 자유와 재산권과 법치주의의 필요성에 대한 강조, 사회적 규범이 단순히 사회적 약속이 아니라 초월성을 갖고 있고 변화가 언제나 선은 아니라는 관념 등등이 그것들이고, 진보란 그러한 관념이나 태도와 대립하는 정신적 성향으로 이해할 수 있다. 박사학위 논문이라는 한계도 있지만, 커크의 그러한 설명은 그러한 관념을 구성하는 이념들 각각에 대한 깊은 성찰이 뒷받침된 것은 아니며, 또한 그것이 한국 정치의 보수와 진보를 이해하는 데 그대로 적용될 수는 없다. 그런데 한국에

이는 태생적이거나 인간성의 영원한 요소에 차이가 있어서가 아니라 사회적 배경이나 성장 환경 등 살아온 삶의 궤적의 차이가 각 개개인에 우연적이고 지엽적인 성정의 차이와 결합되어 나타난 것일 뿐이다. 그 대립과 갈등의 근저에는 백년대계의 차원을 넘어 인간성의 영원한 요소인 교육에 대한 정책이 오랫동안 '일년소계'의 유행산업과 같이 추진되고, 교육 내용조차 정치적 파쟁 및 '밥그릇 싸움'의 대상으로 되어버린 정치적 및 정신적 상황이 있는 것이다. 노년의 칸트는 인간 스스로가 만든 소업들(Erfindungen) 가운데 '통치(Regierungskunst)'와 '교육(Erziehungskunst)'이라는 기예(Kunst)가 가장 어렵다고 술회한 바 있다(Kant 1968, 703). 여기서 칸트가 말하는 기예란 고대 그리스인들이 'technē'라는 어휘로 표현한 삶의 영역, 곧 장인정신과 프로의식 형태의 전문성을 요구하는 영역을 지칭하는데, 교육과 정치가 그것들 가운데 가장 어려운 영역에 속한다는 것이다. 그와 같이 고도의 전문성을 요구하는 정치와 교육에 대해 국민들 모두가 일가견이 있다는 믿음과 그 믿음에 부화뇌동하는 정치인들이 있는 것이다. 그로 인해 '공(公)교육의 황폐화'라는 말로 집약되듯이 대한민국의 교육정책은 거대 국가재정의 지속적인 투입에도 불구하고 오랫동안 파행 상태에서 벗어나지 못하고 있다. 그와 같은 교육의 파행은 대학교육에도 투영되어 현재의 한국 정치에 직접 영향을 미치고 있다.

지은이가 보기에 현재의 집권층 인사들만이 아니라 정치권 인사들 전반이 진정한 의미에서의 대학교육을 제대로 받지 못했다고 본다. 사고력의 함양은 물론 스스로의 한계를 절실하게 자각하게 만들고 스스로의 정신세계를 변혁하는 데 필수적인 광범위한 독서와 교수의 지도

서는 보수나 진보를 막론하고 그러한 수준의 관념을 체계적으로 제시하지 못함은 물론 원초적인 수준에서나마 그러한 관념 자체를 인식하지 못하고 있다는 사실에 있으며, 그러한 의미에서 양편 모두 이념적 빈곤 상태를 벗어나지 못하고 있는 것이다.

에 의한 호된 글쓰기 및 읽기 훈련을 대학시절에 제대로 받지 못했다는 것이다. 일반적으로 '범생이'로 폄하되는 보수 세력의 주축을 이루는 인사들, 다시 말하여 대학시절 나름대로 전공분야의 공부를 성실히 하여 고위 관료나 전문직으로 진출한 사람들의 경우도 그러하지만, 진보 세력의 주축을 이루는 이른바 운동권 출신들은 더욱 그러하다. 일단 그들 가운데 북한의 주체사상과 같은 '허접한' 이념에 도취한 인물이 많다는 사실이 그 증언이다. 후자의 집단은 특히 대학시절을 주로 '정치운동'으로 보낸 사람들이자 대학생이라는 신분 자체를 장차 정치를 직업적으로 수행하기 위한 발판으로 이용한 사람들이며, 경우에 따라서는 대학 강의를 '들을 게 없다'는 식의 '지적' 오만이나 확신을 가지고 수강하지 않은 사람들이기도 하고, 나름대로 했다는 공부도 자신의 이념적 '취향'에 맞는 책들만을 골라서 읽는 편향된 독서를 한 경우가 대부분인 사람들이다. 그들 대부분은 대학 졸업 후에도 직장생활을 통해 전문적인 지식이나 기술을 습득하는 훈련을 받을 기회를 갖지 못했거나, 전문직에 종사하더라도 많은 경우 전문성의 완성을 위해 전력을 기울인 것이 아니라 정치활동을 위한 부업 정도로 간주한 사람들이다. 소위 '폴리페서'도 그러한 범주에 속할 것이다. 그들은 전문 분야 자격증을 얻는 것으로 전문성이 획득된다고 믿기 때문에 한 분야의 전문성은 일생 동안의 추구로도 모자랄 수 있다는 점을 인식하지 못하는 경우가 대부분이다. 그나마 그들에게서 인정될 수 있는 전문성이 있다면 주로 정당 활동이나 시민운동을 통해 획득한 선전 선동의 기술일 것이다. 문제는 보수 세력의 정치인들이 갖고 있는 전문성이나 진보 세력의 인사들이 갖고 있는 전문성 모두가 국가통치에 요구되는 전문성과는 다르다는 사실이 중요하다. 왜 그러한지에 대한 설명을 통해 현재 한국 정치를 지배하는 보수 및 진보 정치인들의 한계를 넘어 새로운 대한민국의 건설에 필요한 정치인이 어떤 성격의 인물이 되어야 하는지 제시하면서 이 책을 맺고자 한다.

* * *

　대한민국의 보수 정파를 대변한다는 자유한국당은 자주 '웰빙 정당'으로 비하되기도 한다. 그러한 비하 속에는 그 정당에 속한 정치인들이란 대체로 자신들의 정치적 주장을 강력하게 개진하거나 상대방 정파에 대한 투쟁이나 대중들에 대한 선전 선동을 통해 구현하려는 의지나 실천력이 약하다는 사실이 투영되어 있다. 그러한 사실은 정치인에게 필수적인 덕목인 권력의지가 허약함을 의미한다. 권력의지가 허약한 인물이 정권을 쟁취하는 경우는 없으며, 기존의 권력자에 대가성의 봉사나 아부를 통해 국회의원 등 고위 공직자로 출세하는 것에 만족하는 경우가 대부분이다. 그 점이 앞의 5장에서 한국 보수를 지배하는 정신적 속성으로 지적한 '범속한 출세주의'의 한 측면이기도 하며, 현재 한국에서 상당수 보수 정치인들의 경력이나 행태가 실제로 증언하는 바이기도 하다. 엄밀히 말하여 그러한 출세는 정치인으로서가 아니라 행정직 관료나 기업 종사자의 성공과 본질적으로 같지만, 정권의 쟁취나 정당의 운영에는 그러한 성격의 인물들도 필수적이라는 점도 중요하다. 그들은 각자 나름대로 습득한 전문 직종에서의 체험을 통해 전문성이 무엇인지, 다시 말해서 어떠한 사안에 대해 그 실체를 철저히 파악하고 관련된 결정을 내리기 위해 치밀하게 검토하고 포괄적으로 판단하는 행위가 무엇인지를 대체로 알고 있는 사람들이다. 따라서 그들은 스스로가 획기적인 정책이나 대대적인 변혁을 추진하는 주체가 되기는 어렵지만, 강력한 권력의지와 함께 그러한 주체적 역량은 있지만 조심성이나 치밀성은 부족한 정치 지도자를 도와 국가적 혼란이나 위험부담이 없이 안정적으로 국가발전을 도모하는 데 필수적인 존재들인 것이다. 이들과 대비되는 인간성 및 정치적 역량을 가진 집단이 한국의 진보 정파들이라고 말할 수 있다.

　한국 진보 정파의 주류는 학생 시절부터 일생을 시위와 선전 선동과 투옥 등의 권력투쟁을 통해 개인적 가치관은 물론 인간관계 및 집단적 정체성을 형성한 사람들이며, 경우에 따라서는 그러한 투쟁 자체가 생계수단이었던 사람들이다. 소위 '운동권 문화'가 지배하는 집단인 것이다. 따라서 그들에게는 정치권력의 획득 자체가 '먹고살기 위한' 절박한 요구에 속하며, 이에 따라 보수 세력의 인사들에 비해 상대적으로 권력의지가 강하고 자신의 정치적 주장을 개진하고 관철하는 실천적인 역량 또한 상대적으로 우수하다. 그들은 일반인들의 감정을 충동하거나 대중적인 정서에 호소력 있는 언행의 창출에는 대체로 탁월한 역량을 발휘한다는 것이다. 다른 말로 표현하여 그들은 권력투쟁이라는 목표 달성을 위한 '노하우'는 나름대로 갖고 있다는 것이다. 문제는 그러한 '노하우'란 본질적으로 가변적이고 부박할 수 있는 감정과 정서를 이용하기 위한 수단과 관련된 것이지, 학문과 같이 보편적이고 합리적인 원리를 추구하는 행위도 아니고 장인정신을 요구하는 기예와 같이 어떤 영속적인 가치를 추구하는 행위는 아니다. 그와 같이 대중영합의 '노하우'에만 능통한 인간은 권력투쟁에는 능할 수 있지만 자신의 소업에 삶의 모든 것을 바칠 수 있는 참다운 인간적 열정이나 진지성은 없으며, 권력투쟁 이외의 영역에서는 하나의 사안에 대해 그 실체를 철저히 파악하고 관련된 결정을 내리기 위해 보편적인 원리에 입각하여 치밀하게 검토하고 포괄적으로 판단하는 행위 자체가 무엇인지 모르는 경우가 대부분이다. 삶의 경로에서 그러한 행위를 체험하지 못한 인간에게서 심원한 인생관의 형성은 물론 삶에 대한 진지하고 일관된 태도도 기대하기 어렵다.

　한국 진보 정파의 근본적인 문제는 앞의 6장에서 지적한 '허구와 위선의 역사의식'의 문제 이외에 그 주류를 형성하는 사람들이 바로 스스로의 인생경력 때문에 학문과 기예 차원의 전문성은 물론 실생활의 영역에서도 전문성의 체험을 제대로 하지 못한 사실에 있다. 그와 같은 체험을 하지 못한 사람이 정치영역에 종사할 경우 하나의 사안을 제대로 알고 처리하려면 깊은 안목 및 전문적인 지식과 더불어 치밀한 검토를 요구한다는 사실 자체를 깨닫지 못할 수 있으며, 이에 따라 그것에 접근하는 태도 자체에 겸허함이 결여되기 쉽고 자신의 교과서적 지식이나 어설픈 판단력을 전부로 알고 행동하는 우매함을 범하기 쉽다. 국가정책의 결정은 아무리 철저히 검토해도 지나침이 없는 것이고, 국가운영에서 발생하는 정책적 사안들이란 인간성이나 대중심리의 문제에서부터 사회구조나 국제정치적 환경의 문제나 장단기적 국가전략의 문제 등 지극히 복잡하고 전문적인 지식과 더불어 국가운영에 대한 깊은 경륜과 식견을 요구한다. 그런데 국가운영의 전문성에 대한 인식 자체가 없고 겸허함의 덕목마저 결여되어 있을 경우, 제대로 검토하지 않은 설익은 정책의 남발로 국가를 혼란에 빠뜨리거나 경우에 따라서는 위기에 이르게 할 수도 있는 것이다. 이 책 제4장에서 그러한 우매함을 정치적 아마추어리즘으로 규정한 바 있는데, 집권하면서 "나라를 나라답게 만든다"는 구호를 내세운 현재의 문재인 정권은 그것의 전형적인 예를 보여주는 것 같다.

'나라를 나라답게 만들기' 위한 근본적인 전제는 바로 나라가 무엇인지를 제대로 아는 데 있다. 문재인 정권의 근본적인 문제는 바로 국가가 무엇이고 국가통치란 얼마나 지난한 과업인지를 제대로 모르는 데 있다. 문 정권이 집권한 후 친북한 정책, 탈원전 정책이나 소득주도성장 정책 등을 주요 국가적 과제로 추진한 것은 잘 알려져 있는 사실이다. 그런데 문 정권이 범한 우매함은 그러한 정책들의 추진 자체에 있는 것은 아니다. 그것들은 정책적으로 타당할 수도 타당하지 않을 수도 있다. 문제는 국민들의 생활에 심대한 영향을 줄 수 있는 국가정책을 입안하고 추진하면서 치밀한 검토와 포괄적인 판단 과정이 생략되었다는 사실에 있다. 그 점만으로도 문 정권은 혹독한 비판을 면하기 어렵다. 친북한 정책을 추진하기 이전에 공식적인 문서나 공개적인 언명을 통해 북한이라는 국가의 근본적인 지향점이나 집권층의 성격 및 국가

안보 차원에서 제기될 수 있는 문제점들에 대해서 국민들에게 상세히 설명하고 이해를 구하는 과정이 없었던 점이나, 탈원전 정책이나 소득주도성장 정책을 추진하기 전에 과학기술적 타당성이나 이론적 근거 또는 국가경제에 미칠 실제적 파장 등에 대해서 상세한 설명도 없었던 점 또한 엄격한 비판의 대상이다. 그러한 국가정책의 추진에 탈법적인 요소가 있었다면 앞으로 당연히 사법적 단죄의 대상이 될 것이다. 만일 그것에 어떤 이념적 선입견이나 아집이 작동했거나 집권 후 국민들에게 무조건 새로운 정책을 급히 제시해야 한다는 강박감이 작동했거나 교과서적 지식에 기초한 어설픈 정책판단이 그 바탕에 있었다면, 그러한 행태는 사법적 단죄 이전에 먼저 정권 차원의 우매함으로 단죄되어야 한다. 탈법이나 부패는 물론 국가를 쇠망에 이르게 하는 결정적인 요인이지만, 집권층의 우매함은 순식간에 국가를 멸망에 이르게 할 수 있기 때문이다.

결국 이 시대 대한민국이 겪고 있는 국가정체성 및 국가적 위기의 극복은 무엇보다 정치권에서 새로운 인물들의 등장으로 시작되어야 한다. 그들은 일단 기본적으로 예술, 기술, 과학, 기업경영, 언론, 관계, 학계 등의 영역에서 종사하면서 기본적으로 장인정신이나 프로의식이 무엇인지 체득한 인물들이이어야 한다. 그러한 체득 과정에서만 성실과 겸허의 덕목을 함양할 수 있기 때문이다. 그러한 덕목과 함께 냉철하고 포괄적인 역사의식과 더불어 공인정신과 국가에 대한 헌신의 태도를 갖고 있어야 하며, 주위의 정치인이나 상대 국가 정치인의 자질이나 성격에 따라 진정으로 필요한 경우에는 권모술수를 발휘할 수 있고 대중들을 설득하고 동원할 수 있는 선전 선동 능력도 발휘할 수 있는 역량과 더불어 강인한 권력의지도 소유한 인물이어야 한다. 그러한 인물이 바로 이 시대에 요구되는 바람직한 정치인의 원형이라고 볼 수 있다. 그러한 자질이 바로 국가통치에 요구되는 기본적인 경륜과 식견이다. 경륜이 사물을 총체적으로 조망할 수 있는 능력이라면, 구체적인 사안에 접하여 그 실체를 바로 총체적인 관점에서 파악할 수 있는 능력이 식견이기 때문이다. 그러한 능력을 갖춘 인물만이 국가통치에서 발생하는 구체적인 사안에 임하여 고정관념이나 교과서적 지식에 얽매이지 않고, 스스로 모르는 바가 무엇인지 확실히 알면서 각계각층 인사와의 소통이나 전문가들로부터의 조언을 통해 국가적 상황에 따라 최선의 혹은 최적의 정책을 결정할 수 있는 것이다. 물론 그러한 인물이 문화예술에 대한 안목이나 자연과학 및 인문사회과학적 소양과 더불어 세계사나 문명사의 흐름에 대한 인식까지 갖추고 있으면 금상첨화겠지만, 한 국가에서 그러한 인물의 출현은 하늘의 뜻이자 시혜에 속하기 때문에 기원의 대상이지 희망의 대상은 아니다.

이제 한국 정치에서 그악스런 권력욕과 권력투쟁의 역량에만 출중한 정치인들이나 기존 권력에 의탁하고 기생하는 능력만 탁월한 정치인들은 퇴출되어야 한다. 조금 비하하여 표현하자면, 진보와 보수를 막론하고 '정치 건달들'이나 '권력 해바라기들'은 새로운 국가발전을 위해 사라져야 한다는 것이다. 70여 년의 세월이란 한 국가의 일생으로 보면 소년기에 해당하는 짧은 기간이다. 국가건설이라는 비상 상황이 어느 정도 마무리된 이제야말로 진정으로 국가통치에 대한 폭넓은 경륜과 깊은 식견이 있는 인물이 등장하여 새 시대를 이끌어야 한다는 것이다. 특정한 영역에 전문적인 지식은 갖추고 있지만 국가통치의 경륜이 부족하고 권력의지가 허약하여 범속한 출세주의에 벗어나지 못한 '범생이 정치인'들은 스스로의 전문적 지식 및 정치적 한계를 인정하고 그러한 인물을 찾아내고 받들면서 새 시대를 여는 역사적 과업에 동참하여야 한다.

'정치 건달들'과 '권력 해바라기들'이 사라지고 새로운 정치 지도자가 등장하게 할 책임과 권한은 당연히 국가통치의 궁극적인 주체인 국민에게 있다. 세네카(Seneca)와 함께 이 책 모두의 제사로 인용된 고염무(顧炎武, 1613-1681)는 중국 명(明)나라 말기 국가의 멸망을 지켜보며 그 지배층인 유학자의 타락을 질정하면서도 국가가 어지럽게 된 책임은 일반 대중들에게도 있다는 점을 강조하였다. 많은 국민들이 진정한 의미에서 국가통치의 주체가 되지 못하고 일반 대중이 되어 무능하면서 권력욕만 강하고 권력투쟁에만 능한 정치인들에 부화뇌동할 때 국가는 쇠락할 수밖에 없는 것이다. 고염무에게 질정의 대상은 당시의 유학자들이었지만, 현재의 대한민국에서 질정의 대상은 일반 대중들을 계도할 책임이 있는 학자들과 지식인들일 것이다. 4장의 결론 부분에서 지적하였듯이, 국가적 위기의 근원에는 학문의 위기 혹은 '반지성주의적 피로감'이 있는 것이다.

어쨌든 새 정치 및 새 시대를 여는 출발은 역사적으로 사라져야 할 정치인들이 사라지는 데 있다. 무엇보다 그들 스스로가 자신의 한정된 정신세계를 깨닫고, 그것에 부끄러움을 느낄 줄 알며, 자신의 시대가 끝났음을 자각하여 행동할 때, 그 사라지는 과정이 명예롭거나 평탄할 수 있다. 현재 대한민국 집권층의 정치적 뿌리는 고 노무현 대통령이라고 말할 수 있는데, 잘 알려져 있듯이 그는 수뢰 혐의로 검찰의 수사를 받던 중 스스로의 목숨을 끊은 인물이다. 수뢰 혐의는 대통령이라는 최고위 공직을 지낸 인물에게 큰 오점이고, 자살은 한 개인에게 비극적인 사건임에 틀림없다. 그러나 그 사건은 노무현이라는 인물이 공인으로서 최소한 부끄러움이라는 덕목은 갖춘 인물임을 국민과 역사에 각인시켜 준 행동이었다. 위에서 언급된 고염무는 또한 명나라 지배층의 타락을 질정하는 가운데, 예(禮)와 의(義)에 앞서 부끄러움(恥)을 참다운 인간이 되기 위해 갖추어야 할 가장 중요한 덕목으로 강조한 바도 있다. 지배층인 "사대부가 부끄러움을 모를 때 나라의 부끄러움(國恥)이 있다"는 것이다.5) 굳이 유학의 전통과 연관하지 않더라도, 부끄러움이란 공인이나 권력자에게 필수적인 덕목일 것이다.

현재 한국의 정치판에는 예와 의는 물론 부끄러움이라는 덕목마저

---

5) 『日知錄』 卷13, "周末風俗" 流品 편. 원문은 "故士大夫之無恥, 是謂國恥."

사라진 가운데 허구와 위선과 탐욕의 광기와 결합된 대중영합주의로 국격(國格)의 추락과 국가의 쇠락이 가속되고 있다. 서양에서 근대 정치사상사의 문을 연 저작으로 간주되기도 하는 유명한 『군주론』의 저자인 마키아벨리가 살았던 시대는 일종의 이탈리아 판 전국시대였다. 그 배경에는 교황청이라는 고도로 정치적이면서 철저히 세속적인 기묘한 존재와 더불어 지역들과 정파들 사이의 분열 및 갈등이 심화된 상황을 이용한 주변 국가들의 개입 등이 있다. 특히 그 중심에는 바로 이탈리아 정치 및 정신세계의 중심에 있으면서 외세를 끌어드리는 등 막강한 세속적 영향력은 행사하지만, 부패하고 무능할뿐더러 이탈리아를 전체를 정치적으로 통합할 만한 군사력은 갖추지 못한 교황청이 있었다. 정치 지도력 부재의 그러한 혼란 상황에서 저술된 그 유명한 저작을 맺는 감동스러운 문장에서, 마키아벨리는 페트라르카(Petrarch)의 시 「나의 이탈리아(Italia mia)」의 일부를 다음과 같이 인용하고 있다.

> "비르투가 광기에 대항하여 무기를 들었나니,
> 전투는 곧 끝날 것이다.
> 이탈리아인의 가슴속에는 오래된 기백이
> 아직 사라지지 않았으니"

이 시에서 비르투(virtu)는 『군주론』의 중심 개념으로서, 지혜와 용기와 결단력이 결합된 최고의 인간적 자질을 의미한다. 그 개념을 통해 마키아벨리는 혼란 상태에 빠진 이탈리아를 구원할 수 있는 새로운 탁월한 군주의 이상을 표현한 것이다. 역사는 대한민국 국민의 가슴속에 아직 사라지지 않은 기백을 일깨우고 점차 광기를 더해가는 대중영합주의라는 사이비 민주주의가 초래한 정치적 혼란을 극복하며 진정한 국민주권의 이념을 구현하면서 새로운 국가발전의 시대를 열 수 있는 정치인, 바로 비르투를 갖춘 새로운 정치인의 출현을 대망(待望)하고 있다.

참고문헌

[1차 문헌]

『詩經』

『書經』

『論語』

『대한민국헌법』

『정당법』

『동아일보』. "정치자유를 요구"(1946년 8월 13일자, 3면).

『孟子』

『韓非子』

『說文解字注』. 2007. 염정삼 역해. 서울: 서울대학교출판문화원,

顧炎武. 2009. 『日知錄』. 서울: 지식을만드는지식.

공보실. 1956. 『대통령이승만박사담화집(제2집)』. 서울: 공보실.

공보처. 1953. 『대통령이승만박사담화집』. 서울: 공보처.

국가기록원 관보(//contents.archives.go.kr/next/gazette/viewMain.do).

국사편찬위원회 한국사데이터베이스(//db.history.go.kr).

국회 전자도서관(//dl.nanet.go.kr/index.do).

국회. 1948. 『회의록』(//likms.assembly.go.kr/record/index.html).

군정청 공보부. 1946.『입헌정치개요』. 미군정청 정치교육과.

대한전국인민대표. 1920. 「미국의원단에게」. 우남이승만문서편찬위원회 편. 1998.『우남이승만문서: 동문편 제8권』. 서울: 중앙일보사 현대한 국학연구소.

내무부. 1956.『미군정법령집』. 내무부 치안국.

박정희. 1963.『국가와 혁명과 나』. 서울: 향문사.

삼균학회 편. 1979.『소앙선생문집: 하』. 서울: 횃불사.

이승만. 1903. "모두 自取하는 일".『뎨국신문』1903년 3월 28일자.

이완용. 1919. 「경고문」. 우남이승만문서편찬위원회 편.『우남이승만문서: 동문편 제4권』.

주희. 2011.『朱子封事』. 주자사상연구회 옮김. 서울: 혜안.

[국내 문헌]

강재언. 1983.『근대한국사상사연구』. 서울: 미래사.

강정인. 2004.『서구중심주의를 넘어서』. 서울: 아카넷.

계승범. 2011.『정지된 시간: 조선의 대보단과 근대의 문턱』. 서울: 서강 대학교 출판부.

고정휴. 1984.『개화기 이승만의 언론·정치 및 집필활동』. 고려대 석사 학위논문.

_____. 2000a. 「대한민국임시정부의 성립과정에 대한 검토」.『한국근현 대사연구』 12집.

_____. 2000b. 「대한민국임시정부의 통합정부 수립운동에 대한 재검토」. 『한국근현대사연구』 13집.

고지마 소요시. 2004.『사대부의 시대』. 신형승 옮김, 서울: 동아시아.

곽준혁. 2007. 「키케로의 공화주의」.『정치사상연구』 제13집 2호, 132-154.

구대열. 1995.『한국 국제관계사 연구』 I, II. 서울: 역사비평사.

권영건. 1983.「삼균주의의 이론체계」.『삼균주의연구논집 (I)』.

권태억 외. 1994. 『자료모음: 근현대 한국 탐사』. 서울: 역사비평사.

그래함, A. G. 2001. 『도의 논쟁자들』. 나성 옮김. 새물결.

금장태. 2005. 『실천적 이론가 정약용』. 이끌리오.

_____. 1984. 『동서교섭과 근대한국사상』. 서울: 성균관대학교 출판부.

김기빈. 1995. 『일제에 빼앗긴 땅이름을 찾아서』. 서울: 살림터.

김동택. 2002. 「근대 국민과 국가개념의 수용에 관한 연구」. 『대동문화연구』 41집.

김봉진. 2006. 「崔漢綺의 氣學에 나타난 공공성」. 『정치사상연구』 제12집 1호, 33-55.

김상배 외. 2005. 『매력국가 만들기』. 서울: 21세기평화재단 · 평화연구소.

김석근. 2000. 「福澤諭吉의 自由와 通義: 獨立不羈의 정치학」. 『정치사상연구』 2집, 87-117.

김수자. 2004. 「이승만의 일민주의의 제창과 논리」. 『한국사상사학』 22집.

김수진, 2008. 『한국 민주주의와 정당정치』. 서울: 백산서당.

김언종. 2001. 『한자의 뿌리』. 서울: 문학동네.

김용섭. 1984. 『한국근대농업사연구』 증보판. 서울: 일조각.

김인걸. 1997. 「1960, 70년대 '내재적 발전론'과 한국사학」. 『한국사인식과 역사이론』.

김학준. 2003. 『한말의 서양정치학 수용 연구: 유길준 · 안국선 · 이승만을 중심으로』. 서울: 서울대학교 출판부.

김홍우. 1997. 「제헌국회에서의 정부형태론 논의」. 『의정연구』 3권 1호.

김효전. 2000. 『근대 한국의 국가사상: 국권회복과 민권수호』. 서울: 철학과현실사.

김희강. 2008. 「공공성, 사회집단, 그리고 심의민주주의」. 『한국정치학회보』 제44집 2호.

김희곤. 2004. 『대한민국임시정부 연구』. 서울: 지식산업사.

나종석. 2010. 「공공성(公共性)의 역사철학: 칸트 역사철학에 대한 하나의 해석」.

_____. 2013. 「주희 공(公) 이론의 민주적 재구성의 가능성」. 『철학연구』 제128집, 137-165.

남시욱. 2009. 『한국 진보세력 연구』. 서울: 청미디어.

노대환. 2005. 『동도서기론 형성 과정 연구』. 서울: 일지사.

노연희. 1992. 「대한민국 임시정부 초기 지도세력의 형성과 분열에 관한 연구」. 이화여자대학교 박사학위논문.

도진순. 1995. 「해방 직후 김구·김규식의 국가건설론과 정치적 의미」. 한국사연구회 편. 『근대 국민국가와 민족문제』. 서울: 지식산업사.

듀이, 존. 2010. 『현대 민주주의와 정치 주체의 문제』. 홍남기 옮김. 서울: 쇠아이알.

라이하르트, 롤프. 2009. 「역사적 의미론: 어휘통계학과 신문화사 사이」. 최용찬 옮김. 박근갑 외. 『개념사의 지평과 전망』. 서울: 소화.

류재명. 1990. 「민족의 자주화와 단기연호의 사용」. 『僧伽』 7.

마루야마 마사오·가토 슈이치. 2009. 『번역과 일본의 근대』. 임성모 옮김. 서울: 이산.

마루야먀 마사오(丸山光男). 2007. 『'문명론의 개략'을 읽는다』. 김석근 옮김. 파주: 문학동네.

마쓰모토 겐이치(松本健一). 2010. 『기타 잇키(北 一輝)』. 서울: 한예원.

말리노우스키. 1996. 『말리노우스키의 원시신화론』. 서울: 민속원.

미조구치 유조. 2004. 『중국의 공과 사』. 정태섭·김용천 옮김. 서울: 신서원.

미조구치 유조 외 엮음. 2011. 『중국사상문화사전』. 김석근 외 옮김. 서울: 책과함께.

민현정. 2009. 「일본 시민사회 성장과 공공성 재편 논의」. 『민주주의와 인권』 제9권 2호.

박명림. 2009. 「대한민국 건국과 한국 민족주의」. 『한국정치외교사논총』 31집 1호.

박상섭. 2008. 『주권·국가』. 서울: 소화.

박성래. 1978. 『中國科學의 思想』. 서울: 전파과학사.

_____. 1998. 『한국사에도 과학이 있는가』. 서울: 도솔.

_____. 2012. "'서기·단기' 그만 쓸 때 됐다". 『한국경제』 2012년 4월 3일자.

박영도. 2014. 「주권의 역설과 유교적 공공성의 문법: 그 구조와 동학(動學)」.

박지향. 2003. 『일그러진 근대』. 서울: 푸른역사.

배병삼. 2013. 「유교의 공과 사」. 『동서사상』 제14집, 95-120.

_____. 2003. 「한국 정치학의 기원과 정체성 탐색」. 『한국정치학회보』 제37집 2호, 87-105.

백도근. 1995. 「유가에 있어서 국가의 의미」. 『철학논총』 11집, 307-327.

백범사상연구소 편. 1995. 『38선을 베고 쓰러질지언정: 백범어록』 2판. 서울: 사계절.

백충현·이태진. 1999. 「日本 國際法學會와 大韓帝國 國權侵奪政策」. 『서울국제법연구』 6집, 75-599.

법응, "남대문 상량문 왜 단기 아닌 서기를?" 『불교닷컴』 2012년 3월 7일자.

서병훈. 2008. 『포퓰리즘: 현대 민주주의의 위기와 선택』. 서울: 책세상.

서중석. 2005. 『이승만의 정치이데올로기』. 서울: 역사비평사.

샌델, 마이클. 2010. 『정의란 무엇인가』. 서울: 김영사.

소공권(蕭公權). 1998. 『中國政治思想史』. 최명·손문호 옮김. 서울: 서울대학교 출판부.

손호철. 1991. 「한국전쟁과 이데올로기지형: 국가, 지배연합, 이데올로기」. 손호철 외. 『한국전쟁과 남북한 사회의 구조적 변화』. 경남대학교 극동문제연구소.

송석준 외. 2008. 『강화학파의 양명학』. 파주: 한국학술정보

슈미트, 칼. 1992. 『정치적인 것의 개념: 서문과 세 개의 계론을 수록한 1932년판』. 김효전 옮김. 서울: 법문사.

시카다 히로시(四方博). 1933. 「조선에 있어서 근대자본주의의 성립과정」. 『조선사회경제사연구』

심경호. 2007. 「조선 후기 지성사와 제자백가: 특히 관자(管子)와 노자(老子)의 독법과 관련하여」. 『한국실학 연구』 13권, 365-405.

심지연. 2004. 『한국정당정치사: 위기와 통합의 정치』. 서울: 백산서당.

＿＿＿. 1996. 「해방의 의미와 해방정국의 전개」. 한국정치학회 편. 『한국 현대정치사』. 서울: 법문사.

아렌트, 한나. 2006. 『예루살렘의 아이히만』. 파주: 한길사.

안윤모. 2006. 『미국 민중주의의 역사』. 서울: 이화여자대학교 출판부.

안호상. 1950. 『일민주의의 본바탕』. 서울: 일민주의연구원.

양승태. 2016. 「대한민국, 무엇이 위기인가」 『철학과 현실』 통권 111호 겨울호, 82-109.

＿＿＿. 2014. 「역사의식과 국가이성: 한국 근현대사 해석 논쟁에 대한 정치철학적 진단 서설」. 『한국정치학회보』 제48집 1호, 241-260.

＿＿＿ 편. 2013a. 『보수주의와 보수의 정치철학』. 서울: 이학사.

＿＿＿. 2013b. 「'국민행복의 중강국' 이상과 대한민국 국가이성의 문제」. 2013년 2월 15일 미래학회 강연원고.

＿＿＿. 2013c. 「국사와 문명사, 역사의식과 국가이성, 그리고 대한민국의 기원 문제」. 『현대사광장』 2권, 52-73.

＿＿＿. 2012. 「문명충돌의 정치와 정치학」. 『한국정치학회보』 제46집 2호, 97-116.

＿＿＿. 2011. 「국가정체성 문제와 한국의 정당: 거대 담론의 출발을 위한 정치철학적 시론」. 『한국정치학회보』 제44집 2호.

＿＿＿. 2010. 『대한민국이란 무엇인가: 국가정체성 문제에 대한 정치철학적 성찰』 서울: 이화여자대학교 출판부.

＿＿＿. 2007. 『우상과 이상 사이에서: 민주화시대의 이데올로기들에 대한 비판적 성찰』. 서울: 이화여자대학교 출판부.

＿＿＿. 2006. 『앎과 잘남: 희랍 지성사와 교육과 정치의 변증법』. 서울: 책세상.

양승태 · 안외순. 1999. 「한국 보수주의 연구 I: 송시열과 한국 보수주의의 기원」. 『한국정치학회보』 제33집 1호, 111-128.

_____. 2007. 「安國善과 安廓의 근대 정치학 수용 비교 분석」. 『溫知論叢』 제17집, 119-150.

양우정 편. 1948. 『독립노선의 승리』. 서울: 독립정신보급회.

여운홍. 1967. 『몽양 여운형』. 서울: 청하각.

옐리네크, 게오르그. 2005. 『일반 국가학』. 김효전 옮김. 파주: 법문사.

뤼프케, 외르크. 2011. 『시간과 권력의 역사』. 김용현 옮김, 파주: 알마.

우드사이드, 알렉산더. 2012. 『잃어버린 근대성들』. 서울: 너머북스.

유길준. 1971. 『兪吉濬全書』. 兪吉濬全書編纂委員會 편. 전6권. 서울: 일조각.

_____. 2004. 『서유견문』, 허경진 역주. 서울: 서해문집.

_____. 1998. 『유길준 정치학』. 한석태 역주. 마산: 경남대학교 출판부.

유동준. 1987. 『유길준전』. 서울: 일조각.

유영익. 1996. 『이승만의 삶과 꿈: 대통령이 되기까지』. 서울: 중앙일보사.

유진오. 1949. 『헌법의 기초이론』. 서울: 일조각.

윤명철. 2008. 『단군신화, 또 다른 해석』. 서울: 백산자료원.

윤수재 외 편. 2008. 『새로운 시대의 공공성 연구』. 서울: 법문사.

이광린. 1979. 『한국개화사상연구』. 서울: 일조각.

이삼성. 2011. 「'제국' 개념의 고대적 기원: 한자어 '제국'의 서양적 기원과 동양적 기원, 그리고 『일본서기』」. 『한국정치학회보』 제45집 1호.

이상봉. 2011. 「대안적 공공 공간과 민주적 공공성의 모색」. 『대한정치학회보』 제19집 1호.

이성무. 1995. 『조선양반사회연구』. 서울: 일조각.

이성무 외. 2010. 『내암 정인홍』. 서울: 예문서원.

이수건. 1987. 「조선후기 영남유소에 대하여」. 『두계이병도구순기념한국사학논총』.

이승환. 2002. 「한국 및 동양의 공사관과 근대적 변용」. 『정치사상연구』 제6집.

이영재. 2013. 「조선시대 정치적 공공성의 성격 변화: 민을 중심으로」.

『정치사상연구』 제19집 1호, 57-84.

이영호. 2011. 「'내재적 발전론' 역사인식의 궤적과 전망」. 『한국사연구』 152호, 239-270.

이영훈. 2004. 「민족사에서 문명사로의 전환을 위하여」. 임지현 외. 『국사의 신화를 넘어서』.

_____. 1988. 『조선후기사회경제사』. 서울: 한길사.

이윤상. 2006. 「대한제국의 경제정책과 재정상황」. 한영우 외. 『대한제국은 근대국가인가』.

이태진. 2011. 「왜 대한제국의 역사를 폄하하는가」. 이태진 외. 『대한제국: 잊혀진 100년 전의 황제국』.

_____. 2000. 『고종시대의 재조명』. 서울: 태학사.

_____. 1986. 『韓國社會史硏究』. 서울: 지식산업사.

이태진 외. 2011. 『대한제국: 잊혀진 100년 전의 황제국』. 서울: 민속원.

이한빈. 1965. 『작은 나라가 사는 길: 스위스의 경우』. 서울: 동아출판사.

이현주. 2007. 「임시의정원 내 정치세력의 추이와 권력구도 변화(1919-1925)」. 한국학중앙연구원. 『정신문화연구』 30(3).

이혜경. 2002. 『천하관과 근대화론: 양계초를 중심으로』. 서울: 문학과지성사.

이호영. 1979. 「중원고구려비 제액(題額)의 신독: 장수왕대의 연호 추론」. 『사학지』 13, 95-104.

이홍구. 1986. 「근대 한국정치학 백년: 그 한계성의 극복을 위한 자성」. 『한국정치학회보』 제20집 2호, 5-10.

임종원. 2011. 『후쿠자와 유키치: 새로운 문명의 논리』. 파주: 한길사.

임지현 외. 2004. 『국사의 신화를 넘어서』. 서울: 휴머니스트.

장현근. 2010. 「공(public)·공(common) 개념과 중국 진한정부의 재발견: 예·법의 분화와 결합」.

전봉덕. 1974. 「대한국국제의 제정과 기본사상」. 『법사학연구』 1권.

전진한. 1948. 『건국이념』. 서울: 경천애인사.

정병준. 2010. 『우남 이승만 연구』. 서울: 역사비평사.

_____. 2009. 「1940년대 대한민국임시의정원의 건국 구상」. 『한국민족운동사연구』 61.

정석종. 1983. 『조선후기사회변동연구』. 서울: 일조각.

정연태. 2011. 『한국 근대와 식민지 근대화 논쟁: 장기근대사론을 제기하며』. 서울: 푸른역사.

정영희. 1999. 『개화기 종교계의 교육운동 연구』. 서울: 혜안.

정옥자. 2002. 『중인문화연구』. 서울: 일지사.

정용화. 2004. 『문명의 정치사상: 유길준과 근대 한국』. 서울: 문학과지성사.

정윤재. 1999. 『다사리국가론: 민세 안재홍의 사상과 행동』. 서울: 백산서당.

정진아. 1999. 「제1공화국 초기(1948-1950)의 경제정책 연구」. 『한국사연구』 106.

정해영. 2010. 『무단통치시작-1919. 3. 1. 운동까지』. 문예마당.

조한상. 2006. 「헌법에 있어서 공공성의 의미」. 『公法學硏究』 제7권 3호, 251-275.

주진오. 1996. 「청년기 이승만의 언론 · 정치활동 해외활동」. 『역사비평』 여름호.

차동욱. 2011. 「로마 공화정의 공공성 창출을 위한 제도적 장치에 관한 연구: 공화기」.

채장수. 2009. 「공공성의 한국적 현대성: 상황과 의미」. 『21세기정치학회보』 제19집 1호.

최영호. 2003. 「이승만의 하와이에서의 초기 활동: 교육사업과 1915년 대한인국민회 사건」. 유영익 편. 『이승만 연구: 독립운동과 대한민국 건국』. 서울: 연세대학교 출판부, 63-98.

최재목. 1996. 『동아시아의 양명학』. 서울: 예문서원.

최정운. 2013. 『한국인의 탄생: 시대와 대결한 근대 한국인의 진화』. 서울: 미지북스.

최종건. 1976. 『대한민국 임시정부문서집람』. 서울: 지인사.

최창규. 1972. 『近代韓國政治思想史』. 서울: 일조각.

코젤렉, 라인하르트. 2007. 『지나간 미래』. 한철 옮김. 파주: 문학동네.

플라톤. 2011. 『프로타고라스』. 강성훈 옮김. 서울: 이제이북스.

하버마스, 위르겐. 1989. 『이론과 실천』. 홍윤기·이정원 옮김. 서울: 종로서적.

_____. 2001. 『공론자의 구조변동: 부르주아 사회의 한 범주에 관한 연구』. 한승완 옮김. 서울: 나남.

하영선. 2009. 「근대한국의 문명 개념 도입사」. 하영선 편. 『근대한국의 사회과학 개념 형성사』.

하영선 편. 2009. 『근대한국의 사회과학 개념 형성사』. 파주: 창비.

_____. 2004. 『21세기 한반도 백년대계: 부강국가를 넘어서 지식국가로』. 서울: 풀빛.

하이데거, 마르틴. 1997. 『존재와 시간』. 이기상 옮김. 서울: 까치.

한국정신문화연구원. 『한구민족문화백과사전』. http://encykorea.aks.ac.kr/ 2012/03/10 검색.

한국학문헌연구소 편. 1981. 『공법회통』. 서울: 아세아문화사(영인).

한비자. 2002. 『韓非子』. 이운구 옮김. 서울: 한길사.

한승연. 2010. 「일제시대 근대 '국가' 개념 형성과정 연구」. 『한국행정학보』 44권 4호, 1-27.

한시준. 2008a. 「'건국 60년' 담론을 어떻게 볼 것인가?」. 『시민과 세계』, 74-94.

_____. 2008b. 「대한민국 '건국 60년', 그 역사적 모순과 왜곡」.

_____. 1989. 「大韓民國臨時政府의 光復후 民族國家 建設論」.

한영우. 2001. 『명성황후와 대한제국』. 서울: 효형출판사.

_____. 2006. 「대한제국을 어떻게 볼 것인가」. 『대한제국은 근대국가인가』, 23-56.

한영우 외. 2006. 『대한제국은 근대국가인가』. 서울: 푸른역사.

한인섭. 2009. 「대한민국은 민주공화제로 함: 대한민국 임시헌장(1919. 4. 11) 제정의 역사적 의의」. 『서울대학교 법학』 50권 3호.

한태연 외. 1988. 『한국헌법사(상)』. 한국정신문화연구원.

홍대용. 2008. 『의산문답(醫山問答)』. 김태준·김효민 옮김. 서울: 지만지.

황태연 외. 2016. 『조선시대 국가공공성의 구조변동』. 한국학중앙연구원.

후쿠자와 유키치(福澤諭吉). 1993. 『학문을 권함』. 엄창준·김경신 옮김. 서울: 지안사.

[외국 문헌]

Arendt, Hannah. 1977. *Eichmann in Jerusalem: A Report on the Banality of Evil*. New York: Penguin.

_____. 1958. *The Human Condition*. Chicago: U. of Chicago Press.

Assmann, Aleida. 2006. *Der lange Schatten der Vergangenheit. Erinnerungskultur und Geschichtspolitik*. Munich: C. H. Beck.

Austin, J. L. 1962. *How to do Things with Words: The William James Lectures delivered at Harvard University in 1955*. J. O. Urmson ed. Oxford: Clarendon.

Barthes, Roland. 1967. *Writing Degree Zero*(Le Degré Zéro de l'écriture). London: Jonathan Cape.

Beiner, Ronald. ed. 1968. *Theorizing Citizenship*. Albany: State University of New York.

Bell, A. P. 1958. "Public Spirit as the Material of History." *Journal of Philosophy*, vol. 55, no. 11, 467-472.

Benveniste, Émile. 1971. *Problems in General Linguistics*. translated by Mary E. Meek, 2 vols., Coral Gables, Florida: University of Miami Press.

Buckle, Henry Thomas. 1904. *Introduction to the History of Civilization in England*.

Burckhardt, Jacob. 1979. *Reflections on History*. trans. MD Hottinger. Indianapolis: Liberty Fund.

_____. 1943. *Force and Freedom: Reflections on History*. New York: Pantheon Books.

Cicero. 1928. *De Re Publica*, Loeb Classical Library, Cambridge: Harvard University Press.

Cohen, Jean L. and Andrew Arato, 1992. *Civil Society and Political Theory*. Cambridge: MIT Press.

Dreitzel, H. 2002. "Reason of State and the Crisis of Political Aristotelianism: An Essay on the Development of 17th Century Political Philosophy." *History of European Ideas*, vol. 28, 163-187.

Drews, Robert. 1993. *The End of the Bronze Age: Change in Warfare and the Catastrophe Ca. 1200 B.C.* Princeton: Princeton University Press.

Dryzek, John S. and Patrick Dunleavy. 2009. *Theories of the Democratic State*. Basingstoke: Palgrave Macmillan.

Duverger, Maurice. 1964. *Political Parties: Their Organization and Activity in the Modern State*.

Fahrni, Dieter. 1983. *An Outline History of Switzerland: From the Origins to the Present Day*. Zurich: Swiss Council for the Arts Pro Helvetia.

Fan, Ruiping. 2010. *Reconstructionist Confucianism: Rethinking Morality after the West*. Springer: Springer+Business Media.

Foucault, Michel. 2002. *The Archaeology of Knowledge*. trans. A. M. Sheridan Smith. New York: Routledge.

Fox, J. 2005. "Paradigm Lost: Huntington's Unfulfilled Clash of Civilizations Prediction into the 21st Century." *International Politics*, vol. 42, 428-457.

Fukuyama, Francis. 1992. *The End of History and the Last Man*. New York: Free Press.

Gadamer, Hans-Georg. 1982. *Truth and Method*. New York: Crossroad.

Goldstein, Doris S. 1964. "Alexis de Tocqueville's Concept of Citizenship." *Proceedings of the American Philosophical Society*, vol 108, no. 1, 39-53.

Grube, G. M. A. 1980. *Plato's Thought*. Indianapolis: Hackett Publishing Company.

Guizot, François. 1947. *The History of Civilization in Europe*. William Hazlitt trans. New York: A. L.

Habermas, Jürgen. 1997. *Nachmetaphysisches Denken*. Frankfurt am Main: Suhrkamp.

_____. 1995. *Postmetaphysical Thinking*. London: Polity Press.

_____. 1993. *Strukturwandel der Oeffentlichkeit*, 3. Aufl. Frankfurt am Main: Suhrkamp.

_____. 1981. *Theorie des Kommunikativen Handelns*. Frankfurt am Main: Suhrkamp.

_____. 1976. *Rekonstuktion des Historischen Materialismus*. Frankfurt am Main: Suhrkamp.

_____. 1975. *Legitimation Crisis*. Boston: Beacon Press.

Hall, Rodney B. 1977. "Moral Authority as a Power Resource." *International Organization*, vol. 51.

Ham, Jae-hak and Sung-ho KIm. 2015. *Making We the People: Democratic Constitutional Founding in Postwar Japan and South Korea*. New York: Cambridge University Press.

Hegel, G. W. F. 1955. *Grundlinien der Philosophie des Rechts*. Hamburg: Verlag von Felix Meiner.

Heidegger, Martin. 1992. *The Concept of Time*. Oxford: Blackwell.

_____. 1979. *Sein und Zeit*. Tübingen: Max Niemeyer Verlag.

Hobbes, Thomas. 1957. *Leviathan*, Oxford: Basil Blackwell.

Honneth, Axel. 2010. *Kampf um Anerkennung: Zur moralischen Grammatik sozialer Konflikte*.

Huntington, Samuel P. 2004. *Who are We?: The Challenges to America's National Identity.* New York: Simon & Schuster.

_____. 1996a. *The Clash of Civilizations and the Remaking of World Order.* New York: Simon & Schuster.

_____. 1996b. *The Clash of Civilizations?: The Debate.* New York: Foreign Affairs.

Inwood, Michael(1992) *A Hegel Dictionary.* Oxford: Cambridge.

Jackob, Nikolaus. 2007. "Cicero and the Opinion of the People: The Nature, Role and Power of Public Opinion in the Late Roman Republic." *Journal of Elections, Public Opinion and Parties,* vol. 17, no. 3, 293-311.

Jaspers, Karl. 1919. *Psychologie der Weltanschauungen.* Berlin: Springen.

Kant, Immanuel. 1968. "Ueber Paedagogik." *Werkausgabe,* Band XII, Frankfurt am Main: Suhrkamp, 695-761.

Katz, Richard and Peter Mair. 1995. "Changing Models of Party Organization and Party Democracy: The Emergence of the Cartel Party." *Party Politics,* vol. 1, no. 1.

Kim, Joon Suk. 2005. *Making States Federatively: Alternative Routes of State Formation in Late Medieval and Early Modern Europe.* The University of Chicago Ph. D. Dissertation.

Kirchheimer, Otto. 1966. "The Transformation of the West European Party Systems." in Joseph Lapalombara and Myron Weiner eds. *Political Parties and Political Development.* Princeton: Princeton University Press.

Kirk, Russel. 1960. *The Conservative Mind: From Burke to Eliot.* revised ed. Chicago: Henry Regenery Company.

Kohn, Hans. 1978. *Nationalism and Liberty: the Swiss Example.* Westport, CT.: Greenwood Press.

Koselleck, Reinhart, Werner Conze, and Görg Haverkate. 1990. "Staat und Souveränität." Brunner, Otto, Werner Conze, and Reinhart Koselleck. *Geschichtliche Grundbegriffe*, Bd. 6., 1-154. Stuttgart: Ernst Klett Verlag: Klett-Cotta.

Koselleck, Reinhart. 2002. *The Practice of Conceptual History: Timing History, Spacing Concepts*. Stanford, California: Stanford University Press.

Little, Reg and Warren Reed. 1989. *The Confucian Renaissance*. Sydney: The Federa-

Lodge, Rupert Clendon. 1925. "Private and Public Spirit in Platonism." *The Philosophical Review*, vol. 34, no. 1, 1-27.

MacIntyre, Alasdair. 1999. *Dependent Rational Animals: Why Human Beings Need the Virtues*.

_____. 1993. *After Virtue, A Study in Moral Theory*. Notre Dam: U. of Notre Dam Press.

Mahbubani, Kishore. 2008. *The New Asian Hemisphere: The Irresistible Shift of Global Power to the East*. New York: Public Affairs.

Mansfield, Harvey C. 2006. *Manliness*. New Haven: Yale University Press.

McMath, Jr., Robert C. 1992. *American Populism: A Social History 1877-1898*. New York: Hill & Wang.

Meinecke, Friedrich. 1976. *Die Idee der Staatsräson in der Neueren Geschichte*. München: Oldenbourg.

Mouffe, Chantel. 2005. "The 'End of Politics' and the Challenge of Right-Wing Populism." in Panizza ed. *Populism and the Mirror of Democracy*, 50-71.

Oakshott, Michael. 1962. *Rationalism in Politics and Other Essays*. London: Methuen.

Oliver, Robert. 1954. *Syngman Rhee: The Man Behind the Myth*. New

York: Dodd and Mead.

Palais, James B. 1991. *Politics and Policy in Traditional Korea*. Cambridge: Harvard University Press.

Panebianco, Angelo. 1988. *Political Parties: Organization and Power*. Cambridge: Cambridge University Press.

Panizza, Francisco ed. 2005. *Populism and the Mirror of Democracy*. London: Verso.

Pettit, Philip. 1997. *Republicanism: A Theory of Freedom and Government*. Oxford: Oxford University Press.

Piaget, Jean. 1954. *The Construction of Reality in the Child*. New York: Basic Books.

_____. 1969. *The Child Conception of Time*. London: Routledge & Kegan Paul.

Platon. 1935. *The Republic*. Cambridge: Loeb Classical Library.

Pocock, J. G. A. 1968. "The Ideal of Citizenship Since Classical Times." in Beiner ed. *Theorizing Citizenship*.

Rhee, Syngman. 1941. *Japan Inside Out: The Challenge of Today*. New York: Fleming H. Revell Company.

_____. 1912. *Neutrality As Influenced by the United States*. Princeton: Princeton University Press.

Richter, Melvin. 1995. *The History of Political and Social Concepts: A Critical Introduction*. New York, Oxford: Oxford University Press.

Rinken, Alfred. 2002. "Geschichte und heutige Valenz des Oeffentlichen." Gerd Winter hers. Das Oeffentliche heute/ Kolloqium zu Ehren von Alfred Rinken, Baden-Baden: Nomos-Verl.-Ges., 267-272.

Romani, Roberto. 2002. *National Character and Public Spirit in Britain and France, 1750-1914*.

Ross, Dorothy. 1991. *The Origins of American Social Science*. Cambridge: Cambridge University Press.

Sabine, George H. 1973. *History of Political Theory*. Fourth Edition. Hinsdale, Ill.: Dryden Press.

Said, Edward W. 1978. *Orientalism*. New York: Pantheon Books.

Sandel, Michael. 1996. *Democracy's Discontent, America in Search of Public Philosophy*. Cambridge: Harvard University Press.

Schmitt, Carl. 1985. *The Crisis of Parliamentary Democracy*. Cambridge: MIT Press.

Schumpeter, Joseph A. 1976. *Capitalism, Socialism and Democracy*. New York: Harper and Brothers. 5th ed. London: George Allen and Unwin.

Skinner, Quentin. 1978. *The Foundations of Modern Political Thought*. 2 vols. Cambridge: Cambridge University Press.

Smith, Adam. 1976. *An Inquiry into the Nature and Causes of the Wealth of Nations*. Oxford: Clarendon Press.

Steinberg, Jonathan. 1996. *Why Switzerland*. Cambridge: Cambridge University Press.

Strauss, Leo. 1959. *What is Political Philosophy? and other Studies*. Glencoe Il.: the Free Press.

_____. 1953. *Natural Right and History*. Chicago: U. of Chicago Press.

Taggart, Paul. 2000. *Populism*. Philadelphia: Open University Press.

Taylor, Charles. 1989. *Sources of the Self: The Making of Modern Identity*. Cambridge: Harvard University Press

Thucydides. 1919. *Historia*, Loeb Classical Library. Cambridge: Harvard University Press.

Velkley, Richard. 2002. "The Tension in the Beautiful: On Culture and Civilization in Rousseau and German Philosophy." in Idem., *Being after Rousseau: Philosophy and Culture in Question*. Chicago: The University of Chicago Press, 11-30.

Viroli, Maurizio. 1992. "The Revolution in the Concept of Politics."

Political Theory, vol. 20, no. 3, 473-495.

_____. 1992. *From Politics to Reason of State: The Acquisition and Transformation of the Language of Politics 1250-1600*. Cambridge: Cambridge University Press.

Weber, Marianne. 1975. *Max Weber: A Biography*. New York: Wiley.

Welch, David A. 1993. *Justice and the Genesis of War*.

Williams, Raymond. 1985. *Keywords: A Vocabulary of Culture and Society*. rev. ed. New York: Oxford University Press.

Wittgenstein, Ludwig. 1953. *Philosophical Investigations*. Oxford: Basic Blackwell.

Wolin, Sheldon S. 1960. *Politics and Vision: Continuity and Innovation in Western Political Thought*. Boston: Little Brown and Company.

Zuckert Catherine H. ed. 1988. *Understanding the Political Spirit: Philosophical Investigation from Socrates to Nietzsche*.

부록 I

강연문과 토론문

1. 국가정체성과 부산의 지역정체성: 무엇이 문제이고 무엇이 해결책인가

1.

안녕하십니까. 이화여대에서 정치학을 가르치고 있는 양승태입니다.

오늘 지극하신 나라 사랑과 더불어 부산 이 고장을 너무나 아끼시면서 그 발전에 고심하시는 여러 선생님들 앞에서 바로 부산의 문제를 중심으로 국가정체성과 지역정체성의 관계에 대한 — 제목이 조금 요란합니다만 — 저의 소견을 말씀드릴 수 있는 기회를 갖게 되어 영광입니다.

지극히 상식적이고 진부한 이야기지만, 흔히 향토애로 불리는 지역에 대한 사랑이나 애착심을 떠나 애국심 나아가 인류애는 존재할 수 없습니다. 지역이란 온갖 애증이 겹치는 가운데 직접적으로 몸과 몸이 부닥치는 이웃들의 존재와 더불어 살아 있음을 감각적으로 느끼게 하고 삶의 체험이 직접 이루어지는 공간입니다. 그와 같은 구체적인 삶의 공간에 대한 사랑이나 애착 없이 애국을 운위함은 공허할뿐더러 위선과 허식일 수 있습니다. 그러나 동시에 지역적 인간관계나 지역적 삶의 내용 및 형식에 대한 집착은 바로 무한할 수 있는 삶의 내용 및 다양함에

---

* 원문은 2011년 8월 24일 부산 코모도호텔에서 열린 시민단체 '대한민국정체성 바로세우기 시민운동연합' 주최 강연회에서 행한 연설문.

대해서 알고 느끼고 체험할 수 있는 기회를 스스로 박탈한다는 의미에서 편협하고 빈곤하며 어리석은 삶일 수 있습니다. 지역적 이해관계에 대한 일방적인 집착은 흔히 지역이기주의로 비판의 대상이기도 합니다. 그러나 그것이 비난받을 수 있는 이유는 단순히 이기주의이기 때문이 아니라 그것이 지역에 대한 진정한 사랑이 아니기 때문입니다.

이기주의가 도덕적 비난의 대상이 되는 이유는 자기 이익을 추구한다는 행위 자체에 있는 것은 아닙니다. 누구나 자기 이익을 추구하고 추구해야 합니다. 다만 그 이익 추구가 진정으로 자기를 위하는 것이 아니라 일시적인 욕망에 대한 집착 속에서 타인의 이익을 해치면서 추구하는 데 있습니다. 타인을 해하면서 추구하는 자기 이익은 결국 자기 손해로 돌아오기 때문에 그것은 어리석음의 다른 표현에 지나지 않습니다. 부모라면 누구나 체험하는 일입니다만, 자식에 대한 집착과 자식에 대한 진정한 사랑은 구분되어야 함도 마찬가지 경우입니다. 자식이 원하는 것이라면 무조건 들어주려는 태도, 자식의 능력이나 취향 또는 삶을 통해서 실현시켜야 할 가치나 이상을 고려하지 않은 채 일방적으로 세속적인 목표를 강요하는 태도 등은 바로 자식을 망치고 불행하게 만듭니다. 그것이 자식에 대한 진정한 사랑은 아닐 것입니다. 그런데 바로 지역사랑이나 이기주의 및 자식사랑과 관련된 그러한 이해의 핵심에 정체성 개념 이해의 본령이 있습니다. 아울러 국가정체성과 지역정체성의 관계가 무엇인지, 나아가 현재 부산이라는 지역에 정체성 문제가 있다면 그것이 무엇인지를 밝히는 요체도 있습니다.

정체성(identity)은 사실 심오한 개념입니다. 그것은 인간만이 아니라 사물을 파악하는 궁극적인 개념이자, 학문의 시작이자 완성과 관련된 개념이기도 합니다. 말 그대로 개개 사물의 정체, 나아가 자연이라는 사물 전체의 정체를 파악함이 자연과학의 궁극적인 목적이 아니고 무엇이겠습니까. 인간, 사회, 국가, 나아가 인간세계 전체의 정체가 무엇이냐의 문제에 대한 해명 이외에 인문사회과학의 어떤 궁극적인 존재

이유가 있겠습니까. 물론 그와 같이 궁극적이고 지극히 광범위하고 지난한 문제가 이 자리에서 논의할 대상은 아닙니다. 이 자리는 국가정체성과 지역정체성의 관계에 대한 설명을 통해 부산이라는 지역의 정체성 문제에 대해 저 나름의 소견을 피력하는 자리입니다. 그런데 국가나 지역이나 그것을 구성하는 것은 개인들인데, 바로 개인의 정체성 개념에는 필연적으로 국가 및 지역적 정체성 개념이 함축되어 있다는 사실에 정체성 개념의 묘미가 있습니다.

방대한 설명이 필요한 내용을 간단히 줄이면 다음과 같습니다. 개인적 정체성의 핵심은 육체 및 정신적 변화 속에서 불변하는 자기 규정적 자아의식의 존재에 있습니다. 다시 말해서 스스로 내가 누구냐고 묻는 질문 자체에 정체성의 핵심이 있다는 것입니다. 그것은 단순히 한 개인에게 태생적으로 주어진 육체적 특징이나 심리적 성향에서 찾을 수 없습니다. 육체적 특징이나 심리적 성향이란 본질적으로 끊임없이 변하는 것들이기 때문에 정체성으로 규정할 수 없습니다. 또한 그러한 특징이나 성향은 바로 육체나 심리의 한 부분이지 전체가 아니기 때문에도 그러합니다. 만일 특정한 성적 취향을 자신의 정체성으로 내세우는 사람이 있다면 그것에 대한 집착에 따라 자신의 더 소중한 많은 것을 잃어버리는 어리석음에 지나지 않습니다. 개인의 정체성은 자신의 존재와 동일시될 수 있는 영속적이고 보편적인 가치나 이념의 실현을 추구하면서 끊임없이 새롭고 좀 더 보편적인 자아 형성에 있습니다. 그 영속적이고 보편적인 가치의 실현과 관련된 삶의 구체적인 목표는 무한합니다. 인간의 삶에 기여하는 모든 직능, 특히 장인의식을 요구하는 기술과 기예, 그리고 예술, 종교, 학문 등이 그러합니다. 인간은 그러한 직능에 대한 진지한 헌신을 통해서 정체성을 찾고 실현할 수 있습니다. 그것은 곧 진정한 자아실현의 다른 표현입니다. 그리고 개인적 정체성의 바로 그러한 성격에서 그것이 지역적 및 국가적 정체성이 만나는 접점을 찾을 수 있습니다.

여기서 한 개인의 자아정체성 형성과 관련하여 특히 강조되어야 할 중요한 측면이 있습니다. 보편적인 가치나 이념의 추구는 그가 속한 사회나 국가의 역사를 통해 존속되고 세대를 통해 전달되는 민족적 성향, 가치관과 문화, 학문 등 정신사 및 지성사적 전통을 떠나 이루어지지는 않는다는 것입니다. 다시 말해서 보편적인 가치나 이념의 추구는 한 개인이 살아가는 구체적인 사회적 관계 속에서 부여받고 전수되는 역사 및 정신사적 전통의 형태로 나타난 구체적인 가치관이나 문화를 바탕으로 이루어진다는 것입니다. 한 개인은 구체적인 사회적 관계 속에서 그러한 가치관이나 문화에 대한 무의식적 습득이나 공적 및 사적인 교육 또는 나름대로의 이해나 성찰을 통해 이루어지는 것이지, 사회적 관계가 없는 추상적인 공간에서 개인이 홀로 추구하는 형식으로 이루어지지는 않는다는 것입니다. 한 개인의 생명 자체가 부모의 성관계 및 그들을 존재하게 만든 사회적 관계 속에서 태동하지만, 그의 삶 속에서 형성되는 자아정체성 역시 역사 및 정신적 전통이 구체적으로 구현되는 사회적 관계 속에서 형성된다는 것입니다. 개인적 정체성은 단순히 한 개인에게 태생적으로 주어진 성향이나 가족사 차원의 연속성의 집착에 있는 것이 아니라는 것입니다. 그러한 성향 및 연속성의 한계를 극복하는 노력과 더불어 가치 및 이념 차원에서 좀 더 새롭고 보편적인 자아형성에 개인적 정체성의 핵심이 있다는 것입니다. 이 점을 좀 더 부연할 필요가 있습니다.

인간의 모든 행동이나 직능활동은 결코 개인 홀로 이루어지는 경우는 없습니다. 식물인간이 아닌 한 어떠한 행동도 '나의 행동'이라는 자의식 및 다른 사람들의 존재에 대한 의식이 없거나 그들에 대해 영향을 주지 않는 상태에서 일어나지는 않습니다. 모든 직능활동이 사회적 관계 속에서 수행됨은 자명합니다. 한 인간이 일생 동안 추구할 직능의 결정 자체가 다른 사람과의 사회적 관계 속에서 이루어집니다. 모든 직업과 직능들이란 그것이 수행되는 직장이나 기업 또는 단체를 통해서 다른 직장이나 기업 또는 단체들과 직접적 또는 간접적으로 연결되면서 사회적 관계망을 형성합니다. 이를 편의상 사회학자 파슨스(T. Parsons)의 용어를 채용하여 '사회체계'로 부르기로 합시다. 그러한 사회체계의 구체적인 내용이나 성격은 다름 아닌 한 국가의 문화나 정신적 전통에 의해 규정된다는 것이 중요합니다.

그 사회적 관계에서 특히 남자의 경우 결정적인 것은 아버지의 영향일 것입니다. 그 밖에 형, 친인척, 선배, 스승의 영향 또는 교육과정을 통해 각 개인에게 나름대로 존경과 모방의 대상으로 부각되는 인물상들의 간접적 영향을 통해 일생 동안 추구할 직능, 가치나 이념이 결정됩니다. 그런데 그들 모방의 대상이 되는 인물들의 직능이나 정신세계 또한 역사 및 정신사적 전통이 구현된 사회체계 속에서 형성된 것입니다. 모든 개인들은 어떠한 형식이든 그러한 사회체계에 귀속되며, 사회체계가 부여하고 고무하며 금제하는 가치나 이념을 자신의 생각과 판단과 행동의 기준이나 지향점으로 받아들이거나 거부나 배척의 대상으로 삼는 상호작용 속에서 살아가면서 자신의 정체성을 형성하고 발전시킵니다. 그 사회체계는 가족, 기업이나 직능단체, 지역사회, 국가, 인류사회 ― 최근 들어 유행하는 용어로 '지구 사회(global society)' ― 등의 다양한 형태로 존재합니다. 그리고 각각의 사회체계는 구성원 공통의 가치나 이념의 형태로 나름대로의 집단적 정체성을 가지며, 다른 사회체계들과의 관계 속에서 그러한 집단적 정체성을 유지 또는 변화시키게 됩니다. 즉 다른 평등한 사회체계들과는 나름대로의 경계를 가지고 배타와 융합의 태도가 공존하며, 국가와 지역사회와 같이 지배와 종속의 상하관계에서는 순응과 저항이 공존하는 상호작용 속에서 각각의 정체성을 변화 및 발전시키게 되는 것입니다.

국가는 그와 같은 집단적 정체성의 완성입니다. 개인은 국가생활을 통해서 삶의 요구를 충족시키고, 국가생활을 통해서 자신의 정체성을 승화 및 발전시키게 되는 것입니다. 그 점은 소위 세계화시대로 불리는 현대세계에서도 마찬가지입니다. 국가들 간의 상호 의존성이 증대하는 가운데 소위 '지구 사회'의 영향력이 증대하고 있음은 사실입니다. 그러나 그 영향력의 실체를 파악하고 국가생활의 목적 및 이상을 기준으로 평가하고 판단하며, 정책결정을 통해 그것에 대한 수용이나 배제 또는 증대나 축소시키는 행위의 주체는 국가인 것입니다. 지역사회의 정체성 문제, 나아가 오늘의 주제인 부산 지역의 정체성 문제는 국가의 그러한 성격을 떠나 제대로 이해할 수 없습니다.

2.

현대 물리학을 원용하지 않더라도 시간을 떠난 절대적이고 순수한 공간은 없습니다. 지역이란 인간들의 삶의 활동과 역사를 떠난 순수한 공간은 아니라는 것입니다. 개개인에게 지역이란 고향마을에 국한될 수도 있고, 자기가 속한 시, 군, 도 등 행정적으로 구획된 공간, 또는 호남, 영남, 영동, 충청 등 오랜 역사 속에서 나름대로 동질적인 정서나 공감대가 형성되어 행정구역보다 좀 더 포괄적인 명칭이 부여된 공간 등 다양한 형태로 존재합니다. 어쨌든 지역사회란 국가생활을 전제로 하며, 국가정체성을 떠나 지역사회의 정체성을 논의할 수 없습니다. 여기서 오늘의 본 주제인 대한민국의 정체성과 부산 지역의 정체성 문제가 부각됩니다. 그런데 이 문제를 어렵고 복잡하게 만드는 것이 있습니다. 현재 대한민국은 스스로의 정체성을 정립하지 못한 채 정파들 사이의 극심한 대립과 분열 속에서 위기에 빠져 있는 상황에 있다는 사실과, 아울러 그러한 위기의 한 요소가 소위 '지역주의'로 불리는 지역들 사이의 대립과 갈등이라는 사실이 그것입니다.

제가 졸저 『대한민국이란 무엇인가』에서 나름대로 상세하게 논의했습니다만, 국가정체성 개념의 핵심에는 상호 연관되고 상호 규정적인 두 요소가 있습니다. 국가 차원의 역사의식이 그 하나이고, 개개인이 추구하는 가치 및 이념을 대승적으로 포섭하면서 국가 차원에서 추구하는 보편적인 이념이 다른 하나입니다. 국가 차원의 역사의식은 단순히 과거의 이념이나 전통 또는 관습에 대한 집착을 통한 연속성의 보존에만 있는 것은 아닙니다. 그러한 연속성 속에서 과거를 비판적으로 극복하면서 새로운 미래를 지향하고 창조하는 가운데 새로운 국가적 자아를 형성하는 데 있는 것입니다. 그리고 한 국가에서 정체성의 위기란 바로 그와 같은 역사의식 및 보편적인 이념과 관련하여 국가 구성원들 사이에 기본적인 합의가 부재하거나, 한 집단의 역사의식이나 이념이 다른 집단의 그것들을 압도하거나 지배하지 못한 채 이념이나 가치관의 전국시대가 전개되는 상황, 또는 이념적 무지향성의 극단적인 상업적 가치관의 지배 속에서 일시적인 물질적 이해관계의 변화에 따라 끊임없는 이합집산의 패거리 정치가 난무하는 상황의 전개인 것입니다. 현재 한국사회에서 운위되는 '지역주의'란 '각 지역을 중심으로 나타나는 패거리 정치'에 다름 아닙니다. 바로 이 점이 오늘의 주제를 어렵고 복잡하게 만드는 것입니다.

여기서 근본적인 물음이 제기되어야 합니다. 지역주의란 본디 그런 것인가 하는 물음입니다. 결코 그렇지 않다는 것이 저의 소견입니다. 지역주의란 근본적으로 지역적 정체성입니다. 그것의 핵심은 한편으로 대한민국이라는 국가 차원의 역사의식을 공유하면서 동시에 지역적 역사의식을 — 일반적으로 '향토사'의 형태로 — 발전시키는 데 있고, 다른 한편으로 국가 차원에서 추구하는 이상이나 가치를 공유하면서 동시에 그러한 이상과 가치의 실현에 그 지역사회 특유의 성향이나 문화 또는 정신적 전통을 — 일반적으로 '향토문화'의 형태로 — 통해 기여하는 데 있습니다. 그것은 간단히 말하여 진정한 의미의 지역주의는 현재 한국 정치에서 벌어지고 있는 지역주의를 극복하는 데 있다는 것을 의미합니다. 여기서 부산 지역의 정체성의 내용이 무엇이고, 그것이 대한민국의 정체성 발전에 어떠한 기여를 할 수 있을 것인지 언급할 필요가 있습니다.

현재 이 자리에는 부산 지역의 정체성을 어떻게 확립하면서 이 지역을 발전시킬 것인가를 고심하고 있는 분들이 모이신 줄 압니다. 그러한 분들이 모임을 갖고 있다는 사실 자체가 부산 지역의 정체성에 위기가 있다거나 적어도 심각한 문제가 있음의 징표일 것입니다. 저는 사실 부산에 대해 깊이 연구해본 적이 없는 문외한입니다. 다만 상식적이고 얕은 수준의 것이나마 부산에 대해 제가 평소에 갖고 있는 지식과 이해를 토대로 부산이라는 지역의 정체성 문제에 대해 언급하고자 합니다.

저를 포함하여 타지 사람들이 부산 사람들에 대해 갖고 있는 대체적인 인상은 '솔직하고 꾸밈이 없으며 화끈하면서 직선적인 성정'일 것입니다. 그러한 성정은 부산 사람들이 김영삼 대통령이나 롯데 야구단을 열광적으로 그리고 변함없이 지지 및 지원하는 태도 속에 집약되어 있다고 봅니다. 그러한 성정은 타 지역의 사람들과 대비됩니다만, 같은 영남 지역에서도 경북 사람들이나 경남의 진주나 통영 사람들의 그것과도 구분되는 독특함이 있다고 할 수 있습니다. 저는 그러한 성정에서 부산의 정체성 문제를 해명할 실마리를 찾을 수 있다고 생각합니다. 한 인간의 성정은 그의 정체성 자체는 아닙니다만, 그것의 주요한 측면이자 정체성 형성의 바탕이기 때문입니다.

일단 개인적으로 저 자신이 부산 사람들의 그러한 성정을 좋아합니다. 선호의 대상이 분명하고 자신의 의사표현에 주저함이나 위선이 없는 솔직하고 직선적인 태도는 일단 정서적으로 호감을 줍니다. 그러한 정서적 호감 차원을 넘어 그것은 모든 인간적 성취의 바탕인 삶의 열정과 에너지이며, 인간들 사이에 존재하는 부질없는 벽이나 경계심을 허물고 공동체적 일체감을 촉진할 수 있다는 의미에서 소중한 인간적 자질입니다. 다만 소중한 인간적 자질 자체가 언제나 사회적으로 바람직한 가치를 실현하는 것은 아닙니다. 강력한 기백은 사나이의 소중한 자질입니다만, 잘못된 방향으로 나아갈 경우 깡패가 되는 강력한 요소인 것입니다. 솔직한 성정이 가치 있는 것이 되려면, 그것으로 표현되는 행위가 도덕적으로 바람직하고 사회나 국가의 발전에 기여할 때일 것입니다. 저는 부산 시민의 정체성 문제는 바로 부산 시민 특유의 그 소중한 삶의 열정과 에너지가 바람직한 방향으로 실현되도록 제대로 된 목표가 설정되지 않았기 때문으로 봅니다.

부산 시민의 프로야구 사랑은 전국적으로 유명합니다. 그것에는 분명히 공동체적 축제의 요소가 있으며, 그것을 통해 부산 시민의 열정이 하나의 에너지로 결집되는 모습을 봅니다. 고대 그리스의 올림픽 경기가 역사적으로 증언하듯이, 한 사회의 정체성은 실제로 그와 같은 공동체적 축제가 바탕이 되어서 형성됩니다. 그런데 고대의 올림픽 경기는 단순히 스포츠 행사가 아니라 종교, 음악, 문학, 학문이 결합된 교양문화의 총체였음을 기억하여야 합니다. 프로야구는 물론 관전 자체가 재미있고, 일상적 삶의 권태를 벗어나게 해주는 활력소가 됨은 분명합니다. 그러나 그것만이 삶의 재미의 전부라는 식의 지나치고 일방적인 몰입은 시민적 삶을 통해 실현될 수 있는 다른 소중한 공동체적 가치나 프로야구와는 다른 차원에서 만끽할 수 있는 삶의 즐거움에서 소외될 수 있음을 의미합니다. 부산 시민의 프로야구 사랑이 정체성 위기의 다른 측면일 수도 있는 이유입니다. 여기서 왜라는 물음이 필요합니다. 대한민국의 어떠한 역사 및 부산의 어떠한 향토사적 배경이 현재와 같은 정체성의 문제를 야기했는지 개괄적이나마 살펴볼 필요가 있습니다.

3.

저는 현재 부산의 정체성 문제, 나아가 한국사에서 갖는 역사적 위상의 핵심은, 동래가 부산의 한 구이며 초량이 한 동이라는 사실에 상징적으로 압축되어 있다고 생각합니다. 잘 알려져 있듯이 조선시대 초기까지 부산은 동래부사 관할의 조그만 어촌인 '포'였습니다. 그 조그만

포가 현재는 상위 통치기구였던 동래성을 구라는 하위 행정구역으로 통합하고 있고, 조선시대에 가장 오래 존속되었고 가장 규모가 크던 왜관이 있었던 초량을 기초 행정단위인 수많은 동들 가운데 하나로 포섭하고 있는 거대한 도시로 발전한 것입니다. 그와 같은 역사적 발전 과정의 핵심에는 바로 한일관계가 있습니다.

흔히 지적되듯이 부산은 서울보다 일본의 시모노세키가 거리상 더 가깝습니다. 대마도라는 일본 영토는 바로 지척의 거리에 있습니다. 조선 정치사에서 이 부산 지역이 중앙정치의 관심사 또는 정책 시행의 직접적인 대상으로 부각된 때는 언제나 일본과의 관계가 외교적 또는 국내 정치의 쟁점이 되었을 경우입니다. 왜구의 침입에 대응한 부산진성의 축조, 삼포의 개항 및 일본인들 상업 활동의 허용과 왜관의 설치, 삼포왜란, 왜관의 폐쇄와 재설립 허용의 반복, 조선 말기 강화도조약에 의한 새로운 개항 등등이 그러한 경우들입니다. 강화도조약 이후 일제 강점기를 거치면서 부산이 대일무역의 중심지가 되어 '한국의 알부자들은 모두 부산에 있다'는 속설처럼 오랫동안 한국 경제의 중심이었던 것도 주지의 사실입니다. 그러한 역사적 과정 속에서 부산이 서울과 한반도의 축을 이룬 제2의 도시로 성장했기 때문에 6·25동란 시에는 임시수도가 될 수 있었던 것이고, 임시수도가 되었기 때문에 다른 지방의 도시들과는 정도가 다르게 — 적어도 수도권이 비정상적으로 비대해지기 이전에는— 8도 각지의 출신들이 모여 사는 최대의 도시가 되었던 것입니다.

물론 여기서 제가 말씀드리고자 하는 바는 부산의 그와 같은 외면적인 향토사가 아닙니다. 그러한 향토사가 현재 부산 시민의 정체성 형성에 어떠한 영향을 끼쳤는지 간단하게나마 설명을 드리고, 그것의 기저에 있는 정신사의 흐름 속에서 앞으로 부산이 스스로의 지역정체성을 새롭게 확립하기 위해서 어떠한 노력이 필요한지 제 좁은 소견이나마 말씀드리고자 하는 것입니다.

일단 부산의 그와 같은 향토사의 근본 성격을 간략히 정리하면 다음과 같습니다. 부산은 조선시대에서 외국과의 갈등을 무역을 통해 평화적으로 해결하기 위하여 정책적으로 조성된 최초의 그리고 유일한 '신도시'이자 '국제적인' 상업도시입니다. 그것은 서구에서 중세 자유도시(Freistadt)들의 초기 생성과정과 어느 정도 유사한 요소도 있습니다. 그러나 부산은 서구의 자유도시와는 달리, 그리고 한국의 다른 도시들이나 서구의 제국도시(Reichstadt)들과 마찬가지로 국가권력에 철저하게 종속되어 오직 상업도시로서만 존재했다는 사실이 중요합니다. 단적으로 말하여 부산은 학문이나 예술 또는 기예 등의 지적 또는 문화적 전통이 없이 오직 상업 활동을 목적으로 인위적으로 조성된 도시입니다. 그런데 상업을 천시했던 주자학적 통치 이데올로기가 지배했던 조선조 지배질서에 종속됨에 따라 바로 상업 활동을 기반으로 형성되는 도시 생활 특유의 자유로운 시민정신 및 그에 기초한 독자적인 시민문화를 발전시키지 못한 도시가 부산이라는 것입니다. 조선시대에 이 지역에서 배출한 저명한 유학자가 없었다는 사실, 특히 조선시대 후기에 이르러 중앙정치에서 소외되었던 영남 지방의 남인 유학자들 다수가 참여한 일종의 재야 지식인 운동인 만인소에도 부산 지역 출신의 유학자 이름은 눈에 띄지 않는다는 사실이 부산의 그러한 성격을 증언합니다. 그와 같이 독자적인 시민문화의 전통이 부재했던 부산이 특히 일제강점기 동안 본격적으로 거대한 상업도시로 팽창하면서 종래 이 지역을 관할했던 동래를 하위 행정구역으로 포섭하고, 일본의 대한 무역의 교두보였지만 일제강점기에는 그 의미가 무의미해졌기 때문에 사라질 수밖에 없었던 왜관이 있던 초량을 말단 행정구역으로 관할하게 된 상태에 이르게 된 것입니다.

부산의 그와 같은 상황은 지역적 정체성과 관련하여 이중적인 의미를 가집니다. 그것은 한편으로 철저한 상업주의가 이 지역을 지배하고 있기 때문에 아직도 독자적인 시민문화를 형성하지 못했음의 징표일 수 있으며, 바로 그것이 이 지역이 겪고 있는 정체성의 혼란 또는 위기의 근원일 수 있습니다. 다른 한편으로 그러한 상황은 조선의 전통적인 질서와 일본의 영향이 이 지역에 잠재되어 있음의 상징일 수 있습니다. 그것은 바로 정체성의 혼란이나 위기를 극복하여 새로운 정체성을 형성하기 위한 훌륭한 정신사적 자원도 이 지역이 갖고 있음을 의미합니다. 저는 물론 후자의 가능성을 믿고 강조합니다. 개인이나 집단의 정체성은 결코 고착되고 획일적인 실체가 아닙니다. 모두에서 말씀드린 바와 같이 그것은 언제나 보편적인 가치나 이상의 실현을 향해 열린 가능성의 실체입니다. 이 점을 염두에 두고서 저는 개괄적이나마 부산이 새로운 정체성을 극복하기 위한 방안을 제시하고자 합니다.

상업주의 자체는 결코 비난의 대상이 아닙니다. 그것은 인간의 물질적 삶을 풍요롭게 하기 위해 필수적으로 요구되는 덕목이기도 합니다. 상업주의는 인간들 사이에서 물건이나 용역의 교환을 통해 상호 이익을 추구함이 그 핵심이므로, 그것은 인간들 사이의 자유로운 소통이나 관용적 정신의 바탕이 될 수 있습니다. '도시의 공기가 자유롭게 한다'는 모토가 성립할 수 있는 이유도 상업주의의 그러한 측면에서 찾을 수 있습니다. 부산 시민들 특유의 솔직함이나 화끈함도 상업주의의 그러한 측면과 연관된다고 생각됩니다. 조선 후기에 이르러 유교의 전통적인 예의 질서는 경직화된 통치 이데올로기로 변질되어 다른 지역에서는 겉치레 예의나 위선적 행동을 촉진한 경향을 보인 데 비해, 유교적 전통이 약한 이 지역에서는 그러한 상업주의가 정서적으로 바람직한 방향으로 작동했다는 것입니다. 그러나 인간의 모든 가치추구 행위가 그러하듯이, 상업주의는 그 근본정신을 망각하고 부의 무분별한 추구 자체가 절대적인 목적이 되었을 때 추악한 속물주의로 쉽게 변질되고 공동체적 가치를 파괴하는 주범으로 작동하게 됩니다. 그것은 상호 이익의 추구를 통한 공동체적 번영이 아니라 인간들 사이의 상호 불신과 경계심 속에서 수단방법을 가리지 않고 자행되는 일방적 착취나 부정한 상행위의 원천이 됩니다. 그것은 또한 극심한 환경파괴와 같이 물질적 욕구를 충족하기 위하여 삶의 조건이자 물질적 가치 추구의 영속적 기반 자체를 없애는 어리석음으로 나타나기도 합니다. 저는 상업주의의 그러한 이중적 성격에 부산 지역정체성 문제의 본질이 있으며, 또한 바로 그것에서 부산의 새로운 정체성을 바람직한 방향으로 확립할 수 있는 정신적 에너지도 찾을 수 있다고 믿습니다.

부산 지역은 정신사적으로 유교적 전통이 다른 지역에 비해 상대적으로 약했기 때문에 근대성의 주요 특징 가운데 하나인 상업주의가 다른 지역과는 비교가 안 되게 자유롭게 번성할 수 있었으며, 그것이 물질적 번영의 주요 촉진제로 작용할 수 있었던 것입니다. 그러나 상업주의는 언제라도 쉽게 공동체적 삶을 파괴하는 속물주의로 작동할 수 있습니다. 현재 부산이 겪고 있는 정체성 위기의 핵심에는 한편으로 속된 표현으로 '주책없다고' 말할 정도로 잘못된 수도권 편중의 국가경제 운용 때문에 지방경제 모두가 공통적으로 겪고 있는 경제적 소외 현상 또는 좌절감과 무력감이 있습니다. 하지만 다른 한편으로는 상업주의에 내포된 후자의 요소가 부산이라는 공동체적 삶을 저해하는 방향으로 작동하고 있는 것은 아닌지 반성해보아야 한다고 생각합니다. 어쨌든 개인의 정체성 위기는 개인의 삶 자체에서 그 극복을 모색해야 하며, 지역정체성 위기의 극복 방안도 그 지역의 삶 자체에서 찾아야 합니다. 부산의 경우 저는 그것을 바로 이 지역 특유의 상업주의에 내재된 소중한 정신적 에너지에서 찾을 수 있다고 믿습니다. 그것은 간단히 말하여 상호 연관된 다음 두 가지로 정리될 수 있을 것 같습니다.

하나는 동래를 한 구로 포용하고 있다는 사실에 함축된 상징입니다. 조선조 정치체제의 지방부서로 이 지역을 통치했던 동래부가 하위 행정구역의 하나로 부산에 편입되어 있다는 사실은 경직화된 지배체제의 윤리가 아닌 진정으로 소중한 유교적 예의 질서를 새로운 시민적 교양 문화로 승화시킬 수 있는 정신적 자원을 부산은 갖고 있음을 상징한다

는 것입니다. 다른 하나는 초량을 말단 행정단위로 포함하고 있다는 상
징성에서 찾을 수 있습니다. 이 지역의 상업주의는 일본을 통한 서양
근대 문물 수용과정의 한 산물입니다. 따라서 그러한 상업주의를 서구
의 근대적 가치 및 이념을 비판적으로 승화하여 진정으로 우리 것으로
만들 수 있는 역사 및 정신사적 배경을 부산은 소유하고 있음을 의미합
니다. 다시 말하여 상업주의적 에너지를 전통적인 예의 질서 및 서구
근대성의 이상과 결합하여 새로운 시민적 교양문화를 창출할 수 있는
가능성을 부산은 갖고 있다는 것입니다. 물론 실제적인 문제는 그러한
방향으로의 새로운 부산 정체성을 어떻게 정립할 수 있느냐는 데 있을
것입니다.

어떠한 이념이나 정책도 그것의 효율적인 실현은 먼저 현실에 대한
철저한 인식을 요구하며, 그러한 인식을 기초로 국민 및 지역사회 주민
들의 합의를 도출하면서 장기적인 전망과 구체적이면서도 치밀한 기획
을 통해서만 이루어질 수 있습니다. 정치사회적 이슈가 발생할 때 즉흥
적으로 제시되는 실천적 제안들은 바로 실천성 자체가 의심되는 경우
가 대부분입니다. 그와 같이 방대한 직업을 요구하는 과업에 대해 이
자리에서 체계적으로 논의할 수는 없을 것입니다. 다만 그 실천을 위한
기본적인 방향에 대해 간단하게나마 감히 제 소견을 개진하면서 이 자
리에서의 드릴 말씀을 끝맺고자 합니다.

4.

부산 정체성 문제의 해결을 위한 실천적 제안과 관련하여 저는 먼저
매년 10월이면 온 국민의 시선과 관심을 끌고 있는 '부산국제영화제'에
대해서 언급하고 싶습니다. '부산국제영화제'는 부산 시민들이 정체성
문제에 대한 자의식과 체계적인 인식을 통해 추진한 것은 아닌 것으로
압니다. 그러나 그와 같은 행사 속에는 부산의 새로운 정체성으로 성장

할 수 있는 소중한 맹아가 잠재되어 있다고 봅니다. 그것은 바로 상업
주의와 언제나 병행할 수 있는 속물주의를 극복하고 새로운 시민적 교
양문화를 추구하는 노력의 표현이기 때문입니다. 다만 그러한 대중적
행사만으로 갑자기 시민적 교양문화가 성립하고 시민적 정체성이 확립
되는 것은 물론 아닙니다. 한 지역의 시민적 교양문화는 안정적인 물질
생활의 토대 위에서 향토사의 구체적인 의미를 민족사 전체의 맥락에
서 심도 있게 이해하는 노력이 수반되어야 하며, 오랜 시간에 걸친 내
실 있는 교육과 더불어 한 지역 고유의 역사 및 정신사적 전통을 승화,
발전시키는 형태의 문화 활동이 그 핵심이 되어야 하는 것입니다. 그러
한 차원에서 저는 다음 세 가지를 제안하고자 합니다.

첫째, 부산이 현재 직면한 경제문제는 당연히 부산시 전체 차원의 종
합적인 청사진이 필요합니다. 그러한 작업은 이 지역의 경제 전문가들
이 훌륭히 수행하실 줄 믿습니다. 그리고 그러한 경제문제의 주요 원인
은 국부의 대부분이 수도권에 집중되어 경제성장의 과실이 수도권에
부당하게 편중되고 국가 전체적으로 왜곡되게 분배되는 국가경제의 비
합리적 운용에서 찾을 수 있습니다. 따라서 그러한 부당성과 비합리성
의 시정에 부산의 지방정부는 물론이고 시민들, 특히 지식인들의 역량
이 집결되어야 할 것입니다. 이와 관련하여 수도권 집중이 초래하는 부
당성과 비합리성, 특히 거대한 공간의 도시화에 따른 과도한 재정지출,
환경파괴, 에너지 낭비 등의 문제점들을 치밀하게 검토하고 입증하는
학문적 노력이 수반되어야 할 것입니다.

둘째, 앞에서 언급한 바와 같이 부산은 역사적으로 일본의 영향을 직
접 받으면서 근대적 산업화 및 상업화의 첨병 역할을 수행했습니다. 이
제는 그러한 역할을 한 차원 높게 승화시켜 서구적 근대성을 동아시아
문명에 흡수하여 발전시키는 문명사적 역할을 수행할 역사적 책무가
부산에 주어져 있습니다. 그러한 책무는 물론 한국 지성계 전체가 공유
하여야 합니다만, 부산은 특히 일본에 대한 철저한 연구를 통하여 그러

한 책무의 주요 부분을 담당하여야 한다고 믿습니다. 세계에서 일본을 무시하는 나라는 한국뿐이라는 말이 있습니다. 일본은 현재 정치적으로 비틀거리고 있습니다만, 그 경제력만이 아니라 문화나 학술 면에서 우리가 참으로 많은 것을 배워야 합니다. 그리고 그 '정치적 비틀거림'의 의미를 제대로 파악하면서 한국 정치의 타산지석으로 삼아야 합니다. 남아프리카공화국 대통령을 역임한 만델라는 "친구를 가까이 하라. 적은 더 가까이 하라"라는 명언을 남긴 바 있습니다. 한국과 일본 사이의 진정한 역사적 화해는 한국이 일본을 '더 가까이 하면서' 그들을 제대로 철저히 알 경우에만 가능합니다. 일본에 가장 가까운 부산이 일본 연구의 진정한 메카가 되어 그러한 역사 및 문명사적 역할을 선도하기를 기대합니다.

셋째, 부산국제영화제 같은 행사는 물론 더욱 권위 있는 세계적인 영화제가 되도록 발전시켜야 하겠습니다. 그러나 시민 교양문화를 발전시키기 위해서는 영화 영역 이외의 다른 다양한 문화예술과 교양의 발전을 추구해야 합니다. 부산은 특히 그러한 발전을 위한 소중한 인적 자원을 갖고 있습니다. 앞에서 언급한 바와 같이 수도권이 비정상적으로 비대해지기 이전에는 부산이 남북한 8도 지역의 시민들이 가장 많이 고르게 모여 살던 도시였습니다. 부산의 그러한 성격은 지금도 변하지 않았다고 생각합니다. 그것은 부산이 각 지역의 향토문화들을 승화하여 새롭고 획기적인 시민문화를 형성할 수 있는 소중한 인적 자원을 갖고 있다는 것입니다. 그리고 교양문화의 기저에는 독서문화의 발전이 필수적이라는 평범한 진리도 결코 잊지 말아야 할 것입니다. 그러한 발전의 핵심에 대학을 중심으로 하는 학문의 창달이 있을 것입니다. 한국의 대학들은 외양의 화려함과는 달리 학문적으로는 부실합니다. 부산시가 대학의 획기적인 발전을 위해 학문의 본질에 대한 깊은 성찰 및 장기적이고 체계적인 기획을 기초로 부산이 새로운 대학문화를 창조하는 역할을 선도하도록 정책적으로 획기적인 지원을 하기를 부탁드립니다.

* * *

이제 제 거친 소견을 피력하는 시간을 마칠 때가 된 것 같습니다. 여기서 저는 정체성의 본질을 다시 한 번 강조하고자 합니다. 정체성은 고정된 실체가 아니라 발전적으로 형성된다는 것입니다. 부산 정체성 형성의 궁극적 주체는 물론 부산 시민 전체입니다. 그러나 그것의 새로운 변화를 정신적으로 주도하는 주체는 부산의 지식인들이고, 그러한 정신적 변화를 정책의 시행을 통해 구체화하는 주체는 이 지역의 정치인들입니다. 막스 베버는 제1차 세계대전에서 패한 직후 왕정에서 의회민주주의로 이행하는 과도기의 독일, 바로 독일의 국가정체성이 위기를 맞은 상황에서 정치인의 역할에 대해 강연한 바 있습니다. 유명한 「직업으로서의 정치」가 그것입니다. 그는 그 글에서 '직업 정치인(Berufs-politiker)'과 '부업 정치인(Nebenberufspolitiker)'을 구분한 바 있습니다. 그가 말하는 '직업 정치인'이란 국가생활에 대한 책임감과 더불어 언제나 사태의 진실을 파악하려는 의욕 및 사태 해결 능력을 갖춘 — 그의 용어로 '사실에 대한 열정(sachliche Leidenschaft)'의 자질을 가진 — 정치인입니다. 반면에 '부업 정치인'이란 제대로 이해하지도 못하는 허황된 이념에 집착하거나 이념을 내세운 패거리 의식에 사로잡혀 있는 정치인들을 지칭합니다. 특히 그들은 외면적으로는 신념에 찬 정치적 행동을 하는 것 같습니다만, 실제로는 현실의 절박한 문제들을 해결할 능력도 없으면서 정치를 오직 관직에 오르는 출세수단으로 보고 그것에 부수되는 통속적 가치의 향유가 주된 목적인 정치인입니다.

모쪼록 부산에 진정한 의미에서의 '직업 정치인'들이 많이 출현하기를 기대합니다. 그들이 부산의 지역정체성을 새롭게 정립하고, 부산이 국가의 경제발전에 획기적으로 기여함과 동시에 독자적인 향토문화를 바탕으로 세계적인 문화도시를 건설한다는 웅대한 목표의 실현에 진력해주기를 바랍니다. 오랜 시간 경청해주셔서 감사합니다.

2. 한국 선비 문제의 보편과 특수

선비는 지식인을 지칭하는 순우리말이자 전통적인 지식인, 대체로 조선시대의 지식인을 연상시키는 말이다. 역사적 사안에 대한 새로운 관심이 언제나 그러하듯이, 근래에 들어 그 전통적인 지식인상에 새롭게 관심이 증대하고 있다는 사실은 현재의 지식인상에 무엇인가 문제가 있다는 반성의 증표일 것이다. 선비 및 선비정신이 주제인 오늘의 이 학술대회 자체가 현재 대학교수나 대학교육의 문제를 포함하여 한국에서 지식인의 사회적 존재성이나 역할 또는 기능에 대해 무엇인가 문제가 있다는 사회적 관심사의 반영이자 그것에 대한 체계적 해명의 학문적 필요성에 대한 공감대 형성의 표현일 것이다. 언제나 어떠한 문제에 대한 해명이나 해결은 바로 그 문제 자체에 대한 성찰에서 시작되어야 한다. 그 문제 자체란 물론 지식인이란 과연 누구인가이다.

지식인은 물론 지식을 가진 자를 지칭한다. 인류가 오랜 기간의 정신적 발전 과정에서 호모 사피엔스 시대에 도달한 이래 지식인은 인류사회 어디에서나 존재한다. 정신의 진화 또는 지식의 발전 정도에 따라 그 지식의 내용이나 성격 또는 체계성이나 포괄성이나 엄밀성 차원에

* 2014년 5월 13일 대한상공회의소 의원회의실에서 개최된 문화체육관광부와 경기도 공동주최 학술회의 "선비, 그 시대성찰과 역할"의 토론문.

서의 차이가 있을 뿐이다. 그리고 지식인이란 말은 또한 자연과학자나 장인이나 기술자나 기능공 등 나름대로 지식을 소유한 인간들과 구분하여 사용하기도 한다. 그러할 경우 지식인이라는 말은 자연이나 인간의 삶 및 사회에 대해서 기술적 또는 기능적 지식 등 부분적인 지식이 아닌 총체적인 사리분별의 지식을 추구하는 인간을 지칭한다. 그러한 인간을 지칭하는 한국 고유의 언어가 한국의 '선비'이고, 중국의 경우 '士'나 '儒', 고대 그리스의 'philosophos'나 현대 서구사회에서 일반적으로 통용되는 'intellectual'일 것이다.

지식인을 의미하는 말의 출현은 인간의 삶에 대한 총체적인 지식이나 도덕적 판단을 추구하는 인간들의 존재 및 가치가 사회적으로 인지되고 인정되고 있다는 사실을 의미한다. 즉, 그들의 활동이 기술적 또는 기능적 지식인들의 그것과 구분되어 사회적 분업체계에서 독자적인 영역의 하나로 인지되고 제도적으로 인정받은 결과라는 것이다. 그것은 곧 지식인이 하나의 사회적 집단 또는 계층으로 존재함을 의미한다. 그런데 한 사회에서 지식인으로 간주되는 사람이 과연 어느 정도 또는 어떠한 성격의 총체적인 사리분별의 지식을 소유하고 있느냐가 문제로 제기된다.

한 사회에서 지식인으로 불리는 사람은 자신의 지식의 한계에 대한 끊임없는 자각 속에서 끊임없는 물음과 탐구를 통해 스스로의 지적 세계를 심화하고 확대하고 변혁하려고 노력하는 사람이 아닐 수 있다. 소크라테스의 처형이 전형적인 경우지만, 그러한 사람은 존경의 대상이 아니라 오히려 사회적으로 소외되거나 박해받을 수도 있다. 지식인으로 불리는 많은 사람들은 기존의 지식체계를 전달 또는 전수하는 역할에 그칠 수 있다. 그들 대부분은 특정한 세계관이나 이념 또는 특정한 지식체계의 틀 속에 안주한 채 자신의 지식을 이용하여 적절히 세속적 이익이나 명예를 추구하는 사람일 수 있으며, 그러한 사람이 오히려 지식인으로서 정치사회적으로 부각되고 각광받을 수 있다. 일반적으로 어용적 지식인이나 상업적 지식인이란 말은 그러한 활동의 통속성이 두드러진 경우를 일컫는 말일 뿐이다. 그런데 그들의 존재 또한 사회적 필요성의 표현이라는 사실이 중요하다. 그들의 활동이란 어떠한 형태나 내용이든 그것을 필요로 하는 사회적 집단의 요구에 대한 대응을 의미하기 때문이다.

결국 지식인의 존재 양식이나 활동은 한 국가의 정신적 및 지적 수준 또는 그 사회적 분업체계의 구체적인 내용이나 성격에 따라 결정될 수밖에 없다. 특정 국가나 사회의 성격에 따라 지식인의 사회적 존재 양식이나 역할은 다르게 나타날 수밖에 없다는 것이다. 신정국가의 지식인은 주로 신관의 형태로, 관인국가의 지식인은 주로 관료의 형태로 나타날 수밖에 없는 것이다. 이 점은 사회적 분업체계에 대한 관리 또는 지배의 주체인 정치권력과 지식인의 관계 문제를 필연적으로 제기한다. 즉 권력과 지식인의 관계 문제는 시간의 고금을 막론하고 인류사회 어디에서나 발견되는 보편적인 현상이지만, 동시에 그 관계의 구체적인 성격이나 양상은 특정한 시대나 장소에 따라 다르게 나타날 수밖에 없는 것이다.

권력과 지식인의 관계는 일단 조선시대의 사화(士禍)와 같이 동서양 정치사에서 공통적으로 발견되는 지식인의 박해나 처형 또는 분서(焚書) 등을 연상시키는 사안이다. 그러나 그 문제는 그러한 사안에 국한되지는 않으며, 동서양 정치철학에서 보편화된 화두들 가운데 하나이기도 하다. 유학에서 성왕지치 이념이나 군자-소인의 대립 개념, 플라톤의 철인통치 이념, 토머스 모어의 『유토피아』에서 지식인 지도자 계층인 아데무스(Ademus)의 존재, 스피노자에서 대중과 지식인의 관계 문제 등이 그것의 고전적인 예들이다. 그것은 현대에 셸러(Max Scheler)나 만하임(Karl Mannheim)의 지식사회학의 형태로, 또는 푸코(Michel Foucault)에서 권력의 사회적 편재성과 지식인의 역할에 대한 논의 등을 통해 재현된 바 있다. 그러한 다양한 논의들의 존재가 증언하듯이 권력과 지식인의 관계는 일률적인 형태로 규정되지는 않는다.

지식인은 스스로가 권력자가 되는 가능성에서부터, 자신의 지식이나 이념을 현실에서 구현하려는 노력 속에서 기존 권력이나 사회체제에 도전하는 혁명가나 저항가가 될 수도 있다. 또한 자신이 존숭하거나 자신의 지식이나 이념을 대행하여 실현시킬 수 있는 권력자를 적극적으로 보필하는 역할을 하거나, 권력자라면 무조건 밀착하여 협력 또는 아부하는 역할을 할 수 있다. 아울러 지식인은 권력에서 소외됨을 한탄하면서 권력자가 불러주기만을 기다리거나 권력을 외면 또는 초탈할 수도 있고, 정치권력의 추구는 포기했으되 지배층 또는 기득권층으로서 사회적 지위 또는 사회적 권력의 유지에는 집착할 수도 있으며, 권력과 사회적 지위 모두에서 탈락하여 빈궁하게 살되 오직 지적 오만이나 자존심만으로 살아갈 수도 있다. 간단히 말하여 권력과 지식인은 지배와 예속, 밀착과 초월, 대립과 화합 등 여러 형태의 긴장관계로 나타날 수 있다.

권력과 지식인의 그러한 긴장관계가 구체적으로 어떠한 상황에서 왜 각각의 형태가 나타나게 되었는지는 각 국가나 사회의 역사적 및 지성사적 특수성을 떠나 제대로 해명될 수 없다. 그러한 해명은 한 사회나 국가에서 통용되고 인정되는 총체적인 지식의 성격이 무엇이고, 그것의 역사적 및 정신사적 기원은 무엇이며, 어떠한 지성사적 흐름을 통해 그와 같은 성격을 갖게 되었는가의 탐구를 통해서밖에 이루어질 수 없다. 즉 신화나 종교 형태의 세계관이나 인간관이나 도덕관, 체계적인 정치사상이나 교조적인 이데올로기의 형태로 나타나는 총체적인 지식의 내용과 성격에 대한 역사적, 정신사적, 지성사적 맥락의 설명이 필수적으로 요구된다는 것이다. 물론 그러한 설명에서 개별 지식인의 천재성이나 광기 등 특이한 개성의 존재나 역할도 결코 도외시될 수는 없는 부분이다. 한국에서 선비의 문제도 그러한 맥락에서 접근되어야 할 것이다.

한국학계에서 선비, 선비정신 또는 선비문화에 대한 연구는 그것이 최고도로 왕성했던 조선시대의 학자나 지식인들의 학문세계나 이념, 정치행위 등 현실참여의 양상, 지조나 절개 등 인격적 성향, 문화적 취향 등이나 학문적 수련과정에 나타난 일화 등에 대한 소개나 해설 또는 평가가 일반적이다. 물론 그러한 연구는 당연히 필요할뿐더러 이 시대 한국의 지식인들이 누구에게서 무엇을 배우고 얻기 위하여 누구를 등한시하고 무엇을 버리고 있는지 성찰하는 소중한 계기를 제공한다. 그러나 선비문제를 그것에 국한할 경우 조선이라는 국가의 특수성 속에서 발현된 지식인의 정치사회적 존재성이나 역할 및 이에 수반된 지식인 문화를 전통적 지식인 문제의 전부 또는 한국 지식인 문제의 전부로 혼동하는 오류를 범할 수 있다.

조선시대의 선비 문제는 한국 역사 및 지성사 흐름 전체에서는 한 측면에 불과하다는 평범한 사실에 대한 인식이 중요하다. 물론 조선의 선비에서 지식인의 원형이나 이상을 발견할 수도 있으나, 그러한 이상의 발현이 조선시대 자체에서도 언제나 가능했던 것도 아니었다. 조선시대 역사의 특정한 상황에 따라 그것의 발현 정도가 달랐던 것이다. 그리고 그것이 결국은 국망(國亡)에 이르게 한 주요 원인으로도 작동했다면, 어떠한 상황에서 그러한 이상이 나름대로 발현되었고 어떠한 상황에서 쇠퇴했는지 그 구체적인 역사적 동인을 체계적으로 구명할 필요가 있는 것이다.

결국 한국의 선비 문제는 '지식이란 무엇인가'의 철학적 인식론, 지식과 사회 또는 정치권력과 지식인의 관계라는 보편적인 차원과 더불어 한국 역사 및 지성사의 발전과정이라는 특수성 차원에서 총체적으로 접근되어야 한다. 선비라는 말의 어원에 대해서는 아직도 학문적으로 논란이 있음은 사실이다. 그런데 일설대로 그것이 본래 몽고어 '사인비'와 비슷하게 '어진 이'를 의미한다면, 한국의 정신사 및 지성사의 흐름 전체에서 '어짊' 또는 '앎'의 개념이 어떻게 역사적으로 변화하여

왔으며, 그러한 변화에 수반되어 지식인의 사회적 존재성이나 위상에 어떠한 변화가 있어왔는지 세밀하게 추적할 필요가 있는 것이다. 그러한 추적은 당연히 한국의 신화시대부터 현재에 이르는 한국 역사, 정신사, 지성사, 정치사상사 전체가 망라되는 거대한 과제일 것이다. 조선의 선비 문제도 그러한 맥락에서 탐구할 때 그 실체가 제대로 밝혀질 것이며, 아울러 조선의 유학 및 선비정신의 발전과 퇴영 또는 타락의 과정 및 그것이 서양의 학문으로 대체되는 과정 맥락에서 현재 한국의 지성사적 상황이나 지식인의 문제도 이해될 수 있는 것이다. 앞으로 방대하면서도 치밀하고 체계적인 연구의 대상이 되어야 하겠지만, 여기서 간단하게나마 조선이라는 국가의 역사 및 지성사적 보편과 특수 문제를 개관할 필요가 있다.

조선은 세계사에서 유례가 드문 지식인 국가이다. 물론 국가경영에는 어떠한 내용이나 형태든 지식이 필수적으로 요구되기 때문에 어떤 국가에서나 지식인이 권력에 참여함은 필연적이다. 그러나 권력 엘리트로의 등용 문제를 지식의 양적 및 질적 차원의 특정 기준을 제도적으로 설정하여 엄격히 통제하고, 유학이라는 특정 학문 및 통치 이데올로기와 관련된 독서량이나 이해의 심도 여부가 권력에의 접근 여부나 정치적 영향력의 정도 또는 사회적 지위의 고하나 존숭의 정도를 결정하고, 사회계층 자체가 소수의 지식인 집단과 다수의 비지식인 집단으로 엄격히 구분되는 사례는 중국과 베트남의 유사한 경우를 감안하더라도 조선은 세계사적으로도 전형적인 지식인 국가인 것이다. 조선조의 선비정신의 발흥과 쇠퇴는 그와 같은 지식인 국가의 발흥과 쇠퇴의 맥락에서 이해될 수 있으며, 특히 한국 근현대사의 맥락에서는 그러한 지식인 국가가 서양 학문의 도래에 따른 이질적인 지적 체계와의 충돌, 접합, 공존, 융합 과정에서 겪는 문명사적 변화의 차원에서 접근될 수 있다.

지식인 국가 조선에서 특이하게 발현되는 권력과 지식인의 관계 문제는 사림계층의 대두, 발흥, 쇠퇴와 타락의 맥락에서 접근될 수 있을 것이다. 즉 사림세력의 대두 및 사회세력화, 사회세력의 정치화, 이에 따른 기존 지배층과의 대립과 타협, 사화와 같이 후자의 전자에 대한 억압이나 박해, 사림세력의 권력화에 이어진 내부 분열과 권력 투쟁, 특정 사림세력의 권력 독점이나 과점 및 부패구조의 심화와 몰락 사림의 속출 등 그에 수반한 계층질서의 붕괴 등이 그 구체적인 양상이라고 할 수 있다. 실학자들과 같이 소수의 선비들이 그러한 상황의 극복을 위해 성리학의 변용 및 정치적 변화를 추구하기도 하였지만, 그러한 노력이 실질적인 국가개조를 이룩할 정도의 정치적 대세를 이루지 못한 것은 분명하다. 그리고 그러한 역사적 변화과정의 결과가 조선 후기에 이르러 조선의 유학 및 선비정신이 교조적이 되거나 현실도피적이 되거나 또는 그 자체의 퇴락으로 나타나게 된 주요 이유라고도 할 것이다.

조선조 자체 내에서 오랫동안 진행된 선비정신의 쇠퇴, 이에 따른 학문적 발전의 정체, 그리고 이에 따른 능동적이고 주체적인 국가개혁을 위한 정신적 에너지의 소진이라는 지성사 및 정치사의 복합적인 흐름 속에서 국망, 일제강점기의 도래, 분단 등 한국 근현대사의 주요 흐름도 파악될 수 있다. 또한 그러한 지성사적 맥락에서 서양 학문이 도래하여 한국 지식인의 사고체계를 점차 지배하는 과정, 이에 따라 전통 유학이 학문적 발전을 주도하면서 현실을 변화시키는 역할에서 벗어나 전통적 의례규범 또는 교양인으로서 갖추어야 할 지적 소양 정도로 그 지적 위상이 격하되는 과정 등도 설명될 수 있다. 현재 한국의 지식인 문제 자체가 선비정신이라는 전통적인 정신문화의 쇠퇴와 선비라는 전통적 지식인상의 쇠락 차원에서 접근될 수 있다는 것이다. 다시 말해서 선비정신은 단지 현재 한국의 지식인이나 국민들의, 과거의 소중한 것이 사라져가고 있다는 한탄의 대상만이 아니며, 그것이 쇠퇴하게 되는 과정의 역사적 연속성 속에서 현재 한국의 지식인상 및 지성세계 문제의 핵심을 이해할 수 있는 것이다.

현재 한국의 지성사적 상황은 안타까움의 대상이다. 대학의 대폭적인 증가나 연구업적의 양적 팽창에도 불구하고 스스로의 현실을 주체적으로 파악하면서 스스로의 변화를 능동적으로 이끌어가지 못하는 지성적 빈곤 상태가 계속되고 있다. 서양 학문의 수입이 학문 활동의 대종이 되어 있는 상황, 서양 학문의 개념이나 방법에의 일방적 의존을 학문적 보편성으로 착각하는 상황, 스스로의 연구 업적에 대한 학문적 판단마저 서양의 학계에 의존하면서 그것을 부끄러움이 아닌 학문적 선진화로 여기는 상황 등은 그것의 대표적인 사례들이다. 이와 더불어 지식의 전문화가 마치 학문분야 사이에 배타성을 의미하는 것처럼 전문성의 이름으로 다른 분야에 대한 무지나 무관심 등의 지적 왜소함을 전혀 부끄러워하지 않는 풍토도 특히 젊은 교수들에게서 자주 발견되는 현상이다. 많은 교수들이 지식인으로서의 소명의식은 물론 자존감마저 약화되어 지식 기능공이 되어가고, 대학사회에 통속적인 출세주의와 보신주의가 만연한 지 오래되었다. 이에 따라 대학이 국가생활 전체를 정신적으로 지도하는 주체가 아니라 정치 및 사회 권력의 도구로 예속되어가고 있고, 젊은 영혼들에게 깨달음이나 지적 성찰의 장소가 아니라 취업학원으로 변질되어가고 있다.

　조선시대 선비로 표상되는 포괄적인 교양과 더불어 덕망과 기개와 지조를 갖춘 지식인상은 현재의 왜소한 지식인상과 여러 면에서 대비됨은 분명하다. 그러나 그러한 선비들도 조선시대 전체로 봐서는 소수라는 사실, 이와 더불어 특히 조선시대 후기란 바로 선비정신 자체가 퇴락하는 과정이란 사실이 직시되어야 한다. 그리고 현재 한국의 지성사적 빈곤의 상황은 결코 어느 날 갑자기 숙명적으로 발생한 것이 아니라 조선시대 후기의 지성사적 상황의 연속성에서 이해될 수 있다는 점도 중요하다. 과도한 견강부회의 논리가 될 수도 있으나, 조선시대 후기의 지적 빈곤이 형태와 내용을 달리하여 지금도 계속되고 있다고도 볼 수 있는 것이다.

현재의 지성사적 상황에 대한 반성이 조선의 선비 및 선비문화에 대한 새로운 탐색이나 연구로 나타나고 있음은 지극히 바람직한 현상이다. 그러나 그것은 사라져간 좋은 시절의 아름다운 것에 대한 향수나 아쉬움 차원의 문제는 분명히 아니다. 그것은 한국 학계가 추구할 지식의 내용과 형태 그리고 지식의 전파와 전수 행위의 내용과 형태가 무엇이 되어야 하느냐의 문제, 즉 한국 학문 및 교육의 정체성 확립이라는 가장 근원적인 과제에 대한 지성사적 접근의 일부인 것이다.

3. 이화, 무엇이 위기인가?

1.

제목에서 '이화의 위기'가 전제되어 있는데, 현재의 이화가 과연 위기의 상태에 있는지 여부 자체에 논란의 여지가 있을 것이다. 위기란 국가를 포함하여 조직이나 개체의 존재성 자체가 위협을 받는 상황을 지칭한다. 비록 두 달 이상 학교가 혼란 상태에 있으면서 연구와 교육이 침해받고 있는 현실은 물론 심각하지만, 그러한 상황에 대해 '이화의 위기' 운운함은 현실을 의도적으로 과장하고 왜곡시키는 것은 아니냐는 비판도 제기될 수 있다. 사실 현실 진단에서 위기라는 어휘는 조심스럽게 사용되어야 한다. 위기라는 말 자체에 함축된 '위험한 상황'과 '전환점'이라는 두 가지 의미는 필연적으로 위기라는 상황에 대한 진단 및 처방에 '정치적' 성격과 더불어 역설적인 요소를 수반하기 때문이다.

조직이나 개체에서 위기란 일단 그것의 존재 자체가 소멸되거나 외양상 존속하더라도 그것이 추구하는 본질적인 가치가 더 이상 실현 불

---

* 2016년 10월 7일 '이화포럼' 주최로 한미교육위원단 회의실에서 열린 강연회 원고.

가능할 수 있는 상황에 처해 있음을 지칭한다. 그런데 특정 시점이 위기였음은 대체로 한 조직의 소멸 등 사태가 경과한 후에야 일반적으로 인정되지 그 시점에서는 위기 여부가 언제나 논란의 대상이 된다는 사실이 중요하다. 역사가 상당히 진행된 후에야 멸망하기 전의 국가적 위기 상태에서 누가 충신이고 간신인지 판명되는 것이지 당시 상황에서는 위기 운운이 권력투쟁 과정에서의 명분 싸움으로 도외시될 수 있는 것이다. 다시 말해서 위기의 존재 자체가 조직 내에서 논란의 대상이지 누구나 인지하고 공감할 수 있는 객관적 사실은 아니다. 그 점은 위기라는 개념에 내재한 역설적인 요소와도 연관되는데, 위기가 전환점의 의미를 갖는 이유도 그것과 관련하여 이해될 수 있다.

아무리 한 조직의 존속 자체가 위험에 처한 상황이라도 그 지도층이나 구성원 전체가 공통적으로 그 위기의 실체를 파악하고 일사분란하게 대처할 경우 소멸한 조직은 없다. 위기는 존재성 자체가 위태로운 절박한 상황이지만, 동시에 그것은 새로운 번영을 향한 거대한 전환점일 수 있다는 점에 위기의 역설이 있는 것이다. 이제는 진부하게조차 느껴지는 '위기는 기회'라는 어구가 의미 있는 것도 그 때문이다. 신라가 선덕여왕 시대에 국가적 위기를 극복하고 삼국통일의 주체가 된 것이나 조선이 19세기 내내 지속된 위기의 연속성에서 멸망한 것은 위기의 그러한 성격을 증언하는 상반된 예이며, 1970년대의 삼성전자는 삼성 재벌 전체의 존재를 위협하는 위기의 진원으로 지목되었다는 사실과 경영학에서 소위 '성공 증후군'의 대표적인 사례로 거론되는 미국 기업 시어스(Sears)의 몰락은 또 다른 상반된 예이다. 위기라는 개념의 그러한 성격을 염두에 둘 때 '이화의 위기' 문제에 대한 논의는 다음 세 가지 전제 위에서 출발할 필요가 있다.

첫째, 이화가 현재 과연 위기의 상황에 있는지 여부 자체가 논란의 대상이 될 수 있다는 사실을 인정하는 것이다. 그것이 사태의 심각성을 의도적으로 과장하거나 축소하지 않으면서 합리적인 해결책을 모색하기 위한 논의의 출발점이다. 둘째, 아무리 위기 운운해도 이화라는 이름의 대학이 이 땅에서 사라질 가능성은 희박하며, 이류 혹은 삼류 대학으로 전락하여 과거의 명맥을 근근이 유지하기는 결코 어렵지 않다는 것이다. 이화가 그러한 상태라도 존속하는 것으로 만족한다면 '이화의 위기' 운운할 이유는 없다. 셋째, 현재의 사태가 이화의 위기라고 하더라도 그것이 회피할 수 없는 숙명은 아니라는 것이다. 모든 위기는 마음가짐과 대처 방식에 따라 극복 가능하며, 현재의 위기가 새로운 도약을 향한 전환점이 될 수 있다는 확신은 이화의 구성원에게 요구되는 마음가짐의 요체이다.

2.

비록 어디까지나 중립적인 위치에서 현재의 사태에 대한 해결책과 미래에 나가야 할 방향을 제시함에 이 모임의 목적이 있지만, 일단 발표자와 같은 퇴임교수가 학내의 사태에 대해 언급할 수밖에 없는 모임이 열리고 있다는 사실 자체가 위기 여부를 떠나 이화가 비정상적인 상황에 있음의 분명한 징표이다. 물론 학생들이 학교의 정책에 반대하여 본부 건물을 점거하고, 학내문제 해결의 최악이자 최후의 수단인 공권력이 학내에 진입하여 총장의 퇴진을 요구하는 농성이 여러 달 동안 계속되고, 최근에는 사태 당사자들 사이의 대화도 아무런 결말이 없이 끝나면서 학내갈등이 해결될 희망 없이 교착상태에 처한 상황 등 이화의 역사 초유의 사건들의 전개 또한 같은 징표임이 분명하다. 아울러 교수들이 무엇 때문인지 '무기명 서명'이라는 희한한 방식으로 자신의 입장을 표현하고, 학생들 또한 불법시위대처럼 마스크를 쓰고 데모하는 광경들 또한 이화의 역사에 없었던 기이한 현상들이다.

그런데 그러한 사태의 전개를 일시적인 소동이나 혼란이 아니라 '이화의 위기'라고 진단할 수 있으려면 그 바탕에 이화라는 대학의 존재성 혹은 정체성을 위협하는 요인이 있어야 한다. 발표자는 그러한 요인이 오랫동안 상존해왔다고 판단한다. 이번의 사태란 그것들이 '평생교육 단과대학' 설립의 시도라는 특별한 계기로 전 대학 및 사회적 차원으로 표출된 것에 지나지 않으며, 그렇기 때문에 현재 이화의 상황은 위기라고 단정할 수 있다는 것이다. 그 모든 위협적인 요인들의 근원은 이 발제문의 제사로 사용한 화이트헤드의 명제에서 "피로감"이라는 개념을 통해 설명될 수 있다.

대학의 본질은 일류의 대학, 나아가 최고의 대학을 지향하는 데 있다. 그것이 대학의 존재성이자 정체성이다. 한 대학이 일류 대학을 지향한다는 것은 단순히 최상위의 사회적 위상을 차지하기 위한 대학들 사이의 경쟁에서 승리하는 노력을 의미하는 것이 아니다. 인간의 진정한 존재성은 자신의 부족함과 한계를 넘어 인간으로서의 완성을 지향하는 자기발전의 과정에 있듯이, 진정한 의미에서 일류 대학이 된다는 것은 대학으로서의 존재성 혹은 이상의 실현에 다른 대학들보다 좀 더 가까이 가기 위해 끊임없이 노력함을 의미하며, 그러한 노력함 자체에 바로 대학으로서의 존재성과 더불어 도덕적 당위도 있는 것이다. 그러한 지향을 멈추거나 포기할 때 대학은 사회적으로는 여전히 대학으로 불리지만 그 활동의 외양과 성격만 다를 뿐 근본적으로는 일반적인 사회단체나 영리기업과 구분되지 않는 세속적인 조직에 머무르게 되며, 그러할 때 대학은 그 구성원의 물질적 자산이나 사회적 명예 또는 생계 수단으로 전락하게 된다. 여기서 대체로 아는 내용이지만 대학의 존재성 혹은 이상이 무엇인지 현재 이화가 직면한 사태의 중심인 총장직의 본령 문제를 중심으로 정리할 필요가 있다. 이에 관해서는 발표자가 2014년 3월 교수협의회에서 강연한 바 있는데, 먼저 그 강연원고를 이 발표문의 주제와 조화를 이루도록 대폭 수정하고 적절히 발췌하여 정리할 필요가 있다.

* * *

　대학은 기본적으로 학문을 연구하고 교육하는 교수들과 배우는 학생들의 집단이다. 모르는 것이 무엇이고 얼마나 많은지를 절실하게 아는 인간으로서의 교수들과 그러한 앎의 추구에 동참하고 배우는 집단으로서의 학생들의 모임이 기관이라는 안정적이고 영속적인 조직으로 나타나고 오랫동안 역사적으로 발전된 결과가 현재의 대학이다. 그러한 조직의 안정성과 영속성 속에서만 교육자와 피교육자 사이의 자유로운 정신적 및 지적인 상호 교류가 가능하고, 그러한 교류를 통해서만 진정한 학문연구와 교육도 원활하게 수행될 수 있기 때문이다. 'university'라는 말 자체가 파리대학의 교수단과 볼로냐대학의 학생향우회 조직을 지칭하는 'universitas'에서 유래한 사실이 암시하듯이, 서구 대학의 역사에서 대학의 출발 자체가 바로 '자유로운 정신적 및 지적인 상호 교류'가 국가나 교회 등 정치적 및 사회적 권력의 간섭이나 침해를 받지 않기 위한 목적에서 이루어졌음을 증언한다. 여기서 대학의 본질이 무엇이고, 대학운영에서 무엇이 주이자 본이고 무엇이 종이고 말인지가 분명해진다. 대학의 본질적인 구성요소이자 주체는 교수와 학생이고, 대학이라는 기관을 운영하는 방식을 지칭하는 대학행정이란 교수들의 연구 및 교육 활동의 자율성을 보장하고 그것의 효율성을 제고하기 위한 편의와 수단을 제공하는 행위일 뿐이라는 것이다.

　모든 조직에서 목적과 수단, 주와 종, 본과 말이 전도될 때 그 존재이유를 제대로 실현하지 못하면서 쇠퇴하게 된다. 대학의 존재이유이자 목적인 학문연구와 교육 활동을 보조하는 수단인 대학행정이 전자 위에 군림할 때 대학은 필연적으로 쇠퇴할 수밖에 없다. 그와 같은 본말 전도 현상 속에서도 대학은 막강한 관료조직과 거대한 캠퍼스와 건물 등 세속적 번영의 외양을 갖출 수는 있다. 하지만 학문과 교육은 오히려 그 진정한 내실을 잃게 되어 대학은 지성의 전당이 아니라 막강한 세속 단체로 변질된다. 그러한 결과 대학은 국가나 사회의 정신적 중추가 되지 못하고 기껏해야 지적 기능공 집단이 되거나 국가나 사회의 물질적 자원을 낭비하는 집단으로 전락할 수 있다. 문제는 그와 같은 본말의 전도현상은 언제나 존재할 수 있고 언제나 사회적 폐해로 나타날 수 있다는 점이다. 특히 우리나라와 같이 학문의 독자성과 지식인들의 지적 소명의식이 약한 나라의 대학들은 언제나 그러한 위험에 빠질 수 있다. 특히 상업주의적 이해타산과 관료적 업적주의가 지배하는 사회에서의 대학은 그러한 위험에서 더욱 벗어나기 어렵다. 이러한 맥락에서 대학의 총장직 및 이화 총장직의 본령이 무엇인지의 문제가 해명될 수 있다.

　대학 총장은 대학행정의 책임자이다. 대학행정의 기능은 학문과 교육이 최선으로 이루어지기 위한 최적의 환경을 제공하는 데 있다. 교수와 학생들이 학문연구 및 교육과 배움이라는 근본 목표 이외의 것에는 정신적 에너지를 전혀 쓰지 않는 환경을 조성함이 대학행정을 책임지는 총장 직능의 핵심이다. 앎의 추구라는 최고의 목적을 위해 모든 정신적 및 삶의 에너지를 쏟음이 교수와 학생의 소임이므로, 대학에 교수협의회나 학생회와 같은 조직 자체가 불필요하도록 만드는 환경을 조성함이 총장의 임무이기도 하다. 물론 그러한 총장직의 수행이 결코 쉬운 것은 아니다.

　일단 대학 존립의 물질적 기반인 재정의 안정적 확보와 운영이 결코 쉬운 과업은 아니며, 기업 CEO 차원의 경영 능력을 요구한다. 아울러 대학 인사행정의 책임자로서의 총장에게는 그 목적이자 기준이 되는 학문 및 고등교육의 본령에 대한 깊은 식견이 요구된다. 비록 총장 한 개인이 각 전공분야에 대한 전문지식을 갖추기는 불가능하지만, 대학 전체에 대한 관리를 위해서는 학문 전체의 발전 방향이나 흐름에 대한 총체적인 안목을 갖추어야 한다. 여기에 총장직 수행이 결코 범상한 능력의 소유자가 할 수 없는 근본적인 이유가 있다. 다시 말하여 총장에게는 대학행정에 전념하기 위해 학문 및 교육 활동을 포기할 수밖에 없는 관계로 학문적 발전에 기여할 의무는 면제되지만, 적어도 대학에서의 연구와 교육의 본령이 무엇인지 아는 수준의 학문적 식견은 요구되는 것이다. 그러한 학문적 식견과 더불어 총장에게는 현실에 대한 감각과 통찰력도 요구된다.

대학의 학문 활동은 본질적으로 세속적 사회질서나 통속적 가치체계에 초연하여 추구되어야 하지만, 세속 질서의 밖에서가 아니라 사회의 여러 조직들의 도움이나 견제 또는 국가라는 지배체제 하에서 이루어질 수밖에 없다는 사실이 중요하다. 따라서 대학의 운영자는 그러한 현실에의 외면이 아니라 그것에 적극적으로 적응하면서 대학의 존재이유를 실현할 수 있는 역량을 갖추어야 한다. 그러한 역량은 기존 사회체제와 국가권력의 실체를 통찰할 수 있고 사회 전체의 행태와 변화를 읽어낼 줄 아는 지적 통찰력에 의해 뒷받침되어야 한다. 그러한 통찰력이 없을 때 대학 총장은 비현실적인 이상의 추구 속에서 대학을 현실 부적응의 불구 조직으로 만들거나, 아니면 사회의 영향력이나 국가권력에 대한 일방적인 순응 속에서 대학을 일반 사회조직과 구분되지 않는 영리단체로도 만들 수 있는 것이다. 대학이 그렇게 될 경우 교수란 사회적 지위와 봉급이라는 시혜를 누리는 피고용인에 불과하게 되고, 학생은 등록금을 통해 지식과 학위라는 상품을 사는 소비자에 불과하게 된다. 이에 따라 대학은 비생산적인 조직으로서 사회적으로 거추장스러운 부담이 되거나, 사회를 정신적 및 지적으로 선도하는 본연의 기능을 잃고 기존 사회체제의 부속물로 전락하게 된다. 그 폐해는 바로 국가와 사회 전체, 무엇보다 죄 없는 젊은 영혼들에게 돌아간다.

간단히 말하여 총장에게는 현실에 적절히 적응하는 조직 경영자로서의 능력과 더불어 현실로부터 대학의 자율성을 지키면서 학문연구와 대학교육의 이상을 실현시킬 수 있는 정신적 역량이 요구된다. '학문적 식견, 공적 봉사정신, 지적 통찰력'이라는 삼위일체의 덕목을 갖춘 인물이 필요한 것이다. 총장이 그러한 덕목을 갖출 때 그는 학문 발전에 창조적으로 기여하지는 않아도 그것을 위한 '실천적 도우미'는 될 수 있다. 대학교수에게 연구와 교육 이외의 활동이란 본질적으로 하찮거나 부수적인 것에 불과하므로, 대학교수라는 사람들이 서로 총장을 하겠다고 설치는 모습들은 그 자체가 아름답지도 않거니와 교수의 직분과도 어긋난다. 한국 대학들에서는 총장선거가 통속성 차원을 넘어 반(反)지성적 행태들의 경연장이 된 지도 오래다.

역설적이지만 대학 총장직을 교수들이 서로 하지 않으려 할 때 가장 이상적인 총장이 나올 수 있다. 대학의 총장직은 교수가 스스로의 학문 능력에 대한 한계를 자각하거나 학문적으로 더 이상 기여할 수 있는 지적 능력이 소진되어 행정으로라도 대학 발전에 기여하겠다는 봉사정신 속에서 추구할 때 가장 이상적으로 구현될 수 있는 것이다. 총장직의 본령에 대한 그러한 이해 속에서 현 사태의 본질과 더불어 이화의 총장직이 어떻게 수행되어야 하는가의 문제가 해명될 수 있다.

언제부터인지 이화의 총장직은 헌신의 자리가 아니라 개인의 세속적 명예나 '더 높은' 출세를 위한 방편이 되어가는 듯하고, 총장직 자체가 마치 세속정치에서 권력투쟁의 대상처럼 변질되어가는 듯하다. 총장직이 학과와 단과대학의 자율성을 존중하면서 대학의 문제를 총체적으로 조정하고 대학의 미래를 창조적으로 제시하고 이끄는 자리가 아니라 권위적인 권력 행사의 자리나 일상적인 행정 처리에 안주하는 자리로 변질되어가는 경향도 있으며, 학내의 자유로운 소통을 통하여 최선의 결론을 도출해내는 자리가 아니라 인사권 및 정책결정권을 독점하는 자리로서 교수들 위에 군림하고 통고하는 자리가 되어가는 경향도 있다. 이에 따라 본부 또한 학문과 교육을 위한 보조기관이 아니라 간섭하고 지휘하는 기관으로 변질된 지도 오래며, 대학재정을 확보하기 위한 모금활동 또한 모금 자체가 목적처럼 변질된 지도 오래다. 모금은 이화가 어떻게 다른 대학들과 차별적이고 수월적인 방식으로 학문 및 고등교육의 발전에 기여하고 국가 및 사회의 요구에 부응할 수 있는지 장단기적인 비전을 구체적이고 체계적인 실천계획과 함께 제시한 후 외부에 재정적 도움을 요청하는 방식이 되어야 한다. 그러나 이화에 미래를 선전하는 구호는 있었을지 몰라도 학문과 대학의 미래에 대한 진지하고 체계적이며 심도 있는 논의를 통해 산출된 감동적인 청사진이 제시된 적은 없었으며, 모금활동이 사회나 동창들에 대해 애소하거나 강요하는 방식으로 진행된 지도 오래다.

* * *

결국 지성의 전당이 되어야 할 이화에 범속주의와 반(反)지성주의의 어두운 그림자가 짙게 드리운 지 오래인 것이다. 대학행정에서 표출되는 관료주의적 경직성과 소통능력의 빈곤은 바로 범속주의와 반지성주의의 다른 얼굴들이지만, 그것의 가장 깊은 근원에는 화이트헤드(A. N. Whitehead)가 이성의 반정립으로 표현한 "피로감(fatigue)"이 존재한다. 여기서 그 개념에 대한 설명이 집약된 문장을 소개할 필요가 있다.

"피로감이야말로 이성의 반정립이다. 피로감의 작동이 <u>위를 향한 도정</u>이라는 이성의 원초적인 성격을 좌절시킨다. 피로감이란 <u>새로움에 대한 충동</u>을 배제하려는 작용이다. 비록 아직은 기존의 어떠한 방법론에도 맞추어져 있지 않더라도 <u>통찰력 있는 생각</u>을 향한 힘이 바로 이성이 가지고 있는 <u>진보의 원동력</u>이다."(밑줄은 필자)

이화는 오랫동안 그러한 피로감에 싸여 있으며, 그것이 바로 이화가 현재 직면한 위기의 가장 근본적인 원인이다. 화이트헤드의 피로감이란 결국 사물을 기존의 사고틀에서 벗어나 새롭게 파악하려는 시도 자체를 기피하는 사고의 무력증과 창조적 상상력의 소진상태를 지칭한다. 그러한 정신적 상태에서는 스스로의 사고방식이나 세상을 보는 눈 자체에 무엇이 잘못되어 있는지 반성적으로 성찰하지 못하게 되며, 약삭

빠른 계산이나 이해타산은 잘하지만 정작 무엇을 위한 계산이고 이해타산을 통해 궁극적으로 성취하려는 것이 무엇인지 제대로 파악하지 못하는 정신적 타성에서 벗어나지 못하게 된다. 대학의 운영을 피로감이 지배할 때, "지금까지 그래 왔으므로 그렇게 해도 무방하겠지" 하는 식의 안일한 판단 속에 대학을 새로운 차원으로 발전시키려는 충동은 배제되며, "다른 대학에서 하니 우리도 해도 되겠지" 하는 모방의식 속에 진정한 의미에서 일류 대학의 지향이라는 "위를 향한 도정"은 멈추고, 현실 속에서 미래를 행한 새로운 흐름을 읽어내는 "통찰력 있는 생각"은 사라지면서 그 자리를 상투적이고 일상화된 사고가 잡게 되는 것이다. '평생교육 단과대학'의 사태란 이화의 대학운영에서 오랫동안 개선의 기미 없이 악화의 과정에 있던 그러한 정신적 경향들이 학생들의 집단적인 행동으로 한 번에 표출된 것에 불과하다.

교육부의 정책이나 본부의 취지 등에 관한 심층적인 사실이나 정보에 접할 수 없는 한 '평생교육 단과대학' 설립의 타당성 여부에 대해 가부 양단의 명확한 판정을 내리기는 어렵다. 다만 인간의 삶 자체가 바로 평생교육의 과정으로서 스스로 선택한 직업에 자신의 능력과 열정을 전력투구함과 동시에 타인과의 진솔한 소통을 통해 자신의 정신세계를 끊임없이 깊게 하고 넓히는 노력에 그 본령이 있다면, 국가는 그러한 노력을 고무하고 진작시키는 정책을 추진해야지 직장인들이 학위라는 형식적 타이틀에 집착하도록 유인하는 정책은 오히려 진정한 의미의 평생교육을 왜곡시키고 훼손시킬 수 있다는 점 정도는 지적되어야 할 것이다. 그러한 문제를 떠나 이화의 대학운영을 오랫동안 지배한 피로감의 존재는 학생들이 항의하는 데모를 하고 본부 건물을 점거하는 사태가 벌어지자 그러한 단과대학의 설립정책을 즉각 철회한 행위 자체에서 확인될 수 있다.

본부가 스스로 표명한 대로 이화 건학 이념의 구현이라는 확신으로 새로운 단과대학의 설립을 추진했다면, 아무리 학생들이나 교수들이 반대하더라도 당당하게 그 이유를 설명하고 적극적으로 설득하는 태도를 보였어야 했다. 본부는 학생들의 격렬한 반대에 직면하자 공권력에 의존하여 사태를 해결하려 했고, 그러한 최악 및 최후의 수단마저 효력이 없자 추진했던 정책을 철회했는데, 건학 이념을 구현한다는 정책이 그렇게 쉽게 포기될 대상은 아닐 것이다. 결과적으로 본부는 '평생교육단과대학'의 설립이 어떠한 근거에서 대학의 존재성 및 이화 건학 이념의 구현인지 철저하게 검토하지도 않은 채 교육부가 던져주는 조그만 당근에 현혹되어 일을 추진했다는 혐의를 벗어날 수 없는 것이다.

본부의 그러한 대학운영 행태 및 현 사태에 대한 모든 책임은 당연히 총장에게 귀결된다. 그런데 총장이 그러한 책임을 인정하고 공식적으로 사과했음에도 불구하고 학내의 분쟁이 해소되지 않고 있다는 사실에 무엇보다 앞서 해결되어야 할 쟁점이 있다. 즉, 총장의 그러한 과실이 총장으로서의 결격 사유에 해당되기 때문에 사퇴함이 옳다는 견해와 그러한 과실은 대학행정의 수행에 언제나 발생할 수 있는 우발적인 성격의 것에 불과한 것이기 때문에 사퇴는 불가하다는 견해 가운데 어느 것이 옳은 것인가의 쟁점이다.

사실 현 총장의 사퇴 여부에 대한 궁극적인 판단은 현 사태의 구체적인 전개과정과 더불어, '평생교육단과대학' 설립 정책의 기본 착상에서부터 본격적인 추진에 이르는 과정 전체, 나아가 적어도 최근 10여 년간의 대학행정 전반에 대한 철저한 조사 및 검토가 필요하다. 현재 시중에는 이화에 대한 온갖 좋지 않은 풍문이 떠돌고 있으므로, 이화의 실추된 명예를 제대로 회복하기 위해서도 사태의 모든 진실은 철저히 밝혀져야 한다. 다만 대학행정이 마비되는 수준에 이르러 연구와 교육이라는 대학의 본질적인 요소가 침해되는 긴급한 상황은 한시라도 빨리 종료되어야 하므로, 사태 해결의 핵심으로 부각한 총장 사퇴의 문제부터 합리적으로 해결하는 것이 바람직할 것이다. 그 해결 방안을 제시하면서 이 발표를 마치고자 한다.

3.

한 달 여 전 장명수 이사장은 이번 사태와 관련하여 전체 이화인들에게 공개서한을 보낸 바 있다. 그 서한에서 장 이사장은 총장 사퇴가 불가하다는 이유들 가운데 하나로 전체 교수들 가운데 20% 정도만이 총장의 퇴진을 요구하기 때문이라는 논리를 제시하였다. 그러한 다수결의 논리는 일견 타당하다. 하지만 그것은 교수들이 '무기명 서명'이라는 기묘한 방식으로 의사를 표현하고 학생들이 마스크를 착용하고 데모를 벌이는 현실을 도외시하는 주장이다. 자유로운 소통의 광장이 되어야 할 대학에서 교수들이나 학생들이 자신의 의사를 솔직하고 당당하게 표현하지 못하는 기괴한 풍토가 조성되어 있다면, 그러한 비정상적인 대학풍토 속에서 표출된 의사를 소수이기 때문에 무시할 수 있다는 주장은 의도적이든 비의도적이든 이화가 직면한 현실 전체를 파악하면서 문제의 근원을 해결하려는 태도와 의지의 부족으로 비판받을 수 있다. 현재와 같이 모든 해결책이 무산되고 갈등 당사자들 사이의 대화마저 아무런 결실 없이 끝난 채 사태가 교착상태에 빠진 상황을 타개하기 위한 유일한 방법은 무기명 비밀투표라는 절차를 통해 교수들 다수의 의사가 진정으로 무엇인지 공식적으로 확인하는 것뿐이다.

교수 전체 투표의 결과에 따라 재신임을 받은 총장 또는 비상대책위원회와 같은 새로운 기구의 구성이나 총장직무대행의 임명을 통해 이화의 당면문제들을 해결하며, 새롭게 선출된 총장을 중심으로 위기의 징후들을 하나하나 척결하고 새로운 미래를 창출하기 위한 본격적인 노력이 시작되어야 할 것이다. 그러한 노력에는 무엇보다 그동안 발생한 사태의 진실 모두를 철저히 밝히는 작업이 우선되어야 한다. 무엇이 문제인가를 드러내기를 거부할 때 위기는 심화된다. 사태의 진실 속에 바로 미래가 있는 것이다. 아울러 새로운 총장의 선출도 개방적인 태도로 접근해야 한다. 이화 내에서 진정으로 총장의 자격이 있는 인물을 찾는 노력과 함께, 학내에 그러한 인물이 없다면 외부의 인사는 물론 외국인 학자라도 초빙할 의지를 갖고 있어야 한다. 이화가 대학으로서의 존재성과 건학의 이념을 구현하면서 최고의 대학으로 도약한다는 궁극적인 목표에 도달하는 데 장애가 되는 모든 정서적이고 사적인 요소들은 철저히 무시하고 배제함이 위기의 상황에서 구현해야 할 최고의 대의인 것이다.

인류역사에서 언제나 반복되는 국가나 조직이 망하는 마지막 양상이 있다. 지배층의 분열과 더불어 부패와 우매함이 득세하는 양상이 그것이다. 그러한 분열과 부패와 우매함은 어느 날 갑자기 등장하지 않는다. 국가나 조직의 지도층이 토인비가 『역사의 연구』에서 기술한 바와 같이 "창조적 소수(creative minority)"가 아닌 "지배적 소수(dominant majority)"로 변질되는 것이 쇠망의 시작이다. 그것은 언제나 번성기에서 발생한다. 지도층이 번성기의 안온한 분위기에서 조직의 존재이유를 망각한 채 기득권에 안주하면서 '좋은 게 좋다' 식의 사고의 피로감에 빠지고, 그 구성원들 또한 조직에 대한 헌신이나 도전의식은 사라진 채 오직 겉치레의 열성과 겉치레의 진지함 등 경영학에서의 소위 '사기꾼 증후군(imposter syndrome)'에 전반적으로 오염되는 상태가 오래 지속되면서, 그 조직은 분열이 심화되고 부패가 만연하고 우매한 인간이 지도자로 등장하는 쇠망의 최종적인 단계에 이르게 되는 것이다.

현재의 이화는 분명히 그러한 최종적인 단계로부터는 멀리 있다. 하지만 현재의 이화를 지배하는 전반적인 정신적인 분위기는 그러한 단계로 서서히 나아가고 있음을 보여준다. 번성기 속에서 쇠퇴의 조짐이 상당 기간 지속되고 있었던 것이다. 이화에 비우호적인 외부적 환경 또한 그러한 경향을 더욱 심화시켜왔다. 한국의 여성 고등교육을 대표한다는 이화의 전통적인 사회적 위상은 여학생들이 남녀공학의 대학을 선호하는 분위기가 대세를 이루면서 흔들리고 있는 지 이미 오래며, '그런대로' 유지해온 일류 대학의 반열에서 탈락할 가능성 또한 상존한

지 오래인 것이다.

물론 현재 '이화의 위기'가 아무리 심각하더라도 극복하지 못할 대상은 분명히 아니다. 그 극복은 이화 구성원 모두가 불편한 현실을 편하고 냉정하게 바라볼 줄 아는 정신적 여유와 더불어 새로운 미래를 열정과 진지함 속에서 구상하면서 시급을 요하는 문제의 해결에는 신중하면서도 과감할 때 시작된다. 그러한 태도와 행동은 이화인의 도덕적 의무이자 국민적 의무이기도 하다. 이화의 전통에 내재한 보편적이고 아름다운 가치의 상실은 이화 자체만이 아니라 국가적인 손실이기 때문이다.

4. '1948년 8월 15일 정부수립론'에 대한 토론문

'1948년 8월 15일을 건국일로 볼 것인가('건국론') 아니면 정부수립일로 볼 것인가('정부수립론')'라는 오늘 학술대회의 논제에는 상호 연관된 두 가지 쟁점이 포함되어 있다. 하나는 국민의례상의 쟁점으로서 현재의 '광복절'을 '건국절'로 바꿀 필요가 있는지 여부이고, 다른 하나는 정치철학적 및 역사적 쟁점으로서 1948년 8월 15일이 건국의 시점인지 새로운 정부수립의 시점인지의 여부이다. 먼저 토론자의 견해부터 밝히면 다음과 같다. 1948년 8월 15일을 건국의 시점으로 간주함이 타당하지만, 건국의 시점에 대한 인정과 광복절의 '건국절'로의 변경은 별개의 문제이다. 현재로서는 '8·15'에 대해 광복절의 명칭을 유지함이 타당하며, 미래에 국민적 공감대가 형성될 경우 '광복건국절'로 변경할 수 있다. 왜 그러한지 일단 한시준 교수의 발표문 "1948년 '건국론'의 불성립과 파급 영향"에 대한 검토를 통해 설명하겠다.

한시준 교수는 상기 발표문에서 '건국론'이 상식에도 어긋날뿐더러 근본적으로 역사적 사실에 부합하지 않고 헌법과도 합치하지 않기 때문에 부정되어야 한다는 논지를 제시하고, 역사교육이나 북한과의 관계

---

* 2016년 12월 12일 경복궁 강당에서 열린 '동북아재단' 주최 학술대회 토론문.

또는 일본과의 관계 등 국가생활의 실용적 차원에서도 그것이 수용될 수 없음도 강조하였다. 그 논지를 정당화하기 위하여 한 교수는 1948년이 아니라 1919년의 상해임시정부(앞으로 '임정')의 수립이 대한민국 건국의 기원이라는 역사적 '사실'에 대한 설명과 함께 헌법적 근거로서 헌법 전문(前文)의 임시정부에 관한 진술을 인용하였다. 토론자는 "국사와 문명사, 역사의식과 국가이성, 그리고 대한민국의 기원 문제"라는 제목의 글에서 '임시정부기원론'의 결함을 구체적으로 지적한 바 있다(『현대사광장』 2호, 2013, 토론자료 참조). 이 토론은 한 교수 '정부수립론'의 핵심적인 요소에 초점을 맞추기로 한다.

한 교수 '정부수립론'의 근간은 다음과 같이 정리될 수 있을 것이다. 한국 민족의 반만년 역사란 수많은 다른 이름의 국가들의 성립과 쇠망의 연속인데, '대한민국'이란 국가의 경우에만 같은 이름의 국가가 두 차례에 걸쳐 '건립'되었다. '건국론'의 근본적인 오류는 1919년에 건립된 '대한민국'은 인정하지 않고 1948년의 '대한민국'만 인정한다는 데 있다. 후자는 전자를 통해 설립된 국가에 정부라는 통치체제가 구비된 것에 불과하므로 진정한 의미의 건국으로 간주될 수 없다는 것이다. 한 교수 발표문의 나머지는 그러한 논지의 정당성을 '사실적', '헌법적', '상식적' 차원에서 입증하려는 시도이다. 다시 말해서 '임정'의 수립은 그 이전 고려나 조선의 건국과 동격의 역사적 '사건'이고, 1948년의 '사건'은 전자에 정부수립이라는 통치체제상 요건을 보충한 것에 불과하다는 것이다. 어디까지나 '본(本)'은 전자이고 후자는 '말(末)'은 아니라도 '부(副)' 정도의 의미만을 갖는다는 주장이다. 여기서 쟁점은 분명해진다. 건국, 즉 '국가의 건립'이 개념적으로 무엇을 의미하며 건국과 '정부수립'과의 개념적 관계는 무엇인지 구명하는 것이다. 한 교수의 발표문에서는 그러한 개념적 논의가 발견되지 않는다.

토론자는 상기의 논문에서 이 문제를 역사적 사실 차원 및 국제법적 차원에서 설명한 바 있다. 이 토론에서는 정치철학의 소위 '영속적인 질문들' 가운데 하나인 거대한 주제인 국가 개념을 먼저 간략히 정리한 후, 그러한 정리를 기초로 헌법 전문에 규정된 '대한국민'의 의미를 설명할 것이다. 정부라는 통치체제의 부재란 민족사적 연속성 속에서 국가적 연속성이 단절된 상황을 지칭하지만, 그러한 단절된 시기에 대한 역사적 인정이 그 시기에 발생한 사건들에 대한 주권 행사의 포기를 의미하지는 않는다는 논점이 그러한 설명을 토대로 제시될 것이다.

국가는 역사적 연속성 및 배타적인 — '적대적'과 구분되는 — 집단적 정체성을 갖는 인간들 집단의 분업체계이다. 그러한 분업체계가 영속되기 위한 필수적인 조건으로 공법 교과서를 통해 국가의 세 요소로 등장하는 '국민, 영토, 주권'이 요구될 뿐이다. 그것은 구조적으로 사적 영역과 공적 영역, 그리고 이 영역을 매개하는 영역으로 구분된다. 즉, 가정으로 불리는 사적 영역과 일상적인 의미에서의 국가인 공적 영역, 그리고 두 영역을 매개하는 시민사회라고 불리는 영역이 존재한다. 가정은 생식(生殖)을 통해 국가 구성원을 재생산하고 원초적인 교육이 이루어지는 영역이며, 직업적으로 국가의 구성원들 대부분이 종사하는 시민사회의 영역은 재화와 용역을 생산하고 교환하는 활동의 영역이다. 일상적인 의미에서의 국가 혹은 통치체제, 다시 말해서 입법, 사법, 행정을 포괄하는 광의의 의미로서 정부는 앞의 두 영역을 관리하는 공공 영역이다. 앞의 두 영역을 구성하는 인간 집단이 어떠한 내용과 성격이든 집단적 정체성을 유지하면서 역사적 연속성을 가질 때 민족의 이름으로 존재하며, 주권의 상실이란 묵시적이든 명시적이든 앞의 두 영역을 구성하는 인간들의 의사에 반한 통치체제의 등장을 의미한다. 주권의 회복은 물론 반대의 경우를 지칭한다. 근대 헌법에서 그러한 민족사적 정체성 및 연속성은 어떠한 형식이든지 헌법 전문에 헌법 제정의 주체에 대한 명기의 형식으로 표현되며, 대한민국의 헌법도 그러하다. 다시 말해서 어떠한 표현형식이든 그 제정 주체의 존재 및 그 역사성을 전제하지 않은 헌법은 존재할 수 없으며, 헌법이 단순히 국가의 기본구조에 대한 추상화된 법적 규정만이 아니라 역사적 및 정신사적 연속성의 산물이라는 사실이 바로 헌법 전문에 집약되어 있는 것이다.

대한민국 헌법의 전문은 "유구한 역사와 전통에 빛나는 우리들 대한국민은"이라는 문구로 시작된다. 그것은 한국사에서 여러 다른 이름의 국가들이 출현했지만 그것들의 궁극적인 주체는 '대한국민'이라는 역사적 '연속성'을 갖는 '동일한' 인간 집단이라는 표명인 것이다. 그러한 역사적 연속성과 동일성을 전제하지 않으면 한국사 자체가 성립할 수 없으며, 대한민국 헌법 또한 그 제정 주체나 적용 대상이 없는 허구의 문서가 된다. 5·16 군사정부에 의해 폐지되었지만, 1948년 9월 고조선으로부터의 그러한 역사적 연속성과 동일성을 법적으로 명시하기 위해 제정된 연호가 단기연호이다. 그 제정의 목적은 미군정 당시 단기연호와 '대한민국' 혹은 '민국' 연호의 병행에 따른 역사의식 혼란의 극복에 있었다.

중요한 점은 '대한국민'이라는 역사적 연속성과 동일성이 역사적 단절이나 변화 또는 역사 속에서 '대한국민'이 설립한 여러 국가들 사이에 존재하는 국체 차원의 차이성을 부정하지는 않는다는 점이다. '건국론'이냐 '정부수립론'이냐의 쟁점의 핵심은 '조선-대한제국-식민지배-임시정부-미군정-대한민국 정부수립'의 민족사적 연속성 속에서 어떠한 의미의 역사적 단절이나 변화를 새로운 건국의 차원으로 파악하는지, 아니면 동일한 국체의 연속성을 전제로 한 새로운 정부수립의 차원에서 파악하는지 여부에 있다. 만일 고려와 조선은 궁극적으로 '동일한' 왕정체제 국가의 연속으로서 그 권력지배구조 상층부 인간들의 교체에 불과하다면, 조선은 그 지배층의 정당화 논리를 떠나 건국이 아니라 국가의 명칭만 변화한 '조선 정부수립'으로 규정되어야 한다. 같은 맥락에서 비록 지극히 짧은 기간 존속했지만 황제주권론을 표방한 대한제국이 조선과는 국체 차원에서 근본적으로 '다른' 국가라면, 조선이라는 국가는 1897년 10월에 멸망한 것으로 규정되어야 한다.

'건국론'과 '정부수립론' 사이의 쟁점이 되는 1910년에서 1948년 기간의 의미에 대한 정치철학적 및 정치사적 판단도 같은 맥락에서 이루어져야 한다.

일제강점기와 미군정의 기간은 '대한국민'의 의사와는 무관한 강요된 통치제제가 존재하였다거나 자율적인 주권 행사에 의해 설립된 통치체제가 부재했던 시기이다. 그러한 의미에서 그 시기란 '대한국민'의 국가는 부재하지만 '대한국민' 민족의 역사적 연속성은 유지되는 시기이다. 1948년 8월 15일의 정부수립은 당연히 '대한국민'이 주체가 되는 국권이 회복되고 국제법적으로 인정되며 조선이나 대한제국과는 '다른' 국체의 등장이라는 점에서 건국이다. 그 국체 등장의 정치사적 배경이나 이념적 기반을 제공한 단체가 '임정'일 수는 있어도, 그 자체는 스스로 제정한 헌법에 의거한 국민 대표성을 제도적으로 구현하지 못했고 실질적인 통치권 행사 차원이나 국제법 차원에서도 국가가 아니므로 그 설립이 '건국'으로 간주될 수는 없다. 제헌헌법의 전문에는 "己未三一運動으로 大韓民國을 建立하여 世界에 公布한 偉大한 獨立精神을 繼承하여 이제 民主獨立國家를 再建"이라는 문구가 있다. 하지만 그 것은 국체 차원에서 조선조와의 역사적 단절을 강조하고 '임정'의 수립을 대한민국의 역사적 및 이념적 기원이라는 점을 강조하기 위한 정치적 수사는 될 수 있어도 그 자체가 역사적 실체에 대한 진실한 증언은 아니다. 현행 헌법의 전문에 그 부분을 '임정법통 계승'의 문구로 변경한 이유도 그러한 점에 대한 인식에서 찾을 수 있는 것이다.

1910-1948년은 분명히 민족사적 단절의 시기는 아니며, 국가주권의 상실과 회복을 위한 민족사적 투쟁과 준비의 시간이다. '대한국민'이 국가설립 및 운영의 주체로 다시 등장한 1948년 8월 15일은 따라서 건국으로 규정될 수 있으며, 그렇게 규정한다고 해서 역사가 단절되거나 축소되는 것은 아니다. '임정'의 수립을 건국이라고 규정할 때 오히려 1910-1919년의 역사는 단절과 공백의 시기가 되며, 이에 따라 그 시기

에 일제의 통치가 초래한 모든 부도덕한 행위나 범죄행위에 대해 책임을 추궁할 근거를 잃게 된다. 물론 '임정'이 일제강점기의 부당한 통치행위들에 대해 외교문서로 일일이 항의한 것은 아니라는 이유로 대한민국 정부가 일본 정부에 대해 아무런 항의나 보상을 요구하지 못한다는 논법도 성립할 수 없는 것이다. 통치주체인 '대한국민'의 역사적 연속성이 일본에 대해 그러한 권리를 갖게 하는 것이며, 한일회담의 성립도 그러한 이유에서 가능했던 것이다.

1948년 8월 15일은 분명히 대한민국의 건국일이다. 다만 그날을 역사적 차원에서 건국일로 인식하는 것과 '건국절'이라는 국가적 축일로 기념하는 것은 별개이다. 일단 '8·15'를 '건국절'로만 규정함으로써 민족사적 연속성의 차원에서 국가주권의 회복을 의미하는 '광복'의 의미가 결코 퇴색되어서는 안 된다. 따라서 '8·15'는 '광복건국절'이 되어야 한다. 다만 '광복건국절'이 국민적 축제가 되려면 무엇보다 대한민국의 국가생활에 대해 대다수 국민들이 영광과 자부심을 느낄 수 있는 상황이 도래해야 한다. '헬 조선'이라는 말의 등장이나 바로 학계에서조차 '건국론'과 '정부수립론'의 대립이 존재한다는 사실 자체가 그러한 국민적 공감대 형성에 대한 반증이다.

8·15가 '광복건국절'로 국민적 축제의 대상이 되는 길은 국가생활에 대해 국민들 대다수가 진정으로 영광과 자부심을 가질 수 있도록 '대한국민'이 대한민국을 더욱 국가다운 국가로 발전시키는 데 있을 것이다. 개인과 마찬가지로 국가는 통치체제로서 그저 군림하는 존재가 아니라 국민 총체적인 삶의 질서로서 끊임없이 새롭게 형성되고 발전하는 존재인 것이다. 그러한 형성 및 발전은 '대한국민'이 스스로에게 부과한 역사적 과업이다. 그러한 국민적 과업을 앞장서 수행할 책무는 정치인들에게 부여되어 있는데, 현재 한국의 정치인들은 그러한 책무를 수행함에 있어 필수적인 식견과 능력은 물론이고 가장 기본적인 역사의식과 공인정신은 갖추고 있는지 스스로에게 반문할 때이다.

부록 II

칼럼

1. '정치교수'와 아마추어리즘

 이른바 '정치교수(폴리페서)' 문제가 소란한 거리 정치와 더불어 여
전히 사회적 논란의 대상이 되고 있다. 전두환 정권이 도입한 제도가
여야의 합의 하에 민주화시대에도 굳건히 유지되고 있는 셈이니, 보수
나 진보 진영이 그 제도만은 '민주적인' 요소로 여론에 관계없이 지키
겠다는 강력한 신념을 모처럼 공유한 것 같다.

 정치교수 논란의 바탕에는 직업윤리의 문제와 더불어 지식인의 실천
의지, 명예욕, 이기심, 일반인의 비난과 부러움의 공존 심리, 나아가 근
본적인 삶의 불안 등이 깔려 있음이 사실이다. 어쨌든 근본적인 쟁점은
학문과 정치의 겸업 가능성 여부에 귀착될 것이며, 나아가 지식인의 사
회적 실천의 본질이 무엇이냐의 문제로 이어진다고 할 것이다.

 물론 교수직에 있다가 그 직을 떠나 공직에 나아가거나 현실정치에
관여할 수 있다. 삶의 여정에서 아름다울 수도 있는 자유로운 변신이나
새로운 선택에 대해서 왈가왈부할 필요는 없다. 문제는 정치권과 대학
에 속된 말로 '양다리를 걸치는' 정치교수들의 행동이 그 제도에 대한
여러 가지 정당화 논리에도 불구하고 과연 학문이나 국가의 발전에 진

---

* 『한국일보』 2008년 7월 3일자.

정으로 도움이 되는지 여부에 있다.

일단 상식적으로 "이 일을 그만두어도 돌아갈 곳이 있다"는 태도에서는 새로운 직능에 모든 것을 던지는 헌신과 열정의 행동을 기대하기는 어려울 것이다. 그리고 그러한 양수겸장의 태도는 이론과 실천의 융합이라는 명분으로도 정당화되기 어렵다. 직업 관료나 직업 정치인들이 아무런 이론적 배경 없이 공적 업무를 수행하거나 현실정치에 종사하는 것은 아니다. 어떠한 수준에서든 그들 모두 나름대로 이론적 토대 위에서 행동하고 있으며, 어떠한 방식으로든 그들 또는 사회 전체에게 이론적 토대나 관련 지식을 제공하는 전업 행위에 바로 교수들이 수행해야 할 '이론이라는 실천'이 있는 것이다.

또한 국가운영은 특정 분야의 지식이나 전문적인 이론을 넘어 총체적인 시각과 깊은 경륜을 요구한다. 따라서 설사 특정 학문 영역에서 이론적 무장이 잘되어 있는 교수라도 국가운영이나 현실정치에서는 무능할 수 있다. 아니면 교수 출신이라는 사실이 의미 없을 정도로 일반 공직자나 정치인과 다를 바 없이 세속성에 쉽게 물들 수도 있는 것이다.

언제나 그러하듯이 문제의 진정한 해결은 근본으로 돌아가는 것이다. 앎의 추구란 무한한 것이고, 교수직이란 바로 일생 동안 추구해도 모자랄 앎의 소업이라는 근본적인 사실이 환기되어야 한다. 그것은 일생 동안 스스로의 학문세계를 끊임없이 갈고 닦는 프로 정신이 없이는 제대로 수행될 수 없는 직능일 것이다. 프로페서가 '아마페서'는 아닐 것인데, 다른 직능에는 프로 정신을 요구하면서 유독 교수직에게는 아마추어 정신도 괜찮다는 기이한 논리가 바로 정치교수를 정당화하고 있는 것이다.

결국 정치교수의 존재는 이론과 실천 융합의 상징이 아니라 학문적 아마추어리즘의 표현일 수밖에 없다. 그것을 조장하는 책임은 정치권에게 물을 수밖에 없지만, 현재의 한국 대학 자체는 그것에 지배받고 있는 것은 아닌지 먼저 반문할 필요가 있다. 외국 대학의 학위나 외국 학자 및 외국 저널을 무조건 숭배하기, 우리말로도 제대로 설명하고 이해하기 어려운 학문 내용을 영어로 강의함이 무조건 세계화라고 믿기 등, 현재 대학에서 벌어지고 있는 이러한 우화 같은 일들이 바로 학문적 아마추어리즘의 표현이 아니고 무엇이겠는가.

2. 민주주의의 이상과 우상

전직 대통령의 자살이 촉발한 정국의 혼미가 계속되고 있다. 소위 좌우의 대립이 대학사회마저 분열시키고 있다. 과연 이런 혼미와 분열이 의미 있는 것인지, 사태의 근본을 돌아볼 때다.

정치인은 자살할 수 있다. 정치인의 자살은 자신의 공적 행위에 대한 강렬한 책임감의 표현일 수 있다. 자신에 대한 심판을 당대의 법정이 아닌 역사의 법정에 맡기려는 결단의 행동일 수 있다. 삶을 스스로 마감하는 행위는 분명히 하나의 결단이다. 그러나 공인의 경우 그것이 어떠한 성격의 결단인지, 최후의 행위로서 정당성이나 책임감 또는 역사 의식이 표현되어 있는지가 엄중하게 심판되어야 한다. 모든 죽음은 안타까울 수 있지만, 공인의 죽음은 단순히 슬픔이나 애도의 대상만은 아닌 것이다.

그가 남긴 "삶과 죽음은 자연의 일부"라는 말은 죽음에 임하는 담담한 심경을 토로한 것으로 보인다. 그러나 그의 유서에는 사법적 심판을 받게 될 상황에 대한 진지한 해명이나 책임감을 피력한 흔적이 없다. 자신의 삶의 정점이었던 대통령직 수행에 대한 역사적 성찰의 편린도

* 『한국일보』 2009년 6월 17일자.

나타나 있지 않다. 그토록 자신만만하게 천명했던 정치적 신념을 최종적으로 정리하는 기술도 발견되지 않는다. 무엇보다 그토록 위한다고 했던 삶에 지친 서민들에 대한 따뜻한 위무의 말도 없이 오직 자신의 지친 삶을 빨리 끝내고 싶다는 언어가 있을 뿐이다. 왜 그렇게 모진 행동을 해야만 했는지, 그 결단의 의미 자체를 모호하게 만드는 감상적 언어가 있을 뿐이다. 그것이 최고의 공직을 지낸 인물의 자살이 일반인들의 그것과 크게 다를 바 없다는 안쓰러움을 남긴다.

죽음 자체는 무조건 억울하고 슬퍼해야 하고, 모든 허물을 가릴 수 있으며, 산 자는 무조건 죄인이라는 듯한 애도의 분위기가 정치적 제전이 되어 정치과정 전체를 파행시키고 있다. 그 제전 속에서 고인은 피의자의 신분에서 해방되어 '민주주의의 순교자'가 되고, 어제까지 그를 버렸던 정치인들과 지식인들이 갑자기 참회의 고해성사를 하면서 그 죽음의 제전을 이끌고 있다. 그가 진정으로 이러한 사태의 반전을 기대하고 마지막 승부수를 던졌다고 믿고 싶지는 않다. 그의 죽음에는 나름대로 진실함이 있기 때문이다. 그런데 이 죽음의 제전에는 어떠한 진실성이 있는가.

현 정권이 보인 국정운영의 미숙함이나 실용이라는 이름의 속물주의 등은 비판받아야 한다. 그러나 그것에 대해 '독재'나 '반민주' 등으로 공격하는 것은 시대착오적이고 설득력도 없는 작위적인 정치적 수사에 불과하다. 스스로 입안한 정책에 대한 소통과 설득을 확신을 가지고 일관되게 추구하지 못한 정치적 무능력은 비판받아 마땅하다. 그러나 스스로 주도한 민주화 투쟁을 통해 확립된 근대 민주주의의 제도적 원칙들을 이해관계에 따라 자의로 취사선택하여 일방적으로 강요하면서 소통과정을 처음부터 폭력적으로 봉쇄한 측은 민주주의적 소통 자체를 운위할 자격이 없다.

국민장은 우리 국민의 그 깊은 정과 특유의 열정을 일깨웠다. 무능한 정부 및 여당은 그 소중한 국민적 에너지를 새로운 국정 비전의 제시를 통해 승화시키지 못했다. 그러나 무정견한 야당 세력도 그것을 시대착오적 방식으로 정략적으로 이용했다. 이 때문에 결국 국민장은 단지 죽음의 정치적 제전으로 끝나고 말았다. 그러는 사이 민주주의의 숭고한 이상은 맹목적이고 통속적인 우상으로 변질되고 있다. 우상숭배의 해악은 그것이 언제나 위선과 부도덕과 탐욕의 온상일 수 있다는 것이다. 이 착한 국민에게 그러한 해악이 돌아가야 하겠는가.

3. '학생인권조례', 인권과 인욕, 그리고 교육

새 학기 들어 중고등학생들에게는 '학생인권조례'란 이름으로 두발과 복장의 자유, 체벌 금지, 휴대폰 소지 등이 허용된다고 한다. 그 조례는 소위 보수와 진보 세력 사이에 존재하는 수많은 갈등 항목들 가운데 하나이다. 일반인들에게 그것은 인권이란 이념의 막중함에 압도되어 수긍의 대상이기도 하고, 다른 한편으로는 과연 그것이 교육에 필요한가 하는 의구심의 대상이기도 하다. 여기서 인권의 본원적 의미가 무엇이고, '학생인권조례'의 조항들이 과연 진정으로 학생들의 인권을 보장하는지, 정치적 편 가름 차원을 넘어 사태의 근본에 대해 성찰할 필요가 있다.

'human right'이란 말 그대로는 '인간에 내재한' '정의' 또는 '올바름'을 의미한다. 그 말 자체에 처음부터 권리, 즉 '이익(利)의 저울질(權)', 다시 말하여 개인의 이익이나 욕망 추구 자유의 의미가 있었던 것은 아니다. 그것은 본디 서양의 중세시대를 지배하였던 '자연에 내재한 정의'의 이념, 즉 자연법 이념의 혁명적 변환이었다. 모든 인간들을 초월적으로 지배하는 보편적인 정의로 파악된 자연법이란 결국은 그것

---

* 『이대학보』 2012년 3월 19일자.

에 대한 해석을 독점한 교회 등 지배권력의 의사에 불과하다는 것을 소수의 정치철학자들이 비판적으로 인식하고, 그것의 본질을 인간 중심의 관점에서 재정립하려 시도한 결과가 근대적 자연권 및 인권 이념의 등장이다. 인간에게 초월적으로 부과되어 당연히 순응해야 할 자연법은 인간이 능동적으로 파악하고 규정할 수 있는 대상이기 때문에 인간 존재 자체에 잠재되어 있다는 인식의 대전환이 일어난 것이며, 이에 따라 자연법 해석 및 실현의 주체로서 개인이 등장한 것이다.

인권 이념의 출현은 정치사상사에서 가히 코페르니쿠스적 전환에 해당한다. 그런데 그 전환에는 처음부터 인간 존엄성의 고양과 욕망 추구에 대한 무분별한 정당화라는 양면성이 잠재되어 있었다. 그러한 양면성이 근현대사를 통해 이룩된 위대한 정치사회적 변화 및 발전과 더불어 대중정치 속에서 배태되는 온갖 희비극과 어리석음과 야만성을 현현한 드라마를 작동시킨 숨겨진 플롯이었다. 인권이 정치권력의 부당한 행사나 사회세력의 억압으로부터 개인의 정당한 주장이나 이익을 보호하는 이념으로 작동할 경우 역사 발전의 원동력이 되었다. 반면에 사회나 국가 전체 차원의 정의 또는 장기적 국가전략을 무시하면서 개개인들의 무분별한 욕망 추구를 일방적으로 옹호하는 이데올로기로 작동할 경우 인권은 사회나 국가를 인욕의 각축장으로 만든다. 근대 정치사는 두 방향의 동인이 서로 길항관계로 작동한 무대로 해석될 수 있다.

인권은 '민심 = 천심'의 등식을 구현하는 숭고한 이념이 될 수 있다. 사회의 다수가 예의나 염치 등 전통적인 도덕관에 애착심이 있고, 깊은 사색과 관조 또는 심원하고 폭넓은 교양의 가치에 대해 경외심을 갖고 있으며, 타인의 의사를 진지하게 경청하는 가운데 자신의 의사를 절제 있고 겸허하게 드러내고 표현하는 태도를 견지하는 경우에 그러하다. 그러나 그 다수가 절제되지 않은 욕구의 표출, 체계적인 사유와 판단 과정이 뒷받침되지 않은 의견의 일방적인 주장이나 치졸한 감정 표현과 상스러운 언행까지도 부끄러움 없이 천부인권 또는 자유의 실천인

양 씩씩하게 외쳐대고, 정치인들은 그러한 대중적 정서에 부화뇌동하는 데 급급하며, 사회적 지도층이 공인의식이나 도덕성과 교양을 주도하는 계층이 아니라 출세하고 돈 많은 인간들의 집단에 불과하게 될 경우, 사태는 달라진다. 인권의 행사는 인욕의 무분별한 표출로 변질되며, 민주주의는 대중들의 무절제한 욕망에 좌우되는 포퓰리즘으로 변질된다.

인간의 욕망은 생명활동의 원천이다. 그러나 욕망의 추구가 언제나 정의롭거나 자연스러운 것은 아니다. 그것이 정의롭게 되는 것은 다른 사람의 정당한 욕망을 해치지 않거나, 특정한 욕망의 충족이 자신에게 진정으로 이익이 되는지 여부에 대해 정확한 판단이 작동할 경우이다. 다시 말해서 욕망의 정당한 실현에는 언제나 지적 판단이 작동해야 하며, 그러한 판단을 제대로 수행할 때 인간은 사회적으로나 개인적으로 성숙하고 행복하게 된다. 인간의 성장이란 바로 욕망을 대상 또는 상황에 따라 적절하게 판단하여 절제 있게 추구할 줄 아는 정신적 능력의 발달이기도 하다. 그러한 능력의 함양이 바로 교육의 요체이다.

욕망의 추구가 절제를 잃고 허영과 과시욕이 편승할 때 가장 추악한 존재가 될 수 있는 것이 인간이다. 약한 동물을 잡아먹고 사는 사자는 포악해 보이지만, 사냥 잘한다고 남에게 자랑하거나 포획물을 많이 쌓아놓았다고 전시하려고 사냥하지는 않는다. 사냥감을 포식한 사자는 '맛있는' 가젤이 옆을 지나가도 거들떠보지 않는다. 그것은 자연에 순응하는 삶의 방식이자 본능으로 표현된 자연법이기도 하다. 인간은 교육을 통해서만 욕망의 추구가 추악해지지 않고, 자연스런 욕망과 허욕 및 과욕을 구분할 줄 알게 되고, 사회적으로 조화를 이루는 가운데 진정으로 아름답게 욕망을 즐길 줄 깨닫게 되는 동물이다. 그러한 깨달음을 자극하고 고무하기 위한 수단으로서 적절한 체벌은 필요하다.

강제성을 떠나 교육은 존재할 수 없다. 행동의 엄격함과 절제를 부과하면서 동시에 자유로운 사고 능력을 함양시킬 때 거칠고 뜨거운 젊은 영혼은 순화되고 성숙해지며, 그러한 교육과정을 거친 인간이라야 진정으로 자유롭고 존엄한 인권의 주체가 된다. 학생들이 머리를 염색하거나 휴대폰을 마음대로 사용하려는 욕구는 젊은이들의 순수한 감정과는 거리가 먼 어른들의 범속한 행태에 대한 모방적 욕망일 뿐이다. 그러한 욕망의 무분별한 허용은 자유인이 아니라 욕망의 노예들을 양산하며, 그렇지 않아도 황폐화되고 있는 공교육 현장을 더욱 황폐화시킬 뿐이다. '학생인권조례'의 논리라면 '음주권', '흡연권', '성행위권'도 인권의 이름으로 시급히 허용되어야 하는 것이다.

인권이란 말이 한국의 정치판에서 위선과 허식의 빈말로 변질되어가고 있다. 서양 근대사에서도 위대한 정치철학자들이 사유의 고뇌를 통해 발전시킨 그 숭고한 이념이 삼류 지식인들에 의해 이권 투쟁의 구호로 변질되는 상황은 자주 발견된다. 이 땅에서는 더 나아가 그것이 우상화된 신성문자가 되어가고 있다. 종교적 우상화에는 대체로 신을 빙자한 세속적 이익 추구의 음험함이 있는데, 지금 벌어지고 있는 인권의 우상화에는 대체 어떠한 음흉스런 이익이 도사리고 있는가.

4. 있을 것인가 없어질 것인가: '대학 살생부'에 대한 존재론적 단상

필자는 『햄릿』의 유명한 대사 "to be or not to be …"를 "사느냐 죽느냐 …"로 번역한 것은 마음에 들지 않는다. 그것은 잘못된 것은 아니지만 그 독백 전체의 맥락이나 영어 'to be'의 의미를 고려할 때 정교하지는 않은 번역으로 생각된다. 그 맥락에서 'to be'는 단순히 살고 죽는 문제가 아니라 바로 인간으로서 이 세계에 '있다는 것'이 무엇인가에 대한 주인공 나름의 포괄적 성찰을 표현하고 있기 때문이다.

최근 교육과학부는 재정 지원을 제한할 대학과 더불어 폐교나 다른 대학과의 통폐합이 불가피한 부실대학의 명단을 발표하였다. 오래전부터 예고된 정책이기는 하지만, 그것은 특정 대학이 '사느냐 죽느냐'의 문제가 아니라 대학으로서의 '있음'이 무엇을 의미하는지 존재성 자체에 대한 성찰의 필요성을 제기한다.

필자는 기본적으로 교육과학부의 상기 정책에 찬성이다. 현재의 대학 문제는 조선 후기의 서원 문제와 유사하다. 대학 설립 허가의 남발이 대학교육 부실의 주요 원인이라는 것이다. 대한민국은 고등학교 졸업생의 80퍼센트가 대학에 진학할 정도로 대학이 많다. OECD 국가 가

---

* 『이대학보』 2012년 9월 17일자.

운데에서도 최상위에 속한다. 그런데 전체 인구의 80퍼센트가 제대로 된 대학교육을 받았다면 대한민국은 이미 지구상에서 가장 높은 교양과 깊은 식견을 갖춘 나라가 되었을 것이다.

그와 같은 교양인 층이 사회의 주류를 이루었을 경우, 이 나라는 세계에서 일인당 독서량이 OECD 국가 가운데 가장 낮은 나라가 되지도 않았을 것이고, 대학의 주위가 현재와 같이 환락가를 방불케 하는 상황도 벌어지지도 않았을 것이며, 정부나 기업이 인재 선발에 어려움을 겪지 않았을 것이고, 포퓰리즘 정치와 같은 말도 생겨나지 않았을 것이다. 현재 대한민국에는 이름만 대학이지 교육내용이 지극히 부실하고 운영이 파렴치한 장사꾼 수준의 대학이 너무나 많다고 한다. 중학교 수준의 영어도 하지 못하는 대학생도 상당한 수에 이른다고 한다.

대학답지 못한 대학은 당연히 없어지거나 전문학교로 전환되어야 한다. 국가정책은 국가목적과의 일치 여부나 도덕적 정당성 또는 장단기 차원의 현실적 적실성과 관련된 치밀한 검토 후 합법적인 절차를 거쳐 결정되었을 경우 일시적인 부작용이나 특정 이해집단의 반발 때문에 시행이 유보되거나 집행과정에 왜곡이 있어서는 결코 안 된다. 선행되어야 할 것은 물론 그러한 검토의 철저함이다. 교육과학부가 제시한 '대학 살생부' 작성의 근거는 취업률, 장학금 수혜 정도, 교수 충원율 등 대학운영에 고려하여야 할 여러 교육적 및 행정적 지표로 알려져 있다. 물론 그러한 지표는 당연히 대학의 부실 여부에 대한 판별의 기준이 될 수 있다.

그러나 그러한 지표만으로는 일단 '대학 살생부'의 범위를 어떠한 수준의 대학에서 그칠 것인가 하는 정책결정에 직면하여 실천적인 판단근거를 제공하지 못한다. 그러한 지표에 입각한 정책시행은 대학의 숫자만 '적당히' 줄이는 효과 이상을 거두지 못하며, 대학정책의 궁극적 목표인 대학을 진정으로 대학다운 대학이 되게 하기 위한 결정적인 계기를 마련할 수 없다. 여기서 대학의 존재이유가 무엇이고 대학교육의 본령이 무엇인지, 다시 말하여 대학이 진정으로 있다는 것이 과연 무엇을 의미하는지 간단하게라도 성찰할 필요가 있다.

현재 한국의 대학운영은 서구 대학을 모방한 것이고, 대학이란 명칭도 영어 'university'의 번역어 정도로 알고 있다. 그러나 'university'란 명칭은 '큰 배움'과는 거리가 먼 단순히 세속적인 '단체'를 의미할 뿐이다. 대학의 본령은 오히려 동양의 지적 전통에서 오래전에 확립되었다. 말 그대로 대학은 '큰 배움'의 터전이고, 동양의 고전인 『대학』에 나타나 있듯이 '큰 배움'의 본령은 "명명덕(明明德)", 즉 "밝은 덕을 더 밝게 하기", 다시 말하여 기존의 정신세계를 확대 및 심화하고 기존의 판단 능력을 끊임없이 강화하는 훈련을 통한 덕인(德人)의 양성, 즉 총체적으로 사고하고 판단할 줄 아는 자율적이고 자유로운 정신세계를 가진 인간의 배출에 있다. 그러한 정신세계의 핵심은 설사 스스로는 학문적 또는 예술적 창의력이 없더라도 진정으로 창조적이고 진정으로 새롭고 진정으로 가치 있는 것이 무엇인지 판별할 줄 아는 능력이다. 그러한 사고 능력은 오직 기존의 생각이 끊임없이 부정되고 논파당하는 고통 속의 즐거움을 겪는 과정을 통해서만 형성되며, 그와 같은 사고의 훈련과정에 대학교육의 본령이 있는 것이다. 그러한 교육은 기술교육이나 수동적인 지식습득교육과 구분되며, 대학이 전문학교나 기술학원과 구분되는 근거이다.

현재 한국의 대부분 대학은 그러한 의미의 대학교육을 제대로 제공하지 못하고 있다. 그러한 상황이 지속된 데는 대학교육을 선도할 인문사회과학에 주요 책임이 있다. 이제 한국의 대학은 스스로가 젊은 영혼을 방황하게 만드는 주범은 아닌지 반성할 때이다. 그들을 세속적 자기이익에만 집착하는 영악한 계산자로 만들고, 덕성의 함양과 교양의 형성을 통해서만 체험할 수 있는 영속적인 즐거움에서 소외시키고, 단편적인 지식의 습득을 배움의 전부로 착각하게 만들고, 경박한 수준의 쾌락을 삶의 즐거움 전부로 알게 함 등을 조장한 것은 아닌지 자책할 때이다. 대학생들 또한 취직의 고민은 하지만 사고의 고민은 하지 않고, 어려운 강의는 피하면서 소위 '학점관리' 위주로 대학공부를 '속 편하게' 해오고, 정작 자신을 똑똑하고 잘나게 만들려는 노력은 하지 않으면서 스펙이라는 '증명서 치장'에 열중한 것은 아닌지 반성할 때이다.

개인이나 조직이나 진정한 자기발전의 시작은 언제나 자신의 모습을 보며 부끄러움을 느끼는 데서 비롯된다. 니체가 말했듯이 배움이 재미있는 이유는 언제나 그것에 부끄러움이 따르기 때문이다. 바로 '있음(einai, to be)'과 '봄(eidein, to see)'의 본원적 동일성은 서구 대학의 원형이자 대학의 다른 이름이기도 한 '아카데미'를 창설한 플라톤 철학의 핵심이기도 하다.

5. 동아시아의 정세와 일본 우익의 역사의식

현재의 동아시아 정세가 미묘하다. 일본의 총리는 자국과 중국과의 관계를 전쟁 직전의 상태로 규정하는 비외교적 언사를 서슴지 않고 발설하고, 그 발설에 부응이라도 하듯 국제정치의 석학이라는 인물 또한 이 지역의 정세를 제1차 세계대전 직전의 상황과 비슷하다는 진단까지 내린 바 있다. 그러한 발언들의 타당성 여부를 떠나, 현재의 상황 전개에 대한 일차적 책임은 아베 총리가 대표하는 일본 우익정부의 동아시아 정책에 있음은 분명하다. 그것은 태평양전쟁의 책임에 대한 공식적 인정 속에 성립된 종전체제에 대한 일본 스스로의 도전과 부정을 의미하기 때문이다. 그런데 그러한 자기부정성의 근본 바탕에는 일본 우익 특유의 역사의식이 있고, 그 역사의식의 내용이 빈곤하다는 사실이 심각하다.

역사의 왜곡과 역사의식의 빈곤은 구분된다. 정신대 문제나 남경학살에 대한 일본 정부의 태도와 같이 역사적 사실을 의도적으로 감추거나 조작함은 역사의 왜곡이다. 역사의식의 빈곤은 역사적 흐름을 총체적으로 파악하지 않고 한 측면에 집착할 때 드러난다. 후자는 헛된 국

---

*『조선일보』 2014년 3월 1일자.

가적 자부심이나 우월감의 바탕이 되고 정치적 상상력을 고갈시키기 때문에 전자보다 더 위험하고 심각하다. 일본 우익의 역사의식을 이해하기 위해서는 간단하게나마 일본 근현대사의 흐름에 대한 정리가 필요하다.

현재 일본의 번영은 메이지유신과 샌프란시스코 조약이라는 두 가지 사건에 기초하고 있다. 전자를 통해 일본은 서구적 근대화를 동아시아에서 가장 먼저 성공적으로 수행한 국가가 되었으며, 후자를 통해 성립된 종전체제를 토대로 일본은 제2차 세계대전 전과는 비교가 안 되는 세계적인 경제대국으로 성장하였다. 새로운 국제질서를 바탕으로 일본은 메이지유신 차원의 일본을 넘어 새로운 도약을 이루게 되었다. 패전이라는 국가적 참사를 계기로 의회민주주의 제도의 정착과 더불어 역사상 유례없는 경제적 번영을 이루게 되었던 것이다. 여기에 일본 근현대사 흐름의 대역설이 있다. 자국민뿐만 아니라 타국의 수많은 죄 없는 인간들을 비참한 불행으로 내몬 역사의 비극을 통해 화려한 역사의 무대가 새롭게 창출된 것이다. 역사의식의 문제는 바로 그 역사에 대한 해석과 관련된다.

메이지유신의 성공은 동아시아 역사에서 오랫동안 변방에 머물렀던 일본에게 유례없는 역사적 영광을 가져다주었다. 비록 운명의 요소도 작동한 결과지만, 지도자들의 희생정신과 고양된 국민적 감정에 기초하여 일사분란하게 추진한 서구적 근대화, 국가적 존망의 위기에 직면하여 과감하게 시도한 대국들과의 건곤일척의 승부, 서구 국가들의 노회한 외교에 비견되는 치밀한 외교 전략의 시행 등은 일본을 국가 재조(再造) 이후 50년도 되지 않아 세계적 열강이자 세계사적 국가의 반열에 오르게 한 것이다.

일본의 영광은 분명히 동아시아의 자존심이었다. 만주사변을 일으키기 전까지의 일본은 그러했다. 그러나 국가적 영광에의 도취는 곧 서구 제국주의 팽창정책에 대한 흉내 내기로 변질되었고, 그것이 바로 스스로를 패망으로 이끈 군국주의 일본이다.

일본 우익의 정신세계를 지배하는 역사의식의 핵심은 바로 스스로를 패망으로 이끈 제국주의 흉내를 국가적 영광의 전부로 여기면서 새로운 국가적 도약의 전제조건이었던 전후 질서를 부정함에 있다. 그것은 샌프란시스코 조약에 대한 실질적인 파기이자 현재 누리고 있는 국가생활의 근거에 대한 부정이며, 현재의 상황을 세계사적 흐름 차원에서 총체적으로 파악하지 못하는 역사의식의 빈곤인 것이다.

제국주의 흉내를 국가적 영광의 전부로 믿는 수준의 역사의식에서는 미래의 국가전략을 제대로 설정하고 추구할 수 있는 정치적 상상력이 나타날 수 없다. 안중근 의사가 '살인한 범죄자'일 뿐이라는 일본 관방장관의 언명은 전형적인 예이다. 그것은 1909년의 의거 당시 또는 적어도 종전 질서의 태동까지는 일본 정부의 공식적인 입장으로 용인될 수도 있다. 그러나 100년이 지난 역사적 사건에 대해서, 종전 질서의 성립을 통해 과거의 침략전쟁이 국제법적으로 단죄된 상황에서, 그리고 바로 안중근 의사가 제기한 '동양평화론'이 한중일 삼국의 번영 속에 실제로 구현되어가고 있는 현재 동아시아의 상황에서, 그러한 논평은 정치적 상상력의 빈곤이자 역사의식의 빈곤을 넘은 후안무치의 역사관이다.

식민지배, 전쟁, 내전으로 점철된 20세기 전반 동아시아의 사태 전개에는 비록 비극적이지만 나름대로 세계사적 필연성이 있었다. 그러나 전방위적인 상호 교류에 기초한 상호 의존성이 심화된 상태에 있는 현재 한중일 삼국의 관계에 일본 총리가 운운한 전쟁 직전 상황이 전개될 필연성은 없다. 특정 집단의 상황 인식의 바탕에 있는 뒤틀린 역사의식이 그러한 사태 전개의 개연성을 제고할 뿐이다. 이제 한중일 삼국은 상호 공유하는 동아시아 문화를 바탕으로 서구 문명의 한계를 극복하면서 새로운 세계질서 및 문명의 창조를 위해 대승적으로 협력할 때이다. 그러한 세계사적 과업의 수행은 일본 우익의 빈곤한 역사의식의 청산에서부터 시작되어야 한다.

　일본은 여러 면에서 세계적으로 자랑할 만한 나라이다. 세계에서 일본을 무시하는 국민은 한국인들뿐이라는 말도 여러 면에서 타당하다. 그러나 현재의 우익 정권이 대변하는 일본은 경탄이 아니라 안타까움의 대상일 뿐이다. 제국주의적 팽창이라는 서양 문명사의 퇴물에 대한 모방을 국가적 영광으로 복원하려는 시대착오에서 벗어나, 너무나 부럽고 아름다운 전통과 문화를 간직한 일본을 문명사적 발전 맥락에서 한 차원 높게 새롭게 건설할 역사적 의무와 명예가 일본의 진정한 보수우익을 기다리고 있다.

6. 총장직의 본령과 이화의 총장상

이화의 총장선거가 특이한 방식으로 진행되고 있다. 그 특이성의 실체를 검토하기 전에 먼저 일부 교수들 사이에서 선망과 경쟁의 대상인 총장직의 본령이 무엇이고 바람직한 이화의 총장상은 무엇인지부터 정리할 필요가 있다.

대학은 기본적으로 교수들 사이 및 교수와 학생 사이의 자유로운 지적 상호 교류를 위한 모임이며, 대학의 총장이란 그러한 모임을 관리하기 위한 행정 책임자이다. 그러한 지성적 행위를 효율적이고 안정적으로 수행하기 위한 목적이 구체적으로 실현되고 법적 및 사회적으로 제도화되는 과정이 중세대학의 탄생 이후 현대에 이르는 서구 대학의 역사이며, 그 결과가 현재 서구의 대학들이 갖고 있는 학문적 및 사회적 위상이다. 대학행정이란 결국 교수와 학생들이 추구하는 지성활동의 자율성을 보장하고 그것의 효율성을 높이기 위한 편의와 수단을 제공하는 행위이다. 여기서 대학 총장의 직능이 무엇이고, 이화의 총장은 어떠한 인물이 되어야 하는지 설명될 수 있다.

교수와 학생들이 연구 및 가르침과 배움이라는 근본 목표 이외의 것

---

* 『이대학보』 2014년 3월 24일자.

에는 정신적 에너지를 전혀 쓰지 않는 환경을 조성함이 총장직의 핵심이다. 인사관리와 재정운용은 그것의 주요 직능이다. 학문분야별 교수채용의 일반원칙의 확립과 인사 수요를 결정하는 역할이 인사관리의 요체이다. 총장은 각 전공분야에 대한 전문지식을 갖추기는 불가능하다. 따라서 교수 인사에 대한 결정권은 학문 활동 및 교육의 기본 단위인 각 학과와 단과대학에 일임하는 것이 당연하다. 다만 총체적인 인사관리를 위해 총장은 학문 전체의 발전 방향이나 흐름에 대한 깊은 안목은 갖고 있어야 한다. 재정운용과도 관련하여 총장에게는 기업 CEO 차원의 경영 능력이 요구되지만, 재정운용의 목적이자 기준이 되는 학문과 교육의 본령에 대한 깊은 이해도 요구된다.

여기에 총장직 수행이 결코 범상한 능력의 소유자가 할 수 없는 기본적인 이유가 있다. 총장은 대학행정에 전념하기 위해 학문 및 교육 활동을 포기할 수밖에 없고, 이에 따라 학문적 발전에 기여할 의무는 면제된다. 그러나 효율적인 인사 및 재정 관리를 위해서도 그에게는 적어도 학문이라는 소업 및 대학교육의 본령이 무엇인지는 아는 수준의 학문적 식견이 요구되는 것이다. 그런데 그에게는 또 다른 능력도 요구된다.

대학의 학문 및 교육 활동은 본질적으로 세속적 사회질서나 통속적 가치체계에 초연하여 추구되어야 한다. 그러나 그 활동은 세속 질서의 밖에서가 아니라 사회의 여러 조직들의 도움이나 견제 또는 국가라는 지배체제 하에서 이루어질 수밖에 없다. 따라서 대학의 운영자는 그러한 현실에의 외면이 아니라 적극적인 대응을 통해 대학의 존재이유를 실현할 수 있는 역량을 갖추어야 한다. 그러한 역량의 요체는 기존 사회체제와 국가권력의 실체 그리고 사회 전체의 행태와 변화를 읽어낼 줄 아는 통찰력이다.

결국 대학 총장에게는 현실에 적절히 적응하는 조직 경영자로서의 능력과 자질, 현실로부터 대학의 자율성을 지키면서 연구와 교육의 이상을 실현시킬 수 있는 능력과 자질이 요구된다. 그러한 능력과 자질을 갖출 때 총장은 학문 발전에 창조적으로 기여하지는 못해도 '지성사적 도우미'가 될 수 있다. 그렇지 못할 경우 대학 총장은 비현실적인 이상의 추구 속에서 대학을 현실 부적응의 불구 조직으로 만들 수도 있고, 사회의 영향력이나 국가권력에 대한 일방적인 순응 속에서 대학을 일반 사회조직과 구분되지 않는 영리단체로도 만들 수도 있다. 대학이 그렇게 될 경우 대학은 비생산적인 조직으로서 사회적으로 거추장스러운 부담이 되거나, 국가와 사회를 지성적으로 선도하는 본연의 기능을 잃고 기존 사회체제의 부속물로 전락하게 된다. 그러한 폐해는 바로 국가와 사회, 아울러 젊은 영혼들에게 돌아간다. 총장직의 본령에 대한 그러한 이해 속에서 바람직한 이화의 총장상이 무엇인가의 문제가 해명될 수 있다.

이화의 총장에게는 위에서 언급된 능력 및 자질 이외에 이화 고유한 전통적 가치와 이상, 이화에 부과된 사회적 소명을 실현할 수 있는 정신적 역량이 추가로 요구된다. 그 보편적인 가치와 이상은 간단히 말하여 기독교적 헌신의 정신과 통속적 욕망을 초탈할 수 있는 금욕정신이며, 그 소명이란 한국 여성교육의 지속적인 승화, 발전이다. 그런데 전자는 위선적인 종교적 구호와 겉치레의 신앙행위로 쉽게 포장될 수 있고, 후자의 실천은 기존의 사회적 위상에 만족하는 수준의 고식적 행동에 그칠 수 있다. 그렇게 되지 않기 위해서는 이화의 총장직에 '학문적 식견, 기독교적 헌신, 현실 통찰력'이라는 삼위일체의 덕목을 갖춘 인물이 요구된다. 그러한 덕목을 제대로 갖추기란 결코 쉽지 않고, 그러한 덕목을 갖춘 인물이 많은 것도 아니다. 총장직에는 그러한 수준의 덕목이 요구된다는 사실 자체를 깊이 인식하면서 총장직에 경외심을 가지고 겸허하게 접근하는 태도가 총장이 되고자 하는 사람에게 요구되는 기본적인 자질이라고도 말할 수 있다.

언제부터인지 이화의 총장직은 기독교적 헌신의 자리가 아니라 개인의 세속적 명예나 출세를 위한 디딤돌이 되어가는 듯하고, 총장직을 위한 경쟁이 권력쟁취를 위한 세속정치와 비슷한 양상도 보인다. 총장직이 학과와 단과대학의 자율성을 존중하면서 대학의 문제를 총체적으로 조정하고 미래를 창조적으로 제시하고 이끄는 자리가 아니라, 권위적이고 관료주의적인 행정 처리에 안주하는 자리로 변질되어가는 경향도 있다. 학문적 전통이 일천하고 그 독자성이 취약하며, 지식인들에게 지적 소명의식이 부족하고, 많은 교수가 지식 기능공 수준에 머무는 역할에 만족하는 나라의 대학들에서 그러한 반(反)지성주의는 언제나 나타날 수 있다. 어느 조직에서나 반성적 사고와 자유로운 소통에 무능하거나 그것을 혐오하는 반지성주의는 쇠퇴의 근본 원흉이며, 만일 그것이 총장직을 지배할 경우 이화는 현재 처한 위기 상황을 결코 극복할 수 없다.

이화가 한국 여성교육의 대표성을 자동적으로 누릴 수 있는 시대는 지나가고 있다. 이화의 전통적인 사회적 위상은 이미 흔들리고 있다. 쇠퇴의 시작은 언제나 번성기에 있다. 이화의 소중한 정신적 전통을 계승할 수 있으면서 동시에, 진정으로 지혜롭고 똑똑하면서 포괄적인 지적 역량과 높은 도덕성을 갖춘 젊은 여성 엘리트의 배출에 이화의 미래는 달려 있다. 그러한 교육이념의 구현은 총장직 일반에 요구되는 자질 및 능력과 더불어 이화의 전통에 내재한 아름다운 가치와 보편적인 이념이 체화된 인물이 총장이 되는지 여부에 달려 있을 것이다.

7. 박정희와 장면에게 배워야 할 국가관

53년 전 5월 16일, 성정(性情)은 물론 외모부터 판연히 다른 두 사람이 집권자와 국사범(國事犯)으로 갈리는 대척적 운명의 현장에서 조우하였다. 5·16의 두 주역인 박정희와 장면은 그 양립(兩立) 불가능의 정치적 위상 때문에 생존 시는 서로 화해할 수 없었다. 하지만 국가생활 전반이 흔들리고 있는 대한민국의 현재 상황에서 두 인물의 역사적 화해가 시대적 요청으로 부각되고 있다.

혁명이든 쿠데타이든 비헌정적 방식에 의한 정권교체는 결코 쉽게 성공하지 못한다. 그것의 성공에는 집권층의 무능이나 부패, 일반 국민들의 동조나 묵인, 그리고 개인적 명운(命運)이 작동한다. 그러나 그 모든 요소도 주도 인물의 생사(生死)를 초월한 강력한 권력의지와 그것을 추종하는 집단의 강한 결속력 없이는 무의미하다. 권력의지란 집권을 통한 국가적 이상의 실현을 자신의 삶 자체와 동일시하는 태도이다. 이는 정치적 군림에 대한 동경이나 권력에 수반되는 부나 명예 등에 대한 집착을 특징으로 하는 권력욕과는 구분된다.

5·16이 성공한 바탕에는 주도 인물인 박정희(朴正熙)의 강력한 권

---

* 『조선일보』 2014년 5월 12일자.

력의지가 있었다. 그 권력의지의 핵심에는 젊은 시절 일본의 근대화 과정에 매료되어 한국도 그렇게 만들겠다는 국가적 소명의식과 역사의식이 있다. "내 무덤에 침을 뱉어라"라는 도발적인 언사는 그 전형적인 표현이다. 정치적 비난을 포함하여 어떠한 대내외적 도전이나 장애도 극복하여 자신의 역사적 소명을 수행하되 평가는 후세의 사가(史家)에게 맡기겠다는 태도가 그것의 집약이다. 그러한 성격의 권력의지는 변혁기의 국가지도자에게 필수적인 덕목인 동시에 대한민국 산업화 성공의 정치적 원동력이었음이 분명하다.

박정희의 그런 강력한 권력의지의 희생양이자 동시에 5 · 16 성공의 일등공신이 장면(張勉)이다. 사전보고를 받고도 쿠데타 세력을 일망타진하지 못한 정치적 결단력의 부족, 정권 보위의 최고 책임자가 쿠데타 진압의 현장에서 벗어나 수녀원에서 기도하고 있었다는 사실 등은 세계사의 집권자 열전(列傳)에 수록될 에피소드감이다. 그런데 그 허망한 수준의 권력의지 결여에 또 다른 차원의 국가관이 있었다.

장면이 6 · 25전쟁 발발 당시 외교관으로 보여준 국가 보위에 대한 헌신이나 자신에 대한 암살 시도 사건 당시의 대인(大人)다운 태도 등을 고려할 때 5 · 16 상황에서 그의 처신을 무책임이나 비겁함으로 설명하기는 어렵다. 상황판단의 정확성 여부를 떠나 그것은 내란상태를 초래할 수도 있는 쿠데타 진압의 결정과 정권의 포기 사이에서 무엇을 선택함이 국가지도자로서 당위인가에 대해 고뇌하는 고통스런 과정이었을 것이다. "내가 그만두지"로 귀결된 그 고뇌의 바탕에는 국가의 안위가 정권에 우선한다는 국가관이 있다. 그것은 박정희의 강력한 권력의지와는 극명하게 대조되지만 권력 자체에 대한 통속적 집착을 벗어나 국가의 존재와 미래를 우선시한다는 점에서 동질적이다. 그 동질적 요소가 대척적 운명의 두 대조적 인격체를 역사적으로 화해시킨다. 그것은 대한민국이라는 국가가 영속하기 위해서 반드시 간직하고 구현해야 할 소중한 정신적 자산이다.

444

박정희와 장면 이후의 집권자들에게서는 그들과 같은 초연한 국가관을 발견하기 어렵다. 오늘의 많은 정치인에게는 국가관이란 말 자체가 생경할 정도이다. 그들에게는 국가관 이전에 공인에게 필수적인 책임감마저 퇴화되어 있고, 언행의 절도와 최소한의 공적 범절도 사라지고 있다. '한자리'를 차지하고 유지하기 위한 범속한 출세주의와 보신주의, 원색적인 권력욕이 난무하는 가운데 무책임한 파당적 반목과 그악스러운 언행이 정치판을 연출하고 있다. 이런 현실정치에 대한 국민적 염증과 혐오감이 심화되면서 국회 무용론마저 운위되는 상황이다.

소위 산업화 세력과 민주화 세력이 각각 박정희와 장면에 대한 추종자들이라면 두 인물의 무엇을 추종한다는 것인지부터 생각해야 한다. 그러한 성찰이 스스로 당명(黨名)으로 표방한 '새'누리나 '새'정치의 세계를 향한 변화의 출발이다. 근대화나 민주화를 오직 정권의 유지나 쟁취를 위한 선전 문구로만 이용할 때 "너나 잘해"라는 비아냥거림의 난무 속에 아무도 잘하지 못하는 국가생활의 빈곤이 지속될 수밖에 없다. 공인정신의 퇴락은 필연적으로 공무원 기강의 문란과 더불어 사회 각 분야에서 '해먹기'가 판치는 직업윤리의 타락으로 이어진다. 너무나 어이없고 허무하고 안타깝게 고귀한 어린 생명들을 앗아간 세월호 참사의 원인이 오직 그 선주(船主), 선장, 승무원들의 죄업(罪業)에만 있는 것은 분명히 아니다.

8. 북한식 '깡다구' 국가운영의 한계

우리말의 비어(卑語) 깡다구는 그 상대가 누구이고 그 결과가 무엇이든 말이나 행동이 기세등등하고 지지 않으려는 태도를 지칭한다. 북한에는 그것이 일종의 국가적 행태로 나타나 있다. 재정 상태에 대한 고려나 국제사회로부터의 고립을 개의치 않고 핵무기를 개발하거나, 대한민국에 대해서는 '역적괴뢰패당' 등과 같이 무지막지한 언어로 비하하면서도 '나라가 아니다'라는 자신에 대한 비판에는 곧 전면전을 벌일 것처럼 무자비하게 응징하겠다는 '우렁찬' 언행 등이 그것의 실례들이다. 그러한 깡다구 행태가 대한민국이나 미국뿐만 아니라 소위 그들의 혈맹이라는 중국까지도 북한을 자극하는 행동을 일단 주저하게 만들고 있음이 사실이다. 깡다구가 국가전략 차원에서 어느 정도 효과를 보고 있는 것이다. 그러한 전략은 현재의 한반도 상황의 국제법적 성격을 감안할 때 어느 정도 이해될 수도 있다.

6·25전쟁은 적어도 국제법적으로는 현재에도 진행 중이다. 정전협정은 종전(終戰)조약이 아닌 잠정적인 전투중지의 협약일 뿐이며, 잠정적인 전투중지가 60여 년이나 지속되는 세계전쟁사의 기묘한 상황이

* 『조선일보』 2014년 7월 28일자.

446

한반도에서 전개되고 있는 것이다. 잠정적인 협약이란 언제나 파기될 수 있는 성격의 것이므로 작년 대한민국과 국제사회를 긴장시킨 북한의 정전협정 파기선언도 국제법적 차원에서는 그리 놀라울 것도 비난받을 일도 아니다. 같은 맥락에서 북한이 국가 전체를 전시체제로 운영한다거나 대한민국을 지상에서 소멸시켜야 할 집단으로 대하는 태도 또한 그리 기이할 것이 없다. 북한은 한반도의 상황에 대한 국제법적 정의(定義)에 일관된 정책을 추구하고 있는 것이다.

전쟁 상황에서는 국민들 전체가 평화 시의 안온한 삶의 태도나 도덕 감정을 버릴 줄도 알아야 한다. 전쟁 상황에서 필수적인 국민적 덕목은 '적과 동지의 엄격한 구별 및 적에 대한 철저한 적개심'이며, 그러한 감정적 덕목이 없이 전쟁에서 승리할 수는 없다. 북한식 깡다구는 그러한 덕목을 국가정책 차원에서 나름대로 고무시키고 함양시킨 결과이다. 문제는 그 '나름대로'에 여러 가지 차원의 안타까움이 있다는 점이다.

깡다구는 기백이 아니다. 그것은 순화(醇化)되지 않은 자존감의 발산이다. 전쟁에서 승리의 결정적인 요소도 국가적 깡다구가 아니라 국가적 기백이다. 국가적 기백은 국가적으로 지킬 만한 것들의 존재에 대한 국민적 자긍심에서 나온다. 국민들이 실생활에서 체험하는 국가의 존재성이 국가적 기백의 원천인 것이다. 상대방에 대한 단순하고 쌍스런 적개심의 일방적인 표출은 병사들의 사기 진작에도 지속적인 효력이 없다. 더욱 중요한 점은 깡다구 방식의 국가운영은 현재 한반도의 역사적 및 국제정치적 현실과 부합되지 않는다는 사실이다. 북한은 국가 설립 및 운영에서 모방과 추종의 대상이었던 중국과 러시아의 변혁을 외면하고 세계 문명사 전반의 변화를 거부한 채 19세기 후반의 폐쇄적이고 배타적인 민족주의에 기반을 둔 원색적인 적과 동지의 구분 논리를 마치 국가운영의 원리처럼 작동시키고 있다. 국가의 존재이유를 실현하기 위한 최후의 정책적 수단인 전쟁이 마치 궁극적인 정책목표인 듯하고, 강병의 근거인 부국을 추구하지 않으면서 군사강국을 유지하겠다는 정책은 국가생활에 온갖 희비극을 초래하면서 스스로의 국력 및 국격(國格)을 쇠락시키고 있다.

결국 북한식 깡다구에 국가의 존재이유와 부합된 합리성은 없다. 그것이 기존 권력체제의 유지에 기여할 수 있어도 한시적일 뿐이며, 국가의 쇠락을 수반하는 방식의 특정 권력체제 존속에의 집착이란 역사가 경과한 후 언제나 어리석음으로 판명될 뿐이다. 또한 북한식 깡다구에서 공허함과 더불어 치기(稚氣)까지 느껴진 지도 오래이며, 그것을 통해 궁극적으로 무엇을 얻고 무엇을 성취한다는 것인지 안타까울 뿐인 것이다. 그런데 대한민국에는 과연 깡다구가 아닌 국가적 기백이 있는지 우리 스스로에게 반문할 필요가 있다.

우리 고유의 것들에 대한 애착 및 자신감, 국민들 사이의 공동체적 유대감, 국가주권에 관해서는 어떠한 침해나 용훼도 용납하지 않겠다는 국민전체의 결연함과 그것을 뒷받침하는 군대의 강기(剛氣), 국가 관리 및 기획의 치밀함과 원대함, 국법 집행의 추상같은 엄격함, 정치인이나 공직자들 언행의 사려 깊음 등이 현실적으로 국가기백을 유지하고 고양시키는 기본적인 덕목들이다. 그러한 덕목들이 제대로 함양되고 구현되고 있는지 깊이 검토할 때이다. 긴 시간이 소요될 수 있는 그러한 검토에 앞서 우선 국가적 기백의 일상적 표징이 되는 청와대를 비롯한 대외관계 부처 대변인들의 태도나 언설에 진중함과 당당함과 단호함이 있는지부터 철저히 점검할 필요가 있다. 깡다구는 비격(卑格)이지만 나약함보다는 바람직한 행동방식이다.

9. 국가적 과제의 근원을 밝혀주는 '광복절 노래'

'광복절 노래'는 여러 가지 의미에서 감탄 대상이다. 일단 그 따뜻하고 진솔하며 쉬운 노랫말에 함축된 깊은 뜻을 느낄 때 작사자인 위당 정인보의 학문세계에 감탄하지 않을 수 없다. 또한 그것은 현재 대한민국이 처한 상황의 근원을 반추하게 만들기 때문에 또 다른 의미에서 감탄 대상이다. 비록 새삼스러운 감은 있지만 먼저 그 멋진 노랫말에 담긴 의미를 간단하게나마 다시 감상할 필요가 있다.

광복, 즉 민족의 역사가 어두움을 지나 빛을 회복하였을 때 가장 먼저 새롭게 보이는 대상은 바로 곁에 있는 흙일 것이다. 해방의 감격은 흙장난 하는 순박한 어린이의 심상(心象)과 같이 '그 흙을 다시 만져보게' 된다. 각자가 만지는 그 흙과 언제나 곁에 있는 샘이나 내가 함께 만나는 곳은 흙 전체를 감싸 안은 바닷물이다. 그 바닷물을 통해 흙은 단순히 만진다는 감각적인 대상을 초월하여 민족의 강토 전체로 승화되며, 그 따사롭고 시원하고 풍요로운 삶의 터전을 되찾은 흥겨움이 큰 물인 '바다마저 춤추게' 하는 것이다. 그러한 흥겨움은 이제 그 흙과 물에서 살아갔고 살고 있고 앞으로 영원히 살아가야 할 우리 자신에 대한

* 『조선일보』 2014년 8월 14일자.

차분한 성찰로 이어진다.

빛의 다시 옴을 그토록 그리워하다 보지 못하고 먼저 가신 분들, '기어이 보시려던 어른님 벗님'들이 을사늑약 이후 겪었던 '사십 년 세월의 뜨거운 피 엉긴 자취'를 생각하니 송구하고 안쓰러운 마음 '어찌하리'. 국가적 무능과 부패와 어리석음 때문에 흘렸던 그 피 엉김 결코 잊어서는 아니 되며, 그 때문에 잃어버렸던 이 흙과 바다와 자유로운 삶 앞으로 '길이 길이 지켜야' 할 영원한 존재인 것이다.

그 잘못된 과거를 잊지는 말되 더 이상 그것에 얽매여서는 안 된다. 이제는 새로운 공동체적 유대감 속에서 '다 같이 누리는 복을' 함께 '심고 잘 가꿔 나가는' 삶, 바로 국가생활의 높은 목표가 '하늘에 닿을' 수 있을 정도로 함께 노력해야 한다. 그러한 노력을 통해 이 세계를 비추고 이끌어 나가는 '보람되고 거룩한 빛이 예서 나리게' 되는 상황, 곧 우리의 삶에 내재한 고유한 가치와 이상이 인류 보편의 것으로 승화되고 뻗어 나가면서 한민족이 세계사적 민족이 되는 상황이 전개될 수 있는 것이다. 그 국가생활의 목표를 향해 이제 모두 '힘써 힘써 나가야' 할 때인 것이다.

이 시대의 어느 학자나 문인이 광복과 같은 역사적 전환점에서 이토록 대중적이면서도 심원한 국민찬가(讚歌)를 지을 수 있을지 의문이다. 그것은 위당의 탁월한 시적(詩的) 감수성과 더불어 그가 계승한 조선 양명학의 '친민(親民)' 이념, 즉 백성의 마음과 하나가 되어 함께 앎을 깨우쳐 나가면서 국가생활 이상의 실현을 위해 그가 평소 강조한 '실심(實心)의 애틋함'으로 함께 '힘써 힘써' 나간다는 학문적 소명의식의 표출이다. 여기서 '실심의 애틋함'이란 헛된 공명심이나 과시욕 또는 탐욕에서 벗어나 마음속에서 진실로 애타게 알고 싶은 것을 알아내고 진실로 바라는 것을 실현하기 위해 전력투구하는 정신인데, 그 정신이 이 시대에 바로 국가생활을 관장하는 공공영역에서 나날이 쇠퇴하고 있다.

그 '실심의 애틋함'은 이 사회에서 과학기술이나 예술 또는 운동의 영역에서는 장인정신이나 프로의식의 형태로 이미 오래전부터 충일하게 발현되고 있다. 그 분야에서 '성공 스토리'를 통해 국민들을 감동시키는 세계적인 인물들이 출현하고 있음이 그 증언이다. 그러한 정신이 공공영역에서는 오히려 사라져가고 있는 것이다. 직무와 관련된 지식의 철저한 추구를 기초로 공적 사안들의 실체를 최대한 완벽하게 파악함을 통해 장단기적인 국가정책을 치밀하게 집행하는 태도들이 사라져가면서, '대충대충' 당장의 사태만을 모면하려는 보신주의가 공직사회에 만연하여 국가생활 전반에 온갖 심각한 문제들을 계속 발생시키고 있다.

공공영역에서 '실심의 애틋함'이 쇠퇴하고 있는 원인을 우수한 인재들로 구성된 우리 관료들의 자질 탓으로 돌릴 수는 없다. 문제는 민간영역들에서는 철저한 정인정신이나 프로의식이 사회적 성공의 바탕이지만 공공영역에서는 반드시 그렇지는 않다는 사실에 있다. 공공영역에서는 국가지도층이 국가생활 전체의 흐름 및 미래의 방향에 대해 깊은 통찰과 넓은 안목을 토대로 공직자들을 독려하고 이끌지 못할 경우 공직자의 프로 정신뿐만 아니라 공인 정신마저 오히려 도태나 '왕따'의 원인으로 작동할 수도 있는 것이다. 여기에 범용하거나 통속적인 인물들이 정치판을 지배해서는 안 되는 근본적인 이유가 있다. 현재 우리가 처해 있는 국가적 문제들의 근원이 과연 무엇인지부터 '광복절 노래'에 함축된 위당의 '친민' 이념 및 '실심의 애틋함'을 가지고 철저하게 밝혀내고 근본적인 치유를 모색할 시점이다.

10. 번성하는 '교육정치', 퇴화하는 교육

우리의 교육계가 여전히 혼란스럽다. 이념투쟁이나 '교육권력'을 향한 정치적 파쟁(派爭)으로 소란스럽고, 교육부와 교육감들의 대립에 국가 행정체계마저 흔들릴 정도이다. 그러한 사태가 정치로부터 교육의 자율이라는 명분으로 정당의 깃발만 내려진 채 벌어지고 있다는 사실 속에 위선과 허구라는 이 시대 한국 정치의 단면도 드러나 있다. 그 혼란과 위선과 허구 속에서 '공교육의 황폐화'란 말로 집약되는 교육현장의 문란은 지속되고, 우리의 젊은 영혼들은 인생의 그 아름답고 소담한 시기에 영문도 모른 채 방황하면서 안타깝고 엉뚱한 시련들을 겪고 있다. 대체 최근 교육계의 쟁점들이 교육적으로 과연 큰 의미가 있는지부터 점검할 필요가 있다.

특정 교원단체의 존재 자체에 법적인 문제가 있거나 그 구성원 일부에 직무상 일탈행위 또는 불법적인 행동이 있다면 그것은 행정처분이나 사법적 판단의 대상이지 정치적 파쟁의 원천이 될 이유는 없다. 일반고 교육에 대한 불신 때문에 대안 차원에서 시행하는 제도가 '자사고'라면, 그 불신의 근원적인 해소방안에 대해 함께 허심탄회하고 심도

---

*『조선일보』 2014년 10월 15일자.

있는 숙의(熟議)가 필요할 뿐 그 제도 자체가 정치적 선호의 대상은 아니다. 일선 학교장에 일임할 수도 있는 등교시간 문제가 마치 심각한 교육적 쟁점인 것처럼 정치적 논란의 원천으로 부각되고 있다는 사실은 그 자체가 희화적이다. 결국 기존의 교육 제도나 방법, 내용에 대한 근본적이고 전반적인 반성이나 검토 없이 이미 정치적 편 가름으로 구획된 특정한 정책적 입장만을 일방적으로 고수 또는 관철하려는 태도들이 교육계의 쟁점들을 교육적 차원의 해결이 아니라 정치사회적 대립이나 투쟁의 대상으로 끝없이 확대 및 재생산하는 방향으로 나아가게 하고 있다. 그러는 사이에 정작 우리 교육의 실질적이고 절박한 문제들은 정책적 논의의 중심에서 팽개쳐져 있다.

우리 교육에서는 주입식 교육이 지배하는 가운데 스스로 묻고 탐구하고 깨달아가는 과정에서만 체험할 수 있는 앎의 희열(喜悅)이 배움의 과정에서 원천적으로 박탈된 지 오래이며, 사고 능력의 함양을 위해 필수불가결한 읽기 및 글쓰기 훈련마저 실질적으로 포기된 지 오래다. 예술과 체육 교육의 경시 속에서 아름다움을 스스로 체험하거나 고통을 통해서만 얻을 수 있는 쾌락의 의미를 체득할 기회를 제공하지 못한 지도 오래다. 고전교육을 통한 지적 성숙이 아니라 윤리사상의 요약문이나 단편적인 문구들을 아는 체하게 만드는 수준의 윤리교육 속에서 기본적인 예의범절을 지킬 줄도 모르고 충동적인 욕구를 억제할 줄도 모르는 인간들을 양산한 지도 오래다. 그러는 가운데 즐거워야 할 공부가 배우는 이들에게 혐오의 대상이 된 지도 오래고, 인간을 진실로 잘나고 똑똑하고 성숙하게 만드는 것과 무관한 과도한 성적경쟁 속에서 가장 순수하고 정겨운 인간관계를 형성해야 할 시기의 청소년들이 인간에 대한 질시(嫉視)와 비하(卑下)의 감정부터 익히고 있는 지도 오래다. 그 오랜 교육적 적폐들 위에서 '교육정치'는 번성하고 교육산업은 번창하는 기괴한 상황이 지속되고 있다.

오래전 노년의 칸트는 『교육론』에서 인간의 소업(所業)들 가운데 가장 어려운 것이 교육과 정치라고 토로한 바 있다. 교육이라는 우리의 고질적인 국가적 난제를 해결하기 위한 교육정책의 시행은 일반적인 행정능력 이상의 식견과 역량을 요구한다. 제대로 안다는 것이 무엇이고 진정으로 인간답게 된다는 것이 무엇인가 등 인간성의 근원적인 문제에 대한 깊은 식견, 개인들의 다양한 잠재력을 최대한으로 발현시키면서 그들 각자가 나름대로 국가 및 사회의 발전에 기여할 수 있는 시민이 되게 하는 방안을 구상하고 실천할 수 있는 폭넓은 정신적 역량이 그것이다. 현실적으로 그러한 식견과 역량을 함께 갖춘 인물을 발견하기는 어려울 수도 있지만, 교육정책의 책임자라면 적어도 그 심원하고 지난(至難)한 소업에 대한 경외감을 갖고 겸허하게 국민적 지혜를 모을 수 있는 인물은 되어야 한다. 그렇지 않을 경우 단견적인 정책들의 끝없는 남발이나 시행착오로 청소년들은 정신적으로 멍들고, '백년대계(百年大計)' 차원을 넘어 인간성의 영원한 요소인 교육은 '일년소계(一年小計)'의 유행산업이 되고 마는 것이다.

교육정책이란 웬만한 인물이라면 누구라도 입안하고 집행할 수 있는 것 아니냐는 속 편하고 통속적인 사고가 현재의 정치인들을 지배하고 있는 것은 아닌지 의심이 든다. 그렇지 않다면 교육계가 오늘처럼 교육정치인들에 의한 권력다툼의 장(場)이 되어버릴 이유도 없고, 개척시대 미국의 고립되고 분산된 지역자치의 유물에 불과한 교육감 선거제도가 전국이 반나절 생활권에 있으며 국가 전체 차원의 일관되고 통일된 교육정책이 절실한 이 나라에 굳이 도입될 이유도 없기 때문이다. 조종사는 승객들의 생명을 책임지는 막중한 직책이지만 승객들이 서로 맡겠다고 나서지도 않고 그들의 투표로 뽑지도 않는다.

11. 교육감 직선제는 위헌이다

얼마 전 대통령 직속 지방자치발전위원회는 현행 교육감 직선제의 폐지가 포함된 정책 방안을 발표하였다. 법률에 배치되고 헌법에도 부합하지 않다는 점이 그 폐지의 논거이다. 그 논거가 왜 잘못되었는지 지적은 않고 "진보 교육감이 많이 당선된 상황을 막기 위한 정략적 계산"이라는 식의 논평은 그 자체가 정략적이다. 또한 교육감 선거가 위헌이라고 규정하면서 "무조건 교육감 직선제를 폐지하는 것은 아니고 앞으로 국민적 합의를 거쳐 개선해나갈 계획"이라는 식의 첨언은 공적 결정의 일관성과 엄중성을 스스로 훼손하고 격하시키는 발언이다. 교육감 선거가 헌법과 법률에 배치된다면 헌법재판소에 위헌심판 소청의 대상이나 법적 강제를 통한 시정의 대상이지 새로운 국민적 합의의 대상이 아니다. 헌법이라는 거대한 국민적 합의의 존재가 이미 그것에 위배 또는 불합치되는 법률이나 정책 등에 대해 취할 조치를 명령하며, 대한민국의 국민 어느 누구도 그것을 거부할 권리는 없다.

정치적 중립의 외양 속에 지극히 정치적이면서 온갖 위선과 파행과 부조리를 현시하고 있는 교육감 선거의 행태들은 물론 심각하다. 더욱

---

* 『조선일보』 2014년 12월 25일자.

심각한 것은 그 제도 자체의 위헌성 여부이다. 실제로 그 위헌성 여부는 현재 헌법재판소의 심사대상으로 계류 중이다. 우리의 헌법재판관들이 그 헌법적 쟁점을 정밀하게 검토하여 타당한 결론을 내릴 것으로 믿지만, 혹시 조금이라도 참고가 될 수는 있지 않겠는가 생각되어 필자의 소견을 밝힌다.

교육감 선거와 관련된 헌법상의 쟁점은 그 제도가 헌법 31조 4항에 규정된 교육의 자주성과 전문성과 정치적 중립성이라는 3대 요건과 배치되는지 여부이다. 교육의 자주성이란 특정 집단의 이해관계나 종교 또는 정치적 이데올로기 등에 의해 교육 방식이나 내용이 지배 받는 것을 배제한다는 규정이라면, 정치적 중립성이란 그러한 자주성을 권력쟁취와 관련된 정파들의 행동으로부터 보호하기 위한 규정으로 해석될 수 있다. 전문성 요건은 물론 교육이 특정한 지식과 소양을 갖춘 인사만이 수행할 수 있는 전문적 소업이라는 규정이다.

현행 교육감 선거제도는 출마 자격에 일정 기간의 교육자 경력을 명시하고 있으므로 일단 전문성 규정은 충족한다. 그런데 정당 공천을 배제한 교육감 선거는 언뜻 헌법 위반이 아니라 오히려 자주성 및 정치적 중립성 요건의 적극적 구현 방식으로 생각될 수 있다. 물론 선거라는 행위가 정치성을 배제하기 어렵다는 반론이 즉각 제기될 수 있지만, 그러한 부작용은 헌법이 부과한 이념의 실현을 위해 감내할 수 있다거나 적절한 운영을 통해 개선 가능한 요소라는 논박 또한 가능하다. 쟁점의 근원은 결국 교육감 선거라는 제도 자체가 헌법에 합치되는지 여부이다.

일단 교육의 자주성 및 정치적 중립성 요건에 따라 지방 교육행정의 책임자인 교육감을 선거해야 한다는 논리라면, 그 하위직인 교장이나 일선 교사들은 물론 그들 모두를 통솔하는 교육부장관도 선거를 통해 임명해야 한다. 간단히 말해서 '교육 대통령'을 별도로 뽑아야 한다. 같은 논리로는 사법의 자주성이나 국방의 자율성을 위해 대법원장이나 국방장관 대신 '사법 대통령'이나 '국방 대통령'을 별도로 선출해야 한다. 그것은 통치체계의 대혼란 차원을 넘어 국가의 존립기반인 통치권의 존재와 양립할 수 없고, 민주주의 헌법의 기초인 국민주권의 절대성 및 단일성 이념에 대한 부정이라는 점이 중요하다.

정치는 권력 획득을 위해 경쟁하고 투쟁하는 행위임과 동시에 그 권력에 의거한 국가통치행위를 지칭한다. 후자가 목적이며, 전자는 후자를 위한 과정이나 수단일 뿐이다. 국가통치에 대한 식견이 없이 권력투쟁에만 능한 인간이 집권해서는 안 되는 이유이기도 하다. 교육의 자주성이나 정치적 중립성은 바로 전자 의미의 정치로부터의 독립이지 후자로부터 독립은 아니다. 사법이나 국방과 마찬가지로 교육은 통치의 일부분이지 종교와 같이 통치의 대상은 되지만 통치권에서 분리된 영역이 아니다. 통치권의 분할이란 곧 국민주권의 분할을 의미하며, 국민주권의 분할이란 국가의 분열에 다름 아니다.

국민투표에 해당하는 범국가적 사안이나 지역 주민의 자치에 일임할 수 있는 사안 이외의 통치권 행사는 선거를 통해 임명된 국민주권의 대행자에게 일관되게 위임함이 우리 헌법의 근본정신이며, 교육감이라는 교육행정 관료의 임명은 그러한 위임을 받은 대통령이 임명한 교육부 장관의 인사권에 귀속시킴이 헌법의 명령이다. 교육행정이 교육 조항에 담긴 헌법정신, 즉 교육의 주체인 교사들의 자율성을 존중하고 자긍심을 함양시키면서 교육적 이상의 실현에 기여하는지 여부는 물론 교육부장관의 식견과 역량에 달려 있다. 어쨌든 주민 센터 직원까지 선거를 통해 임명해야 민주주의가 완성되는 것은 분명히 아니다.

12. 교육에 보수와 진보가 어디 있는가?

조희연 교육감에 대한 유죄판결로 우리의 교육계가 평소의 혼란스러움에 더하여 허탈감에 빠진 듯하다. 그러한 사태의 원인은 물론 교육감 선거제도 자체에 있다. 위헌성을 포함한 그 제도 자체의 여러 문제에 대해서는 필자도 다른 글에서(『조선일보』 2014년 10월 15일 및 12월 25일자 칼럼 참조) 논의한 바 있으므로, 이 글에서는 그 제도 탄생의 배경이자 그 운영에 수반된 부작용들의 배경이기도 한 우리 교육계에 고질적인 보수와 진보의 대립에 대해 언급하고자 한다.

보수와 진보의 대립은 어느 시대에나 존재한다. 그러나 그러한 대립이 사회적 혹은 더 나아가 역사적 발전의 원동력이 될 수 있는 경우는 기본적으로 다음을 전제로 한다. 보수하거나 혹은 변화시키고자 하는 이유나 목표 및 그 바탕에 있는 가치관이나 세계관이 명확하고 체계적인 이념을 통해 제시되어야 한다는 것이다. 그러할 경우에만 상호 입장의 수정을 통한 타협 또는 새로운 대승적 융합을 위한 진지한 대화나 토의가 가능하기 때문이다. 그렇지 못할 경우 그러한 대립은 오직 사회적 기득권을 지키거나 빼앗으려는 통속적인 이해 다툼에 머무르게

---

* 『한국교육신문』 2015년 5월 18일자.

된다.

우리의 정치판도 그러하지만, 우리 교육계의 보수나 진보 세력이 스스로 표방하는 이념을 체계적으로 제시한 적이 과연 있는지 의문이다. 더욱 근본적인 의문은 교육에 과연 보수와 진보의 대립 자체가 필요한지 여부이다. 권력쟁취라는 제로섬 게임의 속성 때문에 이념적 독단이나 사고의 고착성이 지배하기 쉬운 정치판에서는 보수와 진보가 진지한 이념적 대립이 아니라 권력욕을 분식하기 위한 허구의 언어로 나타남이 적어도 정서적으로는 이해될 수도 있다. 그러나 어느 정도 자유로운 정신활동이 보장되어 있고, 사회 내의 원색적인 이해 갈등을 지성적으로 중재하고 중립적 입장에서 해소하는 역할이 사회적 소명으로 주어진 교육계가 수치스러움을 모르는 듯 정치판과 다름없는 갈등 양상을 보이는 것은 결코 불가피하지도 않고 도덕적으로 면죄 받을 수도 없다.

교육계의 현안들인 자사고 문제나 단체급식의 문제 등은 실로 교육 자체에는 부수적이고 지엽적인 문제들이자 정책적 판단에 기초한 합리적인 행정 처리의 대상일 뿐이다. 학생인권과 관련되어 제기되는 개인적 욕구 발산의 자유문제는 그 자체가 허용이냐 방지냐 하는 이분법적 재단의 대상이 결코 아니며, 청소년의 성장과정에서 필수불가결한 강제적 절제의 한계가 무엇인가의 차원에서 진지하게 검토하고 논의할 대상이다. 현대사 교육과 관련하여 단편적인 역사적 정보나 특정한 사실(史實)의 전달 문제가 대립의 근원으로 나타남은 그 자체가 학문적으로나 교육적으로 회화적이다.

역사교육의 목적은 학생들로 하여금 바로 역사란 무엇인가를 점진적으로 깨닫게 하는 데 있는 것이지, 파편화되고 단편적인 역사 지식을 암기시키는 데 있는 것은 아니다. 만일 현대사의 특정 사건이나 인물에 대한 해석과 관련하여 역사학계 내부에서 논쟁점이 있다면, 그것은 역사학계 내부의 진지한 학문적 토론과 검토의 대상으로 남겨두어야 한다. 어린 학생들에게 특정한 해석을 강요하는 행위 자체가 비교육적이고 비학문적인 것이다. 역사적 사건이란 대체로 30년 정도가 지나야 그 역사적 실체가 드러나기 시작하면서 역사학적 연구 및 평가의 대상이 된다. 그럼에도 현재진행형이라고 할 수 있는 최근의 정치적 사건이나 정책에 대한 특정 정파의 견해마저도 현대사 교육이라는 이름으로 학생들에게 주입시키려는 행위에 따른 파쟁은 이념적 차이의 문제가 아니라 지적 소양의 문제인 것이다.

결국 우리 교육계의 보수와 진보의 대립은 그 이념적 실체 자체가 불분명하다. 이념적 대립의 이유가 없는데도 불구하고 대립이 나타나고 있다는 사실은 다음 두 가지 가운데 하나이거나 둘 다를 의미할 것이다. 교육이나 교육행정이 그 자체의 목적보다 그것에 부수적인 세속적 이해관계에 연연하거나, 교육의 본질이나 시민교육의 본령이 무엇인가의 근본 문제에 대해 교육철학적 합의가 부재하다는 것이다. 전자의 경우라면 도덕적 질책이나 사법적 단죄의 대상이다. 후자의 경우라면 이제부터라도 그러한 합의를 위해 교육계 전체가 공동의 지적 성찰과 탐색의 노력을 경주할 때이다. 물론 그것은 인류의 지성사의 교육철학적 업적 전체에 대한 검토 및 이해와도 연관된 방대한 과제이기도 하다. 다만 그러한 노력이 없을 경우 우리 교육계의 심각한 병리현상들이 근본적으로 치유될 수는 없을 것이다.

이제 우리의 교육계는 과연 무엇을 위해 그리고 누구를 위해 혼란 속에서 분열과 대립을 거듭하고 있는지 스스로에게 반문할 때이다. 자기성찰은 자기발전의 요체이며 교육의 처음이자 끝이다. 교육자 또한 언제나 교육받아야 하는 것이다.

13. 총리는 대통령의 '얼굴마담'이 아니다

　작년의 세월호 참사에 이어 최근의 메르스 사태에 드러난 행정의 난맥상과 사회 전반의 도덕적 해이와 공인의식의 퇴화 현상, 그리고 국회법 파동과 이어지는 대통령과 여당 원내대표 사이의 갈등은 국가통치체계 전반이 흔들리고 있음을 느끼게 한다. 그와 같은 상황에 처하게 된 제도적 원인으로 '87년 체제'의 피로현상이 거론되면서 일부 정치권이나 언론에서는 실제로 내각책임제나 이원집정부로의 개헌 등 권력구조의 개편을 추진하려는 움직임도 나타나고 있다.

　물론 개헌은 논의될 수 있다. 그러나 그에 앞서 정치권이 헌법의 준수에 진정으로 투철했는지, 국정혼란의 원인이 과연 현행 헌법의 권력구조에 있는지 여부부터 철저히 점검되어야 한다. 국정혼란의 주범이 과연 대통령인지 국회인지, '제왕적'인 존재가 전자인지 후자인지 여부도 철저한 반성의 대상이다. 그렇지 않은 개헌 논의란 정치적 책임을 회피하기 위한 수단이자 새로운 정치적 혼란의 시작을 의미할 뿐이다. 무엇보다 개헌논의의 주요 대상이자 '얼굴마담'과 같이 오랫동안 비속한 풍자의 대상이기도 한 국무총리(이하 총리) 제도가 과연 관련 헌법

＊『중앙일보』 2015년 7월 13일자.

조항에 합당하게 제대로 운영되었는지 여부에 대한 논의는 특히 대통령이 흔들리고 있고 국정의 통할 기능이 실종된 작금의 현실에서 더욱 절실하다. 새 총리가 대통령을 제대로 보좌하여 빠른 시일 내에 국정이 정상 궤도로 돌아와야 하기 때문이다.

총리의 역할에 관해서 헌법 86조 2항은 "국무총리는 대통령을 보좌하며, 행정에 관하여 대통령의 명을 받아 행정각부를 통할한다"고 규정하고 있다. 비록 구체적인 역할이 명확히 제시되지 않은 지극히 포괄적인 규정이지만, 그것이 총리를 유명무실하게 만들 근거는 결코 되지 않는다. 헌법이라는 최고 규범은 필연적으로 당위성을 내포하기 때문에, 총리에게는 대통령을 '제대로' 보좌하고 행정각부를 '철저히' 통할해야 할 역할과 의무가 헌법상 부여되어 있다. 총리가 그와 같은 역할과 의무를 '제대로' '철저히' 수행하지 못하거나 그러한 수행을 저해하는 행위는 반(反)헌법적이다. 누구보다도 대통령이 그러한 헌법정신에 투철해야 하며, 그와 같은 헌법정신에 입각하여 총리제도를 운영함이 대통령의 효율적인 국정수행을 위해서나 장기적 차원의 국가발전을 위해서도 반드시 필요하다는 점이 중요하다.

어떠한 조직에서나 조직의 수장이 수행해야 할 역할과 그를 보좌하는 참모들 전체를 통합하는 참모장 역할은 구분되어 있다. 조직의 수장은 조직의 존재이유에 대한 명확한 이해를 바탕으로 조직 내적 및 외적 환경의 변화를 미리 포착하면서 조직목표를 새롭게 설정할 줄 알아야 하고 새로운 혁신이나 기획을 구상할 수 있어야 한다. 참모장은 그러한 구상의 실현을 위한 구체적인 방안을 체계적으로 정립하고, 여러 다른 성격의 하부 조직들이 통일적으로 원활하게 운영되고 기획들이 효율적으로 실현되고 있는지 세밀하게 점검하고 독려하며, 정보의 제공이나 조언을 통해 수장의 판단이나 결정을 도울 수 있어야 한다.

국가라는 조직의 수장인 대통령에게는 국가생활의 이상이 무엇인가에 대한 깊은 성찰을 기초로 국정의 근본 문제들을 파악하고 미래를 기획하는 창조적인 과업이 부여되어 있다. 그러한 과업의 수행 자체가 많은 노력과 시간을 요구하며, 깊은 사색과 폭넓은 독서와 사회 각계각층 인물들과의 진솔한 대화가 필수적이다. 공자(孔子)를 비롯한 동서양의 위대한 정치철학자들은 통치자가 바로 그러한 과업의 어려움을 제대로 아는 것이 흥국(興國)의 요체임을 갈파한 바 있다. 우리의 세종대왕을 비롯하여 위대한 통치자들의 핵심적인 자질 또한 인물을 알아보고 믿고 맡기면서 본인 스스로는 교과서적 지식에 만족하지 않고 끊임없는 사색과 독서와 대화를 통해 국가적 문제들을 새롭게 파악하고 깨닫고 알려고 노력한 점에 있다.

현재의 대통령에게는 동북아 지역 안보환경의 근본적인 변화와 더불어 출산율 저하나 공교육의 황폐화와 같이 국가의 흥망과 관련되어 있으면서 장기적이고 포괄적인 관점에서 깊이 검토하고 해결할 문제들이 산적하여 있다. 대통령은 그러한 문제들에 집중하면서 행정부의 통할은 총리에게 위임하고, 정보 보고를 통해 국정 전반의 실태 및 전체적인 흐름을 언제나 파악하고 있으면서 그 통할의 방향이나 성격에 근본적인 문제가 있을 경우에만 국정에 직접 개입하는 태도가 바람직하다. 대통령이 총리와 같을 때 총리는 '얼굴마담'으로 머무를 수밖에 없는 반(反)헌법적인 상황이 지속되고, 그러는 사이에 국정은 방향감각을 잃고 표류하는 것이다.

결국 개헌론의 이전에 현행 헌법이 철저히 준수되지 못한다는 사실이 국정혼란의 근원이다. 봉건 독일의 통일이라는 역사적 과업을 이룩한 프러시아의 황제 빌헬름 1세는 "비스마르크 밑에서는 황제 노릇하기도 쉽지 않다"는 고백을 한 바 있다. 그가 권력을 휘두를 줄 몰라서 국정의 대부분을 비스마르크에게 일임한 것은 아니다. 그 황제의 인물됨에 부응하듯 그 명 총리는 자신의 묘비를 다음의 문구로 장식했다. "황제 빌헬름 1세의 충직한 신하"

14. 한민족 통화돼 '대한', 국민이 통치주체라서 '민국'

　대한민국이란 국호의 기원은 1897년 10월 설립된 대한제국이다. 부패하고 무능한 정치로 인해 쇠잔할 대로 쇠잔해진 조선이라는 국가의 생존을 위한 마지막 용틀임이 대한제국의 선포이다. 그것은 나름대로의 국내 개혁과 국제정치적 위상의 재정립을 통해 망국의 어두운 운명에서 벗어나려는 시도였으나, 이미 치유의 한계를 넘어선 부패구조의 심화와 당시 전개되는 국제정치의 역학관계에서 처음부터 성공하기 어려웠다. 특히 제국이라는 명칭은 그 허구성으로 인해 국제사회에서 비아냥거림의 대상이기도 했다. 그런데 바로 그 안쓰러움과 허구의 명칭에 현재의 대한민국으로 이어지는 미래의 새로운 국가상이 제시되고 있다는 사실에 한국 근대사의 대역설이 있다.

　대한제국의 선포에 즈음한 고종의 '황제 반조문(頒詔文)'에 표명되어 있듯이, 대한제국에서 '대한(大韓)'은 한민족이 살던 강역 모두를 지칭하는 삼한 땅에서 한민족이 건설했던 국가들 전체의 새롭고 거대한 통합을 의미한다. 고조선과 삼국시대를 거쳐 고려에서 조선에 이르는 국가적 연속성을 통해 존속한 한민족이 이제 새로운 '큰 한'으로서 세

　＊『조선일보』 2018년 7월 4일자.

계사를 주도하는 국가의 대열에 합류한다는 국가적 자존과 패기가 '대한'이라는 이름에 표명되어 있다. 그 통치의 주체는 황제로 격이 높아진 조선의 왕이기 때문에 '제국'이며, 제국의 표명은 무엇보다 중국으로부터의 오랜 정치적 예속 상태가 종식되었다는 역사적 선언이다.

그 대한제국은 짧은 기간 존속하다 일본에 의해 멸망했다. 그 망국의 역사적 책임을 물으면서 새로운 국가통치의 주체는 일인 전제군주가 아니라 한민족 구성원 전체라는 이념의 표현이 '민국(民國)'이라는 명칭이다. 그러한 정치사적 대전환의 결정적인 계기는 삼일운동이다.

삼일운동은 국가통치의 주체가 더 이상 소수 왕족이나 양반귀족이 아니라 '민', 바로 사회의 각계각층을 망라한 한민족 구성원 전체라는 점을 전 국민적 운동으로 확인한 사건이다. 한민족 역사상 최초의 그 거대한 사건을 계기로 발족한 상해임시정부가 내부의 논란 끝에 미래에 건립될 국가의 국호로 대한민국을 정한 것은 역사적 및 사상사적 필연이다. 대한제국의 국호에서 대한이라는 명칭의 유지를 통해 새로운 민족사 시작의 상징으로 사용하고, 제국을 민국으로 대체하면서 망국에 대한 역사적 책임과 국가통치의 새로운 주체를 확인한 것이다. 대한민국이라는 현재의 국호는 임시정부의 그러한 결정을 1948년 제헌국회가 논의를 통해 추인한 결과이다.

대한민국이란 국호에는 그러므로 왜소함과 예속의 역사를 청산하고 국민이 통치의 주체가 되는 국가생활을 통해 새로운 문명사의 발전을 주도하라는 국가적 소명이 함축되어 있다. 중국 중심의 패권주의적 정치질서에서 벗어나 국가적 자존과 독자성을 유지하되, 동아시아 문명의 공통된 유산을 발전시키면서 서양 문명과의 새로운 융합을 추구하라는 과업이 우리에게 부여되어 있는 것이다. 대한제국 이후 전개된 한국의 현대사 백여 년은 실제로 망국의 오욕 및 동족상잔의 비극과 더불어 온갖 부조리와 부정과 시행착오 속에서도 국가적 행운이 따르면서 서서히 그러한 역사적 과업의 실현을 위해 전진하는 과정이었다. 그것은 국호에 예고된 운명의 발현인지도 모른다.

한 시인이 오래전 노래했듯이, 이름을 '불러주었을 때' 한 사물은 다른 것들과 구분되는 어떤 독자적인 존재로 드러난다. 오랫동안 대한민국이란 국호는 공식문서에서만 형식적으로 존재했다가 2002년 월드컵 응원을 계기로 전 국민들에게 불러지면서 우리에게 그 '무엇이' 되었다. 그 무엇은 이제 단순히 운동장과 거리의 구호를 넘어 국가생활을 통해 진정으로 구현해야 할 영속적인 그 어떤 것이 되어야 한다. 국가로서의 의미를 잃어버린 19세기 후반 조선조와의 연속성에 과도하게 집착하거나 국가가 처한 대내외적 실상이나 세계사의 흐름에 눈감은 허구와 위선의 도덕주의에 사로잡힌 편협한 역사의식에서 벗어나 대한민국이라는 국호에 함축된 심오한 사상을 깊이 되새길 때다. 그때 그 어떤 것은 진정으로 우리에게 다가오기 시작할 것이다.

15. 한국 정치의 히드라, 누가 퇴치할 것인가?

헤라클레스는 고대 그리스의 수많은 반신반인(半神半人)의 영웅들 가운데에서도 최고의 영웅이다. 고대 그리스어에서 영어의 '오, 마이 갓'에 해당하는 '오, 제우스'나 '오, 헤라'와 함께 '오, 헤라클레스'가 자주 사용된 사실도 그것의 증표이다. 그의 영웅성은 무엇보다 폭력과 무질서의 시대를 종식하고, 당시로서는 현재의 '4차 산업'을 의미하는 농업생산의 토대를 확립하여 새로운 국가적 발전을 이룩한 데 있다. 그 폭력과 무질서의 대표적인 상징이 유명한 히드라이며, 그 히드라의 머리를 베어 없애는 행위를 통해 헤라클레스는 새로운 시대를 탄생시킨 주역으로 신화 속에 각인된 것이다.

현재의 한국 정치에도 히드라와 같은 괴물이 있다. 그것을 퇴치하지 않고는 대한민국에 한 차원 높은 발전을 기대할 수 없다. 그런데 이 히드라는 보기에 전혀 괴물 같지 않고 오히려 상식적이고 당연하고 친근하다는 사실에 그 '괴물성'의 핵심이 있다. 국가는 폭넓은 식견이나 깊은 경륜이 없이 교과서적 지식이나 형식화된 이념적 지침으로 통치할 수 있다는 믿음이 그것이다. 다른 말로 표현하여 '정치적 아마추어리

---

* 『대학신문』 2018년 10월 8일자, '원로칼럼'.

즘'이다. 그것이 대통령을 세계만방에 웃음거리로 만든 국가적 소극의 근본적인 원인이자, 치졸한 패거리 인사 등 온갖 정책적 오류와 시행착오의 '괴기한 머리들'이 국가생활을 어지럽히는 바탕이 되고 있다.

교과서에 수록된 일반적인 문구가 틀린 것은 아니다. 그러나 그것에 대한 진정한 이해는 그 속에 함축된 세밀하고 구체적인 지식에 대한 섭렵은 물론 그것을 성립하거나 보완하기 위해서는 무엇이 더 탐구되고 설명되어야 하는지 깨닫는 데 있다. 모르는 것이 무엇인지 제대로 알아야 한다는 것이다. 국정의 책임자는 수많은 영역의 전문지식에 통달할 수도 없고 그러할 필요도 없다. 하지만 그는 국가의 통치가 얼마나 심원하고 복잡하며 고도의 판단력을 요구하는지 그 소업 자체에 대한 외경심과 함께 자신의 부족함에 대한 겸허한 태도 정도는 갖고 있어야 한다. 그러할 경우에만 그는 각계각층의 원로들이나 여러 분야 전문가들과의 소통을 정치적 선전용의 형식적인 의례가 아니라 국가적 현실에 대한 새로운 통찰을 얻는 과정으로 즐길 줄 알면서 최선의 혹은 최적의 정책을 결정할 수 있는 것이다.

이념적 지향이 없이 일관된 통치는 이루어질 수 없다. 그런데 진정한 이념인은 특정한 교의에 일방적으로 집착하거나 특정한 행동강령을 무조건 고수하는 인간이 아니다. 그러한 교의나 강령의 의미나 진리성 여부를 비판적으로 성찰하고 탐구할 수 있을 때 한 인간은 진정으로 이념적인 인간이 될 수 있다. 그러한 성찰적 사유능력이 부족하다면, 그러한 사실을 솔직하게 받아들이면서 자신과 이념적으로 다른 인사들의 의견을 진지하게 경청하려는 자세는 스스로 신봉하는 이념을 제대로 알기 위해서도 필수적이다. 자신과 다른 생각을 가진 사람들은 일방적으로 외면하면서 자신과 같은 생각을 가진 사람들과의 '속 편한' 교류에 만족하는 인간은 패거리의 우두머리에는 적합할 수 있어도 국가의 통치자로 적합한 인물은 아니다.

개인적 차원에서 선량하고 도덕적인 행동이 국가 전체 차원에서는 해악의 원천이 될 수 있음은 인류의 정치사가 현시하는 보편적인 사실이다. 국가의 통치는 일상적인 도덕성 차원을 넘어 복잡한 인간성에 대한 깊은 통찰을 요구한다는 점을 국가통치의 책임자가 깨닫지 못할 때, 변화하는 현실에 적응하지 못하는 고식적인 정책으로 국가를 혼란에 빠트리거나, 대중들의 단편적인 사고나 가변적인 욕구에 편승한 '좋은 게 좋다'는 식의 무책임한 '정감 윤리(Gesinnungsethik)'와 '착한 소년 콤플렉스'로 국가는 서서히 쇠락하게 된다.

히드라 신화에서 그 공포의 대상이 티폰(돌풍)과 에키드나(살모사)의 자식이자 케르베로스와 키메라 등 다른 괴물들과 동기간으로 설정된 것은 단순히 탁월한 문학적 상상력의 소산만은 아니다. 무질서란 어느 날 갑자기 하늘에서 떨어져 내린 것이 아니라 인간의 삶 속에서 오랫동안 형성되어 그 당연한 일부가 되어버린다는 아이러니가 그 신화에 담겨 있다.

한국 정치에서 '정치적 아마추어리즘'이라는 히드라가 등장하게 된 근본적인 원인은 대학교육조차 제대로 된 지성적 사고훈련을 시키지 못했다는 오랜 교육적 적폐에서 찾을 수 있다. 정치인들의 범속한 출세주의와 허구적인 이념 지향, 역사의식의 빈곤과 위선적인 역사의식, 나약한 권력의지와 그악스러운 권력욕 등은 '자르고 잘라도 새로 튀어나오는 머리들'이다. 21세기 한국판 헤라클레스란 바로 한국판 히드라의 그 '지겨운 생명력'의 근원을 파악하고, 그 위험에 대해 국민적 자각을 불러일으키면서 국가생활의 새로운 미래상을 제시하는 인물일 것이다. 그는 과연 누구인가.

찾아보기

[ㄱ]

개화 280
견유학파(Kynikos) 238
고염무(顧炎武) 350
고종 212
공교육의 황폐화 157, 452
공덕(公德, public virtues) 251
공동체주의(communitarianism) 242
광복절 노래 449
괴테(Johann Wolfgang von Goethe)
  17, 36
교양시민계층(Bildungsbürgertum)
  127, 175, 221, 257
교육권력 20
교육정치 20
국가이성 62, 219, 303, 307
국가정체성 21, 91
국무총리 461
국민 개정당원 82
국민주권 53

군민공치론 51
그린(T. H. Green) 251
김대중 31
깡다구 446

[ㄴ]

나로드니키 운동(Narodnichestvo) 108
노론 근본주의자 64
노무현 32, 109, 351

[ㄷ]

대보단(大報壇) 199
대중영합주의 6, 99
대학 살생부 431
대학 총장 439
대한제국 49, 464
데마고그(demagogue) 117
도덕주의 159, 179
동도서기(東道西器) 284

디즈레일리(Benjamin Disraeli) 181
또라이 341

[ㄹ]

루소(J. J. Rousseau) 250, 272

[ㅁ]

마이네케(Friedrich Meinecke) 219,
　310
마키아벨리 25, 352
만민공동회 51
망명정부 51
모택동(毛澤東) 29, 327
무사고성(無思考性) 129
문명개화(文明開化) 284
문재인 6, 134
민주적 기본질서 81, 82
민주주의 101
밀(J. S. Mill) 251

[ㅂ]

박정희 31, 443
반(反)지성주의적 피로감 141
버크(Edmund Burke) 181
베버(Max Weber) 69, 247
베이컨(Francis Bacon) 110
벤베니스트(Émile Benveniste) 269
복벽론 52
복지 90
본래성 28
부르크하르트(Jacob Burckhardt) 37

부업 정치인 339, 389
부일(附日) 207
비르투(virtu) 352

[ㅅ]

사림(士林) 197
사악(私惡, private vices) 251
삼일운동 200
상해임시정부 49, 51
선공후사 223
선비 390
성숙성(Mündigkeit) 251
세계시민적 상태(weltbürgerlicher
　Zustand) 251
세네카(Seneca) 5, 121, 238
소크라테스 144
소통 159
수기(修己) 336
수주자주의(守朱子主義) 61
슈펭글러(O. Spengler) 263
스미스(Goldwin Smith) 104
스트라우스(Leo Strauss) 300
스피노자(Baruch de Spinoza) 124
시민사회 149, 194
시장의 우상(idola fori) 111
실존적 소통(existentielle
　Kommunikation) 156

[ㅇ]

아레테(aretē) 336
아렌트(Hannah Arendt) 36, 58
아리스토텔레스 121

양주(楊朱) 238
역사의식 435
영원성의 관점(sub specie aeternitatis) 124
월린(Sheldon Wolin) 305
위정척사(衛正斥邪) 64, 203, 284
유길준(兪吉濬) 268, 281
이승만 30
인간성 335
인권 427
인민당(People's Party) 104
인욕 427
임시정부 51

[ㅈ]

자기극복(enkrateia) 336
자연권 294
장면 443
정당법 73, 79
정신적 나상(裸像) 9
정체성(identity) 374
정치교수 421
정치적 논변 35
정치적 아마추어리즘 141, 143, 469
조국(曺國) 사태 6, 19
종북주의 48
『중용(中庸)』 37
지배적 소수(dominant minority) 155, 411
지역정체성 373
지역주의 379
직업 정치인 339, 389
진실성(sincerity) 27, 164, 246

진정성(authenticity) 28, 164, 246
진지성(spoudē) 28

[ㅊ]

창조적 변방성 301
창조적 소수(creative minority) 155, 173, 411
촛불집회 167, 179
촛불혁명 135
최 여인 38, 161
친일 207, 317

[ㅋ]

카(E. H. Carr) 46
칸트(I. Kant) 251, 255
키케로(Cicero) 121

[ㅌ]

토인비(A. Toynbee) 155, 263
토크빌(Alexis de Tocqueville) 251
통의 294

[ㅍ]

페론이즘 109
포퓰리즘 99
플라톤 36, 120, 147
피로감(fatigue) 153, 172, 407
필(Robert Peel) 181

[ㅎ]

하버마스(Jürgen Habermas) 242, 248
학문정치 20
학생인권조례 427
한국독립당(韓國獨立黨) 207
한일합방 199
해방 전후사의 인식 92
향토사 382
향토애 373

헌팅턴(Samuel P. Huntington) 262
헤겔(G. W. F. Hegel) 251
홉스(Thomas Hobbes) 233, 235
화이트헤드(A. N. Whitehead) 143,
  407
황제주권 53
후쿠야마(Francis Fukuyama) 262
후쿠자와 유키치(福澤諭吉) 283, 327
히포크라테스(Hippokratēs) 247

양승태

현재 이화여자대학교 명예교수. 서울대학교 문리과대학 정치학과 졸업 후 군복무를 거쳐 미국 노스웨스턴(Northwestern)대학교 대학원에서 밀(J. S. Mill) 연구로 정치학 박사 학위를 취득했으며, 독일 튀빙겐(Tübingen)대학교 철학부 및 고전학부와 미국 브라운(Brown)대학교 고전학부에서 연구를 수행하였다. 한국정치사상학회 초대 및 2대 회장과 이화여자대학교 사회과학대학 학장을 역임하였다. 저서로는 『앎과 잘남: 희랍지성사와 교육과 정치의 변증법』(2006), 『이상과 우상 사이에서: 민주화시대의 이데올로기들에 대한 비판적 성찰』(2007), 『대한민국이란 무엇인가: 국가정체성 문제에 대한 정치철학적 성찰』(2010), 『소크라테스의 앎과 잘남: 대화, 아이러니, 시민적 삶, 그리고 정치철학의 태동』(2013), 『리시아스와 안티스테네스: 소크라테스 추종의 행동 및 사유와 희랍 정치철학의 발전』(2018) 등이 있으며, 역서로는 레오 스트라우스의 『정치철학이란 무엇인가』(2002) 등이 있고, 정치철학 및 동서양 정치사상사의 다양한 주제와 관련된 다수의 논문이 있다. 국가정체성 문제, 인성론, 동서양 정치사상사에서 변증법 이념의 발전, 근현대 한국정신사가 주요 연구 주제이다.

대한민국, 무엇이 위기인가

1판 1쇄 인쇄	2020년 1월 20일
1판 1쇄 발행	2020년 1월 25일
지은이	양 승 태
발행인	전 춘 호
발행처	철학과현실사
출판등록	1987년 12월 15일 제300-1987-36호

서울특별시 종로구 동숭동 1-45
전화번호 579-5908
팩시밀리 572-2830

ISBN 978-89-7775-832-2 93340
값 20,000원